基督教经典译丛

何光沪 主编
副主编 章雪富 孙 毅 游冠辉

Religious Affections
宗教情感

[美] 乔纳森·爱德华兹 著
杨基 译

Simplified Chinese Copyright © 2013 by SDX Joint Publishing Company All Rights Reserved.
本作品中文版权由生活·读书·新知三联书店所有。
未经许可，不得翻印。

图书在版编目（CIP）数据

宗教情感/（美）爱德华兹著；杨基译.—北京：
生活·读书·新知三联书店，2013.1（2024.5重印）
（基督教经典译丛）
ISBN 978-7-108-04330-6

Ⅰ．①宗… Ⅱ．①爱… ②杨… Ⅲ．①基督教－研究
Ⅳ．①B978

中国版本图书馆CIP数据核字（2012）第250808号

丛书策划　橡树文字工作室
特约编辑　许国永
责任编辑　张艳华
装帧设计　罗　洪
责任印制　董　欢
出版发行　生活·讀書·新知 三联书店
　　　　　（北京市东城区美术馆东街22号）
邮　　编　100010
网　　址　www.sdxjpc.com
经　　销　新华书店
印　　刷　北京隆昌伟业印刷有限公司
版　　次　2013年1月北京第1版
　　　　　2024年5月北京第12次印刷
开　　本　635毫米×965毫米 1/16 印张 21.5
字　　数　284千字
印　　数　37,001－40,000册
定　　价　60.00元
（印装查询：01064002715；邮购查询：01084010542）

基督教经典译丛

总　　序

何光沪

在当今的全球时代,"文明的冲突"会造成文明的毁灭,因为由之引起的无限战争,意味着人类、动物、植物和整个地球的浩劫。而"文明的交流"则带来文明的更新,因为由之导向的文明和谐,意味着各文明自身的新陈代谢、各文明之间的取长补短、全世界文明的和平共处以及全人类文化的繁荣新生。

"文明的交流"最为重要的手段之一,乃是对不同文明或文化的经典之翻译。就中西两大文明而言,从17世纪初以利玛窦(Matteo Ricci)为首的传教士开始把儒家经典译为西文,到19世纪末宗教学创始人、英籍德裔学术大师缪勒(F. M. Müller)编辑出版五十卷《东方圣书集》,包括儒教、道教和佛教等宗教经典在内的中华文明成果,被大量翻译介绍到了西方各国;从徐光启到严复等中国学者、从林乐知(Y. J. Allen)到傅兰雅(John Fryer)等西方学者开始把西方自然科学和社会科学著作译为中文,直到20世纪末叶,商务印书馆、生活·读书·新知三联书店和其他有历史眼光的中国出版社组织翻译西方的哲学、历史、文学和其他学科著作,西方的科学技术和人文社科书籍也被大量翻译介绍到了中国。这些翻译出版活动,不但促进了中学西传和西学东渐的双向"文明交流",而且催化了中华文明的新陈代谢,以及中国社会的现代转型。

清末以来,先进的中国人向西方学习、"取长补短"的历程,经历了两大阶段。第一阶段的主导思想是"师夷长技以制夷",表现为洋务运动之向往"船坚炮利",追求"富国强兵",最多只求学习西方的工业技术和物质文明,结果是以优势的海军败于日本,以军事的失败表现出制度的失败。第二阶段的主导思想是"民主加科学",表现为五四新文化运动之尊崇"德赛二先生",中国社会在几乎一个世纪中不断从革命走向革命之后,到现在仍然需要进行民主政治的建设和科学精神的培养。大体说来,这两大阶段显示出国人对西方文明的认识由十分肤浅到较为深入,有了第一次深化,从物质层面深入到制度层面。

正如观察一支球队,不能光看其体力、技术,还要研究其组织、战略,更要探究其精神、品格。同样地,观察西方文明,不能光看其工业、技术,还要研究其社会、政治,更要探究其精神、灵性。因为任何文明都包含物质、制度和精神三个不可分割的层面,舍其一则不能得其究竟。正由于自觉或不自觉地认识到了这一点,到了20世纪末叶,中国终于有了一些有历史眼光的学者、译者和出版者,开始翻译出版西方文明精神层面的核心——基督教方面的著作,从而开启了对西方文明的认识由较为深入到更加深入的第二次深化,从制度层面深入到精神层面。

与此相关,第一阶段的翻译是以自然科学和技术书籍为主,第二阶段的翻译是以社会科学和人文书籍为主,而第三阶段的翻译,虽然开始不久,但已深入到西方文明的核心,有了一些基督教方面的著作。

实际上,基督教对世界历史和人类社会的影响,绝不止于西方文明。无数历史学家、文化学家、社会学家、艺术史家、科学史家、伦理学家、政治学家和哲学家已经证明,基督教两千年来,从东方走向西方再走向南方,已经极大地影响,甚至改变了人类社会从上古时代沿袭下来的对生命的价值、两性和妇女、博爱和慈善、保健和教育、劳动和经济、科学和学术、自由和正义、法律和政治、文学和艺术等等几乎所有生活领域的观念,从而塑造了今日世界的面貌。这个诞生于亚洲或"东方",传入了欧洲或"西方",再传入亚、非、拉美或"南方"的世界第一大宗教,现在因为信众大部分在发展中国家,被称为"南方宗教"。但是,它本来就不属于任何一"方"——由于今日世界上已经没有一个国家没有其存在，所以它已经不仅仅在宗教意义上，而且是在现实意义上展现了它"普世宗教"的本质。

因此，对基督教经典的翻译，其意义早已不止于"西学"研究或对西方文明研究的需要，而早已在于对世界历史和人类文明了解的需要了。

这里所谓"基督教经典"，同结集为"大藏经"的佛教经典和结集为"道藏"的道教经典相类似，是指基督教历代的重要著作或大师名作，而不是指基督徒视为唯一神圣的上帝启示"圣经"。但是，由于基督教历代的重要著作或大师名作汗牛充栋、浩如烟海，绝不可能也没有必要像佛藏道藏那样结集为一套"大丛书"，所以，在此所谓"经典译丛"，最多只能奢望成为比佛藏道藏的部头小很多很多的一套丛书。

然而，说它的重要性不会"小很多很多"，却并非奢望。远的不说，只看看我们的近邻，被称为"翻译大国"的日本和韩国——这两个曾经拜中国文化为师的国家，由于体现为"即时而大量翻译西方著作"的谦虚好学精神，一先一后地在文化上加强新陈代谢、大力吐故纳新，从而迈进了亚洲甚至世界上最先进国家的行列。众所周知，日本在"脱亚入欧"的口号下，韩国在其人口中基督徒比例迅猛增长的情况下，反而比我国更多更好地保存了东方传统或儒家文化的精粹，而且不是仅仅保存在书本里，而是保存在生活中。这一事实，加上海内外华人基督徒保留优秀传统道德的大量事实，都表明基督教与儒家的优秀传统可以相辅相成，这实在值得我们深长思之！

基督教在唐朝贞观九年（公元635年）传入中国，唐太宗派宰相房玄龄率宫廷卫队到京城西郊欢迎传教士阿罗本主教，接到皇帝的书房让其翻译圣经，又接到皇宫内室听其传讲教义，"深知正真，特令传授"。三年之后（公元638年），太宗又发布诏书说："详其教旨，玄妙无为；观其元宗，生成立要。……济物利人，宜行天下。"换言之，唐太宗经过研究，肯定基督教对社会具有有益的作用，对人生具有积极的意义，遂下令让其在全国传播（他甚至命令有关部门在京城建造教堂，设立神职，颁赐肖像给教堂以示支持）。这无疑显示出这位大政治家超常的见识、智慧和胸襟。一千多年之后，在这个问题上，一位对中国文化和社会贡献极大的翻译家严复，也显示了同样的见识、智慧和胸襟。他在主张发展科学教育、清除"宗教流毒"的同时，指出宗教随社会进步程度而有高低之别，认为基督教对中国民众教化大有好处："教者，随群演之浅深为高下，而常有以扶民性之偏。今假景教大行于此土，其能取吾人之缺点而补苴之，殆无疑义。且吾国小民之众，往往自有生以来，未受一言之德育。一旦有人焉，临以帝天之神，时为耳提而面命，使知人理之要，存于相爱而不欺，此于教化，岂曰小补！"（孟德斯鸠《法意》第十九章十八节译者按语。）另外两位新文化运动的领袖即胡适之和陈独秀，都不是基督徒，而且也批判宗教，但他们又都同时认为，耶稣的人格精神和道德改革对中国社会有益，宜于在中国推广（胡适：《基督教与中国》；陈独秀：《致〈新青年〉读者》）。

当然，我们编辑出版这套译丛，首先是想对我国的"西学"研究、人文学术和宗教学术研究提供资料。鉴于上述理由，我们也希望这项工作对于中西文明的交流有所贡献，还希望通过对西方文明精神认识的深化，对于中国文化的更新和中国社会的进步有所贡献；更希望本着中国传统中谦虚好学、从善如流、生生不已的精神，通过对世界历史和人类文明中基督教精神动力的了解，对于当今道德滑坡严重、精神文化堪忧的现状有所补益。

尽管近年来翻译界出版界已有不少有识之士，在这方面艰辛努力，完成了一些极有意义的工作，泽及后人，令人钦佩。但是，对我们这样一个拥有十几亿人口的千年古国和文化大国来说，已经完成的工作与这么巨大的历史性需要相比，真好比杯水车薪，还是远远不够的。例如，即使以最严格的"经典"标准缩小译介规模，这么一个文化大国，竟然连阿奎那（Thomas Aquinas）举世皆知的千年巨著《神学大全》和加尔文（John

Calvin）影响历史的世界经典《基督教要义》，都尚未翻译出版，这无论如何是令人汗颜的。总之，在这方面，国人还有漫长的路要走。

本译丛的翻译出版，就是想以我们这微薄的努力，踏上这漫长的旅程，并与诸多同道一起，参与和推动中华文化更新的大业。

最后，我们应向读者交代一下这套译丛的几点设想。

第一，译丛的选书，兼顾学术性、文化性与可读性。即从神学、哲学、史学、伦理学、宗教学等多学科的学术角度出发，考虑有关经典在社会、历史和文化上的影响，顾及不同职业、不同专业、不同层次的读者需要，选择经典作家的经典作品。

第二，译丛的读者，包括全国从中央到地方的社会科学院和各级各类人文社科研究机构的研究人员，高等学校哲学、宗教、人文、社科院系的学者师生，中央到地方各级统战部门的官员和研究人员，各级党校相关教员和有关课程学员，各级政府宗教事务部门官员和研究人员，以及各宗教的教职人员、一般信众和普通读者。

第三，译丛的内容，涵盖公元 1 世纪基督教产生至今所有的历史时期。包含古代时期（1—6 世纪）、中古时期（6—16 世纪）和现代时期（16—20 世纪）三大部分。三个时期的起讫年代与通常按政治事件划分历史时期的起讫年代略有出入，这是由于思想史自身的某些特征，特别是基督教思想史的发展特征所致。例如，政治史的古代时期与中古时期以西罗马帝国灭亡为界，中古时期与现代时期（或近代时期）以 17 世纪英国革命为界；但是，基督教教父思想在西罗马帝国灭亡后仍持续了近百年，而英国革命的清教思想渊源则无疑应追溯到 16 世纪宗教改革。由此而有了本译丛三大部分的时期划分。这种时期划分，也可以从思想史和宗教史的角度，提醒我们注意宗教和思想因素对于世界进程和社会发展的重要作用。

中国人民大学宜园
2008 年 11 月

目　录

中译本导言 1
引言 1

第一部分　情感的本质及其在宗教中的重要性 1
　一　关于情感的开场白 2
　二　真宗教很大部分在于圣洁的情感 4
　三　教义推论 24

第二部分　无法证明宗教情感是否出于恩典的一些现象 29
　一　宗教情感热烈 30
　二　身体的生理反应强烈 34
　三　善于谈论宗教 37
　四　情感源于外界 39
　五　情感伴随经文进入头脑 43
　六　情感包含爱意 46
　七　多种情感交织 47
　八　宗教体验顺序 50
　九　参加宗教活动 60
　十　开口赞美上帝 62
　十一　确信自己得救 64
　十二　人际关系良好 76

第三部分　恩典情感和圣洁情感的明显标志 ……………… 85
　一　圣灵特殊的感动 …………………………………… 89
　二　上帝美善的本质 …………………………………… 123
　三　宗教的道德之美 …………………………………… 135
　四　圣灵的光照 ………………………………………… 146
　五　属灵的确信 ………………………………………… 167
　六　福音的谦卑 ………………………………………… 184
　七　人改变本性 ………………………………………… 209
　八　基督的性情 ………………………………………… 214
　九　温柔的心灵 ………………………………………… 226
　十　圣洁情感具有美感 ………………………………… 232
　十一　圣徒渴望更加属灵 ……………………………… 242
　十二　一生追求圣洁行为 ……………………………… 247

译后记 ……………………………………………………… 312

中译本导言

李锦纶

一 宗教与情感

在中国社会谈"宗教",通常都会引起不必要的联想,最常见的反应是把宗教与迷信挂钩,认为宗教只适合没有知识水平的人,但凡有点文化的都不愿意牵涉其中,这很可能是传统民间宗教给予大家的印象。在传统文化中,宗教的作用似乎只是给那些遇到不能解决问题时没有办法的人提供一种心灵安慰。所以这样看来,宗教便自然被认为是弱者的需要。这观点无疑反映出一般人的自恃心态,认为自己的命运掌握在自己的手中。到底自恃的态度是否会使我们蒙蔽,让我们看不见真正的心灵实际?

另一种常见的态度是,认为宗教只属于社会文化的现象,有如风俗习惯、思维模式等,都因着人们在社会生活中将所持的观念投射出来,某些内容一旦被部分人所接纳,便在该团体中形成一套共同的价值。人们普遍认为所有宗教都是导人向善的,只不过在不同时代的文化环境中会产生各样的宗教表达形式,所以,各宗教就其本质而论,应该是大同小异的。诚然,我们并不否认宗教有不同文化的表达方式,但真信仰的核心内容却是关乎生命素质的改变与更新,那就是如何让充满问题的人生得以脱离其困局而变得完美;因此,救赎才是宗教的核心议题,对基督教而言尤其如此。不过当我们跨越文化表象，进而透视宗教的真正内容时，将不难发现并非所有宗教都一样；换言之，宗教有真伪之分，那就必须要看清楚表象与实际的分别，这又离不开分辨宗教经验的真假。

《宗教情感》这本书便是要交代上述这个问题，爱德华兹所谈论的是基督教，作者所面对的是18世纪在美国的复兴运动中，人们以自己的宗教经验为其信仰真实性的依据，其中不乏自称有超自然的经历，例如看见从天上来的景象或听到特别的话语，又或者得着对于未来事情的预言等。这些两百年前的事件对于今天的读者或许不会太过陌生，就像在世界各地掀起的灵恩运动风潮。虽然这些经验可能带来困惑，但不必预先断定一切都是虚假的。然而我们在判断宗教经验的真实性时，需要有一定的准绳。爱德华兹认定这离不开宗教的"情感"，他所指的不是突发性宗教经验的狂喜，乃是从内在心灵产生实际改变的结果。

如果我们大部分人有前述对于宗教的联想，那么论"宗教情感"便更容易引起误解了，因为情感常常给予人一种主观的印象，所以我们都尝试避免以情感用事，免得失去理性判断；人们又甚至认为宗教狂热就是对于宗教过于情感化的结果，所以我们虽然在学术领域，但有宗教研究，然而，研究者都似乎要遵守一个必须跟宗教本身保持距离的潜规则，免得被怀疑其研究内容失去客观性，所以宗教充其量只能够以一门学科来对待。但问题是，没有主体经历参与的研究，是否能够真正了解宗教生活的实际？所谓客观的观察是否只是看见实际的表象而已？爱德华兹在其著作中所用的 affection 一词，默认了有对象的心灵互动所生发的情感，所要表达的是当人的内在心灵被触动之后，对于对方的感应。在这个情感中包括了理性的内容，因此不同于单纯的感觉，因为感觉可以是主观的、暂时的、缺乏根基的。如果情感所反映的是内在心灵的实际，那就是稳定而客观的，所以真实的宗教情感表明了生命更新的结果。

二　爱德华兹的人生与宗教情感

与传统民间宗教在中国文化的角色截然不同，基督教从美国建国以来一直是美国文化的精神支柱，至20世纪下半叶世俗主义成为主流文化为止。1703年爱德华兹出生于美国东部康涅狄格州的一个牧师家庭。他卒于1758年，时任普林斯顿大学校长。他被誉为美国历史上最伟大的神学家，也有人形容他是北美所产生的最伟大的思想家，他的讲道与著作深远地影响了18世纪美国的大觉醒运动（The Great Awakening），而他同时也是这个运动所产生的过激现象的批评者。

他17岁毕业于耶鲁大学，之后曾在他外祖父主领的教会当助理牧师，其外祖父去世后，他接任主任牧师之职，前后达22年之久。在这段日子里，他看见教会生活虚有其表，那些自称为基督徒的教会成员并没有真实的信仰，只把教会生活当做合乎当时潮流的文化活动。于是，在1734年至1750年之间，他大力传讲靠上帝的恩典才能称义的信息，为当时怀特菲尔德（George Whitefield）掀起的宗教大觉醒运动增加了活力。但后来他看到这个运动的过激现象，便写作了《宗教情感》一书，于1746年出版。他在书中劝导人们，在其心灵生命的更新中不可失去深思与责任。

不过爱德华兹对于教会有名无实的生活的批评，终于引起了反对的声浪，最后他被迫离职，转到麻省一个偏远的小教会做开拓工作，牧养印第安人的信徒，直到1757年受聘于普林斯顿大学任校长。时值水痘疫情传播猖獗，研发出来的疫苗需要做活体试验，爱德华兹自愿接受了这项试验，希望能有助于尽快消除这个疾病给社会带来的伤害，只可惜因他的身体衰弱，反而被疫苗的病菌感染，终至不治。

爱德华兹不能接受把宗教视为一种高尚的文化活动的观点，倘若接受这种观点，那便是最大的伪善。这个问题有时候跟信仰的理性化有关，就是把活的心灵变成抽象的理论，使之与生活完全脱节。同样地，他也不能接受把基督信仰仅视为流于感觉的表达,因为缺乏真理根基的感觉,可以是人给自己的一种自我迷惑,以为某些特别的经验本身就一定是来自上帝。结果只是注意这些经验而忽略真理,甚至以此自夸而不晓得已经掉进自我中心的陷阱。爱德华兹认为真实的宗教情感是行动的因由,是构成行为的动力,因为他看到情感不止是感觉而已,乃是"意志"的表达方式,首先是面向真理而愿意开放的意志。

三 向真理敞开的心灵

情感之发生既然涉及心灵的互动,就要求心灵主体本身的开放性,允许自我被外来事物改变的可能,反过来,封闭的态度不会让任何改变发生在自己身上。以耕地作比喻,好的耕地能够让种子在其中生长,而没有经过翻松的硬土则不能提供植物生长的空间。对于爱德华兹而言,心灵的开放与否至为重要,因为这将是一个人的生命是否能被改变的先决条件,只有愿意向真理开放的人,才有被真理改变的可能。

但到底什么是"真理"? 虽然每个人都好像懂得,而却又不容易给予确实的答案。爱德华兹所说的真理不是抽象的观念,乃是"道德完美"(moral perfection)的对象。要进一步解释什么是"道德完美",我们也许可以从反面论述切入问题,提问什么是"邪恶"。纯粹的邪恶在其背后并没有更终极的因;换言之,为了邪恶而邪恶,这便是真正的邪恶,因为邪恶成了终极因。如果有穷人因为饥饿的缘故偷窃食物充饥,我们可以理解他偷窃背后的动机是为了解决生存问题,或者如果偷窃不是因为饥饿,而是为了表现自己的身手敏捷,这种自我炫耀的动机也是可以解释的,又或者是因为曾经被人偷窃,现在要报复在别人身上,这种扭曲的报复心理也不难明白。 但是,如果偷窃没有别的原因,只是为了使他人受伤害而做出伤害的行动,这便是"邪恶"。

"道德完美"的真理也有终极性,在其美善的背后没有更高尚的原因,故此,这里说的道德并非指行为上的表现,而是指本质性的善,而且是有对象性的,落实在至高者上帝的身上,爱德华兹也称之为上帝的圣洁 (holiness)。正如在面对邪恶时,不用别人的提示,我们就能够直接感受得到,同样地,我们也本应能直接认出圣洁的真理。但是在我们的实然状态中,却似乎有一种说不出的蒙蔽在阻挡着我们,除非有上帝的圣灵把我们蒙蔽的心灵打开,否则便无法认识。这个蒙蔽人的障碍就是"罪"。

四 心灵转向与圣灵内住

当蒙蔽心灵的罪被挪开,我们将面对真理的本体,就是圣洁的上帝自己。这个朝着上帝的心灵转向,让人不再以自我为生命的中心,而能以上帝为终极的爱慕对象,这爱慕之情不是出于利害关系,乃是对上帝的道德完美的渴慕。在认识上帝的美善的同时,将会看见自我的亏欠,所以这个转向也称为"悔改"(con-version)。悔改的行动带来心灵更新的契机,这不是心理作用,或者自我的幻想,而是向上帝敞开自己,让上帝的圣灵内住于其中。爱德华兹所说的罪最根本的还不是行为的问题,而是处于与圣洁的上帝之间的破坏关系中的心灵状况;而罪的核心问题是在于人不以上帝为上帝的自恃态度,从自恃的心态产生了自以为是的心灵错觉 (self-delusion),在这种错觉中人看不见自己的问题,也不会自然认识真理的上帝,就好像是以自我为整个世界的中心,所看见的也不会超出自我附近的视野范围。故此,悔改带来一个转化,不再是只看见自我,乃是得以在圣洁的上帝面前从更高、更广的视角来看自我,所以看见亏欠。然而,悔改不但是观点的改变,更重要的是开放了心灵,让上帝的圣灵居住于其中。

圣灵的内住能够改变一个人,是因为圣灵与人心的关系不是偶发性的,而是永久性的——圣灵一旦内住,就成为驱动人生的持久动力。换言之,当事人的生命从此便有了新的性格:一个按照圣灵的原则而生活的新性情。这里所说的是生命重新整合的过程,上帝催逼人向真理开放，要求人的回应，上帝的圣灵按照上帝的性情重新塑造人，赐给人新的生命本质。为了进一步说明偶发性与永久性关系的分别，可以借用一个比喻：一个小孩去朋友家玩，他在别人的家里只是客人，不需要融入这个家庭的生活方式，也不需要采纳这家庭的传统作为自己的价值。但如果他不是去做客，而是被这个家庭领养为儿子，那便是完全不同的情况。为了成为这个家庭的一分子，他在凡事上必须与这个家的生活一致，他需要调整自己与其他家人同步，因为这是个长久的关系。既然圣灵的内住是永久性的，既然让人得生命的改变不是暂时的，那么，这个向着上帝更新变化的过程，就可称为"成为上帝的儿女"。这样一个生命被圣灵更新的人，支配他的情感就是圣洁的情感，而这种圣洁情感则来自于上帝圣灵与人之间的永久性关系 (affected)。

五　被基督所塑造

圣灵的内住与依靠基督的生活两者密不可分，这是因为当我们将基督作为楷模而生活时，是同属于基督的圣灵在人的心灵内给予动力，以基督的模样塑造人的性情、行事的方式、判断的价值。虽然爱德华兹并没有详细讨论三位一体的内容，然而在他的字里行间已经清楚地表达了圣父、圣子与圣灵之间生命的团契关系。在确认圣父为一切美善真理之源的同时，圣子基督显明了圣父的真理内涵，而圣灵则使这内涵活化于人的生命之中。

爱德华兹用了两个比喻说明这种关系，他首先将基督"公义之子"(Son of Righteousness) 比喻为太阳，以公义照明圣徒，但这样的照明有改变能力，让圣徒也在其有限范围内变成公义之子的形象。第二是葡萄树的比喻，更加贴切地表达了生命共同体的意思，真葡萄树的汁液所代表的圣灵，并不只是像进入收集液体的容器似的进入圣徒里面，乃是从树的主干基督传输至活的树枝（圣徒）当中，于是葡萄树的汁液在树枝之内成了支撑着树枝的生命内容。从这个比喻中，我们看见葡萄树与树枝两者之间的有机联系，是透过汁液来传输生命功能，而树枝不再是独立于葡萄树的主干而存在，乃是成为葡萄树整体中的一分子，是依靠于主干而存活的。这样的关系有助于说明真实宗教情感的产生，不是出于主观而善变的感觉，而是根植于圣父为本的三位一体的上帝，有内在于基督的真理特质，有圣灵生命的活力。人心灵的改变，是因着分享上帝的生命；然而，这并非说人变成上帝，乃是按着其心灵的容量与可塑性而接受模造，成为能够彰显上帝生命特质的位格主体。

六　新的爱慕、新的行动

爱德华兹提到宗教情感时用了"味觉"（taste）来比喻，就是对于上帝的事情有了新的爱好，他用"味觉"形容爱慕之情是值得注意的，因为这里所关切的不是单纯的理性判断，而是从某种生命特质所产生对爱恶的价值取向，基本上是个存在性的实际（existential reality）。如果我们把这个问题关联起来看，便可以了解这是从遭受破坏的关系得到修复所引起的新存在处境。在这新的关系中，人对于上帝不再是割裂与对立的了，而是有渴望追求并喜爱的心。

生命的真正改变牵涉爱的改变，人原本的自我中心状态，无疑是在生命中缺乏了终极的爱慕对象，于是自然地以自己取代了这个对象的位置，产生自己透过不同的形式爱慕自己的自恋关系。爱德华兹明白这种自恋行为是根深蒂固的，甚至在所谓宗教生活的种种表现中，也可能含有各样的自利动机，所以这个由于关系的修复而带来的爱的改变，也必然产生另一方面的结果，就是谦卑的态度。这里所说的不是故作谦虚，乃是因为生命改变而对自己的脆弱状况（delicate situation）做出的一种合理评估，晓得人是不能凭着自己的能力胜过自己的，也无从靠自己胜过罪恶。

虽然爱德华兹关注宗教情感，但这并不是说他只停留在情感的表达上，他明白真正的情感必定有所行动，情感与行为不能分割，于是好的行为便成了内在生命得着更新的见证。然而,他并不鼓励行动主义(activism),因为在高举人本的行动的背后,可能隐藏着苦毒与怨恨,而不是出自对上帝真理的爱慕,爱德华兹了解行为固然重要,但行为背后是否有纯正的动机更是决定性的关键因素。因此,他也同样地批评律法主义,如果持守高尚行为的原因是为了在他人或自己面前表现自义,那么这样的好行为便失去其应有的单纯意义。只有从单纯的内心所产生的情感,才会有相应单纯的行为。 爱德华兹以小孩子作为我们的借鉴:柔软开放的态度、不坚持己见、凡事感恩。这些小孩子的素质,是愿意向真理开放者的榜样。

引 言

人类最重要的以及最值得每个人探索的，莫过于这个问题：**蒙上帝恩宠得永恒赏赐之人具有哪些明显的素质？**或曰：**何为真宗教之本质？上帝所悦纳的真美德有哪些明显的特征？然而**，尽管该问题无比重要，尽管我们可从上帝的话语里觅得清晰而充足的亮光，在宣信的基督徒之间，彼此最大的相异正在这里。基督徒世界就此问题有太多不同的观点，无法穷举，这正好说明了救主耶稣基督宣告的真理："引到永生，那门是窄的，路是小的，找着的人也少。"

我长期思考这些问题，尽我所能勤研慎思、上下寻索。自从我进入神学领域以来，就一直专心研究这个题目。但我的研究是否达其要旨，要留待读者自行判断。

我知道现在很难公正地判断本论著的主题，因为这类事情引发的种种争议在这片国土①可谓甚嚣尘上，风烟蔽目。公允的**写作**更加困难，公允的**阅读**亦然。很多人可能会感到受伤害，因为他们发现本书谴责许多与宗教情感有关的事；另一些人则可能引起愤慨和蔑视，因为他们发现还有许多属于宗教情感的东西在此受到辩护和赞许。有些人可能会说我自相矛盾：一面竭力赞许一面竭力谴责；因我已发现，自从最近宗教争议发生伊始，我通常遭到一些人的反对。近时的这些非同寻常的宗教复

---

① "这片国土"指新英格兰。——译注

兴现象，有些东西既美好又荣耀，我由衷地赞赏并感到欣喜；同时，我也看到了一些不好的东西有趋于邪恶的倾向，我不遗余力地反对它们。同时做到这两点并非易事。然而，我谦卑而坚定地相信：若不如此，我们就无法行在真理的道路上，既不蒙上帝悦纳，也无法扩展基督的国度。的确难以想象，上帝的教会怎能好坏混杂，良莠不齐？似乎其中有奥秘。令许多基督徒大惑不解、倍感稀奇的是：在同一位圣徒里面，上帝如此宝贵的救恩和属神性情，怎能与如此多败坏、伪善及不义同居于一颗心灵？奥秘归奥秘，事实无可辩驳。而且这两种现象都不是新的事情。历史证明：宗教复兴之后，假敬虔必大行其道；真圣徒涌现之时，假冒为善者也粉墨登场。这正是在约西亚年间伟大改革和宗教复兴之后发生的事情；约西亚才掌权不久，孕育真信仰的土地就被沦为淫乱肆虐之所（耶3:10；4:3—4）。施洗约翰之时也是如此，圣灵大大浇灌犹太人，而经历大觉醒和短暂的宗教安慰喜乐以后，便立刻出现大量离经叛道的事情："约翰是点着的明灯，你们情愿暂时喜欢他的光。"（约5:35）耶稣基督传道的时候，跟随他的群众熙熙攘攘。许多人听了耶稣的话就欢喜，一时好像积极跟从，崇拜基督，满怀喜乐，可是**被召的人多，选上的人少**；经得起大试炼并忍耐到底的真门徒，更是凤毛麟角。多数人好像**石头地和荆棘地**，对比起来，可称为**好土**的寥寥无几。聚拢的里面，如糠秕被风吹散的多，能够存留的好麦子却少；新约的历史充分证明了这个事实。使徒时代圣灵浇灌的时候也是如此。新约的很多地方（太4:10—13；加3:1；4:11，15；腓2:21；3:18—19）以及给哥林多教会的两封书信都记载了当时的情景。反对教皇制的伟大宗教改革运动也是如此。很明显，在上帝的有形教会中，历次宗教大复兴每每犹如果树逢春，枝头开满鲜花，朵朵绽放光彩，挂果之初看似丰收在望；但这些果实多数都活不长，很快凋残，从未成熟。

但我们不当以为现实必**永远**如此。不错，此世不可能达致全然纯洁——圣徒作为个体，无法除净败坏，获得完全自由；教会作为整体，也总是真假信徒与真假敬虔相混，伪恩典与真敬虔相杂；但是，必有一个时代将要到来，那时，上帝的教会将远比过去纯洁（赛52：1；结44：6—7；珥3：17；亚14：21；诗69：32，35，36；赛35：8，10；4：3—4；结20：38；诗37：9，10，21，29）。一个重要的原因是：到时候，上帝将赐给子民更多、更大的属灵之光，让他们明辨宗教真伪。《玛拉基书》3：3说："他必坐下如炼净银子的，必洁净利未人，熬炼他们像金银一样，他们就凭公义献供物给耶和华。"在经文18节继续预言那个蒙福的时代："那时你们必归回，将善人和恶人、事奉上帝的和不事奉上帝的分别出来。"

魔鬼借助掺假的手段，让真假信仰混淆不清，真假难辨；这是它反对基督事业和上帝国度的最大优势。显然，正是用这个手段，它瓦解了基督教会创建以来的历次复兴。在使徒时代并使徒时代以后，它用这个手段给基督教事业造成的伤害，远超过犹太人和异教徒对基督徒的一切逼迫。从所有使徒的书信看来，他们显然更担心前者而非后者。用这个手段，撒旦破坏了由马丁·路德、茨温利发起的宗教改革，终止了改革进程，使改革蒙羞，而这比起罗马天主教的一切血腥残酷镇压来说，还要严重十倍。用这个手段，它抵制了我们国家的历次宗教复兴。用这个手段，它在一百年前打败了新英格兰，令人们的爱心和喜乐都冷淡了。我想我已经看得够多了，魔鬼就是用这个手段，瓦解了新英格兰最近的一次宗教复兴，尽管复兴早期确实令人振奋。这一直是撒旦借以挫败我们的最大优势。用这个手段，他害这片土地上的锡安女子躺卧在地上：衣衫褴褛、颜面尽毁、赤身露体、肢体残缺、卧于血泊中，无法站立。而这一切竟然如此迅速地在最近的大喜乐和盼望之后重现："锡安举手，无人安慰。耶和华论雅各已经出令，使四围的人作他仇敌。耶路撒冷在他们中间像不洁之物。"（哀1：17）我看见魔鬼用同样的手段瓦解这个国家两次宗教大复兴——撒旦今日对付人类的手段与最初如出一辙。它装作关心他们的幸福，帮助他们追求更大的福分；就这样欺骗了我们的始祖，将他们逐出乐园，转瞬之间扼杀他们的幸福，夺取他们的荣耀。这条狡猾的蛇靠诡诈蒙骗了夏娃，现在又诱使我们离开基督里的质朴，趁我们不备，再次剥夺了我们一度拥有的美好前景——不久之前，上帝的教会在新英格兰如同伊甸园一般的景象，已一去不返。

上帝的教会出现宗教复兴之后，仇敌就会显露出来，致力于捍卫复兴事业的那些人往往在最不经意之处遭遇危险。虽然他们注意防备面前那些明显的仇敌，并竭力抵挡这些势力，却忘了仔细环顾四周，于是魔鬼溜到他们身后，用看不见的匕首，给他们致命的一刀。并且，它会选最要紧的地方深深地刺下去，因为那些人毫无抵抗，全无防备，它可以从从容容、随心所欲地找地方扎下去。

所以，每当宗教复兴之时，教会就面临此种危险，除非我们吸取教训，分辨真假宗教，把得救的情感和体验与各种各样哗众取宠的表演和虚张声势的表现区别开来，假宗教就是靠这些来迷惑众人，如果我们不加以分辨，它们常常会导致极其可怕的结果。用这个手段，魔鬼满意地看见众人将上帝视为最可憎之物献给上帝，却以为是可悦纳的服侍。用这个手段，魔鬼蒙蔽了很多人，让他们看不到自己灵魂的真实地位，以为自己举足轻重，其实是无足轻重，由此永远沉沦。不仅如此，它还让许多人坚信自己有大圣洁，殊不知上帝看他们为最坏的伪君子。用这个手段，魔鬼多方摧残圣徒心中的真信仰，用败坏的杂质蒙蔽和扭曲它，致使他们的宗教情感可悲地衰败，长此以往甚至使其变成生虫发臭的吗哪，让看见的人感到害怕并迷惑不解，使他们遭遇许多巨大的困难和试探，迷失于旷野，自己无论如何都找不到出路。用这个手段，撒旦鼓励那些公然与宗教为敌的人，加强他们的力量，给他们各种武器装备，加固他们的堡垒，与此同时，宗教和上帝的教会却完全暴露在仇敌面前，就如不设防之城。用这个手段，魔鬼唆使人作恶，却让他们自以为在服侍上帝；于是，他们犯起罪来无所顾忌，热情澎湃，拼尽全力。用这个手段，魔鬼甚至让宗教领袖们在不知不觉中行亲痛仇快之事；他们造成的毁坏比那些公开的敌人更加可怕，却以为自己在推进上帝的国度。用这个手段，魔鬼打散基督的羊群，让他们热衷于彼此反对，却以为自己在积极服侍上帝，让宗教渐渐沦为虚夸浮躁。在混战中，魔鬼引诱双方均远离正道，各自走向不同的极端，这边向左，那边向右。它了解双方的好恶，知道他们最易摇向哪边，他们则任它摆布，中间的正路却几乎被人遗忘殆尽。魔鬼趁机浑水摸鱼，施展千般伎俩推进它的利益，将众人攥在手中，使他们臣服于它，按它的意思而行。由于看见虔诚的赝品所导致的这一切可怕后果（当不能分辨真假宗教时），上帝的子民难免对宗教产生怀疑，不知该采取什么立场，也不知该何所思、何所为，很多人感觉迷茫，怀疑信仰全是谎话。于是异端邪说、背道叛教和无神论思想大行其道。

因此，我们务必殷勤刻苦，竭力明辨，确立并巩固一切关乎真宗教之事。若非如此，宗教复兴终究难免昙花一现，若非如此，我们一切热烈的讨论（或口头的或文字的）都乏善可陈，因为我们还不清楚自己到底在捍卫什么。

我愿借拙著，为该目的聊尽绵薄之力，但我必须说明，本书的主旨不同于我此前发表的文章。[②]那篇文章旨在说明圣灵某种运行的若干特征（包括普遍运行和救赎性运行），但本书则旨在探讨圣灵**各种恩典运行的真正本质和记号**，也就是真恩典情感区别于非救赎情感的本质所在。倘若拙著于此目的有些微贡献，我盼望它将促进真宗教的利益。不论我是否真为这个题目带来了些许亮光，也不论我的投石之作在这吹毛求疵的时代会遭遇何等责备，我盼望满有恩典和公义的上帝怜悯我，悦纳我的诚意，我也盼望温柔仁慈之上帝羔羊的真门徒坦诚地对待我并为我祷告。

---

② *The Distinguishing Marks of a Work of the Spirit of God*, 1741。——译注

第一部分

情感的本质及其在宗教中的重要性

你们虽然没有见过他,却是爱他;如今虽不得看见,却因信他就有说不出来、满有荣光的大喜乐。(彼前1:8)

一　关于情感的开场白

使徒彼得这番话反映了基督徒遭受逼迫时的心态。在前面两节经文中,彼得提到他们的信心被试炼,还谈到他们**在百般的试炼中暂时忧愁**。

这种试炼对真宗教有三重好处。首先,试炼能突显宗教是**真实**的。通过试炼,人们看出它确是**真宗教**。试炼比任何东西都更能区分真假宗教,并使二者的差别一目了然。正因为如此,它在前面和很多其他经文中称为**试炼**,它们试出宣信人的信心和宗教究竟是何**种类**,正如金子经过火炼就显出它的真假。真基督徒的信心经受如此考验并证明为真以后,才能"得着称赞、荣耀、尊贵"。

然后,试炼对宗教还有更进一步的好处:它们不仅彰显宗教真实的一面,而且彰显宗教真正的美。真美德在备受逼迫时显得尤其可爱,而真基督教的圣洁之美也在最艰巨的试炼中显出无与伦比的荣耀。于是,真信心显得比金子还宝贵,"得着称赞、荣耀、尊贵"也正在于此。

试炼对真宗教还有第三重好处,它们**净化**并**加强**真宗教。它们不仅表明宗教为真,且使它更加纯粹,把它从虚假之事中解脱出来,使其不再遭受遏阻,只有真实的才能经过试炼得以存留。人们早已发现试炼能突显真宗教的美,不仅如此,它们还能增强真宗教的美、确立其地位、证实其可信、增强其活力、使其更加纯洁，让它的荣光不再被杂质掩盖。真金不怕火炼，渣滓烧掉以后金子更加纯粹；同样，真信心被试炼以后也变得更加宝贵，能够"得着称赞、荣耀、尊贵"。这些益处，使徒彼得显然在前面的经文中都注意到了。

在这段经文里，使徒让我们看到基督徒的信仰如何在逼迫中显出种种益处，或他们的信仰如何在逼迫中显为美好，他们的信心如何**加增**并且变得更加**纯洁**，从而让人看到宗教的真实，可以在耶稣基督显现的时候"得着称赞、荣耀、尊贵"。使徒在经文中注意到：在遭受患难的基督徒当中，有两种情感使真宗教的这些益处得以显明：

1. **爱基督**。"你们虽然没有见过他，却是爱他"。世人不明白是什么奇怪的原则感动了基督徒，他们竟愿意为了不可见之事承受巨大的苦难、舍弃眼前可见之物，弃绝一切舒适享受。在世人眼中，基督徒好像疯了，在恨恶自己；在世人看来，没有任何东西能让他们忍受这种痛苦，或帮助他们渡过这般试炼。可是，尽管世人看不见什么，基督徒自己用肉眼也未曾见过什么东西足以如此感动和支持他们，但他们心里有一个超自然的原则：爱那看不见的；他们爱耶稣基督，因为他们用属灵的眼睛见到了这位耶稣基督，是世人所不认识的，连他们自己也未曾用肉眼见过。

2. **以基督为乐**。他们外在的苦难虽然非常深重，但灵里的喜乐大过苦难；这些喜乐帮助他们欢欢喜喜地渡过苦难。

关于喜乐，使徒彼得在经文中特别提到两点。第一，喜乐的**来源**：他们喜乐的根基是看不见的耶稣基督。这喜乐乃是借着信，信是未见之事的确据：如今虽不得看见，却因信他就有说不出来、满有荣光的大喜乐。第二，喜乐的**种类**：说不出来、满有荣光的。这喜乐的**种类**乃是**说不出来的**，它迥异于世俗的快乐和肉体的享受；它的**本质**极其纯洁、崇高，是属天的、超自然的、真圣洁的，其美无法言喻！它的崇高、精致、甜蜜，找不到语言形容。这喜乐的**程度**也是说不出的，上帝愿意把如此神圣的喜乐慷慨施舍给他们,让他们在患难中也能体验上帝丰盛的恩典。

他们的喜乐是**满有荣光**的。虽然这喜乐无法言喻,语言不足以形容,但也许我们可以这样说,并且没有比这更合适的词来更好地描述它的美:它是**满有荣光的喜乐**,或按照原文是**得荣耀的喜乐**。基督徒得了这样的喜乐,心里真正充满了荣耀,性情得到提升和完善。这是最有价值、最高贵的喜乐;它不像许多属肉体的享乐那样腐蚀和败坏人心,反而使人心更加美丽,更有尊严;它让基督徒预尝天国喜乐的滋味,提升他们的心灵达至属天的福分;它用上帝的荣光充满基督徒的心灵,让他们交映这大荣光,且照在世人面前。

于是,我从这些经文得出的教义是:**真宗教很大部分在于圣洁的情感**。

二 真宗教很大部分在于圣洁的情感

当时,基督教正遭受逼迫的大试炼,好像火炼金子一般——这不仅证明基督教是真的,而且是最纯粹的,毫无杂质,也显出真宗教所固有的真美好,能得着称赞、荣耀和尊贵。我们看见当使徒彼得谈到基督徒宗教情感的运行时,他特意甄选出两种宗教情感:**爱和喜乐**。基督徒信仰的真实、纯洁和满有荣耀正体现在这两种情感之中。在此,我将说明情感的含义;强调并说明真宗教在很大部分在于情感。

第一点,人们会问,人内心的**情感**是什么? 我回答:情感就是人心中**意向和意志较活跃而明显的活动**。

上帝赋予人心两种能力:一种是**领悟和思考**的能力,人用它来分辨、观察、判断事物,这称为**理解力**。另一种能力是,在看待事物的时候,不作为一位冷漠的不受影响的旁观者,而能够具有自己的态度,或喜欢或不喜欢,或愉悦或厌恶,或赞成或反对,这种能力有不同的名称:有时称为**意向** (inclination);当强调它控制人的行动时被称为**意志**

(will)；当心智运用这种能力时，被称为**意愿**（heart）。

人有两种方式运用后一种能力：人观察某个对象时，要么内心**偏向**（赞赏、喜欢）它，要么**反对**（批评、讨厌、逃避、拒绝）它。运用的**种类**有所不同，运用的**程度**差异更大。有时候，愉悦感或厌恶感、亲近感或排斥感的活跃程度仅略高于无动于衷的状态。而有时候，喜欢或不喜欢、愉悦或厌恶的感觉较强。这些感觉的活跃程度可能升高，直到内心感到某些明显的活动，而当内心这些活动强烈到足以改变血气运行（由于上帝设定的身心一致的规律）时，身体某些部分会出现一些感觉，尤其是心脏和其他重要内脏，因为它们是体液的源头。于是，所谓**意愿**就是指这种能力的运行。所谓**情感**就是指这种能力活跃而明显的运行。这适用于任何时代任何地方的人。

意志和情感不是两种完全不同的能力。情感与意志并没有本质区别，情感也不能与意志**活动本身**截然分开。它们之间的区别仅仅在于运行的活跃程度。

必须承认，语言此时不足以描述清楚，词语的意思很大程度上是松散而灵活的，语言的使用由习俗决定，而习俗无法精确地界定词语的意思。在某种意义上，情感与意志及意向其实没有任何差异，如果内心没有**被感动**，那意志根本不会运行。它会安守一种无动于衷的状态，除非受到某种**感动**才会进一步运行。但意志和意向有很多不同的活动，这些活动一般不称为**情感**：我们做的每件事，只要是自愿的，其中都有意志和意向的运行。是我们的意向掌管我们的行动。但在生活中，并非意向和意志的**一切活动**都称为情感。然而，平时称为情感的内心活动在本质上与意向和意志并无区别，只是运行的**程度**和**方式**有异。在我们的意志活动中，内心对待眼前的事物，要么喜欢要么不喜欢，要么亲近要么疏远。这本质上与**爱**和**恨**没有区别：内心喜欢或倾向于某个东西，如果活跃积极而且程度很高，那么这种喜欢或倾向就是**爱**；不喜欢或不倾向的程度较高就是**恨**。意志**倾向**于某个不在场事物时，内心也对这个事物具有某种**倾向**；这种倾向如果程度较高就是**欲望**之情。当内心赞许某个事物时，意志的每个活动中都有某种程度的愉悦感；这种愉悦感如果程度较高就是**喜乐**之情。如果意志排斥这个事物，内心就在某种程度上感到不舒服，这种不舒服的感受如果程度较高就是**难过**或**哀伤**之情。

这显然是我们的天性，也符合身心一致的规律：意志或意向的任何活跃运行都必然对身体产生某些影响，改变体液特别是血气的运行。而且，另一方面，同样出于身心一致的规律，身体的构造和体液的运行也能促进情感的运行。但是，情感的居所并非身体，而是心灵。正如树木没有情感、人的身体不能思考或理解那样，人的身体也不能成为喜爱或厌恶、喜乐或忧伤、恐惧或希望的主体。只有心灵才能产生意象，也只有心灵才能对自己产生的意象感到喜悦或厌恶。只有心灵才能思想，也只有心灵才能对自己的想法感到喜悦或厌恶。血气的运行和体液的运行也不是情感的**本质**，虽然它们在目前的状态下总**伴随**着情感，但它们只不过是情感的**后果**或**伴生物**，它们在本质上与情感是完全不同的，它们也不是产生情感的必要条件。所以，脱离身体的灵魂和有身体的灵魂一样能爱能恨，有喜乐有忧伤，会希望会恐惧，一样能有其他情感。

人们常把情感和激情混为一谈，但这两者是有区别的。情感的词义更宽泛，它的范围显然比激情更广，它用来指意志或意向的一切活跃运行；而激情强调意志或意向的突发性运行，它对身体产生的效果更猛烈，它更能蒙蔽人的理智，降低人的自制力。

正如意向和意志的一切运行要么是赞同喜欢要么是批评拒绝，情感也分为两种：一种让内心接近、坚持、追求某个对象，另一种让内心**逃避、反对**它。前一种是**爱、喜欢、盼望、喜乐、感激、满足**。后一种是**恨、恐惧、愤怒、悲伤**，等等。我们没有必要去一一地定义它。

某些情感包含了前面所提到的多种意志的综合作用。例如：**怜悯**既包含前一种意志（内心倾向于遭受不幸的那个人），又包含后一种意志（反感他所经历的痛苦）。**热心**也是如此，既包含对某人或某事的高度**赞赏**，又混杂了对与之相反事物的强烈反感。

还有别的复杂情感，暂且不谈，在此我要说明：

第二点，某些事实证明真宗教很大部分在于情感。

1. 上述关于情感本质的论述本身已经足以让我们认识到这点，并且令我们坚信不疑。因为谁能否认真宗教很大部分在于意愿的积极活动？谁不承认真宗教很大部分在于内心情感的强烈运行？谁敢断言上帝所要求和接纳的宗教只是种种虚弱、呆滞、死气沉沉的、让我们心灵仍旧保持麻木状态的许愿和祈求而已？

上帝在他的话语中反复强调我们要热烈，要心里火热，我们要热情而积极地参与宗教生活，"要心里火热，常常服侍主"（罗12:11）。"以色列啊，现在耶和华你上帝向你所要的是什么呢？只要你敬畏耶和华你的上帝，遵行他的道，爱他，尽心尽性侍奉他。"（申10:12）"以色列啊！你要听：耶和华我们上帝是独一的主。你要尽心、尽性、尽力爱耶和华你的上帝。"（申6:4—5）热情积极参与信仰生活是内心受割礼的结果，是真正重生的结果，且唯有如此才能得到生命的应许："耶和华你上帝必将你心里和你后裔心里的污秽除掉，好叫你尽心、尽性爱耶和华你的上帝，使你可以存活。"（申30:6）

如果我们的宗教热忱不足，我们的意向和意志不够强烈，我们就算不得什么。宗教之事非同小可，我们的意向如果运行得不够强烈，那么我们内心活动就与宗教事物的本质和重要性太不相称。没什么事情比宗教更看重强烈的意向，也只有在宗教中，不冷不热才显得特别可憎。真宗教具有澎湃的力量，而这力量首先就表现在人们心里，因为心是信仰的首要居所。因此，真宗教被称为**敬虔的能力**，敬虔的能力不同于外在的表现，外在表现是敬虔的**外貌**，"有敬虔的外貌，却背了敬虔的能力"（提后3:5）。①圣

---

① 中文和合本译作："敬虔的实意"。——译注

灵在那些具有正确而坚定信仰的人心中,能够激发澎湃的圣洁情感;因此,我们才说上帝"赐给我们不是胆怯的心,乃是刚强、仁爱、谨守的心"(提后1:7)。这样的人,当他们领受圣灵、被圣灵感动以至成圣得救的时候,圣经称之为"受圣灵和火的洗"——因为圣灵在他们内心激发强烈的情感,带着大能和炽热在他们胸中奔涌;因此,他们的**心**在恩典运行其中的时候,可说是"**里面火热**"(路24:32)。

所以圣经多次把宗教事务比作各种锻炼身心的训练(例如为了得赏赐或冠冕而奔跑、摔跤或吃苦)、抵御强敌、保家卫国或发动战争摧营拔寨。

虽然真恩典的程度有别,虽然有些人在基督里不过是婴孩,他们追求圣洁和属天之事的能力较弱,但凡是心中有此种敬虔能力之人,都具有以此种活力来追求上帝和神圣事物的意向和意愿,而意向和意愿的此种活跃运行最终能在他心里胜过一切属肉体的情欲或属血气的情感,并且有效地克服这些情欲,因为每个真基督徒"都爱基督超过父母、妻子、弟兄姐妹、房屋土地,是的,爱基督超过爱自己的生命"。由此推论:真宗教必然在于倾向于神圣事物的意向和意志的活跃运行,而根据之前的论述,意志的此种活跃而明显的运行正是内心的**情感**。

2. 人类本性的创造者不仅赋予人类情感,而且使情感成为人类各种行为的泉源。情感不仅从属于**人类本性**,而且构成人性的**大部分**,所以(由于借着重生,全人会被更新和圣化),**圣洁情感**不仅从属于**真宗教**,且构成了真宗教的很大部分。并且真宗教是实践性的,而上帝造人时又使人的情感成为实践行为的泉源,这也说明真宗教必然很大部分在于情感。

人本质上是消极的:人除非被情感(喜爱、仇恨、欲求、希望、恐惧或别的情感)所感动,否则他不会采取行动。这就是人的本性。我们看到情感是促使人行动的泉源,情感促使人在生活的所有事务中采取行动,让他们不断追求;情感驱策人在所有世俗事务中前进并一路支撑他们；特别是在他们所热衷的事务中，情感激发动力、注入活力。我们看到人类世界熙攘忙碌，而人类情感正是这些忙碌背后的动力源。如果除掉一切**爱**和**恨**，所有**希望**和**恐惧**，所有**愤怒**、**热衷**和**欲望**，那么一大半世界就会变得死气沉沉，人类就再也没有所谓活动或追求了。是情感让贪财的人追求世俗的利益，是情感让野心家追求世俗的荣耀，也是情感让好色之徒追求肉体的享受。光阴流转，世界照旧，只要人们还在追求这些东西，忙碌和喧闹就会持续下去。如果消灭所有情感，这一切喧闹就会失去动力，而喧闹本身也将偃旗息鼓。在世俗事务中，世俗情感是人的动力源泉；而在宗教中，人各种活动的源泉很大部分上也是宗教情感。如果一个人只有教义知识和理论却没有宗教情感，那么他就还没有真正**参**与宗教生活。

3. 最明显的事实是：宗教事物掌管人心的程度必不超过其**感动**人心的程度。很多人常听见上帝的话，这些话都是至关重要的真理，与他们息息相关，而这一切显然对他们全无作用，他们的气质和行为根本没有因此发生改变，原因正在于他们没有被这些话**感动**。许多人常听到上帝荣耀完美、全能全知、威严无限、完全圣洁，而且他的眼目清洁不看邪僻、不看奸恶；在上帝的眼中天也不洁净，上帝有无限的良善和怜悯；他们还听说上帝的智慧之工、能力及良善全都显明在他一切完美属性之中，让人不得不由衷景仰；他们更听到上帝和耶稣那说不出的爱、耶稣的伟大救赎工作及为他们所忍受的苦难；他们听说有另一个世界，听见那些承受全能上帝震怒之人所忍受的永刑，以及上帝面前不尽的福乐和荣耀；同时他们也听见上帝坚持的命令、恩慈的劝诫、福音甜蜜的邀约。他们听到所有这一切却没有任何改变，无论是想法还是行为都依旧故我，原因就是他们听到的东西并没有感动他们。除非有朝一日他们受到**感动**，否则他们会永远保持这种无动于衷的状态。我敢断言，如果一个人没有为宗教事物所感动，不管他读到什么、见到什么、听到什么，他对宗教的态度和言行举止不会发生任何重大变化。只要人心还**没有受**

到感动，那么没有任何属血气之人会渴求拯救、小心求智慧、大声求聪明，也不会痛苦地向上帝祷告祈求饶恕；没有任何人会因为听到或想到自己毫无价值、活该被上帝厌弃而谦卑地跪在上帝脚前；也没有任何人因此投奔基督寻求庇护。同样，如果人心没有受到**感动**，任何圣徒都不会从冷漠死寂的状态中觉醒，或从每况愈下的信仰状态中恢复活力，不再可悲地离弃上帝，回心转意来到上帝面前。总之，宗教事物不会使人的内心和生活产生任何明显有意义的东西，除非人心首先**深受感动**。

4. 圣经很多地方用情感来描述宗教，例如敬畏、盼望、爱、恨、渴慕、忧伤、感恩、怜悯和热心。

许多经文认为宗教多在于圣洁的**敬畏**之情，圣经经常这样描述真正虔诚之人的品格：**他们因耶和华的话语战兢，他们在上帝面前恐惧战兢，敬畏上帝的就是在他面前敬畏的人，他们害怕上帝的审判，他的尊荣叫他们惧怕、惊骇恐惧临到他们**，诸如此类。圣经通常把圣徒描述为"**敬畏上帝的人**"。因为对上帝的敬畏是真信仰的重要组成部分，所以宗教通常被称为"**敬畏上帝**"。任何读过圣经的人对这个说法都不陌生。

同样，圣经也常谈到**盼望**上帝和他的应许是**真宗教**不可或缺的部分。《哥林多前书》13：13 提到宗教有三个组成要素，其中之一就是"望"。圣经说"仰望上帝"是**圣徒**的品格："以雅各的上帝为帮助、**仰望耶和华他上帝的，这人便为有福。**"（诗 146：5）"**倚靠耶和华、以耶和华为可靠的，那人有福了**"（耶 17：7）。"**凡仰望耶和华的人，你们都要壮胆，坚固你们的心**"（诗 31：24）。还有许多类似经文。另外，敬虔的**畏惧**和**盼望**常常结合在一起构成真圣徒的性情："**耶和华的眼目看顾敬畏他的人和仰望他慈爱的人。**"（诗 33：18）"**耶和华喜爱敬畏他和盼望他慈爱的人**"（诗 147：11）。盼望在信仰中非常重要，因此使徒说："我们得救是在乎**盼望**。"（罗 8：24）盼望也被描述为基督精兵的头盔："把得救的**盼望**当作头盔戴上。"（帖前 5：8）盼望是灵魂的锚，坚固牢靠："我们有这指望，如同灵魂的锚,又坚固、又牢靠,且通入幔内。"(来6:19)盼望也被描述为耶稣复活给真圣徒的大益处:"愿颂赞归与我们主耶稣基督的父上帝,他曾照自己的大怜悯,藉耶稣基督从死里复活,重生了我们,叫我们有活泼的**盼望**。"(彼前1:3)

圣经认为宗教主要在于**爱**,爱上帝、爱主耶稣基督、爱上帝的子民以及爱人类。这些经文在旧约和新约里数不胜数。在下文会加以详谈。爱的反面是**恨**,圣经说恨恶罪也是真信仰不可或缺的部分,圣经甚至说这是区别真伪信仰的标志:"敬畏耶和华,在乎**恨**恶邪恶。"(箴8:13)因此,上帝呼召信徒通过憎恶罪恶来表达忠诚:"你们爱耶和华的都当**恨恶罪恶**。"(诗97:10)诗篇的作者常以此证明他的信仰:"我要存完全的心行在我家中。邪僻的事,我都不摆在我眼前;悖逆人所做的事,我甚**恨恶**,不容沾在我身上。"(诗101:2—3)"我恨一切的假道"(诗119:104)。又说:"耶和华啊,**恨恶**你的,我岂不恨恶他们吗?"(诗139:21)

所以,圣经中经常提到圣洁的**渴慕**——表现为内心如饥似渴地追求上帝和圣洁——是真宗教的重要部分。"我们心里所**羡慕**的是你的名,就是你那可记念的名"(赛26:8)。"有一件事,我曾求耶和华,我仍要寻求:就是一生一世住在耶和华的殿中,瞻仰他的荣美,在他的殿里求问"(诗27:4)。"上帝啊,我的心**切慕**你,如鹿切慕溪水。我的心**渴想**上帝,就是永生上帝;我几时得朝见上帝呢"(诗42:1—2)?"上帝啊,你是我的上帝!我要**切切地**寻求你;在干旱疲乏无水之地,我**渴想**你,我的心**切慕**你。我在圣所中曾如此瞻仰你,为要见你的能力和你的荣耀"(诗63:1—2)。"万军之耶和华啊,你的居所何等可爱!我**羡慕渴想**耶和华的院宇,我的心肠、我的肉体向永生上帝呼吁"(诗84:1—2)。"我时常**切慕**你的典章,甚至心碎"(诗119:20)。还有《诗篇》73:25;143:6—7;130:6以及《雅歌》3:1—2,6:8。这种圣洁的渴望或灵里的饥渴感说明一个人是真蒙福的。耶稣登山宝训一开始就说:"**饥渴慕义的人有福了,**

因为他们必得饱足。"(太5:6)并且这种圣洁的渴慕与永生之福相关:"我要将生命泉的水白白赐给那口渴的人喝。"(启21:6)

圣洁的喜乐是真宗教的一大组成部分,这反映在许多经文中。因此,圣经常说我们要竭力追求圣洁的喜乐:"又要以耶和华为乐,他就将你心里所求的赐给你。"(诗37:4)"你们义人当靠耶和华**欢喜**"(诗97:12),"应当靠耶和华**欢乐**"(诗33:1)。"应当**欢喜快乐**"(太5:12)。"弟兄们,我还有话说:你们要靠主喜乐"(腓3:1)。"你们要靠主常常喜乐;我再说,你们要喜乐"(腓4:4)。"要常常喜乐"(帖前5:16)。"愿以色列因造他的主欢喜;愿锡安的民因他们的王**快乐**"(诗149:2)。圣灵的果子里也有喜乐:"圣灵所结的果子,就是仁爱、喜乐"等(加5:22)。《诗篇》作者说圣洁的喜乐可以证明他的信仰:"我喜**悦**你的法度,如同喜悦一切的财物。"(诗119:14)

圣经也经常说到**忧伤**、**痛悔**、**心碎**是真宗教的重要部分。这些宗教情感常被描述为真圣徒的明显标志,也是圣徒品格的重要组成部分:"**哀恸**的人有福了,因为他们必得安慰。"(太5:4)"耶和华靠近**伤心**的人,拯救灵性**痛悔**的人"(诗34:18)。"主耶和华的灵在我身上,因为耶和华用膏膏我,叫我传好信息给谦卑的人,差遣我医好**伤心**的人"(赛61:1)。因此,这种圣洁的忧伤之情不仅是圣徒的品格特征,而且是蒙上帝的悦纳的:"上帝所要的祭,就是忧伤的灵。上帝啊,忧伤痛悔的心,你必不轻看。"(诗51:17)"因为那至高至上、永远长存、名为圣者的如此说:我住在至高至圣的所在,也与心灵痛悔、谦卑的人同居;要使谦卑人的灵苏醒,也使痛悔人的心苏醒"(赛57:15)。"我所看顾的,就是虚心痛悔、因我话而战兢的人"(赛66:2)。

另一种常被圣经提及的情感是**感恩**,真宗教常常体现于这种情感的运行;尤其体现于对上帝的感激和赞美之情。《诗篇》和其他很多经文都频频谈及它,我无须列出具体的经文。

圣经也经常提到**同情和怜悯**是真宗教的一个非常重要及核心的部分，甚至在圣经里，**善良的人**就是**怜悯别人的人**："义人死亡，无人放在心上。**怜恤人的人被收去**②，无人思念。"（赛57:1）圣经特别重视这个品格，用它检验义人："义人却**恩待人，并且施舍**。"（诗37:21）"他终日恩待人，借给人"（诗37:26），"**怜悯贫穷的，乃是尊敬主**③"（箴14:21）。"所以你们既是上帝的选民，圣洁蒙爱的人，就要存**怜悯**、恩慈、谦虚、温柔、忍耐的心"（西3:12）。我们的救主用它来描述那些有福的人："**怜恤人的人有福了，因为他们必蒙怜恤**。"（太5:7）基督还说怜悯人是律法重视的品质："你们这假冒为善的文士和法利赛人有祸了！因为你们将薄荷、茴香、芹菜献上十分之一，那律法上更重的事，就是公义、**怜悯**、信实，反倒不行了。"（太23:23）《弥迦书》6:8也说："世人哪，耶和华已指示你何为善，他向你所要的是什么呢？只要你行公义，好**怜悯**，存谦卑的心，与你的上帝同行。"《何西阿书》6:6说："我喜爱**怜恤**，不喜爱祭祀。"我们的救主显然非常喜欢这句经文，因为他多次引用它，一次在《马太福音》9:13，另一次在12:7。

圣经还提到**热心**也是真宗教的核心要素。圣经说基督为救我们舍弃自己时，提到了这个情感："他为我们舍了自己，要赎我们脱离一切罪恶，又洁净我们，特作自己的子民，**热心为善**。"（多2:14）圣经指责老底嘉教会不冷不热时，也提到热心的问题（启3:15，16，19）。

我只提到少数几节经文，但还有大量经文描述宗教很大部分在于情感。不过这里提到的经文已经足以表明：那些否认宗教很大部分在于情感并坚持相反观点的人已经抛弃圣经作为评判宗教的标准，他们的评判标准来自别处。

---

② 中文和合本译作："虔诚人被收去。"——译注
③ 中文和合本译作："怜悯贫穷的，这人有福。"——译注

5. 圣经把真宗教总结为**爱**，爱是诸多情感之首，也是一切情感之源。

律法师曾问我们的恩慈救主最大的诫命是什么，他的回答说明了这一点："耶稣对他说：你要尽心、尽性、尽意，爱主你的上帝。这是诫命中的第一，且是最大的。其次也相仿，就是要爱人如己。这两条诫命是律法和先知一切道理的总纲。"（太22：37—40）使徒保罗也反复指出这一点："爱人的就完全了律法。"（罗13：8）"所以爱就完全了律法"（罗13：10）。《加拉太书》5：14也说："因为全律法都包在'爱人如己'这一句话之内了。"《提摩太前书》1：5也说："但命令的总归就是爱，这爱是从清洁的心和无亏的良心、无伪的信心生出来的。"使徒保罗还说，在长存的信望爱中，最大的是**爱**。爱是宗教信仰的肺腑、核心和灵魂；倘若没有爱，那么最深奥的知识和恩赐、最体面的信仰告白以及所有与宗教相关的东西都算不得什么。正如《哥林多前书》13章所说：爱是良善的**源头**，一切善行都由此流淌出来。

虽然这里说的爱确实包括人内心当中对上帝和对人诚恳而良善的所有倾向，但我们可以认为，前面的论述足以证明：这种内心倾向活跃而明显的运行就是**情感**，而且就是**热爱**之情。这当然就是基督所说的爱：要**尽心、尽性、尽力、尽意**爱上帝且要爱人如己，这就是律法和先知一切教训的总纲。

确实，我们不能以为这里所说作为信仰之总结的爱不包括理性的行为、习惯和运用，而理性蕴涵于一切合理情感之中。但毫无疑问的是，而且圣经也证明：一切真宗教的**本质**在于圣洁的爱，整个宗教都在于这种神圣的情感以及爱的气质，加上真理之光（作为爱的基础），再加上这种情感结出的许多果实。

由此可见，真宗教很大部分在于情感。爱不仅是诸多情感之一，也是众情感之首，是诸情感之源。我们对某些事物的喜爱，引发我们恨恶那些本质与之相反的事物以及阻碍我们得到这种喜乐的事物。根据情感对象的不同情况（是否在场、是否确定、是否可能），喜爱和恨恶这两种情感引发其他各种情感：**渴望**、**盼望**、**恐惧**、**喜乐**、**忧伤**、**感恩**、**愤怒**，等等。活跃、感激、热烈地**爱**上帝必然引发其他宗教情感，由此产生对罪强烈**憎恨**、**恐惧**以及**害怕**上帝不悦。当感到上帝恩典时**感谢**上帝的良善，并以上帝为**满足**和**喜乐**；当感觉不到上帝同在时感到**忧伤**；当看见将来必分享上帝同在的喜乐时有了**盼望**以及**渴慕**上帝的荣耀。同样，对人的**热爱**，也引发对人的一切美好情感。

6. 圣经中杰出圣徒的信仰很大部分是圣洁**情感**。

我将专门描述三位杰出圣徒，他们通过其文字（今天已经成为圣经正典的一部分）表达了自己的心态和各种情感，也描述了他们的宗教以及他们如何与上帝相交。

第一位是**大卫**，一位合乎上帝心意的人，他在《诗篇》中真切地描绘了自己的宗教。这些圣诗自然流露出大卫虔诚而圣洁的情感：他对上帝谦卑而热烈的**爱**，对上帝荣耀的**崇拜**，对他奇妙大工的**赞美**，内心对上帝最热烈的**渴望**，在上帝里面的**喜乐**之情、甜美温柔的**感恩之情**，对上帝的恩典、丰富、信实的**歌颂**，他对信徒并万民的**爱**及**欢喜**，他对上帝话语的**爱慕及顺服**，因自己和他人犯罪而**忧伤懊悔**，对上帝的**热心**以及对上帝仇敌的**恨恶**。而这些圣洁情感的表达（大卫处处流露这种情感）更加证明我们的论点，因为这些诗歌不仅是一位如此杰出的圣徒在表达其个人信仰（深受上帝喜悦），更是在圣灵的带领下所写成，目的是让上帝的教会用于公众崇拜；它们不仅适用于古代，而且世世代代都可以使用。这些诗歌既表达了作者本人的信仰，也恰当地表达了历代所有圣徒的信仰。另外我们要注意《诗篇》中大卫不仅仅是以个人身份说话，而是作为**以色列的诗人**，率领教会顺服上帝的领导，带领以色列人进行集体敬拜和赞美；在很多诗篇里他是奉基督的名讲话，作为基督的化身在表达圣洁情感；还有很多诗歌是奉教会的名。

另一位是使徒保罗。首先，他在很多方面是新约众执事之首，是上帝拣选的器皿，在外邦人中间传扬基督的名，上帝用他在世界传播和建立基督教会，解开福音荣耀的奥秘，教导历代教会；并且他是迄今为止最杰出的神仆（被一些人低估），在上帝的国度里领受最高奖赏。而根据圣经对他的描述，他显然也是一个情感丰富的人。他在书信中表达出的宗教显然很大部分在于圣洁的情感。从他自己的叙述中，我们看得出他对荣耀救主的挚爱燃烧他、鞭策他、吞没他，他一生将万事当作有损的，以认识主基督耶稣为至宝，为得着基督丢弃万事并将其看作粪土。圣洁的情感掌管着他，基督的爱激励着他持续地服侍并忍受所有艰难困苦（林后 5:14—15）。保罗书信充满了对基督子民的热爱。他谈到**亲密的爱**（林后 12:19；腓 4:1；提后 1:2）、**丰富的爱**（林后 2:4）以及**温柔的爱**，如同母亲乳养自己的孩子："只在你们中间存心温柔，如同母亲乳养自己的孩子。我们既是这样爱你们，不但愿意将上帝的福音给你们，连自己的性命也愿意给你们，因你们是我们所疼爱的。"（帖前 2:7—8）他谈到**发自心肠的爱**（腓 1:8；门 5，12，20），还谈及对人**殷勤关怀**的爱（林后 8:16），同时也谈及**慈悲怜悯**（腓 2:1）。他表达了对他人的关切之情，甚至**心里痛苦**："我先前心里难过痛苦，多多的流泪，写信给你们，不是叫你们忧愁，乃是叫你们知道我格外地疼爱你们。"（林后 2:4）他说到为他们尽**心竭力**（西 2:1）。他谈到他大有**忧愁**、心里为犹太人时常**伤痛**（罗 9:2）。他也说到他的口是张开的，**心是宽宏的**："哥林多人哪，我们向你们，口是张开的，心是宽宏的。"（林后 6:11）他常提到他对信徒的**想念之情**（帖前 2:8；罗 1:11；腓 1:8；4:1；提后 1:4）。他经常在书信里表达喜乐之情（林后 1:12；7:7，9，16；腓 1:4；2:12；3:3；西 1:34；帖前 3:9）。他提到自己靠主**大大地喜乐**（腓 4:10；门 1:7），**满足的喜乐**（腓 2:1，7），他**更加欢喜**（林后 7:13），"满得安慰……**分外地快乐**"（林后 7:4）。他说自己常常**快乐**（林后 6:10）。他也谈到**灵里得胜**（林后 2:14）

以及患难中的**荣耀**（帖后1:4；罗5:3）。他也表达出**希望**之情："照着我所切慕、所盼望的，没有一事叫我羞愧。只要凡事放胆，无论是生是死，总叫基督在我身上照常显大。"（腓1:20）他谈到自己的**愤恨和盼望**，也表达出神圣的**嫉邪**之情（林后11:2—3）。通过他的经历，特别是《使徒行传》记载的他信主以后的经历，还有他的书信以及他自己的描述，我们看到他为主发热心，主的事业和教会的利益在他心里熊熊燃烧，有力地鼓励他忍耐极大的劳苦，教训人、责备人、警戒人、劝勉人，"**与他们一起忍受产痛**"；对抗数不胜数的强敌、与执政掌权的摔跤、斗拳不像打空气的、奔那摆在前头的路程、无论经历多少苦难都不退缩甚至别人以为他癫狂了。他多多地流泪（林后2:4；徒20:19），"**昼夜不住地流泪**"（徒20:31）。

如果有人读了圣经对这位伟大使徒的这些描述以后，还看不到保罗的宗教主要在于**情感**，那他肯定有一种奇特的能力，如此大光直射其脸也能视而不见。

我要提到的**第三位**是使徒约翰。他是主所爱的门徒，是十二门徒中与主最亲近的，主给予他最大的特权。他不仅是有幸目睹登山变相、见证睚鲁女儿复活、进入客西马尼园陪伴耶稣受苦的三位门徒之一，也是使徒保罗提到的基督教会三大支柱之一，而且他为主所爱的最佳证明是：在最后的晚餐中，他的头靠在主的胸口上；基督拣选他来启示上帝对教会直到末了的奇妙安排；正如我们在《启示录》中所读到的，主拣选他勘定新约并结束圣经正典；他在众使徒中蒙保守最久，众使徒离世后，基督教会靠他得以规范。

从他的书信中，我们明显看出（神学家通常也这样认为）他是个非常重感情的人。他对人说话极其温柔感人，口气中充满热忱的**爱**，仿佛他完全是由甜美圣洁的情感组成的。而证据就是他的全部书信，我实在无法引述，因为任何删节摘录都难免有损。

7. 就连主耶稣基督——上帝的使者、世界的光、教会的元首、宗教道德的完美表率、全人类的最高榜样、群羊紧紧跟随的大牧者——也有一颗充满温情的心，且他的美德大多通过圣洁情感的运行而表现出来。无人能比他更完美地体现"尽心、尽意、尽力爱上帝且爱人如己"。这些圣洁情感使他在极大的挣扎和痛苦当中得胜，那时他**祷告更加恳切，汗珠如大血点**，在血泪交加中挣扎。他运用圣洁情感的力量胜过了死亡。在他极大的挣扎中，他胜过了恐惧和伤痛这些强烈的属血气情感，那时他十分惊恐，心里极为伤痛，几乎要死。不仅如此，他整个一生都充满丰富的情感。《约翰福音》提到他的**热心**，"我为你的殿心里焦急，如同火烧"（约2：17），这应验了《诗篇》69篇的预言。我们也在《马可福音》读到他为罪人**忧伤**，"耶稣怒目周围看他们，忧愁他们的心刚硬"（可3：5）；《路加福音》说他一想到人的罪恶和苦难、一看到耶路撒冷尽是这样的不法之徒就忍不住**痛哭失声**："耶稣快到耶路撒冷，看见城，就为它哀哭，说：巴不得你在这日子知道关系你平安的事，无奈这事现在是隐藏的，叫你的眼看不出来。"（路19：41—42）他说："耶路撒冷啊，耶路撒冷啊！你常杀害先知，又用石头打死那奉差遣到你这里来的人。我多次愿意聚集你的儿女，好像母鸡把小鸡聚集在翅膀底下，只是你们不愿意。"（路13：34）《路加福音》22：15讲到基督诚挚的意愿："耶稣对他们说：我很愿意在受害以先和你们吃这逾越节的筵席。"我们常读到基督的**怜悯**（太15：32；18：34；路7：13），以及他**动了慈心**（太9：36；14：14；可6：34）。当马利亚和马大到耶稣面前为兄弟的死抱怨哭泣时，耶稣的心显得多么**温柔**！她们的眼泪和哀恸立刻感动他，虽然他知道忧伤很快就会变为喜乐，因为她们的兄弟就要复活（约11），但耶稣还是与她们一同**哀哭**。而耶稣被钉十字架的前夜给十一位门徒的临别之言又是多么情真意切：他说自己即将离去，他预先告诉他们在世上将遭受苦难，他劝他们好像安慰自己亲生孩子一样，又把圣灵保惠师赐给他们，好让他们有他的平安和喜乐，这就是主耶稣的遗愿和见证（约13；14；15；16）。最后，他充满情感地为门徒和教会代祷（约17）。纵观整个人类历史，无论是成文的论述还是口头的言语，没什么比这段祷告更深情、更动人。

8. **天上的宗教很大部分在于情感。**天上无疑有真宗教，且是最纯粹、最完全的真宗教。而根据圣经对天堂的描述，天上的宗教主要在于圣洁而强烈的**爱和喜乐**，并且这些情感借助极其热烈而崇高的颂赞得以表达；所以，天上圣徒的宗教与地上圣徒的信仰并无区别，都是在于经文所记**说不出的、满有荣耀的爱和喜乐**。有些人以为，仅仅因为天上圣徒不联于血肉也没有体液可（借由身心一致的规律）激动，所以他们如此强烈的爱和喜乐并不是情感。这种想法非常愚蠢。我们所说的情感并非身体的感动，而是灵魂的感动，其中主要就是**爱和喜乐**。当这些情感在灵魂中的时候，不论这灵魂有无身体，灵魂都受到了感动。特别是当其达到天上圣徒的情感之强度时，灵魂就受到了强烈的感动，也就是说，灵魂就有了强烈的情感。确实，我们不可能从体验得知体外的灵魂（或得荣耀的身体之内的灵魂）有什么样的爱和喜乐，因为我们从未在这种情况下体验过灵里的爱和喜乐，但地上圣徒的确知道什么是灵里的爱和喜乐，而且他们也知道这种爱和喜乐与天上圣徒的爱和喜乐属于同类，虽然天上的灵魂不再联于血肉。地上圣徒的爱和喜乐预示着天上的光明、生命、福分，地上的爱和喜乐与天上的爱和喜乐本质上是相似的，甚至是相同的，尽管它们的程度和环境不同。很多经文都说明了这一点（箴4:18；约4:14，6:40，47，50，51，54，58；约一3:16；林前13:8—12）。

所以，我们没有理由认为天上圣徒的爱和喜乐与地上圣徒的神圣情感不仅程度和环境不同且具有完全不同的**本质**，并由此推论天上的爱和喜乐不是情感，而理由仅是天上的圣徒没有血气可被情感驱动。血气的运行本来就不是情感的**要素**，而是情感的**效果**，尽管血气的反应能从外围影响人的感受。人内心感受到爱和喜乐**先于**任何体液的反应，因此这种感受不取决于身体的动作,所以情感可以存于体外的灵魂。并且,只要有爱和喜乐运行的地方,这种感受就存在,无论存在于体内还是体外;而这种内在的感受或属灵的感觉就是我们说的**情感**。当灵魂被如此**感动**时,尤其是当这种内在感受和运动达到天上圣徒那种很高的程度时,我们就说灵魂受到了感动。如果我们能从圣经里学到什么关于天上圣徒的事情,那就是天上的圣徒也有爱和喜乐,而且他们的爱和喜乐极其炽热强烈。他们最强烈、最活跃地感受到无法言喻的甜美,这种感受深刻而真实地震撼他们的心,有力地感动他们、激活他们、督促他们,使他们充满活力,如同熊熊烈焰。如果这样的爱和喜乐还不是情感的话,那**情感**这个词就毫无用处了。当天上圣徒瞻仰天父的面容和救主的荣美并思想他伟大奇妙的工作、尤其是他亲自为他们舍命的工作时,有谁会说他们此时此刻不会因所见所想而感动?

这样看来,充满圣洁之爱和喜乐的**天上宗教**很大部分也在于情感。因此,毫无疑问,**真宗教**很大部分在于情感。要了解任何事物的真本质,最好的方法就是在其本质最纯净、最完善之处去观察它。如果我们想了解金子的本质,我们必须去看真金所在之处——不是金矿,而是精炼过后的纯金。如果我们想了解什么是真宗教,那我们必须去观察天上的宗教——那里的宗教毫无缺陷不足,也没有掺假混杂。凡是真敬虔的人都不属这世界,他们在地上只是客旅。他们属于天上,也是从天上生的,那里才是他们的祖国。因为他们是天上生的,所以他们有属天的性情,**从上面得了恩膏**。他们里面所持守的真宗教原则传递着天上的真宗教,他们的恩典预示着来世荣耀的曙光,并且上帝塑造他们,改变他们的样子,好适应那个世界。

9. 上帝定立的教会礼仪和信徒的宗教责任是真宗教的途径和表达。借由观察其本质和设计,也可以看出真宗教很大部分在于情感。

以**祷告**为例,上帝给我们祷告的责任,显然不是为了用祷告来向上帝宣告他的一切完美属性、他的威严、圣洁、良善和全然充足,也不是为了向他承认我们自己的卑鄙、虚空，承认我们必须依靠他，我们毫无价值，承认我们的种种缺乏和欲望；我们祷告显然不是为了**让上帝知道**这一切，也不是为了打动他的心或说服他怜悯我们，而是为了用我们这些话来正确地**感动我们自己的心**，好预备我们领受所祈求的福。外在敬拜行为的各种表情和姿态（它们已经按照习俗成为降卑自己和尊重别人的表现）只可能是为了**感动**我们自己或别人的心。

我们另一个宗教责任是**唱诗赞**美上帝，这显然也是为了激发和表达宗教情感。否则为什么我们要用诗歌来表达，而不用散文？并且还要配音乐？原因在于这是我们的本性和内心所需，因为诗歌和音乐能够打动我们的情感。

圣餐礼也是上帝设立的，如果我们考察圣餐礼的本质和目的，也能得出同样的结论。上帝最了解我们的本性，他不仅命令我们要听福音和基督救赎之道、在圣道中受教，而且上帝还规定圣道要通过圣餐表达出来，使我们可以活生生地看见上帝的道，并因此受到感动。

上帝命令我们用**讲道**来解释、应用、让人彻底明白他的话语（借圣经传递给我们），其目的之一显然是让我们将神圣事物铭刻于人心并影响人的情感。所以，仅仅靠解经书籍和其他神学著作不能实现讲道的目的。因为虽然这些文献和讲道一样能帮助人们建立正确教义并理解上帝的话语，但它们不像讲道那么能打动人心。上帝命令我们应当以独特而活泼的方式向罪人讲需救治、晓得神已经预备了荣耀而充分的救恩，由此感动他们；并且要常常让圣徒回忆宗教要事并让他们生动地看见这些事，借此触动圣徒之纯洁思想，激活他们的情感。尽管他们早就知道这些事，也早就领受了其中的教训（彼后1：12、13），尤其要促进圣徒里面的两种情感，就是经文提到的**爱和喜乐**："他所赐的有使徒，有先知，有传福音的，有牧师和教师。为要成全圣徒，各尽其职……叫身体渐渐增长，在爱中建立自己。"（弗4：11、12、16）使徒保罗教导提摩太如何做好牧师，他说牧师讲道的一个重要目的就是唤醒人的**爱心**（提前3、4、5章）。而上帝规定讲道的另一个目的就是**喜乐**，所以圣经说牧者**帮助人快乐**（林后1:24）。

10. 显然，因为真信仰或圣洁心灵很大部分在于情感，所以圣经说罪主要在于人的**心硬**。这样的描述随处可见。犹太人心硬，使基督忧伤："耶稣怒目周围看他们，忧愁他们的心刚硬。"（可3:5）因为人内心刚硬，为自己积蓄上帝的忿怒："你竟任着你刚硬不悔改的心，为自己积蓄忿怒，以致上帝震怒，显他公义审判的日子来到。"（罗2:5）以色列家不顺服上帝的原因是他们的心硬："以色列家却不肯听从你，因为他们不肯听从我。原来以色列全家是额坚心硬的人。"（结3:7）旷野流浪的一代悖逆邪僻，因为他们硬着心："惟愿你们今天听他的话。你们不可硬着心，像当日在米利巴，就是在旷野的玛撒。那时，你们的祖宗试我探我，并且观看我的作为。四十年之久，我厌烦那世代，说：这是心里迷糊的百姓，竟不晓得我的作为。"（诗95:7—10）诸如此类。这就是为什么西底家不归服上帝："他强项硬心，不归服耶和华以色列的上帝。"（代下36:13）这就是为什么人不敬畏上帝，离弃上帝的道："耶和华啊，你为何使我们走差离开你的道，使我们心里刚硬不敬畏你呢？"（赛63:17）这就是为什么人拒绝基督反对基督教："后来，有些人心里刚硬不信，在众人面前毁谤这道。"（徒19:9）上帝任凭人存邪僻的心行那些不合理的事，圣经描述为上帝使他们的心刚硬："如此看来，上帝要怜悯谁，就怜悯谁；要叫谁刚硬，就叫谁刚硬。"（罗9:18）"主叫他们瞎了眼、硬了心"（约12:40）。使徒也提到邪恶的心、**离弃上帝的心**、**硬心**："就不可硬着心，像在旷野惹他发怒、试探他的时候一样。"（来3:8）"你们要谨慎，免得你们中间或有人存着不信的恶心，把永生上帝离弃了。总要趁着还有今日，天天彼此相劝，免得你们中间有人被罪迷惑，心里就刚硬了"（来3:12—13）。而上帝使人回心转意信主，使人脱离罪恶权势和羞耻败坏的大功，就是"**除掉石心，赐给他们肉心**"（结 11:19；36:26）。

圣经所说**硬心**就是**不会感动**的心，或不容易被崇高情感打动的心，像石头一样无知、固执、愚蠢、僵死、麻木。圣经称刚硬的心为**石心**，与其相反的则是**肉心**，它有感觉，有知觉，容易触动。我们在圣经里读到**石心**，也读到**肉心**；我们明白两者完全相反。但什么才是肉心？什么是容易被崇高情感打动的心？上帝称许约西亚说他有一颗肉心，因为他的心容易被敬虔热情打动，证据就是下面这些描述他心软的经文："就是听见我指着这地和其上的居民所说，要使这地变为荒场、民受咒诅的话，你便心里敬服，在我面前自卑，撕裂衣服，向我哭泣，因此我应允了你。这是我耶和华说的。"（王下 22:19）我们必须**变成小孩子的样式**，才能进**上帝的国**，我们要有一颗柔软的心，容易被属灵的事情感动，好像小孩子的心容易感动。

一些经文说得很清楚，心硬的意思就是没有情感。所以圣经这样描述鸵鸟不爱自己的孩子："他忍心待雏，似乎不是自己的。"（伯 39:16）一个人明明身处危险却无动于衷，圣经说这种人是心存刚硬："常存敬畏的，便为有福；心存刚硬的，必陷在祸患里。"（箴 28:14）

所以，既然圣经说心硬就是缺乏敬虔情感，既然圣经反复用心硬来描述罪性和败坏，那么，罪的反面——内心的恩典和圣洁——必然就是内心具有敬虔情感，并且容易受到这些情感打动。神学家通常认为罪究其根本是消极的，是缺乏性的，罪的根源在于缺乏圣洁。所以，如果罪就是心硬和缺乏敬虔情感，那么圣洁必然主要在于**敬虔情感**。

我绝不是说所有情感都证明人有柔软的肉心——最硬的心里也可能充满诸如**仇恨**、**愤怒**、**虚荣**以及其他自私和自大的情感，但显然**心硬和心软**都是与情感有关的说法，它们说明了人心是否容易受到**某些情感**的影响，或拒绝受到**某些情感**影响。这在后面论述。

总而言之，我认为上述论点已经清楚而充分地说明：真宗教很大部分

在于情感。我不是说这些论点可以证明真圣徒心中宗教的真实性与情感以及情绪的热烈程度成精确比例，因为真圣徒的情感里面也有许多不属灵的情感，他们的宗教情感常常是混合的，多数不是来自上帝的恩典，而是来自人属血气的本性。并且，虽然情感的居所不在身体，但身体的构造却能在很大程度上影响心情。敬虔与否不能根据当前情感的强烈程度加以判断，而要根据情感习惯（圣洁情感成为固定的习惯）的固定程度和强度加以判断，而这种习惯的强度并不总与外在效果、外在表现或内在效果（思想观念急速、突然、猛烈地转变）成正比。然而，我们已经清楚地看到，宗教是何等的倚重情感，甚至没有圣洁情感的宗教，就不是真宗教；不在内心产生圣洁情感的理性之光，就不是真光；不在内心产生圣洁情感的习惯或原则，就不是好习惯和好原则；不源于圣洁情感的外部果实，也不是好果实。

三　教义推论

在论述了这些证据以后，我将继续探讨其推论。

1. 有些人完全鄙视一切宗教情感，以为这些情感既不可靠也不现实。而根据以上的论述可知，他们的错误是何等荒谬。

显然，这种思想目前在新英格兰大行其道。因为在最近宗教复兴运动中，很多看似满怀强烈宗教情感的人没有表现出正确的心智，被自己的热情冲昏头脑，犯了许多错误；而且很多人的强烈情感很快就归于乌有，某些一时湮没于大喜乐和大热心的人又回去吃自己的呕吐物。于是，很多人一般不再相信宗教情感，认为真宗教完全不包含情感。这样，我们就自然而然地从一个极端滑到了另一个极端。不久以前我们还在前一个极端：多数人都把高涨的宗教情感视为真恩典运行的标志，不去仔细探讨这些情感的本质和来源，也不注意这些情感的表现方式；如果有些人看上去情感很热烈——喜欢谈论宗教，用极大的热情和诚恳加以表达，说自己**被圣灵充满**——很多人仅根据其外在表现，不做深入检查就下结论说，这些人真是被圣灵充满的，他们明显受到上帝恩典感动。这是在三四年前 ④ 流行的极端。但最近，人们走向了另一个极端：他们不再盲目推崇一切宗教情感，现在的主流是盲目拒绝和忽视一切宗教情感。由此可见撒旦多么狡诈。它一看见人们的崇尚情感，就知道这地方的人并不精于此道，也没有经历过多少伟大的宗教情感，缺乏判断力，不能分辨真伪。于是它就知道自己可以在此大展身手，把稗子撒在麦子里，将假情感与圣灵的工作掺杂起来。它知道这样就能迷惑众人，毁灭许多灵魂，破坏圣徒的信心，将他们纠缠于可怕的旷野，使一切敬虔宗教渐渐陷入无谓的争议。

但现在时候不同了，**假情感**的病态后果已经突显出来，人们已经认清这些情感不过是炫目的表演：虽然捧场的人不少，实际却算不得什么。现在魔鬼知道它应该转换工作方法，竭尽全力说服人相信宗教当中一切情感表达都是虚空，不值一提。应该躲避它们，甚至小心防备它们如洪水猛兽。它知道这样就能把一切宗教贬为徒具外表而毫无生气的形式，有效地阻遏敬虔能力和一切属灵之事。因为虽然真宗教确实不光是情感，还有别的内容，但是情感之于真宗教如此重要，以至于没有情感就没有真宗教。没有宗教情感的人，灵魂是死的，内心完全感受不到圣灵那强烈的复苏和救赎生命的感召力。正如只有情感别无他物必非真宗教，同样地，毫无宗教情感亦非真宗教。一方面，真宗教中必然有理性之光和情感之热——如果有热无光，那么心里就没有神圣或属天之物；同样地，另一方面，如果有光无热，头脑装满了各种概念和思想，内心却冰冷无情，那么这种理性之光也不是出于上帝，这种知识也不是认识神圣事物的属灵真知识。如果人们正确地认识了宗教中那些大事，他们的心必然受到感动。人们经常读经听道却没有被那些无比伟大、重要、荣耀、奇妙的事情所感动，这些人毫无疑问是瞎眼的。倘若他们不是瞎

---

④ 本文发表于 18 世纪 40 年代。——译注

眼的，他们不可能不受到震撼和感动，因为那根本不符合人的本性。

魔鬼用这个伎俩让人蔑视一切宗教情感，叫人心硬，变得麻木不仁，使他们保持属灵的死亡，并最终带他们进入永死。今天，这片土地上盛行对一切宗教情感的偏见，这种偏见显然会产生种种可怕的后果：它使罪人更加心硬，妨碍圣徒的恩典，扼杀宗教的生命力，排斥圣礼的果效，使我们受困于无动于衷的麻木状态。这无疑导致许多人鄙视上帝在这片土地上的伟大工作，从而极大地冒犯上帝。嘲笑一切宗教情感的人，就在内心弃绝一切宗教，并且彻底败坏自己的灵魂。谴责别人情绪激昂的人，自己显然不可能具有炽热的情感。那些仅存些微敬虔情感的人，自己当然也没有多少敬虔可言。那些因别人有宗教情感而自己没有就诅咒别人的人，他们的宗教信仰已荡然无存。

有假情感，也有真情感。一个人情感丰富不一定有真宗教，但如果毫无情感则必定没有真宗教。正确的道路不是弃绝一切情感，亦非赞成一切情感，而是分辨情感的真伪，赞成一些，拒绝另一些，把麦子和糠秕、金银和渣滓、宝贵的和下贱的分别出来。

2. 既然真宗教很大部分在于情感，那么我们就能由此推论：能使人感动的蒙恩之道才是正道。我们需要这样的书，这样讲道，这样施行圣礼，这样祷告赞美崇拜上帝，让这一切都具有感人肺腑的力量，触动和感染参与其中的人。

这种方法曾备受赞赏，多数人一度把它视为最优秀、最有益的蒙恩途径，最能促进上帝设立蒙恩之道的目的。但大众的口味最近发生了奇特的转变：这种祷告和讲道以前因足够煽情而备受推崇，现在只会立刻激起厌恶之情，只能让人感到不快和蔑视。也许，从前大众（至少多数普通人）过于着迷公众讲演中的激情，但现在很多人显然矫枉过正，走到另一个极端。是的，有些方式确实**可能**激发软弱无知者的激情却对他们的灵魂无益，因为虽然它们能煽动人们的**情感**，却很少或根本不能激发真**恩典**情感。但毫无疑问：我们在使用蒙恩之道时，如果能按照宗教事物的本质正确地对待它们，真实地展现它们，恰如其分地传达感染力，帮助人们提高判断力，那就越感人越好。

3. 如果真宗教很大部分在于情感，那么我们就应该认识到自己在上帝面前应该感到多么羞耻和恐惧，因为我们竟然对这样的大事无动于衷。上面说过，之所以会这样是因为我们不够敬虔。

上帝赋予人类情感，正如他赋予人类心灵一切感受力和原则，正是为了让这一切帮助人实现人生的首要目的，也就是上帝创造人类的目的：宗教信仰。然而，多少人把情感随意浪费在别的事情上，于宗教却如此吝啬！在关于世俗利益的事情上，对于外在的欢乐、肤浅的享受、虚荣的名声、血亲关系等，他们如饥似渴，永不满足，趋之若鹜；对这些事情，他们的心温柔明智、感受敏锐、刻骨铭心、全神贯注；当世俗利益受到损害时，他们倍感愁苦；取得世俗成功时，他们欢喜雀跃。然而，人对另一个世界的事情却多么愚昧麻木！他们的情感何等呆滞！他们的心在这些事情上多么僵硬！他们的爱心冷淡，欲望消沉，热情低迷，不懂感恩。他们怎能安然坐听上帝在耶稣基督里的爱是何等长阔高深，甚至舍了自己的独生爱子，为人的罪献上自己为祭；无罪、圣洁、温柔的上帝羔羊那无与伦比的爱借着他的受难、他的血汗、他的痛哭、他的流血而表露无遗，而他忍受这一切都是为了救赎他的敌人脱离死亡和永火，带领他们进入无法用语言形容的永恒喜乐和荣耀。他们如何能够听到这一切仍旧如此冷漠、阴沉、麻木、无动于衷？！如果我们的情感不用在这里，该用在哪里？还有什么比这更值得我们动情？如果这样都不感动，那还有什么场合可以感动？难道还有什么别的东西在我们眼中更伟大更重要？还有什么比这更奇妙更出人意料？哪怕是关乎我们自己的利益，还有什么能与之相提并论？我们怎能认为全知全能的上帝把情感注入人心，好让人在适当场合运用这些情感，却让人在这样的场合无动于衷？任何相信这些真理的基督徒怎能怀揣此种想法？

倘若我们有任何理由运用我们的情感，倘若造物主把这些情感原则注入人性并非不智之举，那么它们就应该被运用在那些值得运用的对象上。但是，天上地下有什么比耶稣基督的福音所呈现事更值得我们崇拜、爱慕、渴求、盼望、欢喜、热衷？基督福音不仅宣告了最值得我们为之感动的事，而且以最感人的方式呈现它们。在福音里，耶和华的荣美（本身就最配得我们爱慕、崇拜的）以我们所能想象的**最感人肺腑**的方式向我们呈现出来，它在一位道成肉身、无限慈爱、温柔、怜悯、死在十字架上的救主脸上闪耀着夺目的光辉。上帝羔羊的一切美德，他的谦卑、忍耐、温柔、顺服、爱和怜悯，全都活化在我们眼前，呈现方式之动人心魄远超过人的想象；因为这一切美德全都得到了最大的试炼、最高的运用和最光彩的显现——当他身处最**惊心动魄**的环境时，当他忍受最后的痛苦时，他忍受这些无法言喻且无可比拟的痛苦，都是出于他对我们的慈爱和怜悯。罪的**可憎本质**也以最**触目惊心**的方式表现出来，因为我们在这位救主替我们承受的痛苦中看到罪的可怕后果。而上帝对罪的恨恶以及他的忿怒和公义也得到最感人的彰显，因为我们看到他的公义多么严格且不容丝毫妥协，我们看到他的愤怒是多么恐怖，竟然用这样可怕的方式，在他如此宝贵的爱子里面，在如此爱我们的主耶稣里面，惩罚了我们的罪！上帝就是这样在救赎我们的事上命定了一切，借着福音向我们显明他荣耀的旨意，好像每件事的安排都是为了最大程度地触动我们内心最柔软之处，最明显而强烈地打动我们的情感。因此，倘若我们对此漠然视之、不为所动，那岂不是我们的奇耻大辱！

第二部分

无法证明宗教情感是否出于恩典的一些现象

若有人读了前面的内容就安慰自己说:"我可不是毫无宗教情感的人,我常常一想到宗教大事就深受感动。"希望他不要因此自满:他的宗教情感不一定是正确的。因为,正如我们前面说过,我们不应该拒绝一切情感,以为真宗教完全不在于情感;同样道理,另一方面,我们也不应该赞成一切情感,以为任何情感都出于恩典,每个受宗教感动的人都有真恩典,都受到圣灵的感动而得救。因此,正确的办法是分辨宗教情感的真伪,把不同种类的情感加以区分。为了实现这个目的,我将做两件事:

第一,我会提到一些**不能证明情感是否出于真恩典的现象**。所以,我们不能用它们作为判断的依据。第二,我要描述属灵情感和恩典情感与赝品的明显差别,我们可以借助它们得知何为真恩典情感。

首先,我将论述无法证明情感是否出于恩典的某些现象。

一　宗教情感热烈

宗教情感热烈,这不能证明情感是否出于恩典。

有些人谴责一切热烈情感。如果谁看起来宗教热情高涨,他们不进行深入调查,就草率地断定这些人的情感不过是假象。但是,既然宗教很大部分在于情感,那么真宗教越多,情感必然越强烈;宗教在人心里的地位越高,圣洁情感也必然达到较高的水平。

爱就是一种情感。有哪个基督徒会说不应该热爱上帝和耶稣基督?有哪个基督徒会说我们不应该对罪深恶痛绝?谁会说我们不应该因上帝的恩典和救赎更加感恩？谁会说我们不应该极其渴慕圣洁？有哪个声称自己具有强烈敬虔情感的人会说："我没有理由谦卑，宗教对我没有什么影响；我没有道理感到羞愧，我不热爱上帝，也不怎么为罪忧伤，上帝给我的怜悯我也不觉得有什么好感激的？"有哪个基督徒会因看到、听到上帝舍弃自己的独生子为罪人牺牲以及基督舍己的大爱，深受感动并赞美上帝之后却祷告说，希望不要让自己因这一切受到**太大感动**，因为基督徒的热烈情感既不得体又不可爱，既狂热又破坏真宗教？

我们的主题经文谈到**说不出来、满有荣光的大喜乐**，这明显是热烈的情感。这里用的是几个最高级的词语。圣经多处让我们运用**热烈的情感**，所以在第一条和最大的诫命中我们看到几个最高级词语的堆砌，好像这些词尚不足以表达我们应当**爱上帝的程度**："你要尽心、尽性、尽力爱主你的上帝。"（申 6:5）上帝要圣徒满怀大喜乐：**应当欢喜快乐**。基督对门徒说：**要大大喜乐**（太 5:12）。《诗篇》说："惟有义人必然欢喜，在上帝面前高兴快乐。"（诗 68:3）《诗篇》常常呼吁圣徒**欢呼**。《路加福音》6:23 说要**欢喜跳跃**。同样，圣经还呼吁圣徒要深深地**感激**上帝的怜悯，一心称赞上帝，他们高兴**遵行**耶和华的道，他们的心尊主为大，唱诗赞美他，谈论他一切奇妙的作为，传扬他的作为，等等。

我们发现圣经里最伟大的圣徒常常告白他们的热情。诗人说他的**爱**强烈得无法言表："我何等爱慕你的律法！"（诗 119:97）他也同样表达对邪恶的**深恶痛绝**："耶和华啊，恨恶你的，我岂不恨恶他们吗？攻击你的，我岂不憎嫌他们吗？"（诗 139:21）他还表达为自己的罪而**深深忧伤**：他说自己的罪孽高过他的头，如同重担叫他担当不起。他终日唉哼，骨头枯干，精液耗尽，如同夏天的干旱，连骨头也断了。他常常提到强烈的**属灵渴慕**，使用大量具有强烈情感色彩的词汇加以描述：渴慕、灵魂好像干旱疲乏无水之地、切慕、心和肉体发出呼吁、因切慕而心碎，诸如此类。他为别人的罪感到极其**哀痛**："我的眼泪下流成河，因为他们不守你的律法。"（诗 119∶136）还有 53 节："我见恶人离弃你的律法，就怒气发作，犹如火烧。"他表达强烈的**喜悦**之情："王必因你的能力欢喜；因你的救恩，他的快乐何其大。"（诗 21∶1）"我歌颂你的时候，我的嘴唇和你所赎我的灵魂都必欢呼"（诗 71∶23）。"因你的慈爱比生命更好，我的嘴唇要颂赞你。我还活的时候要这样称颂你，我要奉你的名举手。我在床上记念你，在夜更的时候思想你，我的心就像饱足了骨髓肥油，我也要以欢乐的嘴唇赞美你。因为你曾帮助我，我就在你翅膀的荫下欢呼"（诗 63∶3—7）。

使徒保罗表达了强烈的情感。他提到对众人的怜悯和关切之情，甚至时常为他们心里伤痛；提到了热烈而丰富的大爱、渴想、极大的喜乐；也讲到了灵魂得胜和高举、最热烈的盼望、许多泪水、灵里受苦、怜悯、哀伤、渴望、嫉邪、热心，等等，相关经文已多次引用，无须重复。

施洗约翰在《约翰福音》3∶29 表达了强烈的**喜悦**之情。我们在圣经里看到，膏抹耶稣身体的妇女因基督复活而表现出强烈的宗教情感："妇女们就急忙离开坟墓，又害怕，又大大地欢喜。"（太 28∶8）

圣经多处预言，上帝的**教会**在地上将有大大的喜乐："知道向你欢呼的，那民是有福的，耶和华啊，他们在你脸上的光里行走。他们因你的名终日欢乐，因你的公义得以高举。"（诗 89∶15—16）"锡安的民哪，应当大大喜乐！耶路撒冷的民哪，应当欢呼！看哪，你的王来到你这里"（亚 9∶9）。还有很多地方提到喜乐之情。因为基督的福音让人有大喜乐，所以天使说福音是**大喜**的信息，是关乎万民的。

天上的宗教达到最完全的程度，天上的**圣徒**和**天使**与地上的圣徒相比，更因所见所想而受到感动。他们的爱全是属天的烈焰，他们的喜乐和感恩熊熊燃烧；圣经说他们的赞美好像众水的声音和大雷的声音。他们的情感比地上圣徒热烈得多，唯一的原因就是他们比我们更加真切地看到天上的事情，他们的情感也更加符合这些事情的本质。所以，既然地上圣徒的宗教情感与天上的具有同样的本质，那么我们的情感越接近天上圣徒的程度越好，因为那样的情感更符合这些事情的本质，就像天上的圣徒那样。

由此我们明显地看到：高涨的宗教情感不能证明这些情感本质上不是真宗教。所以，我们不能仅仅因为别人有热烈的情感就谴责他们是狂热分子。

而另一方面，也不能仅仅因为宗教情感热烈就证明这些情感必然是属灵的恩典情感。圣经是判断宗教事物最确凿无误的标准，而圣经让我们看到某些高涨的宗教情感并非属灵的情感，也不具有救赎的功效。使徒保罗在《加拉太书》里提到加拉太基督徒的热烈情感，他坦陈自己担心这些情感可能是虚空无益的："你们当日所夸的福气在哪里呢？那时，你们若能行，就是把自己的眼睛剜出来给我也都情愿。这是我可以给你们作见证的。"（加 4:15）而在 11 节他说，我为你们害怕，唯恐我在你们身上是枉费了工夫。以色列人也是如此，他们看到上帝在红海行的奇妙大工，深深地感激他，唱诗赞美他。不过，他们很快就忘记了上帝的工作。后来，他们在西奈山看到上帝亲自显现，再一次被深深感动。上帝与他们立约的时候，他们似乎非常积极，甚至于信誓旦旦地说：凡耶和华所吩咐的，我们都必遵行。但是，他们的积极和热情转眼就消失得无影无踪了，很快就背信弃义，去膜拜别神，为自己造的金牛犊欢呼雀跃！很多人看到耶稣使拉撒路从死里复活的神迹深受震撼，一时群情激昂，兴高采烈地欢迎耶稣进入耶路撒冷。他们甚至不忍让他骑的驴子直接踩在地上，砍下很多棕榈树叶，一路铺进城里，甚至把衣服脱下来摊在地上，大喊：和散那归于大卫的子孙！奉主名来的，是应当称颂的。高高在上和散那！于是，合城都惊动了。《约翰福音》12:18 让我们知道是撒拉路复活使他们受到了感动。当时呼喊和散那的人多得让法利赛人感叹

"看哪，世人都随从他去了"（约 12:19），而当时只有极少数人是基督的真门徒。最后，这场闹剧结束得多么迅速！当耶稣被捆起来、身披假王袍、头戴荆棘冠冕、被嘲笑、被吐口水、被鞭打、被诅咒、被钉死的时候，那些欢呼的人变得无声无息。实际上，当时仍然有很多群众在大声呼喊，只是他们这次所喊的不是"和散那、和散那"，而是"钉死他！钉死他"！

所有正统神学家都一致同意：某些宗教情感虽然热烈，但里面却没有真宗教的本质。①

二 身体的生理反应强烈

某些情感对身体具有强烈作用，这不能证明情感是否具有真宗教的本质。

所有情感都在某方面或在某种程度上对身体产生影响。我们已经论证过这是我们的本性，也是身心合一的规律所致：心灵积极活动必然对身体产生某些影响。既然身体受制于心灵，那么，体液尤其是血气也必然受制于心灵的运行。因此，内心强烈的感动必定对体液和血气产生影响。虽然我们不能肯定地说，联于身体的灵魂一有想法，身体的某个部位就会相应出现某种运动或变化，但是普遍的经验证明：情感的运行确实会对身体产生某种影响。既然一切情感都会对身体产生某些影响，那么我们就可以认为情感运行得越强烈（其他因素不变），它们对身体的影响就越大。强烈的情感肯定会对身体产生强烈的作用。由于情感包括普通情感和属灵情感，所以可推论：这两类情感都能对身体产生强烈作用。结论就是：这些作用本身并不能证明这些身体作用究竟出自哪一类情感。

身体的强烈作用不足以证明情感是属灵的，因为我们看到这些作用

---

① 斯托达德（Stoddard）写道："普通情感有时比救赎情感更加强烈。"（*Guide to Christ*, p.2）

常常源于关乎世俗事物的普通情感，而这些情感与宗教毫无关系。而且，既然对纯属**世俗**事物的热情（这种热情纯粹出自血气）能对身体产生某些作用，我不知道我们有什么理由断定对**宗教**事物的热情（同样出于血气）不能产生类似效果。

另一方面，当圣洁的恩典情感与属血气的情感同样高涨并且同样强有力地运行时，我也不知道有什么理由断定它们不能对身体产生强烈的作用。我们不能从**理性**中得出这样的规则，我们没有**理由**认为一个见到上帝荣耀（或见到所罗门王的荣耀）并为之感动的人不应该因此晕倒。而且，我们也不能在圣经中找到这样的规则。最近关于这类事情的一切争议里面都没有圣经的规则。属灵的情感具有巨大的能力，我们在经上读到这种能力在基督徒里面做工②，**还读到圣灵是大能的灵**③**以及圣灵对信徒产生的实际效果**④。但人的本性是软弱的。圣经说血肉之躯太软弱，尤其不适合属灵情感和属天情感剧烈运行（太26：41；林前15：43，50）。前面的经文提到说不出的**满有荣耀的大喜乐**，考虑到人性和这些情感的本质，谁会怀疑这种说不出的荣耀喜乐有可能太过强大，令我们尘土造的软弱躯体无法承受？显然，圣经告诉我们：人如果看见上帝的荣耀，如果看得非常真切，这会对人心产生强烈影响，进而压垮人的身体。因为圣经常常教训我们：如果这些认识像天上一样真切，那人软弱的血肉之躯根本无法承受，这也是为什么无人亲眼见到上帝以后还能存活。地上圣徒拥有的关于上帝荣美的认识以及这些认识引发的圣洁情感，与天上的圣徒本质上没有区别，只在程度和环境上有差异：上帝此时让他们**预先品尝**天上的福分并且给他们得基业的**凭据**。谁能说上帝赏赐就只有这么少而已，仅仅给人凭据，却不把整个基业赏赐给人？既然上帝已经通

---

② 《以弗所书》3：7。

③ 《提摩太后书》1：7。

④ 《以弗所书》3：7，20。

过圣经告诉我们整个基业多得让我们无法承受,会立刻压垮我们,并且我们明明知道上帝从不限制他自己,那么我们怎么还敢妄自限制上帝的主权,说他只给我们凭据不给我们基业免得压垮我们?

《诗篇》作者描述自己的强烈情感,他一再强调这些情感对他的身体和灵魂同时产生影响,并且将二者加以区分:"我羡慕渴想耶和华的院宇,我的**心肠**、我的**肉体**向永生上帝呼吁。"(诗 84:2)诗人把灵魂和身体加以区分,说明二者都受到感动。所以《诗篇》63:1 说:"在干旱疲乏无水之地,我的**心**渴想你,我的**肉体**切慕你。"⑤诗人的意图明显是分别描述灵魂和身体。

先知哈巴谷提到自己的身体因为感到上帝的威严而崩溃,"我听见耶和华的声音,身体战兢,嘴唇发颤,骨中朽烂;我在所立之处战兢"(哈 3:16)。同样,《诗篇》作者也曾描述身体战兢,"我因惧怕你,肉就发抖"(诗 119:120)。

上帝有时让活在世上的人看见自己荣耀的意象,而这显然能使人身体崩溃,因为圣经中有记载:上帝有时候把自己显明给某些圣徒,让他们认识他的威严和荣耀,凡是看见的人都变得好像死人一样。例如先知但以理和使徒约翰。但以理这样描述基督荣耀显现的情景:"我浑身无力,面貌失色,毫无气力。"(但 10:8)这也是使徒约翰看见基督显现时的反应:"我一看见,就仆倒在他脚前,像死了一样。"(启 1:17)有些人或许会说,圣徒见到的只是基督外在荣耀的显现,而非上帝属灵荣耀的显现。这种说法站不住脚。确实,他们只是用肉眼看见基督外在荣耀的显现,但上帝用这些外在记号的目的,就是为了让这些先知看到它们所代表的实质,也就是基督真正的荣耀和威严。这些外在的记号本来就是为了表明上帝属灵的荣耀,而但以理和约翰无疑看到了,并且深受震

---

⑤ 中文和合本译作:"我渴想你,我的心切慕你"。——译注

撼。按照上帝使用这些外在记号的本意，先知领受了上帝真荣耀和真威严的生动意象，由此受到巨大震撼，他们的心被吞没，身体难支。有些人说上帝今天不能（或不会）借助清晰而感人的意象向任何圣徒显现上帝的荣耀和威严，他们坚称上帝今天不会以这种外在形象出现。我认为这种说法非常大胆。

最后，我想进一步强调：圣经经常使用身体的种种表现来表达强烈、圣洁的属灵情感，诸如**发抖**⑥、**叹息**⑦、**成病**⑧、**呼吁**⑨、**切慕**⑩、**渴想**⑪。假如这些语言只是用来描述属灵情感热烈程度的**修辞手法**，那么我不明白这些属灵情感怎么可能是假情感，是伪装的效果，是魔鬼的欺骗。我无法想象上帝经常使用与属灵情感本质不同的东西、明显具有撒旦之手邪恶特征的东西、散发着无底深渊之恶臭的东西来描述属天的圣洁情感。

三 善于谈论宗教

流畅、热烈、滔滔不绝地谈论宗教事物，这不能证明情感是否出于恩典。

有很多人一看见别人流畅、热烈、滔滔不绝地谈论与宗教相关的事物，就对他们产生很大的歧视。他们认为健谈是浮夸的表现，是法利赛人的作风，应该遭到谴责。另一方面，也有很多人看见这种现象就无知而轻率地断定他们是上帝的真子民，他们受到了圣灵救赎功效的感动，这种健谈证明他们是重生的基督徒。他们说：**这个人现在开口赞美上帝，他以前说话迟缓，但现在被圣灵充满，得到自由，能够打开心扉流畅地分享**

---

⑥ 《诗篇》119:120；《以斯拉记》9:4；《以赛亚书》66:2，5；《哈巴谷书》3:16。
⑦ 《罗马书》8:26。
⑧ 《雅歌》2:5；5:8。
⑨ 《诗篇》84:2。
⑩ 《诗篇》38:10；42:1；119:131。
⑪ 《诗篇》84:2；119:81。

他的见证,赞美上帝,这是从上帝而来的,好像活水的源泉,诸如此类。如果他们不仅言谈流畅,滔滔不绝,而且表现出热诚的情感,那人们就更加坚信上帝救赎的恩典在他们身上动工。

但事实常常证明这些判断都是误判,是缺乏经验的结果,也是人们常犯的错误,因为他们自恃聪明,相信自己的判断力,依靠自己的想法,却不相信圣经。虽然圣经充满了各种规则让我们可以判断自己和别人,但我们在圣经里找不到任何规则告诉我们如何从上述现象里判断自己或别人是否得救。因为这种谈话只是舌头上的虔诚,圣经将它描述为树叶:好树坏树都长叶子,有叶子并不能证明树的好坏。

善于谈论宗教话题——可能出自高尚的动机,也可能出自邪恶的动机。也许是因为心里充满了圣洁的宗教情感,**因为心里所充满的,口里就说出来**;也可能是因为内心充满了不圣洁的宗教情感,同样因为心里所充满的,口里就说出来。这是情感的本质,不论是何种情感,也不论情感对象是什么,只要它们强烈运行,就使受到感动的人急于表达出来。他们不仅说得多,而且会说得诚恳而热烈。所以,热烈谈论宗教事物的人只能说明一点:他们**深受**这些宗教事物**感动**,其中可能有恩典(我们已经讲过),也可能没有恩典。 只要人们仍旧受到感动,只要这种情绪持续,他们就很可能会在言谈和行为中表现出这种热情,就好像很多犹大和加利利的犹太人一度深受施洗约翰的讲道和洗礼感动:他们情愿暂时喜欢他的光,合城都轰动了,各式各样的人都稀奇这位先知和他的工作。同样,群众常常对那些外在的东西,对基督的讲道和神迹感兴趣,似乎乐此不疲,**稀奇他的教训**,当下欢喜领受,日夜跟随他,不吃不喝不睡听他讲道,有一次甚至跟随他到旷野去,禁食三天就是为了听他讲道;有时候他们把基督捧到天上,他们大喊:**从来没有像他这样说话的!**他们说这些话都是热烈而诚恳的。但这一切最后结果如何呢?他们当中大多数最后是如何对待耶稣的呢?

一个人可能满口谈的都是自己的体验,他依赖这些主观的体验,不管在哪里、对什么人都如此。这可能并不是好兆头。就像叶子过于浓密，果实反而结得不多；又好像一片乌云，看似充满雨水，但带来的风太大，反而没有多少雨水落在干涸的土地上。圣经多次用这个比喻来说明某些人嘴上表现得极其敬虔，生活实践中却不能结出与之相应的果实："空夸赠送礼物的，好像无雨的风云。"（箴25:14）使徒犹大谈到一些人偷着混入圣徒当中，表现得十分敬虔，一时蒙蔽了不少人，他们是没有雨的云彩，被风飘荡（犹4，12）。使徒彼得也谈到这种人："这些人是无水的井，是狂风催逼的雾气。"（彼后2:17）

当假情感和真情感同样强烈的时候，假情感更喜欢自我表现。因为假宗教的本质就是炫耀，正如法利赛人那样。⑫

四 情感源于外界

情感并非由自己营造，也不是靠自己酝酿或努力激发出来的，这些都不能证明情感是否出于恩典。

有时候，情感主体无法描述某些情感的来源。这些情感显然不是他们自己努力的结果，也不是人类感知能力和人类原则运行的自然结果，而是来自于外源性的、超自然力量对他们的感动。今天很多人对所有这类情感加以谴责。他们不遗余力地批评和嘲笑各种内在体验（明显感觉自己接受圣灵能力和运行）的教义。他们说圣灵与我们是合作关系，借着蒙恩之道和我们自己的努力，通过悄无声息、神秘莫测、无法觉察的

---

⑫ 著名的实践神学家，谢泼德（Sherpard）先生说："法利赛人吹号要让合城听见，而简朴的人静静地穿过村子无人注意。于是，一个人乐意公开表彰自己（总说**我自己**如何如何），详详细细地描述他信主的经历，而且很可能有所欺骗和隐瞒。 为什么？他的潜台词是：**我祷告，崇拜我**。 这就显出他的匮乏和弱点：想想我是多么心碎的基督徒啊！"（*Parab. of the Ten Virgins*, Part I, pp. 179、180）弗拉韦尔（Flavel）先生这样说，"读者啊，若您在上帝面前心正眼直，不以虚空之信仰告白为自欺，您что必时常忙于上帝之事；是密友所不知、爱妻亦不晓之事。人尽可知，非宗教也（*Non est religio, ubi omnia patent*）。敬虔之奥秘非俗眼所能见。责任行在人前维持我们的声誉，但责任行于密室维持我们的生命。异教徒论及交友说，'**世事于我们何干？你我为彼此之舞台，此生足矣！**'宗教之内自有福乐，心灵未更新之人不能体会其美。"（*Touchstone of Sincerity*, Chap 2. Part II.）

方式进行，所以我们自己无法分辨哪些是圣灵的感动，哪些是我们内心感知能力的自然（属血气的）运行。

当然，如果我们忽略蒙恩之道还想指望领受圣灵救赎的感动，那是不切实际的幻想。如果圣灵不借蒙恩之道就不可能在人心里施行救恩，脱离蒙恩之道是盲目的幻想。对于不同的人，圣灵运行的方式和情况确实不一样，圣灵在某些人心里动工或许是隐秘而渐进的，开始的时候难以察觉，这无疑也是事实。

但是，如果真的存在一种能力，它完全不同于我们的能力且完全超越我们的能力，也超越所有蒙恩之道和救赎器皿的能力，甚至超过整个自然界的能力，并且根据我们普遍接受的信仰告白，这种能力是在人心中产生救赎恩典的必要前提，那么这种能力所产生的效果当然应该经常表现为它明显来自外界。如果恩典完全仰赖上帝外源性的有效运行，而不是人靠自己的努力，那么接受恩典的人有此感觉当然是合情合理的。既然事实如此，那么看起来是这样还有什么可大惊小怪的呢？既然恩典不是靠我们自己努力，也不是我们自己感知能力运行的结果，不能借助任何途径或工具得到，而是全能上帝圣灵的工作，那么接受恩典的人自然会觉得"这种情感来自外界"本是事实，而非与事实相抵触。所以，当他们在谈到自己内心感受到这些作用时，如果他们说感觉不是来自他们自己的能力，而是来自其他媒介的超自然能力，难道我们应该仅仅因为这些情感看起来符合事实而武断地认定他们在撒谎或受到了蒙蔽？反对者的逻辑实际上是：因为这些人的情感**看似**从上帝而来，所以它们必定**不是**从上帝而来。人们宣称自己里面的情感在他们看来显然不是出于他们自己，而是出于圣灵的大能，而其他人就因此谴责他们并断定他们的体验不是出于上帝，而是出于他们自己或出于魔鬼。今天很多人因此遭到旁人无理不公的歧视。

圣经反复教导：灵魂里的恩典是上帝大能作用的效果，正如人力所无法产生的许多效果，诸如人自己的受造出生、从死里复活、从无到有的创造，等等，借此显明上帝有何等丰盛的荣耀并知道他的能力是何等浩大⑬。既然如此，那么具有如此伟大能力的上帝为什么非要小心隐藏自己的能力，让受圣灵感动的人无法觉察其来源呢？谁有理由或得到启示宣称上帝非如此不可？根据圣经判断，那并不是上帝圣灵的运行方式。相反，上帝展现能力和怜悯的方式正是让人看见他的恩手，**彰显他的大能，好显明人的软弱，叫人无可自夸**⑭，**惟独耶和华被尊崇**⑮，**要显明这莫大的能力是出于上帝不是出于人**⑯，**叫基督的能力在我们的软弱上显得完全**⑰，**免得有人向上帝夸说我的手救了自己**⑱。

　　上帝在古时照这个方式拯救以色列人的现世救赎，预表了上帝最终属灵的救赎。他拯救以色列脱离埃及人的奴役，用大能的手和伸出来的臂膀救赎他们；为了更加彰显上帝的能力，他先让以色列人遭遇最无助最可怜的处境。上帝也如此用基甸拯救以色列人：他只留下极少数人，手里也不拿什么兵器，只用号角、油灯、土罐。以色列人打败歌利亚也是这样，只靠大卫一个甩石的机弦和一块石子。既然世人凭自己的智慧不能认识上帝，在所有哲学家试图改造世界的努力都失败以后，上帝就用这样的方式成就他的大工，呼召外邦人信主，至此显明世人完全无法自救，除了依靠上帝，别无出路。我们在新约历史中看到很多具体个人信主的经历也是如此：他们被主得着，不是像很多人所坚持的那样，通过静谧、渐进、无法察觉的方式信主，而是由明显具有超自然能力的介入，使其发生奇妙、彻底、突然的转变。今天肯定很多人会认为这种方式是假相和盲目。

　　使徒保罗在《以弗所书》谈到上帝如何启发基督徒的心，带领他们

---

⑬ 《以弗所书》1:17—20。
⑭ 《哥林多前书》1:27—29。
⑮ 《以赛亚书》2:11—17。
⑯ 《哥林多后书》4:7。
⑰ 《哥林多后书》12:9。
⑱ 《士师记》7:2。

相信基督，目的是让他们认识他们所信的这位能力何等浩大。原话是，"并且照明你们心中的眼睛，使你们知道他的恩召有何等指望；他在圣徒中得的基业有何等丰盛的荣耀；并知道他向我们这信的人所显的能力是何等浩大"（弗1:18—19）。既然使徒保罗谈到他们因此（自己得到圣灵光照、领受有效呼召）而**体验**基督的大能，那么保罗的意思正是"**他们借助体验**"而认识上帝的能力。既然圣徒是**借助体验**而认识上帝的能力，那么他们就一定能够感觉它、分辨它，并且能清楚地认识这种感动与自己情感的自然（属血气）运行有极大差别。如此看来，圣灵这种明显可分辨的运行方式必然不是隐秘的，而这就不符合某些人的理解：他们认定圣灵的运行方式是人所无法觉察的，他们说人完全无法知道自己的感动来自外界，只能依据圣经做出"**判断**"；而这就不是"**借助体验**"而认识。所以，仅仅因为别人明显感觉其情感来自外界就判断这些情感必不是圣灵恩典的运行，这种判断既不合理也不符合圣经。

另一方面，如果情感不是由情感主体刻意营造，或人自己并不知道情感的来源，那也不能说明情感必定出自恩典。

有些人会误用我上面的论点。他们会这样描述自己的情感："我确定这不是从我自己来的。它不是我设计或努力的结果。我什么也没有想它就来了。即便我能用它换整个世界，我也不能随己意再造出它来。"于是他们断定自己必定经历了圣灵大能的感动，所经历的情感是救赎性的情感。但这种想法同样非常无知，毫无依据。他们体验的情感也许确实不是直接来自他们自己，而是来自一个看不见的动因、一个外源性的动因，但那并不一定是圣灵。除了圣灵以外，还有各种各样的邪灵能感动人。有很多虚假的灵忙着哄骗人心，它们常常化身为光明天使，用各种奇特的方式模仿圣灵的运行，并且展现出高超的技能。撒旦的运行与人内心自发的活动很多时候并不难分辨。撒旦给人制造恐怖可憎的想象，向人灌输亵渎上帝的想法，使人感到毫无意义的恐惧，因为魔鬼就是营造恐怖的师傅。在这些虚假的安慰和喜乐以及恐惧的想象中，撒旦的能力显得又直接又明显，实际情况也常常确实如此。德国的重洗派和其他很多狂热分子就是一个例子，导致他们如此狂热的显然不是人的能力。

另外，我们也考虑到一点：这些情感也许既不是来自自己，也不是来自邪灵，而是确实来自圣灵，但这种情感并不是救赎性的，而是圣灵的普遍感动。这些人可能属于《希伯来书》中提到的那些人，"论到那些已经蒙了光照，尝过天恩的滋味，又于圣灵有分，并尝过上帝善道的滋味，觉悟来世权能的人"（来6:4—5），但他们可能完全不谙达那些在第九节经文中所提到的"伴随得救的更美之事"。

宗教情感的发生，也可能既没有受到圣灵的直接影响，也没有受到邪灵的直接影响，特别是那些身体软弱喜欢幻想的人，他们只是头脑简单，容易受外界影响，容易产生奇特的感受和想象，伴之以强烈的情感，而这些情感并非他们刻意制造出来的。这种人喜欢幻想世俗的事，同样地，他们也喜欢幻想属灵的事。正如人睡觉做梦并非刻意营造梦境，同样地，他们在清醒的时候产生各种想象也是不由自主的。

五 情感伴随经文进入头脑

宗教情感伴随经文强有力地进入头脑，这不能证明宗教情感是恩典情感。

有时经文突然进入头脑，情感伴随这些经文而来，这**不能**证明这些情感**必定不**是来自恩典。前提是判断的依据为经文本身或经文所教导的真理，而不仅或不主要以经文突然进入头脑这个**奇特方式**作为依据。

但另一方面，由于突然奇妙地联想到某些经文而激发情感，这也**不能**证明这些情感**必定是**属灵的**恩典**情感；不论这些情感是恐惧还是希望，是喜乐还是忧伤，或是别的什么。有些人以为这足以说明他们的情感是救赎性的，尤其是如果这些情感激发希望和喜乐之情或其他任何愉悦的情绪，他们更坚信自己得到上帝的拯救。他们用这种体验（美好的情感**与经文伴随而来**）证明自己属灵状况良好，他们喜欢说："有这种那种甜蜜的应许进入我心里。它突然出现,好像上帝对我说话。我从来没有专门读过也没有想什么相关的事情。它突然一下进入我的头脑中。我感到吃惊。我好久没有想过这件事了。我当时甚至不知道这句话来自圣经,我不记得我读过这句话。"他们也许还会接着说:"不同的经文一句接一句地流进我心里,都是最美、最舒服的,最适合我的。它们充满我。我忍不住站起来崇拜上帝,泪水流下来,我充满喜乐,不能再怀疑上帝的存在。"于是,他们自以为有确凿的证据说明自己的情感肯定来自上帝,是属灵的情感,说明自己的属灵状况很好,但这些想法都没有依据。有什么依据断定只要伴随着应许、让自己感觉舒服的经文意外地进入头脑,不记得自己读过,或只要一系列美好经文一句接一句进入头脑,就足以证明自己的情感和体验是救赎性的情感?圣经作为判断这类事情最确定无疑的权威,其中哪里能找出这样的规定?

在这个问题上,很多理解能力较差、考虑欠周的人是这样受骗的:圣经是上帝的话,毫无谬误,是纯全的,所以来自经文的感情体验肯定错不了。但问题在于:某些情感确实源于联想经文,但它们并非**正确应用**经文的结果,反而是**滥用**经文的结果。用圣经话语纯全来论证情感体验是否正确,只能这样说:因为上帝的话语纯全,所以只有那些**本质符合经**文的情感才是正确的,而非只要是**伴随**经文出现的情感就正确。

我们有什么证据表明魔鬼不能把经文带入人的头脑,然后错误地应用这些经文,达到欺骗人的目的?撒旦显然有这个能力。把声音或文字带入人的头脑,这个工作并不需要特殊能力,我们没有理由认为只有全能的上帝才行。如果撒旦能把任何文字或声音带入人的头脑,那他就有能力把圣经里的话带入人的头脑。对人类来说,发出经文的声音并不比讲故事或唱歌难。撒旦也有同样的能力。能够在头脑中发出一类声音,就能发出另一类声音:区别仅在于习惯,而不在于能力。或许有人以为:经文是非常神圣的东西,所以魔鬼不敢滥用也不敢染指。这种想法也是错的。魔鬼有胆量抓住基督本人,引他到旷野、上高山、到圣殿上，它肆无忌惮地引用经文；它敢于直接面对基督，一句接一句引用经文，试图欺骗和试探耶稣基督。既然撒旦能得到上帝许可用经文试探基督，我们有什么理由认为它不敢或上帝不许可它用经文试探**我们**？既然魔鬼能窃用某句经文，它就能窃用别的经文。经文本身重要与否，我们感觉舒服与否，是不是宝贵的应许……这些都不能改变事情的本质，更不能改变魔鬼的胆量或能力。如果它能把一句舒服的经文带入人的头脑，就能带一千句进去；并且它能选择最适合的经文达到自己的目的；它能把圣经里的各种应许堆积起来，错误地应用它们，巧妙地消除人的怀疑，加强罪人虚假的喜乐和自信，引诱他们逐渐偏离正道。

我们知道魔鬼的器皿、传播败坏和宣讲异端的教师也能够曲解圣经，自取沉沦，这正是他们的所作所为（彼后3:16）。我们看到他们能轻易使用任何经文使许多灵魂永远灭亡，不管这些经文本身是多么宝贵神圣，而且这是他们最喜欢使用的武器。我们没理由认为魔鬼不能用同样的方式使用经文。假教师是魔鬼的器皿和仆人，他们所为都是受到魔鬼的煽动和感动。既然魔鬼能煽动别人这样做，它自己当然更擅长。魔鬼的仆人只是跟从他们的主，魔鬼怎么做，他们就怎么做。

魔鬼能滥用圣经欺骗和毁灭许多人，人自己的愚蠢和败坏也能滥用圣经。人心里的罪所行的事与它的父所行的一样。人心与魔鬼同样诡诈，能用同样的方式进行欺骗。

所以，显然任何人都可能具有高涨的热情，甚至盼望和喜乐之情伴随经文而来；是的，来自圣经的宝贵应许突如其来进入他们的头脑，好像上帝亲自对他们说话；是的，许多经文一句接一句神奇地出现。然而，这一切都不能证明这些情感是圣洁的，也不能证明它们不是撒旦欺哄人产生的效果。

我将进一步论证，有些人表现出激昂的喜乐之情，这些情感也许**伴随经文而来**；不仅如此，这些情感也许真是**源于上帝的话语**，不是来自撒旦，也不完全是来自人败坏的内心，而是伴随经文，来自圣灵的感动。尽管如此，它们本质上仍然没有救赎的功效，也不是真宗教信仰。那些石头地的听众听到耶稣的话也欢喜雀跃，是的，这些情感也是来自上帝的话语，是好种子长出来的，与那些从好土里长出来的别无二致。两者的区别只有到试炼的时候才会显现出来，那时就看出他们的情感里并没有救赎的信心。⑲

六　情感包含爱意

某些宗教情感显然包含爱，但这不能证明宗教情感是否具有救恩的本质。

凡是宣信的基督徒都承认这个论点有助于澄清宗教情感的真实性和救恩的本质。但另一方面，有些人却以为情感里只要有爱就足以证明这些情感是圣灵的感动，具有救赎灵魂和使人成圣的功效。他们的理由是，撒旦没有爱的能力。爱的情感与魔鬼完全相反，魔鬼的本性就是仇恨。确实，真基督徒对上帝和人的爱是最奇妙、最高尚、最神圣的情感，超过知识、说预言、行神迹，或讲万人并天使的方言。爱是圣灵最大的恩典，是真宗教的生命、本质和总结。借着爱，我们最契合天国，最远离地狱和魔鬼。但问题在于爱是可以伪装的。越是宝贵美好的东西，赝品越多。假金银比假铜铁多，钻石珠宝有很多赝品，但随处可见的普通石头谁会造假？越宝贵的东西，它的实质和内在价值越难以模仿，但赝品也就越多，并且外表越逼真，越表现出模仿技艺的高超。所以，虽然假药难以模仿治疗效果，但人们很容易买到吃了没有任何益处的假药。基督徒的道德和恩典也是这样。撒旦不乏能力，人心也充满诡诈，它们一贯模仿声望崇高的东西。在各种假冒的恩典中，伪装的爱和虚假的谦卑可能是最常见的，因为爱和谦卑正是真基督徒的美德所在。

---

⑲ 斯托达德先生在《认识基督》一书8、9页中说，属血气的人在真正接受基督为救主之前，常常因圣经上的应许而欢喜雀跃，以为这说明上帝爱他们，并且因此相信自己是得救的人。(*Guide to Christ*, pp. 8, 9)

关于爱，圣经清楚地告诉我们，有些人可能有宗教的爱，却没有救赎的恩典。基督说到很多基督徒有这种爱，但他们的爱不长久，最后没有得救，"只因不法的事增多，许多人的爱心才渐渐冷淡了。惟有忍耐到底的必然得救"（太 24:12—13）。这段话清楚地表明：不能忍耐到底的人及爱心渐渐冷淡的人不能得救。

有些人好像爱上帝爱基督，甚至爱得非常强烈，但其中却没有救赎性的恩典。例如很多没有得救的犹太人朝基督欢呼，日夜跟随他，不吃不喝也不睡觉。他们说："你无论往哪里去，我要跟从你。"又大声喊："和散那归于大卫的子孙！"[20]

使徒保罗在《以弗所书》暗示初代教会就有很多人对主的爱并不真诚，说："并愿所有诚心爱我们主耶稣基督的人都蒙恩惠。"（弗 6:24）"诚心"原文是"不朽坏"，这暗示使徒保罗知道很多人对基督的爱既不纯净也不属灵。

基督徒对上帝子民的爱也可能掺假。圣经表明这类情感有很多，尽管看似强烈，却没有救赎的恩典；就像加拉太人对待使徒保罗那样，他们信誓旦旦地说，就是把眼睛剜出来也情愿，但保罗却说担心他们的情感成为虚空，唯恐在他们身上枉费了工夫（加 4:11, 15）。

七　多种情感交织

多种宗教情感互相交织，这不能证明其中是否包含恩典情感。

假宗教常常是让人恶心、恐怖和可憎的，它们不像真宗教那样完善且具有美感。但假宗教当中也有很多情感，表面上与恩典情感并无二致。

---

[20] 斯托达德先生提到：有些未得救的罪人有强烈的情感，并且说他们有爱上帝的心，说他们以荣耀上帝为人生目标，说他们有救赎的恩典；斯托达德先生还观察到，有时候他们的普遍情感比基督徒的救赎性情感还要强烈，并且有时候属血气之人对上帝的假情感强烈到一个程度，甚至他们真的相信自己愿意为上帝牺牲一切。（*Guide to Christ*, pp. 21,65）

显然，各种情感都有虚假的：例如**爱上帝**和**爱弟兄**，这个我们刚刚讲过；**为罪忧伤**，例如法老、扫罗、亚哈、旷野的以色列人（出 9：27；撒上 24：16—17；31：21；王上 21：27；民 14：39—40）；**敬畏上帝**，例如撒玛利亚人"他们惧怕耶和华，又侍奉自己的神"（王下 17：32—33）；上帝的仇敌也会害怕，"因你的大能，仇敌要投降你"（诗 66：3）；**感激**，以色列人过红海以后赞美上帝（诗 106：12），叙利亚人乃缦的麻风病被上帝治好以后也表示感激（王下 5：15）；**喜乐**，例如石头地的听众（太 13：20），特别是施洗约翰的听众（约 5：35）；**热心**，例如耶户（王下 10：16）、信主前的保罗（加 1：14，腓 3：6）和不信的犹太人（徒 22：3；罗 10：2）。所以，没有恩典的人也能有热烈的宗教情感，正如巴兰看见以色列人的喜乐和福分时发出由衷的赞叹：这独居的民不列在万民中（民 23：9—10）。不得救的人也可能对永生有强烈的盼望，如法利赛人。

既然人在属血气（自然）的状态下能够表现出每一种宗教情感，那么他们当然也能同时表现出多种宗教情感。而且，事实表明情况就是如此。当一种假情感高涨的时候，常常伴随着许多别的假宗教情感。在拉撒路复活之后，群众热烈欢迎基督荣入耶路撒冷，许多宗教情感立刻爆发出来，并且群情激昂；他们把衣服铺在地上，表现出对基督的崇拜、**热爱**以及**尊重**之情，还有对基督伟大工作的**感激**之情，高声称颂他的救恩；他们**渴慕**上帝国度降临，以为耶稣马上就要建国；他们表现出极大的**盼望之情**，期待这个国度立刻实现；因此他们充满喜悦，甚至合城都惊动了；他们也表现出对基督的**热心**，愿意服侍他，帮助他赶紧在**逾越节**建立国度。

我们的本性以及情感的本质很容易说明为什么一种情感高涨会激发其他情感，假爱更是如此，就像那些欢呼和散那的群众。热烈的爱会自然而然地引发其他情感，因为我们说过，爱是诸情感之首，是众情感之源。想象有一个人一直对地狱感到恐惧，紧张的压力和可怕的想象使他内心软弱。当他濒临绝望深渊时，撒旦来欺骗他，让他突然坚信上帝已经赦免了他的罪，并且接纳他，爱他，给他永生的应许。魔鬼通过某种异象或生动的想象，让他看到了一位面容美好、满脸微笑、敞开怀抱、有血流下的形象。他以为这就是耶稣，可是他却没有任何理性之光，看不到基督的属灵之美和完全，也不明白福音的救赎之道。他也许听到一些声音说："孩子，当欢喜快乐，你的罪赦了。"或"不要害怕，天父喜悦将他的国赏赐给你"，他立刻接受这是上帝在对他说话，却不了解承受国度的前提是相信基督，或单单忠于基督。在这种情况下，这个人心里会迸发出多少情感！不同的激情会同时或一个接一个地进入他的心中。可想而知，这个人会兴奋至极，他心里对想象出来的救主充满感激之情，他以为这个假神拯救自己脱离可怕的毁灭，他心里敬畏这样的恩宠；现在他开口闭口都是崇拜和感激的语言，随时与人分享自己的体验；一时，他心里想的、嘴上说的都是此事；他显得非常尊崇这位上帝，因为他为他做了大事；他邀请别人与他一同欢喜；他看上去极其喜乐、高声交谈；他得救之前常常质疑上帝是否公平，而现在他轻而易举降服在上帝面前，承认自己没有价值，承认自己有罪，看似非常谦卑，躺在上帝脚下，好像温顺的羊羔；他承认自己一无是处，呼喊："为什么是我？为什么是我？"就像扫罗在撒母耳告诉他上帝膏他做王的时候也说："我不是以色列支派中至小的便雅悯人吗？我家不是便雅悯支派中至小的家吗？你为何对我说这样的话呢？"这很像真圣徒大卫所说的话："主耶和华啊，我是谁，我的家算什么，你竟使我到这地步呢？"（撒下 7：18）难怪他现在很喜欢与那些认可这件事情的人待在一起。难怪他喜欢所有尊重他并羡慕他所拥有的经历的人。难怪他强烈地反对那些对此不以为然的人，凡不属他一党的，他就公开断绝与之交往，甚至向他们宣战。难怪他以受苦为荣，谴责那些怀疑他或为难他的人。难怪只要他的热情不减，他就愿意忍受痛苦、舍弃自己、促进本党之利益。难怪他如此渴望增加他们的人数,正如法利赛人走遍海陆勾引一人入教。[21]我可以继续列举很多这类表现,它们在这种情况下都会自然而然地冒出来。如果有人以为没有超自然力量的介入,人就不可能做这些事情,那他肯定对人性缺乏足够的认识。

从真正的属灵之爱涌出基督徒的各种真情感,同样,从假爱也流出各种假情感。在两种情况下,爱都是源泉,其他情感是支流。人类心灵的不同感知能力、原则和情感就像一个源头分出许多支流。如果源头的水是甜的,甜水就会淌入支流;如果源头的水有毒,那毒水也会顺流而下。支流本身没有什么区别,最大的区别在于泉水的本质。或者可以把人的本性比作一棵树,虽然枝桠很多,但都出自同一个树根。如果根部的汁液是好的,树干和枝桠就是健康的,结的果子也是好的;如果树根和树干的汁液有毒,那树枝和果子也有毒。两种树看起来一样,外形没有什么区别,只有吃果子的时候才能发现不同。圣徒和假信徒常常也是如此,至少在某种程度上如此。真情感和假情感看上去非常相似,它们的表达和运行也相似。就像法老的酒政和膳长的梦,表面看上去差不多。约瑟先为酒政解梦,说他要出监,重获信任,官复原职,于是膳长感觉希望大增,就把自己的梦也告诉约瑟。但他失望了——他的梦虽然看起来同样吉利,但事实完全相反。

八　宗教体验顺序

认罪以后,安慰和喜乐显然按照某种顺序随之而来,这无法证明情感的**真伪**。

很多神学家坚持某些情感和体验的出现顺序有某种规律:人首先会有某种良知觉醒的感觉、恐惧感,然后会感到某种律法性质的谦卑,觉

---

[21] 斯托达德指出:"与圣徒相交不证明一个人有恩典。亚希多弗是大卫的谋士。为教会的疾痛感到忧伤,渴望灵魂转变等情感也不能证明。属肉体的人身上也能找到这些情感,所以它们不能证明恩典。"(*Nature of Saving Conversion*, p. 82)

得自己完全是罪人、无可救药，接着会得到某种光照和安慰。今天，很多人对这种描述持有偏见。很多人认为这种安排（陈述这类方法和步骤）完全是人的计谋。尤其是如果大喜乐跟随大哀痛和大恐惧而来，那么很多人更是强烈反对这种情感。但这种偏见和反对既不合理，也没有圣经依据。首先，我们完全有理由认为：上帝在拯救人脱离罪恶和永远灭亡的结局之前，会首先让他们深刻地认识邪恶，让他们知道自己需要拯救。我们完全有理由相信人们是在有意识的情况之下得救，他们能够理解得救的过程，并且知道上帝为他们成就大事。由于得救之人处于两种截然不同的状态：首先是被定罪的状态，然后是称义和蒙福的状态；而且由于上帝在拯救人的时候会按照他们的理解力来适当地对付他们，所以得救的人应该**知道**自己身处这两种状态：首先他们知道自己绝对缺乏良善并绝对需要救恩，然后也知道基督救恩是充足的，并且知道上帝借着基督赦免自己的罪。这显然既合理又符合上帝的智慧。

这是上帝对付人的方式："他向人说安慰话之前先领他们进入旷野"，先让他们经历痛苦，让他们认识到自己绝对无助、绝对依赖上帝的能力和恩典，然后上帝再施行大能拯救他们——圣经里有许多这样的例子。上帝让人看见自己毫无能力，**无论困住的、自由的都没有剩下，他不愿为他的仆人后悔**；上帝让他们看到假神不能救他们，他们所依靠的磐石实属虚空（申 32∶36—37）。上帝带领以色列人出埃及之前，先预备他们吃苦，让他们看见**他们的苦情**，以色列人因作苦工，**就叹息哀求**（出 2∶23；5∶19）。上帝在红海边行大神迹救以色列人之前，先让他们**在地上绕迷了，使旷野把他们困住了**，既不能向左转又不能向右转。前面是茫茫的大海，后面是埃及的追兵，无路可逃；他们发现自己根本无法拯救自己，倘若上帝不帮助他们，他们会立刻遭到吞噬。然后，上帝向他们显现，把他们的哀哭变为乐歌。同样，他们进入安息享受迦南的奶和蜜之前，上帝**在旷野引导他们**，四十年苦炼、试验，**要知道他们心内如何，肯守**

他的诫命不肯（申8:2，16）。患了十二年血漏的女人一直没有得救，她在医生手里花尽了她一切养生的，并没有一人能医好她，她彻底无助以后来到那位大医生这里，没有花钱就治好了病（路8:43—44）。基督回应迦南妇人之前，他好像完全拒绝她的请求，使她降卑，让她承认自己不过是一条狗，然后他才怜悯她，认她作自己的女儿（太15:22）。使徒保罗曾遭遇危险，"被压太重，力不能胜，甚至连活命的指望都绝了。自己心里也断定是必死的"（林后1:8—10）。有一次，海里忽然起了暴风，甚至船被波浪掩盖。门徒朝耶稣求救："主啊，救我们，我们丧命啦。"于是耶稣斥责风和海，风和海就大大地平静了（太8:24—26）。身上有长大麻风灾病的，他的衣服要撕裂，也要蓬头散发，蒙着上唇，喊叫说**不洁净了！不洁净了**（利13:45）！背道的以色列被迫承认常常得罪耶和华上帝，没有听从耶和华上帝的话，并且在羞耻中躺卧，**惭愧将他们遮盖**，仰望从小山或大山的喧嚷中得帮助真是枉然的，承认只有上帝才能拯救以色列（耶3:23—25）。遭弟兄出卖的约瑟（因此预表基督）先让弟兄**大大惊惶**，让他们认罪说**我们实在有罪**，然后才释放他们，显出自己原来是他们的弟兄和拯救者。

我们考察上帝是如何向古代圣徒显现的，就会发现，他通常先以令人恐惧的方式显现，然后才显出**安慰**。例如亚伯拉罕：先有**惊人的大黑暗落在他身**上，然后上帝再向他启示自己，给他美好的应许（创15:12—13）。摩西在西奈山上也有相同的体验：上帝显现之初极其可怕，甚至摩西说**我甚是恐惧战兢**，然后上帝耶和华在他面前宣告说：**耶和华是有怜悯、有恩典的上帝**。以利亚也是如此，开始有烈风大作，崩山碎石，风后地震，地震后有火，火后才有微小的声音（王上19）。还有但以理，他先看见基督面貌如闪电，见了这大异象他便晕倒；然后上帝给他加添力气，安慰他说："大蒙眷爱的但以理啊"（但10）。使徒约翰也有同样的经历（启1）。我们可以看出，上帝拯救子民和向他们显现的方式（不论是普遍的显现还是特殊的显现）具有这样相似的特点。

圣经多处直接表明这是上帝对付人的最普遍方式——用这种方式，上帝拯救人的灵魂；用这种方式，上帝向人显现；用这种方式，上帝让人借着基督认识上帝的怜悯；用这种方式，上帝的恩典运行在罪人心里。欠一万两银子的仆人先被带到王面前，国王定了他的罪，吩咐把他和他的妻子儿女还有他一切财产都卖了还债；先使他谦卑，让他承认所有的欠债，然后再宽恕他。浪子花尽了一切所有的，在极端困苦的情况下认识到自己一无是处，谦卑自己，然后才被父接纳，进入宴席（路15）。久治不愈的伤口必须彻底处理才能愈合；圣经把这比作罪（灵魂的伤口），圣经说灵魂的伤口如果不彻底处理，那就是无用的欺诈（耶15：11）。基督赏赐人心的恩典被比作"像雨降在已割的草地上，如甘霖滋润田地"（诗72：6），这说明他安慰、感动、复兴那些忧伤痛悔的灵。人类始祖犯罪以后，他们首先因上帝的威严和公义而感到恐惧，先在上帝面前接受审判，然后才得到女人必有一后裔的应许。圣经描述基督徒是一群"逃往避难所、持定摆在前头指望的人"（来6：18），这暗示基督徒要面对巨大的恐惧和危险。与此类似，基督被称为"避风所和避暴雨的隐秘处，又像河流在干旱之地，像大磐石的影子在疲乏之地"（赛32）。经历了巨大的恐惧和苦难之后，才迎来美好的福音。我们也可以认为：上帝对付每个信徒也像他对付教会一样，先让他们通过律法听见他威严的声音，有可怕的雷鸣闪电，让他们俯伏下拜，预备迎接基督；然后从锡安山传来喜乐的声音，用福音安慰他们。施洗约翰也按照同样的方式为基督预备道路，预备人心接受基督：他首先让人看到他们的罪，让犹太人离开他们的自义，说他们是**毒蛇的种类**，让他们看到**上帝的愤怒**要临到他们，**斧子已经放在树根上**，等等。

既然这是上帝做事的方式（上面已经论述得非常明白，这确实是上帝做事的方式）：先让他们感到极度恐惧并相信自己急需拯救，再安慰他们并拯救他们脱离罪恶捆绑，那么我们就可以认定：看到这种景象的人们常常会感到极度恐慌，尤其是当他们想到自己得罪的是至高的耶和华上帝，他有无限的威严，若落在他可怕的愤怒下，痛苦必存到永远。圣经不乏这种例子：人们先认罪，感到极其痛苦，然后得到救赎的安慰。正如耶路撒冷的众人，他们"听见这话，觉得扎心，就对彼得和其余的使徒说，弟兄们，我们当怎样行？"使徒保罗被主安慰之前，扑倒在地、**恐惧战兢**。还有禁卒，他"叫人拿灯来，就跳进去，战战兢兢地俯伏在保罗、西拉面前，又领他们出来，说：二位先生，我当怎样行才可以得救？"

所以，宣信的基督徒没有理由仅仅因为舒适喜乐的情感紧随恐惧和悲伤而来就断定这种情感不是出于真宗教。

另一方面，也不能仅仅因为安慰喜乐紧随极大的恐惧（害怕下地狱）而来就证明它们是正确的。[22]很多人过于看重这种恐惧感，认为这种感觉证明律法在人心中动工，为上帝的安慰预备人心。但他们没有认识到一点：恐惧感不等于认罪。虽然认罪常常**导致**恐惧，但它们**本质**上是**不同的**。别的事情也能导致恐惧。受圣灵感动，人良知觉醒，认识自己内心的罪性和罪行，并且认识到犯罪是得罪上帝，是公然违抗上帝——而这位上帝极其威严、无限圣洁，他恨恶罪，通过惩罚人的罪显出自己绝对公义。但有很多人的恐惧感是来自地狱，他们害怕被地狱吞噬、被永火焚烧，害怕被周围的魔鬼掌控，而他们内心却没有被良知照亮，他们看不到自己内心和生活中的种种罪恶。与圣灵一样，魔鬼如果得到上帝许可，也能使人感到恐惧。这本是**魔鬼**的工作，它有万般手段叫人害怕，唯独不能使人行义。

魔鬼可以用各种外在形象和可怕的意象让人感到恐怖：憎恨的表

---

[22] 谢泼德先生写道："人们因忧伤被降到极其卑微的地步，在枷锁中躺卧，因极大的恐惧感而战兢，然后情绪又极其高涨，喜不自禁；然而却不弃绝贪念；令人遗憾的是，目前这样的人很多，他们很可能在那日子到来的时候切齿痛哭，感到极其恐怖。"(*Parable of the Ten Virgins*, Part I, p. 125)

情、拔出的刀剑、复仇的乌云、宣告死亡的结局㉓、地狱已经张开大口、群魔乱舞……诸如此类,魔鬼不是为了让人知道那些已经通过圣经显明的真理,而是让他们毫无依据地相信魔鬼的谎言:自己没有指望,上帝是无情的,自己遭天谴,上帝已定意要除灭他们,等等。

而且,某些人的恐惧更多是由于他们的身体原因或性格所致。很显然,一些人特别容易因感动而产生想象,而他们的想象反过来又作用于情感,使情感更强烈。于是,情感和想象相互促进,最后达到不可收拾的地步,把人吞噬掉,使人失去自制能力。㉔

有的人会大谈看到自己的邪恶,但如果我们仔细检视,会发现他们其实并没有真正认罪。他们谈到可怕的硬心,说自己的心硬得像石头一样。但其实,他们心里对此并不以为然。他们谈论罪的可怕和堕落,说自己里面好像一堆漆黑、令人作呕的污物。但若是仔细加以审视,他们根本还不知道什么叫人性的败坏,也没有认识到人心如何因罪而受到污损,看不到自己亏缺了上帝的荣耀,也不因自己的败坏而感到忧伤痛悔。很多人以为自己已经彻底认罪,但其实根本没有。他们说上帝把他们的各种罪行陈列在眼前,四面环绕他们,极其可怕,但他们在生活中却没有为其中哪怕一样罪感到真正的内疚。

而且,就算这些人的大恐惧确实是来自良心觉醒和圣灵使人认罪的感动,也不能由此推论他们的恐惧感必定导致真安慰。(人感到恐惧和痛苦之后)败坏的人心能消灭圣灵的感动,它使人错误地相信自己,自高自大,怀有虚假的盼望和喜乐,诸如此类。并不是每个经历产痛的妇女所生的都是健康婴儿,也可能生的是完全没有人类形质的怪胎。法老的

㉓ 斯托达德先生说:"圣灵让人知罪认罪的方式是通过照亮他们本来的良心。圣灵不是通过给予见证来做工,而是通过帮助良心做它自己的工作。本来的良心是上帝手中的工具,上帝用它来指责、定罪、恐吓、督促人履行责任。圣灵让人考虑他们的危险状况,并让他们因此而感动;'人的灵是耶和华的灯、鉴察人的心腹'。"(箴20:27)(*Guide to Christ*, p. 44)
㉔ 珀金斯(Perkins)先生说:"合乎圣经的忧伤来自良心认罪,而人的忧愁情绪仅仅来自想象,后者常常突然袭来,如同闪电击中房屋一样猛烈而突兀。"(Vol. I. of his works, p. 385)

膳长下监后做了一个和酒政一样的梦，他以为自己也会出狱，结果却被处死。

然而，对于这些人，即便安慰和喜乐不仅跟随恐惧和认罪而来，并且他们和真圣徒一样显出预工性的认罪和谦卑，而且这些情感也明显按照某种次序出现，与真基督徒的体验一样——这仍然不能证明这些随后产生的光亮和安慰是真恩典和得救的知识。原因在于：

第一，既然撒旦能伪造圣灵一切救赎性工作和恩典，那它也能伪造领受恩典的预工性运行。既然撒旦能伪造圣灵的特殊、神圣、使人成圣（好叫众人可以晓得何为敬虔）的效果，那么它伪造圣灵的普遍情感（众人尚未成为上帝儿女之前就有的情感）更是不在话下。实际上，圣灵的这些特殊工作（上帝按照自己的形象造人，并赐给人圣灵，使人有分于上帝的性情）是最崇高、最神圣的工作，它们超越属血气的能力，所有被造物都力不能及。如果魔鬼能伪造这种高级的情感，那么它当然更善于伪造各种低级的情感。实际上有很多证据说明存在假谦卑、假顺服、假安慰。㉕

扫罗是一个邪恶之人，内心自高自大，他身为君王，却忌恨仆人大卫并与之公开为敌。当扫罗被迫仆倒在大卫面前认罪时，他放声大哭责备自己说："你比我公义，因为你以善待我，我却以恶待你。"又说："我有罪了！我是糊涂人，大大错了。"（撒上 24:16—17；26:21）但当时扫罗显然没有受到圣灵的感动，因为上帝的灵已经离弃他，有邪灵从耶和华那里来扰乱他。如果这位骄傲的君王都能在自己的臣民（而且是他恨得要死、一直仇视的人）面前痛苦地降卑自己，那么其他人当然更能在上帝面前表现出知罪和谦卑的样子，而实际上他们仍旧与上帝为敌。常

㉕ 尊敬的斯托达德先生说道："一个人可能会说，现在无论上帝如何对付他，他都能以上帝为义，但与此同时他并不放弃他自己的义。某些人确实因为相信上帝定自己的罪而称上帝为义。良心提醒他们自己是罪人，并告诉他们被上帝定罪是应当的，正如法老在《出埃及记》9:27 中称上帝为义。这些人虽然承认这一点，却不能继续信上帝。他们只是暂时痛一下，然后就继续沉沦。"（Guide to Christ, p. 71）

常见到一些人，他们因为害怕地狱而感到恐惧，他们好像完全脱离了自己的义，可是他们并没有在**所有**方面脱离自义。尽管他们在**某些**明显的方面确实不再炫耀自己的义行，但他们还是相信自己的义，只不过换了别的隐秘方式。有时候人们以为他们谦卑，其实那不过是灰心丧气而已，因为他们曾经依赖的东西证明是靠不住的。这种所谓的顺服上帝并不是绝对顺服，其中还隐藏着讨价还价，只是难以察觉。

　　第二，如果魔鬼能伪造圣灵运行的过程和效果（真信徒的认罪和安慰），那么它也能伪造圣灵运行的次序。如果撒旦能模仿这些东西，它就能轻而易举地为它们安排顺序。如果魔鬼能伪造 A、B、C，那么把 A 放在第一位，紧接着是 B，然后是 C，这对魔鬼来说更是易如反掌；反过来也一样。神圣事物的本质比它们的顺序更难模仿。虽然魔鬼不能**精确地**模仿圣灵运行的**本质**（尽管从表面看冒牌的情感很像真情感），但它能**精确地**模仿圣灵运行的**顺序**。魔鬼伪造神圣情感的时候，不需要借助任何神圣的能力就能把这个放在前面，把那个放在后面。所以，任何情感或体验的顺序都不能证明它们具有神性。只有属神的性情才是我们应该相信的恩典确据，神性本身才是撒旦无法伪造的，因为只有上帝自己才能产生属神的性情。

　　第三，不信主、最终不得救之人所经历的种种情感和认罪悔改本身并不是属灵的，也没有救赎的果效。我们没有任何办法可以确认圣灵在这些情感中到底会发挥到何等程度。属乎血气之人在属乎血气的状态下所经历的这些情感和认罪，其本质与圣灵的救恩之间并没有必然联系。既然这些情感的本质和得救没有必然联系，那么我们就根本无从得知他是否真正得救，除非有上帝的启示。但除了恩典必然导致蒙恩的果实以外，上帝并没有启示蒙恩得救与属血气之人的情感之间有任何确定的联系。所以，圣经没有任何地方说，认罪或认罪之后的安慰按照任何确定的方式或顺序出现可以作为圣徒蒙恩的确据，尽管圣经多处地方提到这些恩典情感的运行和效果。真基督徒宁可把上帝的话语当作充足而确定的依据，而不是靠自己的哲学、体验或想象来判断属灵的事物。

第四，经验证实：认罪和安慰按照某个步骤和顺序出现不是恩典的确据，虽然这种步骤和顺序常见于真信徒。㉖本国牧长在最近复兴运动中获得许多机会对付人的灵魂，我向他们呼吁，希望他们审查：是否有很多人美好地描述了信主体验，看似经历了认罪和安慰，并且这些情感显然清晰而完整地按照正确次序和步骤（某些人所认定的圣灵使人信主的规律）而来，但最后他们并没有得救？所以，这些次序和步骤并不是恩典的确据，不能证明其中必然有圣灵救赎的恩典。

一个人看似具有某种步骤和方式，这不能证明他信主；同样，一个人表面上缺乏某种步骤和方式，这也不能证明他不信主。虽然根据圣经的原则，罪人若不认罪，不承认自己的空虚无助，不认识到自己只配受诅咒，那么他显然不可能由衷地接受基督为救主，因而他的灵魂里必须包含某种方式的认罪；但是，没有任何依据要求真信徒必须按照某种顺序明显地表现出圣灵的种种运行。正好相反，正如谢泼德先生所言：圣灵在圣徒里面所做的改变一开始的时候更像是一种混乱，叫圣徒不知如何是好。圣灵在他们里面工作的方式，经常是神秘莫测的；我们虽然听见它的声音、看见它的效果，但没人知道它从哪来到哪去。同样，圣灵使人重生的方式是难以知晓的，正如人第一次出生："风从何道来，骨头在怀孕妇人的胎中如何长成，你尚且不得知道，这样，行万事之上帝的作为，你更不得知道。"（传11:5）人的灵魂中产生恩典，圣经把这个过程比作基督在子宫里成形（加4:19），所以教会被称为基督之母（歌3:11）。每个信徒也是如此（太12:49—50）。蒙大福的童女子宫因圣灵大能孕受基督，与信徒心里靠圣灵能力接受基督，两者之间的相似之处显然有上帝的旨意。我们完全不知道圣灵工作的过程，也不晓得骨头生长的

㉖ 斯托达德先生对此有丰富经验，他很久以前就强调信主和未信主之人不能通过他们对自己体验的描述加以区分，因为他们对体验的描述是相同的。而且，很多人非常精彩地描述自己如何信主，并且多年来在世人看来他们都很好，但最后证明他们并没有得救。(*Appeal to the Learned*, pp. 75, 76)

过程；不论是子宫里，还是人心里。或许能用《诗篇》加以描述："我要称谢你，因我受造奇妙可畏。你的作为奇妙，这是我心深知道的。我在暗中受造，在地的深处被联络，那时，我的形体并不向你隐藏。"（139∶14—15）关于基督的产生，不论是在他的位格中，还是在基督徒心中，也许我们可以引用《以赛亚书》："谁知道他的发生。"㉗（53∶8）上帝在一切事当中运行，他的作为非我们所能明了。"将事隐秘，乃上帝的荣耀"（箴25∶2），**他的路在大水中，他的脚踪无人知道**。尤其是圣灵在人心里的工作，此乃圣灵的首要工作。所以《以赛亚书》说："谁曾测度耶和华的心，或作他的谋士指教他呢？"（40∶13）令人担心的是，一些人竟然试图引导圣灵的工作，他们标明圣灵运行的路径，用特定的步骤和方式限制圣灵的工作。经验明白地显示：最好的基督徒信主时，圣灵运行的方式常常神秘莫测、难觅其踪。而且圣灵的运行也不会明显按照人们设想的步骤进行。很多人以为圣灵运行必须有某种**步骤**和规则，这在很大程度上来自人的影响，因为他们自己曾经经历过某种步骤。我很清楚他们的说法，因为我有很多机会观察这种现象。通常是这样：开始的时候，他们的体验显得混乱，正如谢泼德先生所说；之后，体验的某些片段（最符合这种步骤的情节）被甄选出来，这些片段得到重视和强调，被反复讲述；这些部分变得越来越醒目，而被忽视的那些部分则变得越来越模糊；他们的整个体验则越来越不自觉地被束缚在某个模式内，从而完全符合他们坚持的那个步骤。而牧师们（必须对付并且指导那些坚持清晰步骤的人）也会自然而然地这样做。但是，最近的复兴运动中有许多实例让我们看到圣灵的运行完全超越人的设想。从事灵魂牧养工作的牧师绝对不应该受世俗偏见的影响，不能被这些说法蒙蔽。他们必须明白：圣灵工作的方式极其多样，他的脚踪何其难寻，他的道路何其难觅——很多时候根本无从追踪。

㉗ His generation，中文和合本译作："他同世的人"。——译注

在我们考察自己属灵状况或给别人提出指导意见的时候，必须关注的问题是圣灵在人心里工作的**本质**效果。至于圣灵实现这些效果的**步骤**，那并不是关键。圣经常常清楚地告诉我们省察内心要看圣灵果子的**本质**，但没有一个地方告诉我们要看圣灵结果子的方式。[28]圣灵使人信主的明显工作是什么？很多人的理解有几大偏差。他们把圣灵感动人心的步骤和体验的过程说成"圣灵的明显工作"，但圣灵真正最明显的工作在于圣灵**已成就**工作的神圣属灵**本质**和其工作产生的**果效**，而不在于圣灵工作的顺序。

九　参加宗教活动

某些宗教情感促使人长时间地进行宗教活动，或积极履行外在的敬拜责任，这不能证明这些情感是否具有真宗教的本质。

出于宗教热情，人们愿意花时间阅读、祷告、唱诗、听道，等等。但奇怪的是，最近很多人对此加以抨击，却说不出什么道理。圣经说得很清楚，真恩典会使人喜欢操练信仰生活。先知亚拿受恩典感动，昼夜服侍："(她) 并不离开圣殿，禁食祈求，昼夜侍奉上帝。"(路 2∶37) 恩典对耶路撒冷的初代基督徒也产生过同样的效果："他们天天同心合意恒切地在殿里，且在家中擘饼，存着欢喜诚实的心用饭，赞美上帝。"(徒 2∶46—47) 恩典使但以理喜欢祷告，一天三次认真祷告；大卫也是如此："我要晚上、早晨、晌午哀声悲叹。"(诗 55∶17) 出于恩典，圣徒喜欢

---

[28] 谢泼德先生曾论及人唯独钟情于基督："正如一个孩子不可能说出自己的灵魂如何进入这个身体，他也不可能知道那是什么时候发生的；他只是后来看见并感觉到生命的存在；同样，一个从前性情如同野兽的人，一个否认灵魂不死的人，也很可能说不清楚自己究竟从什么时候起有了永生。"(*Parable of the Ten Virgins*，Part Ⅱ，p. 171) 斯托达德说："如果一个人不知道自己到底何时信主，或不知道自己首次钟情基督是什么时候；牧师不能因此武断地说他不敬虔。"(*Guide to Christ*，p. 83) 谢泼德先生说："不要因为您说不清楚或感觉不到圣灵动工的确切时间就以为自己里面没有灵魂的忧伤、认罪或圣灵的工作。我知道很多人担心说他们**从来没有被上帝降卑、从来没有感觉到圣灵的工作**，等等；可是他们确实经历了，并且常常见到，并因此而归荣耀给上帝。"(*Sound Believer*，p. 38)

唱诗赞美上帝:"你们要赞美耶和华,耶和华本为善;要歌颂他的名,因为这是美好的。"(诗135:3)"你们要赞美耶和华!因歌颂我们的上帝为善为美,赞美的话是合宜的"(诗147:1)。恩典也让他们喜欢听上帝的话语,恩典使福音成为美好喜乐的消息(诗89:15),报佳音的脚何等美好,"这人的脚登山何等佳美"(赛52:7),等等。出于感恩,他们乐意参加公共敬拜:"耶和华啊,我喜爱你所住的殿和你显荣耀的居所。"(诗26:8)"有一件事,我曾求耶和华,我仍要寻求:就是一生一世住在耶和华的殿中,瞻仰他的荣美,在他的殿里求问"(27:4)。"万军之耶和华啊,你的居所何等可爱!我羡慕渴想耶和华的院宇,我的心肠、我的肉体向永生上帝呼吁。万军之耶和华,我的王、我的上帝啊,在你祭坛那里,麻雀为自己找着房屋,燕子为自己找着抱雏之窝。如此住在你殿中的,便为有福,他们仍要赞美你。靠你有力量、心中想往锡安大道的,这人便为有福。他们行走,力上加力,各人到锡安朝见上帝"(诗84:1—2等)。"在你的院宇住一日,胜似在别处住千日"(诗84:10)。

  这些表现确实说明真恩典的本质。然而,另一方面,大量而积极地参与宗教活动并不是真恩典的确据,因为很多没有恩典的人表面上也是如此。古代以色列人就是这样,而他们的服侍被上帝看为可憎:他们出**席月朔和安息日,并宣召的大会,也是上帝所憎恶的,他们举手祷告,就是他们多多地祷告,上帝也不听**(赛1:12—15)。法利赛人也是这样:**他们做长长的祷告,一周禁食两次。**假宗教让人们大声热烈祷告:"你们今日禁食,不得使你们的声音听闻于上。"(赛58:4)不属灵、非救赎性的宗教也能使人喜欢履行宗教职责和各种礼仪:"他们天天寻求我,乐意明白我的道,好像行义的国民,不离弃他们上帝的典章,向我求问公义的判语,喜悦亲近上帝。"(赛58:2)假宗教甚至让人喜欢听上帝的话,就像以西结的听众那样:"他们来到你这里如同民来聚会,坐在你面前仿佛是我的民;他们听你的话却不去行,因为他们的口多显爱情,心却追随财利。他们看你如善于奏乐声音幽雅之人所唱的雅歌，他们听你的话却不去行。"（结33：31—32）希律王也喜欢听施洗约翰讲道（可6：20）。还有其他人喜欢听他讲，**他们情愿暂时喜欢他的光**（约5：35）。同样，石头地的听众听见福音也欢喜。

经验表明，坚持假宗教的人可能更醉心于宗教的外在操练，甚至把所有时间几乎都花在宗教生活上。阿米胥教会有一种人特别多，叫作隐士；他们离群索居，完全放弃人类社会，把自己关在小屋子里，发誓不出来，也不见任何人（除非生病有人来探望），所有时间都用来灵修祷告。古代还有很多修士，他们离开世界到沙漠里一个人生活，所有时间都用来默想祷告；有些人不住在房屋里，仅在洞穴中栖身，他们没有食物，地上长什么就吃什么。我有一次住在一位犹太人隔壁，住了几个月，每天都能观察他的生活。他恐怕是我一生中见过的最虔诚的人，他花大量时间祷告，我曾从他家窗户看见他整天祷告，有时甚至通宵祷告。

十　开口赞美上帝

某些宗教情感使人常常开口赞美荣耀上帝，仅凭这点无法确认情感的本质。

尽管刚才的论述（花大量时间用于宗教外在操练）已暗示这点，之前也提到过，但因为很多人把口头的赞美（非常愿意颂扬上帝，满口赞美的话，热情邀请别人一起赞美上帝）看作恩典情感的明显证据，所以值得专门论述。

没有任何基督徒会因为一个人喜欢赞美上帝而责备他，但仅凭这点无法证明这个人的情感确是真恩典。我们已经讲过，没有恩典的人也能对上帝和基督充满热情，而且这种热情还能使他们热烈谈论与信仰有关的事情，因为所有恩典情感都可能有赝品。如果我们仔细考察圣经里那些没有恩典的人，就能更清楚更直接地看出：赞美上帝不是蒙恩得救的确据。圣经上多处描写基督讲道行神迹时，群众有这种反应："那人就起来，立刻拿着褥子，当众人面前出去了，以致众人都惊奇，归荣耀与上帝，说：'我们从来没有见过这样的事。'"（可 2：12）同样《马太福音》9：8 和《路加福音》5：26 也有记载。还有《马太福音》15：31："甚至众人都希奇，因为看见哑巴说话，残疾的痊愈，瘸子行走，瞎子看见，他们就**归荣耀给以色列的上帝**。"圣经告诉我们，基督使拿因城里寡妇的儿子复活以后，"众人都惊奇，**归荣耀**与上帝说，有大先知在我们中间兴起来了。又说，上帝眷顾了他的百姓"（路 7：16）。我们也读到他们归荣耀给基督，称赞他："他在各会堂里教训人，众人都**称赞他**。"（路 4：15）他们高声呼喊："和散那归于大卫的子孙，奉主名来的，是应当称颂的。高高在上和散那。"而不久以后他们就大喊"钉死这个人"！基督升天以后，使徒治好瘸腿的人以后，**众人为所行的奇事，都归荣耀与上帝**（徒 4：21）。在彼西底的安提阿的外邦人听见保罗和巴拿巴说上帝要弃绝犹太人，接纳外邦人成为上帝家里的人，他们深受上帝给外邦人的福音感动，**赞美上帝的道**。但是，并非所有赞美上帝的人都是真信徒；只有那些预定被拣选的人才是真信徒。《使徒行传》13：48 这样描述："外邦人听见这话，就欢喜了，赞美上帝的道。凡预定得永生的人都信了。"以色列人在红海边也是如此，**那时他们歌唱赞美他**。**等不多时，他们就忘了他的作为**。还有以西结时代的犹太人，"他们的口多显爱情，心却追随财利"（结 33：31）。圣经早就预言有假的宣信者和宗教的真仇敌，他们不吝开口赞美上帝："你们因耶和华言语战兢的人，当听他的话。你们的弟兄，就是恨恶你们、因我名赶出你们的，曾说，愿耶和华得荣耀。"（赛 66：5）

　　如果一个人在他的盼望和安慰中因上帝对他的怜悯和恩典而深受感动，并且极力赞美上帝白白的恩典，这也不是恩典情感的确据。尚未悔改，内心骄傲，仍与上帝为敌的人也能赞美上帝的良善和恩典——他们以为自己得到上帝特别的恩宠和慈爱，哭喊自己不配，颂赞上帝的伟大,但他们的信心和心态并不比扫罗高尚。扫罗身为君王,被迫在大卫面前承认自己不配得救,大哭**我有罪了,我是糊涂人,大大错了**。他带着强烈的情感赞美大卫的大仁慈,可内心仍旧非常骄傲,一生与大卫为敌(撒上25:16—19;26:21)。这些人的内心原则也不比尼布甲尼撒更崇高:尼布甲尼撒因上帝的大怜悯而感动,赞美尊崇天上的王。他和大流士都曾号令各民各族赞美上帝(但3:28—30;4:1,2,3,34,35,37;6:25—27)。

十一 确信自己得救

一些人确信自己已经得救,坚信自己与上帝有正确的关系,这既不能证明他们的情感必定正确,也不能证明其必定错误。

有些人说"确信自己得救,毫不怀疑上帝对自己的恩宠"只不过是错觉。他们认为上帝的教会里不应该有完全的、绝对的得救确据,除非身处极端的环境,例如殉道。这种认识不仅与新教关于得救确据的教义相抵触(新教最杰出的神学家都持守该教义,反对上面这种教皇派的认识),而且与圣经清楚的教导相低触。不论是根据教会历史还是根据圣经的记载,圣徒显然都有得救的**确据**。上帝用清楚而积极的方式把自己的特殊恩宠启示给众圣徒:挪亚、亚伯拉罕、以撒、雅各、摩西、但以理,等等。约伯充满信心地宣告自己的正直,他呼求上帝为自己作证,明言:"我知道我的救赎主活着。我自己要见他,亲眼要看他,并不像外人。"(伯19:25 等)贯穿整本《诗篇》,大卫都说上帝是他的上帝、他里面的荣耀、他的分、他的产业、他的磐石、他的信心、他的盾牌、他的拯救、他的高台,等等,丝毫不遮掩自己的信心。希西家呼求上帝纪念他在上帝面前怎样存完全的心按诚实行事(王下20:3)。在《约翰福音》第14、15、16章中,耶稣受难前与11位门徒谈话,这是他给门徒和整个教会的遗愿和见证,用最直白、最积极的词语表达他对他们特殊而永恒的爱,用最绝对的方式应许他们将与他共享荣耀,同时告诉他们,他这样做的目的是要让门徒的喜乐可以满足:"这些事我已经对你们说了,是要叫我的喜乐存在你们心里,并叫你们的喜乐可以满足。"(约 15:11)他总结说:"我将这些事告诉你们,是要叫你们在我里面有平安。在世上你们有苦难,但你们可以放心,我已经胜了世界。"(约 16:33)耶稣毫不担心,说得过于明白过于肯定,他不想给他们留一丝悬念,并且在谈话结束的祷告中,他当着门徒的面,向天父为门徒代求,赞扬他们:他们已经认识他,有得救的知识,领受并遵守了他的道;还说他们不属于这个世界,为他们的缘故他自己分别为圣,愿他们与他同在荣耀里;他告诉父,他如此祷告是为了使他们心里充满他的喜乐(约 17:13)。通过这些事情,我们明显地看出基督徒应该对他们将来的荣耀有充足的确信,这是基督对教会的心意和命令。

使徒保罗在他所有书信中都用确信无疑的笔调描述自己与基督的关系,说基督是他的上帝、他的主、他的救赎主;也说到他必得奖赏。这种经文数不胜数,我仅举三四句为例:"我已经与基督同钉十字架,现在活着的不再是我,乃是基督在我里面活着;并且我如今在肉身活着,是因信上帝的儿子而活,他是爱我,为我舍己。"(加 2:20)"因我活着就是基督,我死了就有益处"(腓 1:21)。"为这缘故,我也受这些苦难,然而我不以为耻。因为知道我所信的是谁,也深信他能保全我所交付他的,直到那日"(提后 1:12)。"那美好的仗我已经打过了,当跑的路我已经跑尽了,所信的道我已经守住了。从此以后,有公义的冠冕为我存留,就是按着公义审判的主到了那日要赐给我的"(提后 4:7—8)。

恩典之约的本质以及恩典之约的明确目的——恩约设立及组成——清楚地说明:上帝愿意圣徒还在地上生活的时候就确信自己必将承受永生。因为从恩约内容的设立就能看出:在上帝这一方,一切都是确实可信的。**这约凡事坚稳**:有充足的应许,应许一再得到重复,通过各种方式显明，有许多见证人和许多印记，上帝亲自起誓证实一切应许。上帝设计这一切，显明他的旨意是让承受应许的后裔有确实的盼望和充足的喜乐，并相信他们将来必得荣耀："照样，上帝愿意为那承受应许的人，格外显明他的旨意是不更改的，就起誓为证。藉这两件不更改的事，上帝决不能说谎，好叫我们这逃往避难所、持定摆在我们前头指望的人可以大得勉励。"（来6:17—18）然而，如果上帝给圣徒的应许通常是不确定的，那么这一切（信徒的安慰和将来的荣耀）都是虚空。至于每个信徒，除非他知道上帝给他的应许，否则上帝的应许和誓言尽管是确实的，也不能给他本人带来坚定的盼望和安慰。如果信徒永远不可能摆脱罪疚得到自由，那么上帝在耶稣基督里给信徒的供应（信徒良心得以完全）也是虚空（来9:9）。

不仅少数信徒在极端情况下可以确信自己得救，而且《彼得后书》1:5—8节经文说：一切基督徒通常都应该确信上帝呼召和拣选了他们，并且圣经也告诉他们当如何得到这种信心。圣经甚至责备那些不知道基督是否在自己心里的人，说他们不像基督徒："岂不知你们若不是可弃绝的，就有耶稣基督在你们心里吗？"（林后13:5）圣经暗示如果基督徒在信仰生活中显得不确信上帝的奖赏，那么他们就应该为自己的无知受责备："所以，我奔跑，不像无定向的。"（林前9:26）而且，很明显，基督徒都应该知道自己有分于基督救赎的恩典，众人都能得到这样的确信，因为使徒说不仅**使徒**和**殉道者**，而且**一切基督徒**都能得到这种确信："我们所领受的，并不是世上的灵，乃是从上帝来的灵，叫我们能知道上帝开恩赐给我们的事。"（林前2:12）"我们若遵守他的诫命，就晓得是认识他"（约一2:3）。"从此我们知道我们是在主里面"（约一2:5）。"我们因为爱弟兄，就晓得是已经出死入生了"（约一3:14）。"从此就知道我们是属真理，并且我们的心在上帝面前可以安稳"（约一3:19）。"我们所以知道上帝住在我们里面，是因他所赐给我们的圣灵"（约一3:24；4:13；

5:2；5:19）。

所以，我们没有理由仅仅因为人们看似确信自己得救且不害怕下地狱，就断定这些人是假冒为善或他们的情感是错误的。

然而，另一方面，某些人非常确信自己得救，且相信自己的情感是神圣的，仅凭这一点，也不足以证明他们是圣徒，或他们的情感必定是出于恩典。㉙不论他们的信心显得多么强烈，都不能证明什么。如果我们看到一个人勇敢地称上帝为阿爸父，常用大胆而亲昵的语言祷告：**我的父、我亲爱的救赎主、我美好的救主、我的挚爱**，等等，他在人面前表示确信自己灵命良好：例如"我确实知道上帝是我的父，我非常确定天上有一位上帝，他就是我的神，我知道我会上天堂，因我本是从那里来的，我知道上帝现在把他显明在我心里，他正在向我微笑"，他似乎再也不需要检查自己的灵命，因为他对此已经非常清楚，没有任何可疑之处；如果有人对此表示一点点怀疑或担心，他都会火冒三丈；但所有这一切都不能证明他和上帝的关系真有他相信的那么好。㉚我们经常看到一些人激动地在人面前炫耀自己，这种专横、高压、狂暴的信心根本不是一个真基督徒具有得救确据的表现，反而弥漫着法利赛人的气息。法利赛人从不怀疑自己是圣徒，而且自认为是最杰出的圣徒，他们敢走到上帝面前，抬头望天感谢上帝他们和别人不一样。当基督说他们是瞎眼的没有恩典的人时，他们对基督的话嗤之以鼻："同他在那里的法利赛人

㉙ 弗拉韦尔说："哦，宣信的人，细查您的根基：'你不可自高，反要惧怕。'或许，您已为信仰作了工作且忍受苦难，您有杰出的恩赐和甜蜜的安慰，为上帝热心，确信自己是正直人，这一切都无可厚非。但我们所知有限，这也许是假象。您判断自己，宣信自己是正直人，但不可忘记您的法官还没有宣布终审判决。或许上帝将用他更加公道的天平重新衡量您，然后说：*Mene Tekel*（弥尼，提客勒），'上帝已经数算您，显出您的亏欠'。届时，这一宣判将使您多么地慌乱！因为人所尊贵的是上帝看为可憎恶的：耶和华不像人看人。您心里可能有假，自己却不知道。是的，它是假的，您却坚信自己是一诚实人。"（*Touchstone of Sincerity*, Chap. 2 Sect. 5）斯托达德说："有些假冒为善的人比很多圣徒自信得多。"（*Discourse on the Way to Know Sincerity and Hypocrisy*, p. 128）

㉚ 弗拉韦尔写道："信心的工作是否在某些信徒当中结出蒙福之确信的果实？看，未成圣之人多么相信自己有分于上帝，多么善于维护自己！是的，他们胆子大到敢于在上帝审判台前为自己辩护。圣灵是否使信徒内心充满说不出的满有荣光的大喜乐？通过信心让他预尝天国初熟果子的滋味？看，使徒所说的那些背道之人模仿的一切是多么的像啊！"（*Husbandry Spiritualized*, Chap. 12）

听见这话，就说：'难道我们也瞎了眼吗？'"（约9:40）要是他们的信心里面多点税吏的灵——他远远地站着，连举目望天也不敢，只捶着胸说，上帝啊，开恩可怜我这个罪人——他们的信心就不再是自信，而是谦卑地把一切信靠和指望都放在基督里，那才是基督徒的信心。

我们只要考虑人心的自然状况——被魔鬼掌控，既盲目又诡诈，喜欢自吹自擂，自高自大，相信自己——就能理解为什么他们自我评价这么高，如此确信自己得救；为何他们的信心如同大山高耸坚固，又像狂风一样迅猛。因为一旦良知被蒙蔽，认罪的心就死了，假情感却高涨起来，并且发酵的坏原则也被释放出来，内心充满假喜乐和假安慰，因某些愉悦的想象而感到激动不已，而这些想象却来自化身为光明天使的撒旦。

一旦假冒为善者确立了这种虚假的盼望，那他就丧失了许多重要的东西，从而不能对自己的盼望提出质疑，而真圣徒经常靠这些东西来反省自己的情感。第一，他没有真圣徒的谨慎感。真基督徒认为信心的根基必须是可靠无误的。假冒为善的人也不像真圣徒那样害怕被欺骗。真圣徒所受的安慰能使他们更加清醒、更加谨慎，真切感到面对一位无限圣洁、公义、全知的法官是多么非同小可的事情。但假情感却使这一些东西全都停止运作，头脑变得极其愚钝。第二，假冒为善的人不知道自己盲目和内心诡诈，他也不像真圣徒那样轻视自己的理解力。被假知识和假情感蒙蔽的人反而因自己的亮光和知识而洋洋得意。第三，魔鬼攻击真圣徒的真盼望，却不攻击假冒为善者的假盼望。魔鬼仇恨真盼望，不仅因为真盼望可以给基督徒带来极大的安慰，而且因为这种盼望本质是圣洁的、属天的、使人生发恩典情感的，是基督徒严谨、勤奋生活的一大动机。但魔鬼却不仇恨假冒为善者的盼望，因为这于它有利。假冒为善者活多久，他的盼望就能保持多久，魔鬼永远不会搅扰他。但凡真基督徒，没有一个不被魔鬼攻击的。撒旦曾攻击基督本人，试图让他怀疑自己是不是上帝的儿子。仆人不能大过主人，门徒不能高过他的主，门徒在世上也像他们的主一样会受到各种攻击。第四，那些心怀虚假盼望的人不能像圣徒那样看到自己的败坏。真基督徒比假冒为善者要多花十倍工夫对付自己内心的败坏。在真基督徒眼中，自己的恶行和内心的罪性显得那么可怕、那么黑暗，他们常常不明白为什么这么美好的恩典和如此堕落的败坏竟然共存于心中。但假盼望却能完全掩盖一切败坏，假冒为善者看自己全都是手洁心清的。

有两种假冒为善者：一种被自己外在道德和宗教生活欺骗，其中很多是在称义问题上坚持阿明尼乌主义（Arminianism）；另一种假冒为善者被自己的神学知识和境界所欺骗，他们常常大力批评功德和人的自义，高谈阔论白白的恩典，但同时却以自己的神学知识和谦卑为义，并且靠这些拔高自己。谢泼德先生在其解经著作《十童女的比喻》中将这两者形容为**律法主义的假冒为善**和**福音派的假冒为善**，而后者比前者更糟糕。显然后者对自己的盼望更有信心，而且更难觉悟。能够从这种自我欺骗中醒悟的人，我连一个也没有见过。与最近复兴运动中很多人喜欢说预言的性质一样，很多人信心的依据只不过是个人情感冲动和自以为是的启示，有时伴随经文，有时没有。他们把自己个人的冲动说成圣灵的见证，完全曲解了什么是圣灵的见证（后面会谈到如何正确理解圣灵的见证）。有些人见到某些东西的异象，这通常只说明这些是他们青睐和关注的东西。既然他们关注这些东西，那他们自然会见到与之相关的各种形象或产生印象：看到自己的罪被赦免，名字写在生命册上，上帝特别恩宠他们，等等；特别是当他们热心寻求、期望、等待这种提拔和救赎时，他们更是把这些想象当作荣耀的得救确据。一点也不奇怪，当他们被虚假的启示欺骗并以为自己已经得救时，这会提高他们的信心。有很多这样的例子，那些被冲动和想象引入歧途的人特别自信，他们以为耶和华已经把这个或那个启示给了他们。有了上帝直接的见证，强烈的信心就成了最大的美德。于是，他们可以理直气壮地说，我知道这个知道那个，我敢肯定就好像我肯定自己活着一样，诸如此类。他们鄙视任何辩论、怀疑和质询。人们很容易把这些印象和冲动（让他们感觉如此舒适，如此切合他们的自爱和骄傲）当作自己是上帝儿女的证据，以为上帝宠爱自己超过世界上大多数人，这使他们变得非常自信；尤其是当他们的冲动伴随着强烈的情感时，他们更容易把这种情感当作恩典运行的明证。我认识一些人，他们非常喜欢某个属世的东西，一种强烈的欲望占据他们的内心；虽然他们的追求过程遭遇了种种困难挫折，但他们却最终得到一个印象或自以为是的"启示"：他们必将得到自己想要的。于是他们就把这看作是上帝不变的应许，从而充满了荒谬的信心，全然不顾周围的事情和理智都反对他们。和他们一样，寻求拯救的人也完全可能被假相欺骗，同样变得自信满满，不可理喻。

谢泼德先生称这些人为**福音派的假冒为善者**，他们的信心就像一些自以为是国王的疯子的信心，根本不讲任何道理和证据。并且在某个意义上，这种假信心比出自恩典的真信心更加不可动摇。真信心尚且需要灵命保持健康状态，需要有上帝的恩典才能保持运行。如果恩典的运行显著下降，基督徒堕入无生命的状态，他的信心就会动摇。但假冒为善者的信心却不会因犯罪而动摇，他们（至少其中一部分人）可以一边犯罪，一边保持大无畏的盼望。这说明他们的信心只是假相而已。㉛

在这里我必须强调：有一些常见的教义，我们在讲道的时候需要更加谨慎，并解释清楚，因为这些教义容易被人误解，导致假相和错误的信心。我说的教义就是基督徒**凭信心而行，不凭眼见；虽眼不得见，却信靠上帝并荣耀上帝；信靠基督，不靠自己的体验；不把自己的状况作为信心的根基**。如果加以正确理解，这些教义是既重要又美好的。可是很多人

㉛ 谢泼德先生提到一种"狂妄的平安，有些人不因自己有邪恶的行为而失去平安"。他说："圣灵只会为他们叹息，不会为他们歌唱，因为这样的人发出来的只有败坏的气质和犯罪的热情。"他还说："虽然这种人看似有圣灵的安慰，并且从来不怀疑自己是假冒为善的人，他们只愿意相信上帝的怜悯，但他们绝对不能逃脱上帝的诅咒。"(*Parable of the Ten Virgins*, Part I. p. 139) 艾姆斯博士 (Ames) 提到有一个东西可以分辨恶人的平安与圣人的平安："不管恶人是否履行敬虔和正义的职责，他的平安都会持续下去，只要他自己不觉得自己的罪可怕。"(*Cases of Conscience*, Lib. Ⅲ, Chap. vii.)

却不能正确地理解它们，于是这些教义反而使他们更加败坏。圣经说**凭信心，不凭眼见**，意思是一个人看重永恒之事（信仰的对象是不可见的），不看重属世之物（这些东西是可见的），相信上帝的启示（我们不可能用肉眼看见启示），相信上帝的应许（虽然还没有见过或体验这些应许，也不知道这些应许如何成全，但仍然相信，并按照这样的信心生活）。圣经上不少地方都把所信和所见加以对比，任何人读了这些经文都能明白什么叫**凭信心，不凭眼见**（林后4:18；5:7；来11:1，8，13，17，27，29；罗8:24；约20:29）。

然而，很多人却以为这个教义是说：基督徒应该坚定地把信心放在基督里，不管有没有属灵的真知识；尽管他们处于黑暗和死亡状态，目前没有属灵体验或知识，还是要相信基督。这些身处属灵黑暗的人确实有责任走出黑暗，进入光明，并相信基督。他们自以为的那种信心里面没有属灵的光照或看见，完全是违背圣经、荒谬无稽的教义。对基督缺乏属灵的认识却说相信基督——圣经不认为这是圣灵的工作。真正使人得到永生的相信基督是见子而信（约6:40）。真基督徒的信心来自于他们**敞着脸得以看见主基督耶稣的荣光**（林后3:18；4:6）。而那些**不信之人，被这世界的神弄瞎了心眼，不叫基督荣耀福音的光照着他们**（林后4:5）。没有属灵光照的信心不是光明之子的信心，而是黑暗之子的幻想。所以，鼓励他们这样去相信基督，不接受属灵的光照或知识，这会极大地帮助魔鬼实施种种欺骗。人不仅不能在没有属灵光照的情况下操练信心，而且他们操练信心的程度**取决于**属灵光照的程度。人相信上帝的程度不可能超过他认识上帝的程度，只有当人在**信心操练**中认识到上帝的完全和信实以后，他们才能进一步操练对上帝的信靠。他们信靠上帝的程度也不会超过他们**感恩**的程度。那些灵命僵死、属肉体的人**当然应该**相信上帝，因为相信上帝就等于摆脱死亡状态。但是，当人们还不认识上帝、内心感受不到上帝恩典的时候，我们却鼓励他们相信上帝,保持他们的盼望与平安,并继续这种糟糕的属灵状况,这实际上无异于鼓励人们盲目地相信上帝,却不是出于感恩。这难道不是邪恶的谎言吗?正如人内心**没有恩典**之前不可能**活出恩典**,同样,人内心没有活跃的恩典运行,或还**没有基督徒体验**的时候,也不可能对上帝具有强烈而活泼的信心!

是的,上帝子民有责任在黑暗中信靠上帝,虽然他们身处黑暗见不到上帝的护佑,似乎上帝已弃绝他们,不垂听他们的祷告,乌云压顶,四面受敌,随时要被吞吃掉;虽然所有因素似乎都不利,所有情况似乎都让上帝的应许难以成就,看不出上帝怎么可能实现他的应许;虽然除了上帝自己的话以外,一切都让上帝的应许显得空虚。在这种情况下,一个人要相信上帝就必须于绝望处保持盼望。这才是靠信心而行。古时的先祖、约伯、《诗篇》作者、耶利米、但以理、沙得拉、米煞、亚伯尼歌和使徒保罗等人,他们都在黑暗的环境中信靠上帝并荣耀上帝。《希伯来书》第11章有很多例子说明什么是荣耀得胜的信心。但这种信心与前面提到的信心——在没有属灵的知识、灵命死亡、属肉体的情况下坚持自己相信上帝——真是有天壤之别!

属灵之光确实能通过一种而非另一种方式照进人的灵魂,因此确实存在这种情况:一些圣徒相信上帝,也知道自己已经得救,却缺乏某些属灵体验。例如,他们可能清楚地认识上帝救赎的充足和信实,所以相信他,知道自己是他的儿女;但与此同时,他们却不像以前那样对上帝的爱有清楚而甜蜜的认识。基督受难时就是这种状况。即便他们不确信自己已经得救,他们也可能看到上帝的主权、圣洁和救赎的充足,这使他们能够安静地顺服上帝,并且对上帝充满既甜美又有力的盼望。但这些情况迥异于缺乏属灵光照或体验的盲信!

有的人并没有属灵的体验,而且属灵状况十分糟糕,明显没有得救,而有些人却对他们说要凭信心而活。显然这些人对**信心**的认识非常荒谬。他们所谓的信心就是**相信自己已经得救**。于是,他们认为怀疑自己是否得救就是可怕的犯罪，因为这是不信的罪。不管他们的状况多么糟糕，他们的行为多么邪恶，尽管他毫无属灵的亮光和体验，尽管他的状况极其糟糕、行为极其恶劣，但他们还是坚信自己是最善良的人，最荣耀上帝，他对自己得救充满信心，不可动摇；因为这证明他信仰坚定，荣耀上帝，于绝望处保持盼望！他们从哪本圣经得来"信心就是相信自己已经得救"这样错误的观念？[32]倘若这是信心，那法利赛人的信心就是最大的，可是基督却说有些法利赛人犯了亵渎圣灵、永不可赦免的大罪。根据圣经，信心是我们**得救的途径**，所以信心不等于人们相信自己已经得救。如果信心就是相信自己已经得救，那就等于说信心就是一个人相信他有信心，或**相信自己相信**！

有些基督徒怀疑自己的得救地位，这种怀疑从几方面看可能确实源于不信。有时候，怀疑源于不信或小信是因为他们非常缺乏得救的证据。如果他们更加积极地操练信仰，更多地运用恩典，那么他们就能更清楚地看到自己确实是得救的基督徒，从而消除怀疑的情绪。有时候，怀疑源于小信还有另一种可能：尽管生命中不乏上帝恩典作工的清晰证据，但他们非常怀疑自己是否配得到上帝恩宠，因为他们感觉**自己如此不配**，自己做了那么多足以惹上帝发怒的恶事。在这种情况下，他们的怀疑确实源于不信，因为他们对上帝无限丰富的恩典和基督救恩的充分性（基督的宝血足以救赎罪魁中的罪魁）缺乏**认识**和信靠。还有一种源于小信的怀疑：一些基督徒怀疑自己是否得救，那是因为上帝对付他们的方式非**人所能测透**，他们不明白上帝的恩典，怀疑自己是否有分于上帝的应许，因为这些应许看似根本不可能实现，困难和阻碍看似如此之多、

---

[32] 斯托达德指出：人不会因相信自己是圣洁的就知道自己是圣洁的。我们因相信而知道很多事情："我们因着信，就知道诸世界是藉上帝话造成的"（来11:3）；"信就是所望之事的实底，是未见之事的确据"（来11:1）。"我们也因着信，知道上帝是三位一体，知道耶稣基督是上帝的儿子，知道凡信他的就有永生，知道死人会复活。如果上帝要让一个人知道自己有恩典，那么他或许就能因为相信圣经而知道这一点。但圣徒并不是通过这个方式知道自己有恩典。圣经里没有这样的启示，圣灵也不会向具体的个人做这样的见证。"（*Nature of Saving Conversion*, pp. 83, 84）

如此之大。这种怀疑源于人缺乏对上帝的信靠，不知道上帝的大能无远弗届，他的知识和智慧没有穷尽，远远超越自己所能想象。即便如此，在上述种种情况中，基督徒怀疑自己的**得救地位**并不等于他们**不信**，虽然两者之间存在联系。

如果人们怀疑自己得救的地位是基于上面提到的理由，那么他们或许应当为此受责备。如果他们里面不再有恩典，没有恩典的运行作为得救的证据，那么他们或许应当为此受责备。如果人是属肉体的，成为行尸走肉，那么他们无疑应该为此受责备。但是，如果他们本身处于这种状态、感觉不到恩典运行，反而屈从于私欲和非基督徒的心灵，他们就**不应该因怀疑自己得救而受责备**。基督徒的圣洁盼望不可能在这种情况下保持清晰与活力，正如蜡烛吹灭以后不可能使房间保持明亮，太阳西沉以后不可能使天空保持明媚。这是事物的本质规律。当遥远的属灵体验被私欲和败坏遮蔽以后，它不可能使人保持活跃的感恩之情或明显的确信。一个占据上风，另一个相应就枯萎变质。难道有人会用铁锤反复敲打小孩的脑袋来使他健康成长吗？当人怀疑自己处于这种状况时，我们完全不应该为他的怀疑感到悲哀。正好相反，这对他们是最好的事，因为他们应该反省。更重要的是，这正符合上帝的安排和旨意：当基督徒**爱心衰微**时，恐惧之情就上升，因为他们需要这种**恐惧感**约束他们不犯罪，督促他们关注灵魂健康，激发他们殷勤侍奉的心。而随着爱的情感开始活跃地运行，恐惧感就被驱逐出去，因为现在有了更崇高、更美好的原则在内心运行，基督徒不再需要恐惧感约束他们不犯罪或督促他们尽责了——这样的安排显明上帝多么怜悯自己的百姓。影响人类本性，使人类具有道德的原则无非以下两种：**怕**或**爱**。如果一个增加，另一个就相应减少。上帝的子民一旦堕入僵死的属肉体的状况，爱心冷淡，他们就面临可怕的危险。因此，上帝按他无限的智慧，预定这两种相反的原则——怕和爱——此起彼伏，好像天平的两端，如果一端起来，另一端就下去。正如光明和黑暗此消彼长，光明增加，黑暗就减少；光明衰微，黑暗就得胜。上帝之子的内心也是如此：如果神圣的大**爱衰减沉寂**、私欲得胜，那么盼望的光明和喜乐就会消失，黑暗的恐惧和怀疑就会浮现。相反，如果神圣的爱心得胜并活跃运行，那么它会带来光明的盼望，驱走黑暗的贪欲和恐惧。爱心就是**儿女的心**或小孩子的心态。假如爱心衰减，人就堕入惧怕之中，惧怕就是**捆绑的心**或为奴的心态。反之亦然。而且，如果爱心或儿女的心达至最高，就消除一切恐惧，给人完全的信心，正如《约翰一书》4:18 所说："爱里没有惧怕；爱既完全，就把惧怕除去。"如果没有外因作用或其他事情干涉（例如忧郁症、无知、教育导致的偏见、错误的教导、虚假的原则、特殊的诱惑，等等），私欲和圣爱这两种截然相反的原则会自然地按照其比例给上帝儿女心中带来恐惧或希望。

惧怕之情被圣灵驱逐出去的方式正是通过爱的完全。如果爱心冷淡了，人就难免感到害怕。这时候，圣徒无论怎么努力自我反省和审察过去的体验都不能得到平安和确信。因为上帝特意安排让人无法在这种时候得到确信。

有些人劝那些灵命死亡的人要保持信心和盼望，理由是**基督徒凭信心不凭眼见而行**，**在黑暗中相信上帝**，靠基督不靠自己的体验活着，还警告他们不可怀疑自己得救的地位，免得犯不信的罪。按照上面讲的道理，这些假教师直接妨碍了上帝的作为，违背了上帝有智慧、有恩典的旨意。因为这种做法直接鼓励那些自以为是的假冒为善者，导致他们永远无法反省自己的状况。当一切都极其糟糕的时候，他们还是一如既往地行事邪僻、心思虚妄，还以为自己在荣耀上帝，**于绝望中保持盼望**，信心很足。毫无疑问，许多恶行正是因此而泛滥成灾。

不能仅仅因为人们没有别的证据而把个人体验当作蒙恩的证据，就指责他们弃绝基督，且倚靠个人体验。但有些人确实是倚靠个人体验：他们以自己的体验为义，不定睛于荣耀的上帝和基督的美德，反而定睛于自己。他们看重自己的成就、自己的高级体验以及自己看为光彩且美好的大事，用这一切来安慰自己的心。他们的感受已经让他们饱足了、丰富了，他们以为上帝也和他们一样因这些事情而赏识、尊重他们。这正是信靠自己的体验而不信靠基督。在上帝眼中，没有什么比这更加可憎，其可憎程度甚至超过那些公然弃绝宗教的无法无天之徒所犯下的淫乱之罪。但这远非"以个人体验为与荣耀救赎主有分的**证据**"。

回到我们的主题，我将论述最后一种无法证明情感真伪的现象。

十二　人际关系良好

一些人的人际关系令真基督徒非常感动和喜欢，并且极大地赢得基督徒的爱和信任，仅凭这点不能确定其宗教情感的本质。

上帝没有给人辨明谁是真信徒谁是假信徒的能力。虽然他们可从自己的内心体验得知何为真宗教，但他们无从感知也不可能看见别人心里的真实状况。㉝人看人只能看到外表，但圣经清楚地告诉我们：凭外貌取人，即使不是总错，至少也不确定，而且容易使人受骗："耶和华不像人看人，人是看外貌，耶和华是看内心。"（撒上 16：7）"他必以敬畏耶和华为乐，行审判不凭眼见，断是非也不凭耳闻"㉞（赛 11：3）。有些人过于轻率地断言别人的属灵状况，借以炫耀自己具有超凡的辨别能力，似乎他们能清楚地看穿一切。但他们的判断常常是错的，而且非常危险，因为这涉及人的灵魂。他们的做法说明他们要么缺乏经验，要么判断力差，要么过于骄傲自信，缺乏自知之明。有经验的智者在这种事情上都非常小心谨慎。

㉝ 斯托达德说："人可能知道自己信主，但不能确知别人是否信主，因为没有人能看到别人心里并看见恩典如何在那里动工。"（*Nature of Saving Conversion*, Chap. 15 at the beginning）

㉞ 斯托达德先生注意到："所有可见的标志在信主和未信主之人身上都能找到，而且各种体验之间的关系也是一样的。"（*Appeal to the Learned*, p. 75）弗拉韦尔也说："人眼分辨麦子和糠皮是多么困难啊！如此之多的正直人遭人猜忌，而上帝要宣告他们的清白！如此之多的假热情被人表扬，而它们必将遭到上帝的诅咒！人常常没有确定的证据，只有或然的征兆，最多只能推测别人是否得救。而不管他们的推测是肯定还是否定，他们都可能误解正直的人，称邪僻的人为义。正因为如此，人们经常在这个问题上犯危险的错误。"（*Husbandry Spiritualized*, Chap. 12）

只要别人不乏敬虔的表现，我们就应该热心地接纳他们，喜爱他们，当他们是基督耶稣里的弟兄。但基督徒看到别人表现好得足以赢得他们的爱、征服他们的心的时候，最好到此为止。上帝的教会里经常见到一些光彩的宣信者，公认是比众人更好的圣徒，最后却堕落归于无有。㉟这并不奇怪，我们已经论证过：总体没有恩典的人可能表现得非常敬虔。他们能表现出一切美好情感，然而内心里却没有一丝恩典的火花。他们可能具有多种宗教情感；他们可能有对上帝的某种感动，似乎非常亲近上帝；他们好像爱弟兄、崇拜上帝的美德和大工、为罪忧伤、虔敬、顺服、自卑、感恩、喜乐、渴慕信仰、为宗教和灵魂工作大发热心。并且所有这些情感可能紧随认罪而来，可能他们显得非常谦卑，还有伪装的爱和喜乐，随后有其他情感一个接一个出现，出现的顺序与真基督徒的经历完全一样。并且所有这些宗教情感都能达到非常热烈的程度，甚至使他们泪流满面，是的，甚至克服他们自身的本性，让他们变得热情洋溢，能够流畅热烈地谈论和上帝有关的事情，滔滔不绝；可能还伴随着经文和宝贵的应许，在他们的头脑里铭刻下深刻印象；让他们开口赞美荣耀上帝，热心邀请别人与他们一起赞美上帝，大喊自己不配，赞叹上帝白白的恩典。不仅如此，他们还热衷履行宗教责任，例如祷告、听道、唱诗、参加宗教聚会；参与时和基督徒一样表现出强烈的确信，如鹰展翅上腾，脱离黑暗和怀疑的捆绑。关于这一点，我认为已经论述得足够清楚：这一切都有可能发生，但它们不过是圣灵的普遍感

㉟ 谢泼德先生说："您若看见大香柏树倒下，明星从天上坠落，伟大的宣信者死亡腐败，不要诧异，不要以为上帝的选民跌倒了。是的，当他们跌倒的时候，有些人会以为圣徒也会跌倒，正如阿明尼乌主义者以为的。但《约翰一书》2:19 说，**他们不是属我们的**。我说这话，是因为上帝在晃动筛子，我看到极大的背道叛教，因为上帝在试炼基督教世界的所有人。在德国发生了怎样的宣信！谁能预料得到呢？上帝愿意把隐藏的事公布，他们就倒在刀剑下。"(*Shepard's Parab*, Part 1. pp. 118, 119) 弗拉韦尔也说："人可能喜欢您，而上帝却谴责您。'按名你是活的，其实是死的。'(启3:1)。人可能说这是真拿但业，而上帝却可能说这是个自欺欺人的法利赛人。读者，您听过犹大和底马、亚拿尼亚和撒非喇、许米乃和腓理徒的事吗，他们一度是有名望的宣信者，而您知道他们最后是什么下场吗？"(*Touchstone of Sincerity*, Chap. 2, Sect. 5)

动,加上撒旦的欺骗和人心的诡诈;此外还可能伴随着天生的好脾气、拥有一些宗教教义知识、谙熟圣徒表达情感和宗教体验的语言、天生善于投合听众的喜好和思想、因为受过良好教育所以言谈举止得体,等等。假冒为善者和真圣徒外表多么相似!所以,只有无所不知鉴察人心的上帝才能分别绵羊和山羊。贫乏可怜、生于罪中、根本不可靠的必死之物居然装作自己能够在上帝面前断定谁是正直人,这是何等狂妄和傲慢!

许多人显然很看重下述这种表现,并以为可以借此判断他人是否真敬虔:当他人在描述自己的体验时,不仅故事听上去可信,而且他们讲述时的表情和语气让听者**感到**心有戚戚焉;也就是说,他们听到的东西和自己的体验有共鸣,内心受到触动和感动,感到喜悦并心生爱意。但这种事情并不像许多人所想的那么可靠。真圣徒热爱圣洁,在他眼里,没有什么比圣洁更美好。圣徒也热爱上帝使贫乏的灵魂变得圣洁和充满喜乐的拯救灵魂之工作,这在他看来是非常荣耀的工作。所以,当他听到另一个人讲述这样的工作时,他内心自然会受到触动,因为他看到对方显出圣洁的样式,不论里面的本质是否与这美善的外表相符。而如果对方使用与其他圣徒同样的语言来讲述他的体验,许多事情的次序与别人的体验又相符,而且他讲话的方式既自在又坦率,有一种确信无疑的语气,听众自然会觉得深有同感。如果他说话的时候还带着强烈的情感,而且他的情感热烈得就像加拉太人对待使徒保罗一样,这些话自然会强烈地感动并吸引对方的心,打开对方爱的心门。大卫也曾因亚希多弗的话而感动,因此,当他跌倒的时候,大卫感到特别意外和失望,甚至无法接受:"原来不是仇敌辱骂我,若是仇敌,还可忍耐;也不是恨我的人向我狂大,若是恨我的人,就必躲避他。不料是你!你原与我平等,是我的同伴,是我知己的朋友。我们素常彼此谈论,以为甘甜,我们与群众在上帝的殿中同行。"(诗55:12—14)

说起宣信者,尤其在圣灵浇灌的时代,他们就像春天开满枝头的花朵㊱，全都娇艳动人，看似将结果累累，但最后结果子的却寥寥无几。那些凋谢腐烂在树下的花瓣都曾怒放枝头，不仅样子好看，而且散发着香甜的气味。所以，我们不可能靠任何感官来断定哪些花朵具有神秘的美德和内在的坚韧，能忍耐到底结出果实，当众花在炎炎夏日的炙烤下枯萎时，它们却能迎着阳光长得更好。我们判断的依据只能是最终成熟的果实，而不是花朵美丽的颜色和沁人的芬芳。宣信者说起信仰的事可能津津乐道，圣徒也因他们的话而深受感动，可能非常**欣赏**他们的话，以为他们感知到其中有**上帝**的恩膏，但最后这些人却可能归于无有。

不可思议的是，基督已经给我们许多规则和指示，人却觉得不够，总要按照自己发明的规条而行，总以为自己的发明比上帝的指示更加高明。在基督给我们的众多指示或教训中，我想不出有什么比他给我们用来"判断别人是否有真信仰"的指示更加明白的：**要靠果实来判断树木**。可是，有些人显然认为这还不够，所以要另辟蹊径，发明一些自以为更准确的判断标准。把人的智慧置于基督的智慧之上，这样傲慢的错误会导致多么可怕的后果！我相信很多圣徒在这方面已经走入歧途，偏离基督的话语；为了让他们重新归正，其中一些人已经遭到鞭子或蝎子鞭的责打。最近已经出现的、现在还在不断涌现的很多事情说明：那些最离谱的人——为自己的辨别力感到骄傲自满，鲁莽、武断、贸然地断定别人属灵状况的人——都是假冒为善者，他们根本不认识真宗教。

《马太福音》谈到麦子和稗子的比喻，说："到长苗吐穗的时候，稗子也显出来。"（13:26）在此之前，无法区分稗子与麦子，弗拉韦尔先生说㊲：**麦子和稗子外表完全一致，无法区分；只有长苗吐穗的时候，稗子才显出来**。弗拉韦尔先生又说："区分麦子和稗子固然困难。但与靠肉眼辨

㊱ 圣经把圣灵浇灌的季节（宗教复兴、大批人信主、有很多令人兴奋的表现）比喻为春天，在属天的美善感动下，宗教大面积开花（歌2:11—12）。

㊲ *Husbandry Spiritualized*, Chap. 12.

别特殊恩典和普遍恩典相比，区分麦子稗子就容易多了。因为圣徒的所有救赎恩典都能在假冒为善者身上找到赝品，这些赝品很容易被基督徒误认为圣灵的真实救赎效果。"

麦穗（果实）可以用来区分麦子和稗子，那站在约旦河渡口的审判者也用真示**播列** (Shibboleth) 来区分渡过约旦河进入迦南地的以色列人和在渡口被杀的以法莲人。因为示**播列**在希伯来语里是"谷子"的意思。耶弗他的朋友说示播列的完整的读音或许代表饱满的谷子，预表基督众多朋友结出真实的果子；而耶弗他的仇敌以法莲人则不能发准这个词，他们的错误读音可能代表空虚的果实，预表各种假冒为善者的宗教表演毫无实质内容。这符合圣经的教训，因为圣经一再提醒我们：行审判的那位要依据每个人的行为来审判各人，他们要么进入属天的迦南地，要么当场就屠。

祭司分辨麻风病的规则显然也说明了同样的道理。很多时候，祭司不可能仅仅靠观察外表来断定一个人有没有得麻风病，只能等着看症状发展的结果。他必须把病人隔离一段时间，一个七天接一个七天。在检查病人的时候，他要看病灶处生长的毛发，而毛发就是病灶的结果。

在我结束本节论述以前，我想在此提醒一些被怪异想法引入歧途的人。他们以为可以通过自己是否非常喜欢对方来断定对方是否得救，还以为这是上帝给他们的启示。他们的理由是：如果对方的爱明显而强烈，那么他们自己就能感觉到，并知道这是真基督徒之爱；而既然这是真基督徒的爱，那么它必然是出于圣灵；既然圣灵是真理的灵，并且圣灵肯定知道对方是不是上帝的儿女，而圣灵又因他们感到十分愉悦，甚至让他们非常喜爱对方，那么唯一的解释就是：既然圣灵是真实无谬、不说谎的灵，所以圣灵肯定知道此人是上帝的儿女。但如果这些人愿意反省并且考虑下面这点，那么他们也许就会承认自己的理性是虚妄的：有些人看上去是上帝的儿女，并且没有任何理由证明他们不是基督徒，唯有鉴察人心的上帝知道他们并不是真基督徒；这些人，基督徒是否有责任去爱他们？上帝有没有命令基督徒去爱他们？

如果基督徒有责任爱这些人，那么爱他们就是好行为，不爱则是犯罪。这样的爱当然可以出于圣灵。圣灵不是虚谎的灵，可以在这种情况下帮助基督徒尽责，保守基督徒不犯罪。可是，他们又要从自己喜欢对方的强烈**程度**和特殊方式当中找理由争辩：他们认为，如果自己不知道对方是基督徒，那么圣灵就不能使他们这样喜欢对方。但我要问：他们是否有责任尽心尽力地爱所有在他们眼中看为上帝的儿女，尽管参透人心的上帝从别处看见他们并不是真基督徒？上帝的所有儿女，基督徒都要尽心尽力地去爱，在爱心里合而为一。我们应尽心尽力爱基督，照样我们也有责任爱基督的肢体，如同基督爱了我们；所以，如果我们不这样去爱他们，我们就有罪了。我们应该祈求上帝借圣灵保守我们不犯罪，并让我们能够履行爱人的责任：那么圣灵能否回应我们的祷告，让我们在特殊的情况下，在受到欺骗的时候，也能履行这个责任？如果圣灵做不到这点，那么圣灵肯定在某些情况下无法帮助上帝的子民尽责，因为他不是谬妄的灵。但既然上帝是主权的上帝，他当然可以随自己的意思让我们在这种情况下仍能尽责，只要他愿意。当基督徒误以为某人是上帝的儿女时，上帝让他们心中涌动喜爱之情，上帝或许有别的良善旨意，不让他们知道自己的看法是否正确；他或许是为了怜悯基督徒，让他们知道自己的责任，让他们脱离罪和可怕的大恶。谁能说上帝在这种情况下不应该怜悯他们呢？假如我出门在外的时候听说家里失火，但我的家人都神奇地毫发无损；这个故事听上去全都非常真实可信，尽管它不是真的，我难道不应该在这个时候感激上帝的怜悯和拯救吗？上帝是主权的上帝，他难道不能随己意在这种情况下怜悯我，让我比平时更加能够尽责，而不被指控隐瞒真相吗？

很明显，上帝能借助人的**错误**使恩典运行，进而生发神圣的恩典情感："吃的人是为主吃的，因他感谢上帝；不吃的人是为主不吃的，也感谢上帝。"（罗 14:6）使徒保罗在这里谈到一些人极力避免吃那些按照律法被判为不洁净的食物,但这种做法并不对,因为基督徒没有必要这样。通过这个例子,我们看到:这里明显有恩典的运行,这些基督徒确实**尊重上帝**,特别是他们表现出真正的感恩,但这感恩之情却来自一种错误的判断和做法。所以,错误也能导致真正的圣洁情感,而这圣洁的情感确实出于真理的圣灵。既然如此,我们显然没有权力判断圣灵在这种情况下可以运行到什么程度。

根据我是否喜欢对方来断定对方的属灵状况,这种想法不仅**违背理性**,缺乏圣经依据,而且与**圣经相抵触**;圣经没有任何地方让我们通过这种方式去判断别人的属灵状况,圣经教导我们首先应该观察对方的果实。《启示录》明白地说我们无法得知别人的属灵状况:"圣灵向众教会所说的话,凡有耳的,就应当听!得胜的,我必将那隐藏的吗哪赐给他,并赐他一块白石,石上写着新名,**除了那领受的以外,没有人能认识。**"(启2:17)还有《罗马书》2:29说:"惟有里面作的,才是真犹太人;真割礼也是心里的,在乎灵,不在乎仪文。这人的称赞不是从人来的,乃是从上帝来的。"从最后一句"**这人的称赞不是从人来的,乃是从上帝来的**"可以看出,使徒显然非常了解人不能判断别人的属灵状况,所以不能论断别人里面是不是真犹太人;尽管通过**外面**的标志,外面是不是犹太人可以一目了然。使徒说明:这种事情的最终判断属于上帝。保罗在《哥林多前书》再次强调:"所以,时候未到,什么都不要论断,只等主来,他要照出暗中的隐情,显明人心的意念。那时,各人要从上帝那里得着称赞。"(林前4:5)而他在第3和第4节经文里说:"我被你们论断,或被别人论断,我都以为极小的事,连我自己也不论断自己。我虽不觉得自己有错,却也不能因此得以称义,但判断我的乃是主。"保罗在《罗马书》第2章进一步证实这一点,他批评一些人自以为圣洁,相信自己分辨是非,指着上帝夸口;晓得上帝的旨意,喜爱那美好的事;"又深信自己是给瞎子领路的,是黑暗中人的光,是蠢笨人的师傅,是小孩子的先生，在律法上有知识和真理的模范"(2:1，17—20)。

西拉是基督的仆人，是宣教士，是初代教会的光，也是使徒彼得的亲密同伴。即便如此，使徒彼得在谈到西拉的时候只是说**他在我看来是忠心的**（彼前5:12）。与使徒彼得相比，那些自以为能断定别人敬虔的人显得多么傲慢！(林后1:19；帖前1:1；帖后1:1)

第三部分

恩典情感和圣洁情感的明显标志

我现在开始论述关于如何检验宗教情感的第二点，即借助哪些现象可以识别属灵情感和恩典情感，这些情感与普通情感的区别到底是什么。但在我开始列举这些明显特征之前，我想就这些特征先强调以下几点：

1. 我列举这些标志绝非让任何人以为借助这些标志足以辨别别人情感之真假，或断定他们的邻居中谁是真信徒、谁是假冒为善者。若我这样做，我就犯了骄傲的罪，而这正是我不遗余力加以谴责的。显然，基督给门徒一些规则，让他们能在一定程度上辨别自己所关心的宣信者，这是为了保护他们，免得他们上假教师的当，与假信徒一起误入歧途。圣经显然也给了牧师很多关于判断人的属灵状况和永恒地位的许多规则，便于他们教导、牧养和看顾交在他们手中的灵魂，但是同样明显的是：上帝给我们规则的目的，绝非让我们借此断定谁是上帝的真儿女，或在绵羊与山羊之间作出充分而清晰的区分。正好相反，上帝特意把这个权力留给自己。所以，帮助基督徒和牧师做出此种判断的这些特征绝非用于世人的目的，因为任何特征，无论是直接来自圣经的特征还是根据圣经总结得出的特征，它们的作用都不可能超过基督设立它们的本意。

2. 有些人几乎没有恩典，远离上帝，堕入行尸走肉、属肉体、非信徒的状况，这种人不应指望借助这些标志得知自己得救。我们已经论述过，那既不符合上帝的旨意，也于他们自己无益。实际上，若他们不知道自己是否得救，这对他们更好。我们应该感谢上帝，因为他已经安排让这样的人没有得救的确据，除非他们首先摆脱自己的病态。任何活在世界上的圣徒——无论是刚强的还是软弱的，以及那些处于糟糕状态的人和其他人——无法确知自己得救，并非因为上帝话语给我们的**标志**有任何缺乏。因为规则**本身**是确定无谬的，且每个圣徒都拥有或曾经拥有这些标志作为蒙恩的确据；因为**每个恩典的举动**，哪怕是**最小的举动**，都是蒙恩的确据。信徒不知道自己得救，那是因为他**自己**的缺乏。病态和恩典低迷信徒的双重缺乏导致其无法确知自己有真正的恩典，哪怕给他最清楚的标志和规则。

（1）考察**对象**的缺乏——恩典过于低迷。我的意思不是**本质**的缺乏（这里谈的是真基督徒），而是**程度**的缺乏。恩典太微弱，所以难以辨别。我们难以看清细微物体的形状，虽然这些东西本身形状可能差别很大。人的身体和其他动物的身体在子宫中受孕时肯定有巨大的区别，但从胚胎的外表看，我们不太可能分辨它们。因为我们观察的对象还处于不成熟的状态。待它们成熟以后，区别才渐渐地显露出来。**本质截然不同**的两种被造物在幼小的时候，区别并不明显；甚至发育到较成熟的阶段以后，仍旧难以分辨。鸽子和乌鸦（或鸽子和秃鹫）刚孵出来时，区别并不明显；随着逐渐长成，差别变得越来越大，越来越明显。另一种缺乏恩典的表现是恩典与过多的败坏混杂在一起，这些败坏遮蔽了恩典，使人无法明确地认识它。虽然眼前的东西本身有很多明显的特征，但如果我们只能透过厚重的云雾观察，还是无法分辨它们。晴朗的夜空中恒星与彗星容易区分，但透过云层观看，就很难区分。真基督徒处于病态的时候，罪疚遮盖良心并产生恐惧感，使他没有平安喜乐和得救的确据。

（2）在这种情况下**眼睛**也有缺乏。恩典微弱，败坏占上风，既遮蔽恩典，又使人视力模糊。灵魂中的败坏使人眼睛昏花，看不清属灵的事，恩典只是其中之一。罪就像眼疾，使眼前的东西呈现与平时不同的颜色；又像人得病以后嘴里失了味，尝不出美味佳肴与腐败食物有什么区别，什么吃起来都是苦的。人们处于属肉体的败坏状况时，他们属灵的知觉会变得迟钝麻木，无法明辨属灵的事。

所以，处于这种状况的信徒，什么标志都不能使他满意。即便这些标志非常完善、确凿、清楚，于他们仍旧无益。这就好像教一个人如何在漆黑环境中用视力分辨物体：这些东西本身可能区别极大，而且这些区别已经清楚地告诉他，但他还是不能分辨这些物体，因为他什么都看不见。所以，很多人反复咀嚼过往的体验，试图使用在讲台听来或在书上看来的各种标志检查自己是否得救，这都徒劳无功。因为他们逃避更重要的责任；该做的事不做，自我审查就是浪费时间。当灭的物必从营中除去，亚干必须被杀，否则以色列人就会麻烦不断。上帝命令人治死恶行，让恩典增多，并在心里活跃运行，人不能指望通过别的什么方式得到蒙恩的确据，因为那不是上帝的安排。虽然人有责任进行自我审视——这原本是有益的，很重要且不可忽视——但自我审视不是圣徒获得得救确据的主要途径。得救确据主要不是通过**自我审视**，而是通过**行动**。使徒保罗就是这样得到确据的："我只有一件事，就是忘记背后，努力面前的，向着标竿直跑，要得上帝在基督耶稣里从上面召我来得的奖赏。或者我也得以从死里复活。"又说："所以我奔跑，不像无定向的。"（林前9:26）他确信自己能得奖赏，不是靠想，而是靠跑。轻快的脚步比严格的审查更有助于他获得必胜的信心。使徒彼得指示我们要分外殷勤，再加上信心、德行、等等，才能"使你们所蒙的恩召和拣选坚定不移。你们若行这几样，就永不失脚。这样，必叫你们丰丰富富地得以进入我们主救主耶稣基督永远的国"。这样看来，如果缺少这几样，我们就是眼瞎的，好像黑暗里的人既看不清过去的事，也不晓得将来的事，遑论将来天上的产业（彼后1:5—11）。①

---

① 认识自己是否圣洁的途径是不断更新恩典的运行。这些明显可见的恩典运行越被更新，您就越有确据。这些行为更新越频繁，确据越牢固。人的恩典越多，平安越多。斯托达德先生说："愿恩惠、平安因你们认识上帝和我们的主耶稣基督，多多地加给你们。"（彼后1:2）(*Way to Know Sincerity and Hypocrisy*, pp. 139, 142)

因此，尽管分辨真假恩典的好规则也许能说服假冒为善者悔改并且在很多方面对圣徒有用，尽管它们或许有助于基督徒消除许多不必要的担忧并建立确信和盼望，但我绝对不是说只要有了这些规则，圣徒不需要蒙恩之道就能确知自己得救，更无意让人以为这些规则是基督徒得到安慰和满足的主要途径。

3. 我也不鼓励人们从当前或过去的经验中总结出某些识别真假情感的规则或特征，指望用这些规则或特征说服许多假冒为善者，这些人受到错误认识和虚假情感的蒙蔽，早已持定虚假的信心。他们深以自己的智慧为傲，因自义变得盲目而心硬，（但他们的自义披上大谦卑的伪装，变得极其隐秘）又以自满自大为乐；即使最明白无误的证据摆在他们面前足以证明他们是假冒为善的，他们也丝毫不为之所动。他们的状态甚是可悲，仅次于犯不可赦免之罪的人，他们中有很多显然已经远离认罪悔改之道。但是，列出这些好规则或许能说服某些其他类型的假冒为善者认罪悔改。至于那种最恶劣的假冒为善者，上帝能说服他们。我们不应该限制他的恩典，也不应该忽略他的手段。另外，这些规则或许能帮助真圣徒识别混杂于他们真恩典中的假情感，从而让他们的信仰变得更加纯粹，好像火炼精金。

讲明这些前提以后，我现在直接进入正题，论述区别真假宗教情感的明显特征。

一　圣灵特殊的感动

真正属灵的恩典情感来自圣灵的感动和运行，并且这些感动和运行是属灵的、超自然的和神圣的。

我会解释这些词的意思，这可以帮助我们分辨属灵的情感与非属灵的情感。真圣徒和借着圣灵成为圣洁的人，在新约里称为**属灵的人**。圣经说**属灵**是他们特有的品格，使他们不同于俗人。这点很明显，因为圣经把属灵的人与属血气和属肉体的人加以对比。例如，"然而，**属血气的人**

不领会上帝圣灵的事，反倒以为愚拙，并且不能知道，因为这些事惟有属灵的人才能看透。属灵的人能看透万事"（林前2:14—15）。然后，经文自己解释：属血气的人就是**不敬虔的人**，没有恩典的人；使徒犹大在《犹大书》谈到不敬虔的人偷着进入教会，他说这些人是"属乎血气，没有圣灵的人"（犹19）。使徒犹大用这个理由来解释他们为什么行为邪僻。**属乎血气**的原文是 ψυχικοί，它和《哥林多前书》第2章**属血气**是同一个词。后面的经文也把**属灵**和**属肉体**的人加以对比："弟兄们，我从前对你们说话，不能把你们当作**属灵**的，只得把你们当作**属肉体**的"；这同样说明属血气的人就是非常不敬虔的人。属肉体的意思是败坏和不圣洁（相关的经文有：罗7:25；8:1，4—9，19，13；加5:16—26；西2:18）。所以，根据这些经文，属血气和属肉体就是**不圣洁**的意思；与之相反，属灵就是圣洁和满有恩典的意思。圣经把圣徒称为属灵的人，也把某些属性、素质、原则称为属灵的。我们读到**体贴圣灵的心**（罗8:6—7）、**属灵的智慧**（西1:9）、**属灵的福气**（弗1:3）。

可以看出，新约经文中**属灵**一词不是用来表明某人或某事与灵魂有关，也不是把人的灵魂与肉体或物质加以对比。某些素质称为是属灵的，不是因为它们处于灵魂中而不处于肉体中：因为有一些被圣经称为**属肉体**或**属血气**的素质显然也处于灵魂中（与那些称为**属灵**的素质一样）。所以，使徒保罗在《歌罗西书》说骄傲、自义、自恃聪明是**属肉体的表现**（2:18）。某些事称为是属灵的，也不是因为它们是关乎非物质的灵界或它们不具有实体。因为聪明人的聪明并非实体，世界的王与邪灵相交，且熟谙灵界的事；但使徒保罗却说这些人是**属血气**的人，不领会圣灵的事（林前2）。新约所说**属灵**的人或**属灵**的事，重点是强调它们与圣灵的关系。圣经用圣灵来指三位一体上帝的第三位格，它是一切属灵事物的实质，新约所讲一切属灵的事物都是从圣灵而来。基督徒被称为属灵的人，因为他们是从圣灵生的，圣灵住在他们心中，在那里发挥神圣的影响，持续感动他们。某些事物被称为属灵的，原因是这些事物与圣灵有关系，"并且我们讲说这些事，不是用人智慧所指教的言语，乃是用圣灵所指教的言语，将属灵的话解释属灵的事。然而，属血气的人不领会上帝圣灵的事"（林前 2:13—14）。这里，使徒保罗表述得非常清楚：属灵的事就是关于圣灵的事，是圣灵所指教的事。《罗马书》8:6 说得更加清楚："体贴肉体的就是死，体贴圣灵的乃是生命平安。"使徒保罗在第 9 节中解释了什么叫体贴肉体和体贴圣灵，他说**体贴圣灵就是圣灵住在心里，听从圣灵的教导**："如果上帝的灵住在你们心里，你们就不属肉体，乃属圣灵了。人若没有基督的灵，就不是属基督的。"整个上下文都说明这个问题。在新约中这样的经文数不胜数。

在此必须强调一点：某些人被称为是**属灵**的，这是强调他们与圣灵的关系和他们受到圣灵的感动；但并非受圣灵任何感动的任何人都在新约里被称为属灵的。在前面的经文中，那些仅仅受到圣灵**普遍**感动的人并不被称为属灵的人。我们已经说过：只有受到圣灵特殊的、恩典的、救赎性感动的人才被称为属灵的，因为**属灵的人是圣洁的人**；与之相对的是属血气的人、属肉体的人和不圣洁的人。很明显，使徒保罗在《罗马书》8:6 所说**体贴圣灵**的意思就是**心怀恩典**。虽然属血气的人也可能有圣灵的各种恩赐，这些恩赐有时也称为属灵的恩赐，因为它们来自圣灵；但属血气的人不论拥有圣灵的何种恩赐，新约都不称他们为属灵的人。原因在于：人被称为属灵的，不是因为他们拥有圣灵的**恩赐**，而是因为他们拥有圣灵的美德。正如《加拉太书》所言："弟兄们，若有人偶然被过犯所胜，你们属灵的人，就当用温柔的心把他挽回过来。"（加 6:1）温柔就是使徒保罗在前面的经文所列举的美德之一，这些美德说明什么叫**圣灵的果子**。因此，新约所说**属灵**的素质就是那些出于**恩典**的、单属圣徒的素质。

所以，圣经所说属灵的智慧和悟性——"我们愿你们在一切属灵的智慧悟性上，满心知道上帝的旨意"（西 1:9）——是指恩典的智慧，它来自圣灵使人成圣的影响和感动。因为**属灵的**智慧显然是相对**属血气的**智慧而言，正如**属灵的**人是相对**属血气的**人而言。所以，属灵的智慧就是从上头来的智慧，使徒雅各说"惟独从上头来的智慧，先是清洁，后是和平，温良柔顺"（雅 3:17）等等，他把这与**属血气的**智慧对立，"这样的智慧不是从上头来的，乃是属地的、属情欲的"（3:15）。原文最后一个词正是《哥林多前书》2:14 翻译为属血气的那个词。

所以，虽然属血气的人也受到圣灵的多种影响和感动（很多经文都说明这点：民 24:2；撒上 10:10；11:6；16:14；林前 13:1—3；来 6:4—6 以及其他很多经文），但按照圣经的意义他们并不是属灵的人。同样，来自受到圣灵普遍感动的种种效果，各种普遍恩赐、素质和情感也都不是属灵的事。两者最大的区别在于以下两点：

1. 上帝把圣灵赐给真圣徒，圣灵住在他们里面，他们成为圣灵合宜的永久居所。圣灵感动他们的心，成为他们新性情的原则和神圣的、超自然的生命和动力源泉。圣经所描述的圣灵不仅偶尔驱动或感动圣徒，而且持续地居住在他们里面，他们要成为圣灵的殿和圣灵永恒的居所（林前 3:16；林后 6:16；约 14:16—17）。圣经还说圣灵要与他们灵魂中的各种能力联合，甚至成为一种新的原则，或新性情和新生命的源泉。

所以，使徒保罗说基督徒活着是因基督在他们里面活着（加 2:20）。基督借着圣灵不仅在圣徒里面**住着**，而且在他们里面**活着**。于是，圣徒也靠他而活；他的灵与他们合而为一，成为他们生命的原则。他们不仅要喝这水，而且这水"要在他（们）里头成为泉源，直涌到永生"（约 4:14）。圣灵从此成为他们生命的原则；《约翰福音》解释说活水就是圣灵（约 7:38—39）。公义的太阳不仅**光**照他们，并且把自己交给他们，让他们也闪耀光辉，使他们也有太阳的形象。真葡萄树不仅把味道给他们，好像葡萄汁的味道残留在容器上，而且将汁液传递给他们，好像葡萄树的汁液输送到葡萄枝上，成为他们生命的原则。圣灵就这样与圣徒相交并且联合，与圣灵有这样的关系的人才能从圣灵得到名分，被称为**属灵的人**。

另一方面，虽然圣灵可以通过多种方式感动属血气的人，但因为圣灵不将自己交给他们，不住在他们里面，不成为他们生命的原则，所以他们不能从圣灵得到名分和品格，因为他们没有与圣灵**合而为一**，圣灵**不属于**他们。光可以照在黑暗的身体上，虽然这个身体得到光，但是因为这光没有成为身体里面发光的原则，无法使身体自身发光，所以这个身体不能得到光的名分，也就不能称为**发光的身体**。所以，圣灵虽然对灵魂有影响，但还没有将自己传递给它，还没有成为人心里面活的原则，也就不能把属灵的名分给它。虽然有光照在上面，但黑暗的身体仍旧不能称为**发光的身体**，所以圣经说属血气的人是"没有圣灵的人"（犹19），**凡随从肉体属乎血气的就没有圣灵**。

2. 圣徒和圣徒的美德之所以被称为属灵的另一个原因（这是首要原因）是：圣灵住在他们心里，成为他们灵魂中的活跃原则，以真正的神性在那里运行并影响他们，使他们也具有属神的性情。上帝的灵的本质是圣洁的，所以，圣经把他称为圣灵。圣洁是上帝美好的性情，是圣灵的本质，正如热是火的本质，香味是圣膏油的本质；圣膏油在旧约礼仪中主要预表圣灵。圣灵住在圣徒心里，在那里成为生命的种子和源泉，运行交通，把自己美善和神圣的性情传递给圣徒。他使圣徒的心灵参与上帝的美善和基督的喜乐，圣徒借助**圣灵的交通**进入与父和子**耶稣基督真实的团契**。圣徒心里的恩典与上帝的圣洁具有同样的**本质**，正如钻石反射的阳光与太阳本身的光具有同样的本质，虽然程度不可相提并论。所以基督说"从灵生的，就是灵"（约3:6）；也就是说：圣灵在圣徒心中产生的恩典与圣灵具有相同的本质，所以恩典被称为**属灵的性情**；同样，从肉身生的就是肉身，从败坏本性生的就是败坏。

但圣灵绝不以这种方式感动属血气的人。虽然圣灵用许多方法感动他们，但他绝不传递自己的本质给他们。圣灵的运行确实**不能违背其神性**，不论在圣徒心里还是在罪人心里；但圣灵在人心中发挥影响的时候，能一方面**不违背神性**，一方面又不将自己的本质传递给人。例如，上帝的灵运行在水面，这一活动完全不违背神性；但上帝也完全没有把**神性传递给水**，**水的活动与圣灵的本质毫不相干**。同样地，圣灵也可以在人心中以各种方式运行而不传递自己，正如他对一切无生命之物所行的一样。

这样看来，在不同的人，不仅圣灵（作为运行者）与人（作为圣灵的运行对象）的**关系**有所区别（圣灵内住在圣徒里面，成为圣徒心中指导自己行为的原则，但圣灵不住在罪人里面，也不在罪人里面如此运行），而且圣灵的**感动**和运行方式也各异，产生的**效果**更是截然不同。于是，不仅圣徒因为有上帝的灵住在他们里面而成为**属灵的人**，而且圣灵在他们里面工作产生的素质、情感、体验都是**属灵的**，其本质和特性与罪人的素质、情感、体验——不管是他们现在所有的还是他们将来可能拥有的体验——都有极大的差别，除非他们改变属血气的状况，并且摆脱一切来自人和魔鬼的影响。圣灵的这种工作就是属灵的工作，它比圣灵其他工作更加崇高。没有什么工作比它更加崇高和美好，因为上帝将自己传递出去，让被造物与上帝有分。圣经用下面的话描述这个工作："得与上帝的性情有分"（彼后 1:4），"上帝就住在他里面，他也住在上帝里面"（约一 4:12, 15, 16；3:21），"有基督在他们里面"（约 17:21；罗 8:10），"是永生上帝的殿"（林后 6:16），"如今活着是因信基督而活"（加 2:20），"使我们在他的圣洁上有分"（来 12:10），"有基督的爱住在他们里面"（约 17:26），"叫他们心里充满他的喜乐"（约 17:13），"你也必叫他们喝你乐河的水。在你的光中，我们必得见光"（诗 36:8—9），"是与父并他儿子耶稣基督相交的"（约一 1:3）。注意：圣徒不是成为上帝本质的一部分，不是成为小上帝和小基督（这是异端的粗鄙亵渎用语），而是用圣经的话讲，他们得以"领受上帝的丰满"（弗3:17—19；约1:16），意思是他们得以按照被造物的量度领受上帝属灵的美好和喜乐。圣经所说的丰满显然就是这个意思。因此，恩典是上帝在圣徒心里最荣耀的工作，他把自己的良善本质传递给圣徒。毫无疑问，恩典是专属上帝的工作，远超一切被造物的能力。圣灵的感动是唯独属于上帝的崇高工作，上帝的灵将自己的本质传递给人，使人有分于上帝的性情——这就是我所说**神圣**的**感动**的意思（"真正的恩典感情来自圣灵属灵和神圣的感动并运行"）。

就刚才讲的意义而言，真圣徒所有的情感和体验都是属灵的，其他人的情感则完全没有属灵的本质。他们与圣灵的交通不仅在**程度**上远逊色于圣徒，更重要的是他们里面完全没有圣灵的**本质**和**特性**。使徒雅各告诉我们：属血气的人没有圣灵。基督也强调人必须重生，必须从圣灵重生；**凡从肉身生的只是肉身，没有圣灵**（约3:6）。他们完全没有圣灵内住。使徒说凡是有圣灵住在里面的，就是属圣灵的（罗8:9—11）。圣经说圣灵内住是我们承受永恒产业的凭据（林后1:22；5:5；弗1:14），又说心里有圣灵是住在基督里面的确据，"上帝将他的灵赐给我们，从此就知道我们是住在他里面"（约一4:13）。不敬虔之人不仅没有圣徒那么多属上帝的性情，而且他们根本无法参与属上帝的性情。他们毫无圣灵，因为与上帝的性情有分是真圣徒的特权（彼后1:4）。不敬虔之人**在上帝的圣洁上无分**（来12:10）。属血气的人体验不到属灵的事情，使徒说他们完全不能理解这些事情，属灵的事对他们完全是陌生的，谈论这些事在他们看来极其愚蠢，他们也听不懂；"然而，属血气的人不领会上帝圣灵的事，反倒以为愚拙，并且不能知道，因为这些事惟有属灵的人才能看透。"(林前2:14)基督也教导我们说，世人完全不认识上帝的灵，"就是真理的圣灵，乃世人不能接受的，因为不见他，也不认识他"（约14:17）。使徒保罗说得更明白：属血气的人里面毫无真正的恩典，有些人在宗教上极其狂热，甚至舍身焚烧，但他们却完全没有基督的爱（林前13）。基督谴责法利赛人假装敬虔，说他们**心里没有上帝的爱**（约5:42）。所以，属血气的人没有与基督团契或相交，**与基督无分**，因为与基督相交是圣徒的特权（约一1:3，6，7；林前1:8——9）。而且圣经提到恩典原则真实地存于圣徒心中，开始虽小，只是种子，但它与罪互不相容（约一3:9）。圣经描述属血气的人说他们没有属灵的**光**，没有属灵的**生命**，不是属灵的；因此，圣经将信主比喻为**瞎眼看见**，**死人复活**，**创造大工**，成为新人和新生儿。

这些经文说明：恩典对圣徒的影响和感动，以及圣徒所体验到的圣灵工作的效果完全超越自然，其本质完全不同于人借助属血气的自然原则所得到的任何体验。自然（属血气的）情感的完善、程度的提高或任何类型的组合，都不可能使人获得属灵的情感，因为属灵的情感不仅在程度和环境方面不同于属血气的情感和属血气之人的一切体验，而且**性质根本不同**。属灵情感的本质远远超越属血气的自然情感。这就是我所说超自然的感动的意思：**恩典情感来自圣灵超自然的感动。**

由此可见，由于圣灵救赎性的作用，圣徒内心的恩典运行和感动里有一种全新的内在**感受**，这种感受本质上完全不同于人成圣之前的任何体验。因为如果上帝靠他的大能创造了一个全新的东西——不仅在程度和环境上不同于以往，而且本质是全新的——并且这个新东西的产生不可靠改善、改变、混合以前存在的东西，也不能靠增添任何同类事物，那么，毫无疑问，人就能感受到一种全新的东西。某些形而上学家称之为新的**简单意象**。如果恩典按照上述意义是一种全新的原则，那么恩典的运行也是全新的。如果灵魂里面意识到有一种全新的东西在运行，是以前所不知道的，而且它不是来自改善、组合或整理以前的体验，那么人就知道头脑拥有了一种全新的**感官**。这正是一种全新的**属灵感官**（或一种全新的感官原则或属灵感觉），其本质完全不同于以前的任何感官，正如味觉与其他感官截然不同。这种属灵的新感官可以品味属灵和神圣的事物，其感受与属血气之人的感受完全不同；正如甘甜的蜂蜜吃在嘴里的味道与看上去摸起来完全不同；于是，圣徒能借助这种全新感官得到全新的感受。于是，成圣和属灵之人所拥有的属灵感受与属血气之人所拥有的一切感受都完全不同，差异不是同一种感官的不同感受之间的差异，而是不同感官的不同意象和感受之间的差异。因此，圣经常常把圣灵使人重生的工作比作给人一种全新的感官：瞎眼看见，耳聋听见，出黑暗入光明。而且，这种属灵的感官是最崇高的——没有它，其他的所有感官都不免归于虚无。所以圣经把这个恩赐（上帝赋予人一个全新的感官，圣灵在人心里运行，结出属灵的果子，产生属灵的功效）比作叫死人复活和全新的创造。

这种新的属灵感官以及随之而来的新气质，不是新的**感受力**，而是全新的**自然原则**。我使用"原则"一词，是因为找不到其他更好的词来强调其决定性作用。这里所谓的**自然原则**，是指存于人本性中的基础机制，或旧或新，而心灵的各种感受力在此基础上按照某种特定方式得到运用；**自然原则**也可以说是一种自然的行为习惯或行为基础，它使人能够按照某种特定的方式运用其感受力；于是，按照这种特定方式运用这些感受力就可称为他的本性。所以，这种全新的属灵感官不是一种新的感受力，而是灵魂本性中奠定的全新基础；原有的各种感受力在这个新基础上得到运用。同样，伴随着这种全新的感官，心灵也有了新的圣洁气质，而这种圣洁气质也不是什么新的意愿，而是在灵魂本性中奠定的全新基础，原有的各种意愿在这个新基础上得到运用。

圣灵在属血气之人心里运行时，他仅仅驱动、影响、协助、改善原有的自然**原则**，或通过某种方式对这些自然原则产生作用，但圣灵不会赋予他们全新的属灵原则。所以，当圣灵给予属血气之人某个异象时，如上帝让巴兰看见以色列的异象时，圣灵仅仅影响了巴兰属血气的自然原则——他的视觉，直接激发视觉意象——但圣灵没有给巴兰任何新的感官；巴兰看见的异象里面也没有任何超自然、属灵、神圣的成分。如果圣灵将任何外在意象（声音、形状或颜色）施加在人的想象里，无论他在梦里还是醒着，圣灵所激发的这些意象与他借助自然原则和感官所获得的意象在本质上是一样的。所以，如果上帝向任何属血气之人启示任何隐秘之事（例如他将来才能见到或听到的事情），圣灵并没有向他心里灌输任何新的属灵原则，也没有在他心里运行新的属灵情感，也没有给予他全新属灵感官的新感受，圣灵只不过用特别的方式给予他某些意象，而这些意象迟早都能通过他的旧感官（听觉和视觉）感受到。因此，在圣灵的普遍感动当中，圣灵仅仅协助那些属血气的自然原则以更高的程度进行与原先相同地工作。所以，圣灵可以通过普遍感动的方式帮助人提高和改善属血气的才能，如协助比撒列和亚何利亚伯进行制造会幕的工程；圣灵也能帮助属血气的人参政，增强他们的勇气并改善各种属血气的素质，如他将他的灵分赐给七十个长老，也赐给扫罗一颗新的心。上帝还能帮助属血气的人大幅度改善理性，帮助他们思考世俗的事情，或思考宗教教义；或让他们对宗教的感受和认识在很多方面变得更加清晰；上帝能帮助人做到这一切，却不赋予他们任何属灵的新感官。属血气的人也能经历良心觉醒和认罪，但在这个过程中，上帝仅仅帮助他们的良心（良心也是属血气的自然原则）更加积极地从事原本就会的工作。良心本来就能给人是非感，提醒人善恶报应。上帝的灵只是帮助人的良心更加积极地从事这些工作，帮助良心对抗世俗物质和情欲，使人渐趋麻木的影响。有许多例子可以说明圣灵如何影响、协助、驱动属血气的自然原则，但最终，自然原则的本质并没有改变，人内心还是没有任何超自然的、神圣的感受。而圣灵在圣徒心中属灵的感动却不是这样：圣灵在他们里面运行，向他们心里灌输新的、神圣的、超自然的原则并加以运用，这些原则成为圣徒新的、属灵的本性，这些属灵的新本性比属血气之人心里的一切都崇高得多。

综上所述，所有属灵情感和恩典情感都伴随并源于某些特殊感受、意象或情绪，这些东西与属血气之人的一切内心感受都具有本质区别，是的，它们截然不同；属血气的人无法体会、无法想象、无法感受（林前2:14）属灵情感；就好像一个生来没有味觉的人尝不到蜂蜜的甘甜，一个生来没有听觉的人无法体会音乐的旋律，一个生来瞎眼的人无法理解彩虹之美。

但是，要正确理解上述内容，我们必须注意两点：

第一，一方面，我们必须注意：并非与属灵情感相关的任何东西都是全新的或完全不同于属血气的人所能理解和体验的情感，恩典情感当中有些东西与属血气的情感是一样的，包括很多环境因素、附属因素以及效果。所以，圣徒对上帝的爱与属血气之人对近亲的爱之间有许多共通之处，对上帝的爱使基督徒渴望上帝得到荣耀，渴望讨上帝喜悦；同样地，属血气之人对亲友的爱也使他希望对方得到荣耀，想取悦对方。对上帝的爱让人喜欢以圣洁和上帝的同在为乐，渴望遵行上帝的话、得到上帝的喜悦；同样，人对朋友的爱也让他这样去行。这两种爱里面还有许多其他东西是共通的。但是，圣徒对上帝美德的认识和因这种认识生发的喜悦之情（这是圣徒对上帝之爱的精髓）则是独特的，与属血气之人所具有的任何东西或他所能理解的任何东西都完全不同。而且，即便在那些看似相同的东西里面，也有一样是不同的：虽然属灵和属血气的爱都导致渴望，但它们是两种不同的渴望。属灵的渴望里面有一种属灵的感受，这种感受完全不同于属血气的渴望之情。属灵和属血气的爱都伴随着喜悦，但它们是两种截然不同的喜悦之情。

属血气的人可能在很多方面知道属灵情感的**概念**，但他们无法完全理解属灵情感的**核心**，正如生来瞎眼的人不能体会什么叫颜色。我们可以这样加以说明：设想两个人，一个生来就没有味觉，而另一个有味觉。后者很喜欢吃蜂蜜，因为他知道蜂蜜的甜味，而前者则喜欢某些声音和颜色。这两种喜欢有很多相通之处，它们都导致人对所喜欢的对象产生渴望和喜悦之情，也会使人在失去这个对象后产生忧伤，等等。但蜂蜜的甜味是后者渴望和喜悦的基础，这种感觉本身与前者的任何感觉都完全不同。他的喜悦感是另一个人所完全无法体会的，尽管他们都喜欢同一个东西。两人都可能因为某些方面的原因而喜欢同一个对象：一个是喜欢某一种果实的美味，因为它悦人眼目，且味道鲜美，不仅因为他看见果实颜色宜人，而且他知道果实的甜味；而另一个人完全无法感受这个味道，他喜欢这种果实只是因为果实颜色好看。两者很多方面都是一样的：同样都是爱，都是渴望，都是喜欢，但两人的爱、渴望和喜欢却不一样。属血气之人的爱和属灵之人的爱的区别就像上面这个例子。但我们必须注意：一方面不同的人对属灵对象感受的差异，可能远远大于有味觉和无味觉的人对果实感觉的差异；而另一方面，这个差异有时反而没有那么大。因为基督徒理解神圣事物的属灵感受，在初始阶段也许还非常微弱，很不完善。

第二，另一方面，我们还必须注意：属血气的人也可能拥有某些宗教情感，这些情感在很多方面对他本人是全新的体验，但他的这些体验根本不是新性情的活动，不是来自圣灵的新生命，也不是因全新的属灵感官引发的属灵情感。他的情感或许是新的：或许自然原则的运行达到了新高度，伴随着很多新的环境因素，多种属血气情感的全新共同作用，以及属血气意象的新组合。它可能来自撒旦能力的影响，也可能来自错觉，但这些情感的本质仍然是出于血气的，只是运行的程度发生了变化。就像一个穷人一直住的是棚屋，从来没有离开过生长的小村庄。有人戏弄他，带他到宏伟的城市。他来到王宫，看见一个人披着王袍坐在宝座上，头上戴着冠冕，许多贵族在他面前下拜。他不得不信这是荣耀的君王。他这个意象以及他的情感在很多方面是全新的，是从前未曾有过的，但这一切仍旧是自然原则的运行，只不过程度比较激烈而已。他的这些新意象和新情感——无论如何提升、改变、组合——都仍旧是属血气的，这些体验并没有给他全新的感官。

综上所述，显然所有真正的恩典情感确实来自圣灵的特殊感动，圣灵在圣徒灵魂中工作，产生明显的**功效**或**感觉**，这些感觉完全不同于属血气之人的所有体验，这种区别不仅在于程度和环境，而且是本质的差异。因此，属血气之人不仅无法体验就**个体**而言种类与之相同的情感，更不可能体验那些与之**本质**不同的极其丰富的情感；他们无法体验人和魔鬼所不足以产生的东西，或与恩典情感本质相同的任何感受。

我反复强调这点，因为这个问题非常重要，可以揭露撒旦在许多伪宗教情感中的诡计——历代教会都有许多人被这些诡计引入歧途——也可以解决很多关于圣灵和恩典本质的教义问题。

现在，把上述要点与本文论述目的加以结合。由此可见，某些人所坚持的那些印象（他们对上帝、基督、天堂或任何与宗教相关的想象）根本不是属灵的，也毫无真恩典的本质。虽然这些东西可能伴随属灵情感并与属灵情感相混合，但它们本身的性质并不是属灵的，也不构成任何恩典的体验。

在此，为学识欠佳者的缘故，我先解释什么是**想象的印象**和**想象的意象**。想象是头脑的一种能力，人借助这种能力，可以在事物不在场、无法用感官直接感受的情况下，拥有外在事物的概念或意象。它称为**想象**（imagination），因为它来自于**形象**（image）一词；虽然事物并不在场，周围也没有类似的东西，但是借助想象，人可以在头脑中得到这个事物的外在形象。我们借助五种外在感官——**视觉、听觉、嗅觉、味觉、触觉**——所能感知的一切事物都是外在的；当一个人在头脑中具有这些事物的形象而他实际上不能看见、听见、嗅到、尝到、感觉到这些东西时，他就有了关于这些东西的**想象**，这些意象就是**想象的意象**；如果这些意象在头脑中非常强烈，这些形象栩栩如生，几乎和真看见、听见、摸到一样，这被称为**想象的印象**。颜色和形状都是外在事物，都是可以借助**视觉**这一外在感官加以感知的对象。所以，当在头脑中得到关于某个形状、颜色、相貌、光明或黑暗的栩栩如生的意象时，如同他借助视觉看见白纸黑字。这就是我们关于肉眼可见的事物的**想象**，或关于肉眼可见事物的外在的想象的意象。而当我们头脑中具有声音或话语的意象时，这些也只是外在事物的意象而已，是靠外在的**听觉**得来的，因此这也是**想象**。如果这些意象非常生动，几乎和耳朵听到的一样真实，这就是**想象的印象**。同样的道理也适用于其他三种感官：**嗅觉、味觉、触觉**。

很多人一旦产生某种想象，就以为这种体验的本质是属灵的。这实属无知。他们所拥有的意象只是某个人脸的外形而已，而他们却说自己在灵里看见了基督。某些人有一些关于光的外在意象，他们就称之为"灵里看见上帝的荣耀"或"灵里看见了基督的荣耀"。有些人想象基督挂在十字架上、他的血从伤口涌出的意象，他们就以为自己"属灵地看见被钉的基督以及基督宝血的拯救之道"。有些人想象基督张开手臂拥抱他们，他们就把这个说成"领受基督丰富的恩典和大爱"。有些人有关于天堂的生动意象——基督坐在宝座上，众圣徒和天使跪拜——他们就说"看见天堂的门为他们开了"。有些人生动地想象一个面容美好的人向他们微笑，就说"用灵眼看见基督爱他们"或"品尝到基督爱的滋味"。他们还把这些想象当成牢靠的证据，试图借此来证明他们有属灵的眼光。他们说自己有属灵的看见，因为这些形象不是用肉眼看见而是在心里看见的，因为他们眼睛闭上也能看见这些东西。与此类似，一些人得到听觉的印象，他们有一些只言片语的意象，好像是从上面赐给他们的，有时是圣经上的话，有时是其他词语。其实这不过是他们想象基督亲自对他们说话，可他们却称之为"内在的呼召"，说他们在心里"属灵地听见基督的声音"，说"圣灵是他们的见证人"，他们拥有"基督之爱的内在见证"，不一而足。

庸俗之人和不爱思考、理解力差的人最容易相信这些主观的想象是属灵的事。因为属灵的事是看不见的，不是可以用手明指着的东西，我们不得不使用比喻来描述属灵的事，必须借用外在可感知物体的名字来指代属灵的事。于是，关于属灵事物的清晰认识，被称为"光"；拥有这种清晰认识，被称为"**看见**"；相信审判、相信福音、相信基督的话语，我们称之为"灵里听见基督的呼召"。圣经本身充满了这类比喻。人们经常听见这些说法，他们以为必须睁开眼睛看见属灵的事，看见基督在他的荣耀里，听见内在的呼召，等等，他们就愚昧地寻找和等待某些外在认识和主观想象，以为这些东西就是圣经所说的那些事。而当他们相信自己的眼睛已经睁开，现在基督已经向他们显现，他们是上帝的儿女时，他们兴高采烈，以为自己已经得救蒙福。许多这类情感立刻就在他们里面强烈地运行起来。

但是，按照我们前面讲的"恩典体验是属灵而神圣的"，这些意象显然根本不是属灵和神圣的。这些外在意象与人按照其本性所得到的意象并没有本质区别。不仅没有区别，而且它们与我们借助外在感官（人类的外在感官是人本性中较低级的部分）所得到的意象属于同类。它们仅仅是外在物体的意象，是人类借助外在感官获得的意象。它们与人类头脑借助各种自然原则所得到的种种外在感觉同属一类（程度上没有区别，仅仅是环境不同），而这些自然原则是人畜共有的。

这样理解"属灵的感官"是非常庸俗的，他们以为属灵的感官就是我们借着与动物无异的自然感官所接收或想象的印象。要知道，动物的这些自然感官比人类要灵敏得多，这岂不是把基督和人心中属神的性情贬低为畜类？按照人属血气的本性，根本不需要添加任何属灵的新原则，就完全能够想象这类外在意象。属血气之人完全可以像重生的基督徒一样生动地想象任何不在场事物的形状、颜色、声音，所以这些想象里面根本没有任何超自然的内容。无数经验表明：获得这些生动的想象根本不需要改进或完善人性。正好相反，身体状况欠佳的人比常人更容易沉浸于这种想象。②

---

② 弗拉韦尔指出："理性不足的人最容易受困于自负和妄想，孩童和理解力有缺陷的人常常沉溺其中。强有力的理性打破这些幻想，正如太阳出来以后，雾霭就消失。有恩典的人理性越强，他的信心越坚定，越能持守信仰的根基；是的，基督徒信仰当中有最高最纯的理性；上帝使人发生改变是通过理性的方式（赛1：18；约19：9）。"(*Preparation for Sufferings*, Chap. vi.)

至于真正的**属灵感受**,不仅它进入头脑的方式极其特别,而且这种感受**本身**也完全不同于人在属血气状况下可能拥有的任何情感,这点我们已经论述过。但上述的这些外部意象,虽然它们进入头脑的方式有时非同寻常,但这些意象本身并没有任何特别之处。它们与人通过属血气的感官获取的感受没有本质区别,这些意象并不比它们崇高,也好不到哪去。例如,有一个人有一个外在的意象——他想象基督挂在十字架上流血的形象——这个意象本身一点也不比当时在场的犹太人用属血气的眼睛看到的形象更真切,后者站在十字架周围在仇恨中亲眼目睹基督死去。人们关于上帝外在荣耀的想象,一点不比旷野里邪恶的会众用肉眼所见更真切,后者曾在西乃山亲眼目睹上帝外在的荣耀;也不比亿万被诅咒的恶人看得更清楚,因为他们将要在审判日面对面地看见基督外在的荣耀,比任何人所能想象的要清楚一万倍。③人们通过想象得到的基督形象,按其本质来讲,难道比教皇派借助观看他们教堂中那些美丽感人的画像而得到的基督想象更真实吗?他们基于这种想象所拥有的情感,难道比无知群众借助观看这些画像而唤起的情感更美好吗?后者常常看见这些画像而激发出极其强烈的情感,何况教皇派的祭司们用这些画像本来就是为了使群众感动、说话,甚至号啕大哭。④这些假想的意象进入人头脑的方式不能改变这些意象的本质。不管它们如何进入人的

---

③ 谢泼德说:"如果任何人真切而直接地见到基督本人,这并不是救赎性的认识。我知道,圣徒确实是如同面对面认识基督;他们不是站得远远的陌生人;如果有人说自己直接地看见基督,我对此没有异议。但也许他们只是像迦百农那些人一样见过基督。虽然暂时跟随基督,却最终没有得救(约6)。上帝从他们眼前隐藏,不叫他们看见自己。全世界都将看见他的荣耀,他们也要因此而感到震撼,但这远非救赎性的认识(上帝将自己交给被选上的人)。所以,尽管您以为您面对面地见过上帝,您以为自己和他是老朋友,'主啊,我们在你面前吃过、喝过'(路13:26),等等……然后灭亡。"(*Parable of the Ten Virgins*, Part I, pp. 197, 198)

④ 谢泼德还说:"撒旦化身光明天使。同理,一些人说他们听见上帝对他们说话;某些人见过基督本人的血滴在他们身上,见过他肋旁的伤口;有些人见过密室中的大光;某些人因自己做的梦而非常感动;有些在痛苦中煎熬的人听见内在见证说'你的罪赦了',于是就得到自由和喜乐,在屋子里欢呼雀跃。淫乱的世代!人假装看见耶稣并以为耶稣给他们平安,这都是属血气之人常有的事。教皇派弄出耶稣的画像也是如此。仅仅以这种方式认识耶稣的人,有祸了。"(*Parable of the Ten Virgins*, Part I, p. 198)

头脑，它们仍旧不过是外在的意象，是关乎外表的意象，因此它们不是属灵的。是的，就算人实际上是通过至高上帝得到这些外在的意象，这些意象仍然不是属灵的。它们不过是圣灵的普通工作；最明显的例子是巴兰，上帝亲自给他清晰生动的画面，让他看到耶稣基督的外在表现（以色列会众），"得听上帝的言语，明白至高者的意旨，看见全能者的异象，眼目睁开而仆倒的人说：'我看他却不在现时，我望他却不在近日。有星要出于雅各，有杖要兴于以色列，必打破摩押的四角，毁坏扰乱之子。'"（民24:16—17）但他对基督却毫无属灵的看见，晨星从未在他心里以属灵的方式升起，他仍旧不过是一个属血气的人。

因为这些外在形象的本质毫无神圣与属灵的成分，是属血气之人不借助任何外力和全新原则就能够拥有的东西，所以产生这些意象不需要上帝的能力，也不需要圣灵特殊、不可模仿、独一无二的运行，而圣灵的特殊运行是产生真恩典的前提。这些外在的意象究其本质完全在魔鬼能力范围之内。撒旦显然有能力让人接受某些想法；否则它就无法引诱人犯罪了。既然它能让人接受任何想法或意象，当然也能让人接受假想出来的意象或关于外在事物的意象；⑤因为外在意象是最低等的意象。唤起这些意象只需要借助血气的运行对身体和大脑施加影响。许多经验表明：身体的变化会在头脑中激发想象或外在意象，例如高烧、忧郁症等疾病常常引发这样的现象。这些外在意象比圣灵运行要低等许多，正如身体比灵魂要低等许多。

不仅如此，关于外在形象的想象，其本质没有任何超越魔鬼能力的成分，而且魔鬼肯定可以激发并且确实经常激发这类意象。圣经告诉我们：魔鬼在古代那些受谎言的灵感动的假先知的异梦和异象里所激发的许多外在意象正是这类想象（申13:1；王上22:22；赛33:7；结13:7）；

---

⑤ 弗拉韦尔指出："判断某个声音、异象、启示真是出于上帝而不是撒旦伪造的赝品，那是极其困难的事，甚至是不可能的事。我们只需要考虑到一个事实就能明白这个道理：上帝没有给我们任何确定的证据来分辨圣灵和邪灵。"（*Causes and Cures of Mental Terrors*, Cause 14）

魔鬼在异教祭司、行法术和行邪术者的打坐冥思里所激发的**外在意象**也正是这类想象；这也是魔鬼让基督耶稣看见肉眼所无法见到的万国荣耀时，在耶稣基督心里激发出来的**外在意象**。

既然撒旦或任何被造物有能力让外在形象刻在人心里，那么任何外在形象本身都不足以证明它是出于神圣的能力。人不需要借助上帝的大能就可以想象出任何形状，不管是人的形状还是别的什么形状。人的头脑想象一个身体的形状或颜色并不需要任何高级的能力，想象一个人体所需要的能力并不比想象一块木头所需要的能力更荣耀，尽管人体可能比木头漂亮得多，脸上挂着甜美的微笑，或手臂张开，或手脚肋旁有血流下。使人想象黑暗的能力也能使人想象光明，使人精确地在纸张或画布上描绘稻草或木棍的能力和技巧，或许只须稍稍改进，就足以描绘有佳形美容和君尊威严的人体，或描绘宏伟的城市，地上是金子，明亮透彻，有一个荣耀的宝座，等等，尽管或许不够完美。在头脑中描绘这些东西所需要的能力是完全一样的。能在纸上泼墨也能在金叶上写字。所以，既然我们认定魔鬼有能力在外在形象上大做文章——任何人只要相信魔鬼存在并且相信人类中间有魔鬼的代理人，都会相信它有这个能力——那么被造物的能力显然足以使人的头脑拥有各种外在形象。由此可见，按照上述真感恩体验的含义，这些想象本身没有任何属灵、超自然、神圣的内容。

虽然外在意象由于人的本性和状态确实不同程度地**伴随**某些属灵体验，但这些意象本身**不构成属灵体验**。正如血气运行和脉搏跳动的变化本身并不构成属灵体验，尽管它们可能伴随属灵体验。因人目前处于属血气的状态，尤其是某些身心柔弱的人，所以强烈的恩典情感确实能激发人栩栩如生的想象。尽管如此，同样可以确定的是：如果人的情感基于想象，那么这些情感就仅仅是属血气的情感和普通情感。因为这些情感不是建立在属灵的根基上，所以这些情感完全不同于属灵的恩典情感。因为我们已经论证过：属灵情感的源头是圣灵在人内心的运行。

这些想象确实常常强烈地激发人属血气的情感：⑥这并不奇怪，因为人们愚昧地认定这些想象是上帝的启示，是耶和华直接对他们灵魂说话，以非凡的方式证明上帝对他们的恩宠是多么的崇高和独特。

　　再一次，从恩典情感和内心属灵、超自然、神圣情感的运行方式可以明显看出：头脑中**直接联想**圣经话语，这种现象本身毫无属灵之处。我已经就此论述过，并且论述得足够清楚；但如果读者还记得我们谈论过的关于"圣灵感动的本质和圣灵运行效果的本质"问题，那么就更加清楚上述现象根本不是圣灵运行的**属灵**效果。我相信：只要稍有常识的人都不会声称或以为头脑中出现的任何话语是属血气之人所无法经历的体验；也不会声称人的灵魂中需要具有神圣的感官才能让声音或字词进入

---

⑥ 约翰·史密斯（John Smith）先生曾撰文指出法利赛式的义不能持久，他描述了建立在我这里提到的基础之上的宗教。我忍不住在此整段地引述。他提到有一种基督徒的生命不过是强烈的幻想，他说："为了不让自己的宗教过于赤裸裸地显出是人力所造之物，他们内心有时会激发强烈的情绪，有时甚至让他们无法自制，显得好像真有圣灵的运行一样；但这不过是他们的自爱之情因着对神圣事物的某些属肉体认识而爆发出来的。当属肉体的、未成圣的想法在人心里占据上风，并依此解释圣经的时候，我们基督教里面有一些东西就很对属肉体之人的胃口：白白的恩典和称义的教义以及概念，罪人成为上帝儿女和天国后嗣，蒙福的人永远在乐河中欢游，将来的荣耀天堂里永远充满香甜和美好，新耶路撒冷的黄金街碧玉城……好奇的人可以花一辈子时间探究其中数不清的微妙。我相信，有时候最属肉体、最属地的人，也就是那些让自己的野心在世俗的熙攘中飞奔的人，他们可能因这些事物而非常激动，甚至好像与来世权能有分。我相信他们有时候因为这些事物而过于兴奋，当他们身体失去控制头脑发热的时候，就开始轻浮地幻想这些东西，如同精神失常或疯狂之人的表现一样。这些炽烈的彗星或许一时飞上月球，甚至比太阳还高，但因为他们本身不坚固，里面都是下贱的泥土，很快就坠落消失。他们起伏都受制于外力。在他们自己看来，他们比那些受到上帝自然力量温和影响的高贵基督徒取得的成就更高，他们显得比那些受圣灵指教和驱动并稳定而持续走向天堂的真圣徒更加神奇。正如在石头地上长出来的种子发芽更快，而那些在好土里的种子却好像生长迟缓。当我们处于灵性死亡状态时，我们的感觉、幻想和激情一旦进入身体深处，它们对我们的影响比来自圣灵的崇高影响要强烈得多，而圣灵的影响比这些属血气的冲突温和得多，难以察觉得多。这种属血气的力量显得更强烈，更有生命力，而圣灵则更温和、更精致，它通过理性，再通过我们的意志力和情感逐渐地加施影响。但是，不管前者一时显得多么兴奋，后者却具有更加持久、不断繁衍、更加欣欣向荣的特质。因为前者源于人的肉体对上帝和幸福的低级感受，这种情感本质上是反复无常的，随着时间的流逝变得日益索然无味。一旦这些感觉和能力变得慵懒，或者神圣的阳光不再照耀在我们身上时，这些属地的情感就会大打折扣，像灶火一样渐渐失去光和热。但真正属天的热情绝不会消退，因为它本身具有不朽的本质；一旦它真实地进入人的灵魂，在那里掌权，它就会调整人内心所有情感的运行，让人整个身体都处于协调有序的良好状态。真宗教不是人的巧计，不是我们想象力的激发，也不是激情四射，虽然人们常常错误地以为这些是宗教（因为在宗教中欺人也导致自欺）。真宗教有一种全新的本质，是从外面注入人灵魂的新生命；它使人具有敬虔的心灵，最明显的表现是平静而清晰的头脑、深刻的谦卑、温柔、舍己、对上帝和真良善的普世之爱（没有偏见，也没有做作）；我们借着它能够认识上帝，借着认识上帝更加爱上帝，并且尽心竭力让我们像他一样完美。"（Select Discourses, pp. 370, 371）

头脑;更不会声称这种效果具有如此崇高、神圣、超凡脱俗的本质,乃至任何被造物都无法导致其发生。

因为通过联想让圣经上的话语进入头脑不过是在人头脑中激发某些声音或字母的意象,所以这只是激发人想象的一种方式而已;因为声音和字词都是外在的事物,是视觉听觉等外在感官的对象。纸张上的字迹(诸如 24 个字母的任意排列)或声音,这些都是外在事物;关于这些外在事物的意象也都是外在的意象,就和关于其他形状或声音的意象一样。所以,总结上面关于外在意象的论述,它们明显不是属灵的。就算是圣灵提示这些字母或声音进入到人的头脑中,这也是一种普遍的提示,既不是圣灵**特殊**的感动,也不是**恩典**情感。进而可以推论:建立在这种效果基础之上的情感不是属灵的恩典之情。让我在此强调:当圣经的话语以奇特的方式进入人的头脑时,如果人们以这种效果作为情感的根基,那么他们的情感就不是属灵的。

但是,确实存在一种可能:某些人的恩典情感伴随着进入他们头脑的经文一起出现,而圣灵也可能使用这些经文在他们心中激发恩典情感;因为他们对经文中的神圣事物具有一种属灵的爱好和品位,激发他们情感的正是这种神圣的品位,而不是经文进入头脑的奇特方式。他们之所以感到激动,是因为他们从圣经话语中领受了上帝的教导,从中看到上帝或基督的荣耀,以及这些话语所教导的真理,而不是因为这些字词突然出现,似乎上帝直接在对他们说话。人们经常为这种事情感到兴奋不已:圣经某些伟大应许的话语突然进入他们头脑,好像这些话此时此刻直接出自上帝的口,于是他们就以为这是上帝的声音——直接启示他们多么有福,上帝给他们这个那个伟大的应许;他们为之兴奋的正是这类体验。在他们的情感之前,既没有任何针对**经文中神圣事物**的新的属灵理解,也没有关于这部分**经文所教导的荣耀**事物的新的属灵感受;他们的情感根本不是出于属灵的理解和感受。他们情感的源头,他们的一切新知识,或他们自以为的一切新认识仅仅是:经文出现的方式非同寻常，所以这就是上帝**亲自**的启示。这种情感完全建立在流沙之上，因为它建立的基础是个靠不住的结论。因为我们已经论述过：话语突然出现在头脑中，这种方式本身不能证明话语来自上帝。而且，就算这真是出于上帝的启示，并且他们确实知道这点，这也不是**属灵**的知识——它可能根本不属灵。巴兰也知道上帝启示给他的话语来自**上帝**，但巴兰并没有**属灵**的知识。所以，建立在这种基础上（自以为经文直接来自上帝）的**情感**没有属灵的根基，只是虚无缥缈的幻想。当人们询问这些兴奋的人是否对这些经文的真理拥有了新的体会时，他们会毫不犹豫地说**是的**，但其实他们所谓的新体会不过是这些经文突然出现在脑中，这件事情让经文显得甜蜜、美好、奇妙。例如，假设这句经文突然出现在他们脑子里：**不要惧怕，因为你们的父乐意把国赐给你们**，他们就以为这些话直接来自天上，直接启示他们，上帝是他们的父，已经把国度交给他们，于是他们非常感动，觉得这些话很美好。他们说："**啊！这些话里面的东西真是太美好了！**"但这些应许在他们看来很美好的原因，只不过是他们一相情愿地以为这是上帝直接给他们的应许，他们在其中所看到的荣耀只不过是出于自恋，是因为他们想象这句话于己有利。他们根本感受不到天国的神圣本质，也体会不到上帝的属灵荣耀，以及上帝的恩典是何等美好，竟然把上帝自己的国度赏赐给这些罪人——在他们幻想这些事物于己有利并为之兴奋之前，毫无属灵的知识。相反，这些人首先幻想自己得到了利益并备受感动，然后再承认这些事物是美好的。于是，圣经出现在他们头脑中的奇特方式成为这一切的基础，而这个基础只能清楚地证明他们自欺欺人的状况多么严重。

很多人获得最大的安慰以及经历所谓的皈依，都是遵循这种方式：在经历了良心觉醒和恐惧感的临到之后，某些舒服而甜美的应许突然进入头脑，这种突如其来的方式让他们认定这是上帝**直接的**启示。这就成为他们信仰、盼望和安慰的全部基础。由此，他们第一次鼓起勇气相信上帝和基督，因为他们以为上帝借着这样的方式给他们应许，已经向他们启示他爱他们,并且应许赐给他们永生。可是这是极其荒谬的逻辑。因为每个对信仰基本原则具有常识的人都知道:上帝向人启示他的爱以及他们有分于属天应许的时间是在他们相信上帝**之后**,而非**之前**。他们必须首先**相信**,之后才可能在上帝所启示的应许中享受与上帝之间的亲密关系和属天地位。上帝的灵是真理的灵,不是说谎的灵:人们还没有相信上帝,他们还没有蒙恩并有分于上帝的应许,上帝肯定不会用圣经上的话告诉他们已经蒙恩并将承受应许。倘若上帝在人相信基督之前就让经文进入人头脑,好让他们知道罪**得赦免**或上帝乐意把国赐给他们,诸如此类——并让这些经文成为他们信仰的基础,那么上帝就成了说谎的灵。恩典之约的应许不可能被任何人占有,除非他先相信基督,因为我们得以与基督以及他新约的诸般应许有分是**唯独借着信心**。因此,如果有什么灵将新约的应许启示给一个不信的人,说这应许已经属于他(按照上述意义),那么这灵必为谎言的灵;建立在这种应许之上的信心,其根基必定是谎言。在人**完全相信**上帝、**完全依赖**上帝之前,上帝不会将安慰人心的经文放在人头脑中,让人确信上帝的爱,让他们相信自己蒙福——那根本不是上帝行事的方式。⑦

---

⑦ 斯托达德先生说:"人有时在经历了痛苦以后感到上帝给他们某些应许,并因此而欢喜。他们以为上帝已经接纳了他们。遇到这种情况,牧师或许应该告诉他:上帝在让人完全信靠他之前,绝对不会给人得救的确据。因为在人信靠上帝并蒙恩与上帝和解之前,上帝绝对不会向人显明他的爱。当人们看到圣经上某些美好的应许时,他们会以为这是上帝爱他们的标志,但牧师必须首先带领他们接受福音,进入基督,然后他们才有可能看见上帝的爱。上帝的方法是首先让灵魂接受他恩典之邀,然后再向他们显明他们已靠他得救。"(*Guide to Christ*, p. 8)他又说,这些人"看似已经拜倒在上帝脚前、接受基督为主,但牧师最好要检查他们到底是看重基督和基督的救赎,还是看重上帝爱他赦免他。因为恩典之邀早于我们被赦,所以更早于我们的认识(知道自己被赦免)。"(p. 76)谢泼德先生说:"恩典和对基督的爱(阳光下最美的颜色)是可以伪装的。如果您真的照这个方式(首先得到上帝绝对的应许,然后再相信上帝)得到上帝的启示,那么要小心了:您显然是得到了比圣洁更直接的启示,并且这个启示废掉了圣经。"他在第一部分第 86 页说:"基督是你的吗?是的,我见过。怎么见的?有什么话语和应许吗?没有。那就是假的。"(*Parable of the Ten Virgins, Part II, p. 15*)他还提到有些人的平安没有根基:"那些人自以为上帝向他们启示他的爱,却在他们身上看不出圣灵动工的征兆,他们也对此不感兴趣。"然后又说:"圣灵的见证不会使一个人变得更像基督徒,只是见证这个事实;正如法庭的证词不会使一件事更加真实,只是使事实显明出来。"(p. 136)当提到某些人说自己首先有圣灵的见证并因此称自己与俗人不同的时候,他说:"圣灵的见证不会首先使人成为基督徒,因为人首先要相信,然后要在基督里,被称义、被呼召、称为圣洁。有了这些事实以后,圣灵才会加以见证,否则圣灵就成了撒谎的了。"(p. 140)

假设出现在一个人头脑中的经文并不是应许而是一个**邀请**,如果这个人将这个邀请出现的奇特方式作为信的基础,那么他的信仍然不是真信,因为它不是建立在真信的基础上。真信不能建立在荒谬的基础上。如果人仅仅因为经文出现的方式而认定这些经文是上帝借他的大能直接启示给他的,这种想法显然就是虚浮无据的想法,是虚假的基础,是沙子做的地基,建立在这虚假基础上的信必然是假信。使人相信上帝**邀请**他与基督福音有分的唯一确凿无疑的基础是:上帝的话语宣布像他这样的人受到了邀请,并且发出邀请的这位上帝是真实的,是不说谎的。一旦罪人相信上帝是真实的,并且相信圣经真是上帝的话,那么他就不再需要别的什么东西来证明他得到了上帝的邀请,因为圣经充满上帝向罪人和罪魁发出的各种邀请,让他们来分享福音的许多好处。他根本不需要上帝直接再对他启示什么,上帝通过圣经所说的话已经足够了。

很多人最大的安慰以及他们自以为信主之时的情感都建立在上述虚假的基础上,同样,他们随后的种种喜乐、盼望和其他情感也建立在虚假的基础上。经常会有某节经文以及甜美的宣告和应许突然进入他们的内心,因为这些经文出现的方式很特别,他们就以为这是上帝**此时此刻的直接启示**。他们把这视为上帝与他们有**特殊关系**的**依据**,由此认定这些经文属于自己,并从中获得极大的安慰和信心。这样一来,他们把信主想象成上帝和他们个人之间的某种交易;他们以为上帝时不时地向他们直接说话,回答他们的疑问,证明他爱他们,承诺支持他们并供应他们所需,清晰地向他们启示永恒的福分。于是,他们常常因此而兴高采烈,那是一种浮躁的喜乐混杂着强烈的自信和自大,然而他们这些喜乐和自信的首要基础根本不是圣经的**内容**,也不符合圣经的**教导**,只是经文**出现的方式**。这反而只能证明他们的情感是自欺欺人。上帝话语中没有哪句**特定**的应许是单独地属于某个圣徒或通过任何方式单独赏赐或单独讲述给他的,恩典之约的所有应许是作为一个**整体**属于圣徒并**整体**赏赐和讲述给圣徒的。⑧尽管其中某些应许可能更加适合他个人的境况，并且上帝可能借着圣灵让他能够理解某些经文超过其他经文，让他感觉到这些经文中的祝福显得特别宝贵、荣耀，特别契合他，但这并不能破坏圣约诸般应许的**整体性**。

有些人读到这里可能会说：什么？难道圣灵不能把圣经里的应许加以**特殊的属灵应用**吗？我的回答是：确实存在**属灵的、救赎的应用**，圣灵当然能将圣经的诸般邀请和应许属灵地应用于人的灵魂；但同样确定的是：很多人错误地理解了什么是**属灵的应用**，反而使自己的灵魂陷入网罗，使撒旦有明显的可乘之机，威胁宗教信仰，甚至威胁上帝的教会。属灵地应用圣经应许不是指某个应许突然借着某个外在媒介进入头脑，使人强烈地感觉这些应许直接专属于自己；那种效果里毫无上帝做工的特征，有许多恶劣事实为证。那是对"属灵应用"的粗俗理解，其本质完全在魔鬼能力范围之内，因为这种效果在本质上完全看不到圣灵活跃的传递。真正属灵地应用上帝的话语是非常崇高的事情，它完全超越魔鬼的能力范围：它是向死人传讲上帝的话语，使行尸走肉死而复活；或是向石头讲道，让顽石变成天使。属灵地应用上帝的话语是**把上帝的话语放在人心里**，在那里照亮人的灵魂，运行交通，使败坏的罪人转变成为圣洁的新人。而**属灵地应用福音邀请**，在于圣灵给予人心一种**属灵的感官**，让人的灵魂感受到邀请当中的神圣祝福，品尝到邀请者的恩典是何等美好而奇妙，认识到他发出邀请的奇异恩典，他成就应许的神圣尊荣、信实以及充足的荣耀大能，所以，人的灵魂受到吸引，前来接受邀请，这

---

⑧ 谢泼德先生说："你们要由衷地热爱所有应许，而不是其中几个。"然后他问："基督徒什么时候才算真正按照上帝的心意接受应许，没有任何想当然的成分？"他回答说："规则美好而确定：当基督徒接受整本圣经并把圣经当作上帝对他讲的话来热爱它的时候，他就能勇敢地接受任何应许。我的意思是，当一个基督徒抓住上帝，并与上帝摔跤要让新约中所有应许得以成就的时候，当他把上帝所有诫命摆在面前，当作指南针指引自己前进的方向的时候，当他把所有畏惧当作亲近基督的动力的时候，当他把基督作为人生的方向的时候，他就算真正按照上帝的心意接受圣经的应许了。这不是假冒为善者能做到的事情，唯独圣徒才能做到，并且他们借此就可以得知上帝在对他们讲话。" (*Sound Believer*, p. 159)

样，人就知道自己确实有分于上帝的邀请。因此，**属灵地**应用圣经应许能使圣徒得到安慰，它**照亮他们的内心**，让他们看见应许中的祝福是何等神圣与美好，看见应许者何等崇高，他多么信实和充足，因而让自己的内心去拥抱这位邀请者，欢喜地接受那些应许。通过这个方式，上帝的恩典明显地运行在人心里，让人能看见恩典，也看见自己必**承受**应许。如果有人把圣经的某个应许强行应用在自己身上，却没有这种神圣感受和内心启迪，只是经文突然冒出来，好像是上帝直接对人说话，让人相信这个应许是属于他的，却没有任何别的基础，那么这就是盲目的应用，它来自黑暗的灵，而非来自光明的灵。

当人的情感通过这种方式被唤起时，这些情感其实不是被上帝的道唤起，圣经不是这些情感的基础。唤起他们情感的不是那些经文中包含的真理，而是这些经文出现的**奇特方式**。他们由此认定自己的罪被赦免，上帝乐意把国赐给他，诸如此类，而这些认识都不是圣经的教训。圣经里确实有许多经文说哪些哪些人罪得赦免，是上帝眷顾的子民，但圣经上找不到任何地方说这些人罪得赦免和蒙恩不需要以认识上帝和认罪悔改为前提。因此，如果有人因为这种方式而感到安慰、兴高采烈，那么他的情感必来自别的道，是人造的道，不是圣经启示的圣道。⑨很多人的情感都是如此虚空。

再次重申，以上论述清楚地证明：**直接想象隐秘的事不是属灵神圣的情感，这些情感完全不符合恩典情感和圣灵运行的特征**。**隐秘的事**是指过去或将来的事，它们无法被感官感知，也无法由论证得知，也无法通过任何其他方式加以认识，只能通过直接想象进入人头脑。例如，如果

---

⑨ 谢泼德先生说："有些基督徒不靠基督只靠自己的行为称义，这是可憎的；但如果一个人在基督里，那么不靠行为称义首先就是不可以靠话语来称义。因为虽然话语可以让人信靠基督而不靠行为，但他不能从话语中得到绝对的应许；除非话语当中有某种行为（相信他或虚心等）并且他看见自己有这个行为，这样他才能从话语中得到确信。"(*Parable of the Ten Virgins*, Part I. p. 86) 斯托达德先生说："如果上帝要让一个人知道自己有恩典，那么他或许就能因为相信圣经而知道这一点。但圣徒并不是通过这个方式知道自己有恩典。圣经里没有这样启示，圣灵也不会向具体的个人做这样的见证。"(*Nature of Saving Conversion*, pp. 84, 85)

我突然得到一个启示，明年法国舰队将要入侵我国，或这人和那人明年会信主，或我自己到时候将信主——这些事情不能通过被造界的任何东西加以推理论证，只能以奇特的方式直接想象它们会发生。再例如我得到一个启示，今天欧洲某国和某国发生了战争，或欧洲某国王今天信主了，或他以前宣信而今天真信了，或我的某位邻居信主了，或我自己信主了，这些事情我没有任何证据，只有直接的奇特想象和我心里的强烈印象，那么这些都是**直接想象隐秘的事**，不管这些事是将来的还是过去的。因为事情过去发生、现在发生，还是将来发生，都不能改变事情的性质，只要这些事情是**隐秘的**，无法通过感官和理性认知，圣经也没有提过，只是借助我的**直接想象**得以认识。如果我得到某个启示说今天奥斯曼帝国发生革命，这和我认为12月之后的今天要发生革命是同一种启示。虽然一个是今天一个是将来，但两者都同样是隐秘的事情，同样是上帝向我**隐藏**的事，是我只能通过直接启示加以认识的事。撒母耳告诉扫罗说他去找的驴子已经找到了，他父亲不为驴挂心反为他担忧，这与撒母耳说的扫罗将在他泊的橡树那里遇见三个往伯特利去的人是同一种启示（撒上10:2—3），虽然一个是将来的事，一个是现在的事。同样，以利沙将叙利亚王在卧房所说的话告诉以色列王，这与他多次预言将来的事是同一种启示。

显然，按照前面所论述的关于圣灵运行的意义，这类通过直接想象启示隐秘的事里面，毫无属灵和神圣的本质。人头脑中产生的这些想法本身完全不具有神圣美好的本质，与种种属血气的想法同属庸俗之类，尽管这些想法出现的方式很特别。而我们已经论证过：真正属灵的事情不在于它们**出现**的方式，而在于圣灵在圣徒心中的这些运行**效果**本身是神圣的，至于这些意象产生的方式，则与恶俗之人的感受同属一类，其中毫无良善。何况一切邪恶之人要么已经认识，要么将要认识那些最大的事，无论是过去的，现在的，还是将来的。

至于产生这些想法的奇特方式，即便是直接想象，本身并没有属灵的成分。属血气的人在他们仍旧属血气的时候完全能产生这些想法，正如巴兰和圣经里很多属血气的人一样。所以，按照我们已经论证的属灵情感的意义，直接想象隐秘之事本身毫无属灵的成分。既然这些想法本身不是神圣的，而是尚未成圣之人头脑中所拥有的寻常之事，那么上帝当然能把这些想法**直接**放入人的头脑中，而无须使之成为圣洁。例如，彩虹的意象本身毫无属神的圣洁性情，所以上帝只要愿意就能在他愿意的时候用**奇特的方式**让这个意象**直接**进入未成圣的头脑中。同样，这人或那人蒙赦免进天堂的想法或认识当中也毫无属灵的成分，是**尚未成圣**的人全都能够拥有的想法。何况到了审判日，每个人都会知道谁能上天堂。所以上帝如果愿意，可以让这些想法**奇特**而**直接**地进入不圣洁之人的头脑，并在他们心中留下深刻印象。不圣洁之人有足够的能力拥有这些想法和印象，他们里面也不见得有什么东西会排斥或阻止这些想法产生。

如果关于隐秘之事的联想伴随着**经文**，这些经文以直接而奇特的方式出现在头脑中，而这些经文描写的内容与此事有些类似，这并不能使其具有属灵的神圣本质。因为我们说过：想象经文并不比想象隐秘之事更属灵，两种不属灵的效果不能组合成一种属灵的效果。

由此可见，那些完全建立在"直接想象隐秘之事或自以为是上帝的启示"基础之上的情感根本不是恩典情感。不是说这类幻想**偶尔或许**可以引发恩典情感，如果那样的话，错误和欺骗也能激发恩典情感；而是说这类幻想根本不能成为恩典情感的**基础**。因为我们已经论证过，恩典情感源于圣灵各种属灵的、超自然的、圣洁的感动和运行。而很多人的情感虽然看似热烈，但这些情感完全建立在神秘想象或自以为是启示的基础上。他们把想象当作属灵的知识，但这其实是自欺欺人，欺骗和幻想成了他们情感的源头。

我在此强调：综上所述，很多人所说的**圣灵见证**他们是上帝儿女，这种**见证**毫无属灵和神圣的内容。所以建立在这个基础上的情感也是虚空无益和自欺欺人。很多人所说圣灵的见证不过是关于隐秘之事的直接想象和主观印象，诸如自己已经信主、成为上帝的儿女、罪得赦免、上帝让他们进天堂等等。这种知识——知道某个特定的人信主、脱离地狱捆绑、能进天堂——本身并不是神圣的知识。这类隐秘的事进入人心所需要的想象力并不比巴兰的想象力更神圣。同样道理，一个人感觉自己信主所需要的想象力并不比他感觉邻居信主所需要的想象力更崇高。只要上帝愿意，他就能把关于这件事的认识（上帝已经赦免他的罪，他可以进天堂）和关于其他事的认识放进人的头脑中，而无须将自己的圣洁属性传递给人。这件事本身不论多高尚多重要，都不可能阻止属血气的头脑想象这件事或在心里产生印象。巴兰曾直接想象极大的事：基督的降临，他将建立荣耀的国度，上帝要祝福属灵的以色列，以色列人活着和死后的福分；但巴兰心里却没有圣灵恩典的运行。同样，上帝也启示亚比米勒，让他知道亚伯拉罕是蒙上帝恩宠的人（创 20:6—7）。上帝也启示拉班，让他知道雅各是上帝拣选的（创 31:24；诗 105:15）。并且，就算一个真正的好人确实从上帝那里直接得到一个启示，说上帝的恩典临到他的邻居或他自己，这难道有什么崇高吗？这不过是圣灵的普通感动，与说预言以及通过直接想象所得到的一切启示都属于同样性质（林前 13:2）。虽然属血气之人不可能从圣灵直接得到启示说他已经信主，因为这不符合事实，但这与他感动的本质无关；不是因为这种感动过于崇高，这个人不可能体验到，而是纯粹因为这件事本身是假的。即便事情是真的，使人直接想象这件事的感动与使人想象其他事情的感动也没有本质区别。所以这种感动的性质并不比属血气之人的普遍情感更崇高。

上帝把圣灵赏赐给他所眷爱的儿女，那么究竟什么是**圣灵的见证**？有些人以为圣灵的感动**本质**上与属血气之人的情感无异，以为不圣洁之人和地狱之子也有相同的感受。照这样的看法，圣灵的恩惠或恩赐本身就没有圣灵的神圣本质和圣灵的活跃交通。这是对上帝赏赐圣灵的亵渎。这种理解极大地贬低了圣灵的感动和运行,而圣灵的感动和运行本是最崇高的情感。⑩《罗马书》第 8 章所说**圣灵的见证**在新约其他地方又被称为**圣灵的印**(林后 1:22;弗 1:13;4:13),暗示它像国王的印章,附于正式文书,用来表明使用印章者的地位、尊严或特权,因此它是臣民受到国王特殊恩宠的标志。那么,圣灵的印作为万王之王用圣灵感动他所眷爱子民的证据,更非俗物;在圣灵的诸般功效当中,没有什么比这种功效的本质更加神圣,没有什么比这更圣洁、更特殊、更不可仿效、更能证明上帝的同在。正如没有什么东西比御印更有皇家风范,国王的东西里没有什么比御印更神圣、更能说明东西属于国王,因为这正是御印存在的目的——通过特殊的印章证明国王的权威,让所有人由此得知此物来自国王或属于国王。所以,宇宙的大君王印在圣徒心上的印,无疑也具有最崇高而圣洁的本质,其美好的交通来自神圣荣耀的无穷泉源,绝非借助想象得知某个隐秘的事情那么简单;那种普遍的感动,我们在魔鬼之子身上也司空见惯。圣灵的印是圣灵在圣徒心中动工产生的特殊效果,是属血气的人在仍属血气时所不可能体会的情感,正如《启示录》所言:"得胜的,我必将那隐藏的吗哪赐给他,并赐他一块白石,石上写着新名,除了那领受的以外,没有人能认识。"(启 2:17)显然,这里所说的正是圣灵的标志、证据或蒙福的记号、特殊恩典的象征,其

---

⑩ 著名神学家斯托达德在早年时和一些人一样,认为直接的联想是圣灵的见证,但在他的生命后期,当他的思想更有分量、他更加有经验的时候,他完全拒绝这种观点。他说:"圣灵不会向某个具体的人见证说他是圣洁的。有些人认为圣灵会向某些特定的人作见证,而他们的理由是《罗马书》8:16:'圣灵与我们的心同证我们是上帝的儿女。'他们认为圣灵通过内在的见证启示自己,而且某些圣徒也认为自己有这样的经历,但他们很可能是把圣灵的见证与圣灵的工作混为一谈了。圣灵可以明显地激发信心,在圣徒心中注入爱,人们很容易把这误以为是圣灵的见证。而这并不是保罗的意思。圣灵打开我们的眼睛,给我们启示,就是让我们明白圣经里的话;圣灵不会启示什么新的真理是圣经里没有的。圣灵让人看见基督里有上帝的恩典,由此激发人的信心和爱心的行为,这些行为就是恩典的证据;圣灵不会通过直接给人什么新的话语来作见证。上帝不会给我们什么新的启示,圣灵只帮助我们领受圣经里已有的启示,我们应该对此感到心满意足。"(*The Nature of Saving Conversion*, p. 84)

他地方称之为**圣灵的印**。

见证一词误导了很多人，使他们错误理解什么是圣灵的感动，圣经称之为**圣灵的见证**。他们对见证的理解不是圣灵在人心里的工作效果并因这些功效得到确据，知道自己真是上帝的儿女；而是一种内在的、直接的想象，似乎上帝在人心里用神秘而甜蜜的声音对他说话或给他想象，向他作证说他是上帝的孩子；他们没有认识到：**见证**一词在新约里常常不是简单地宣告某事为真；而是用证据证明某件有争议的事情为真。例如"上帝用神迹奇事和百般的异能，并圣灵的恩赐，同他们作见证"（来2:4）。这里的神迹被称为上帝的见证，不是因为它们会说话，而是因为它们是证据。同样《使徒行传》（14:3）说："二人在那里住了多日，倚靠主放胆讲道，主藉他们的手施行神迹奇事，证明他的恩道。"以及《约翰福音》（5:36）说："但我有比约翰更大的见证，因为父交给我要我成就的事，就是我所作的事，这便见证我是父所差来的。"还有"我奉我父之名所行的事可以为我作见证"（10:25）。《约翰一书》5:8说，水和血可作见证，不是因为水和血能说话，而是因为它们是证据。所以，上帝在雨水丰沛和开花结果的季节所显明的护佑之功被称为上帝存在与良善的见证，也就是说雨水和花果**证明**了上帝的真实和良善。当圣经谈到圣灵的印时，并不是说声音或画面的直接启示，而是强调圣灵的某个工作或效果，强调圣灵在人的灵魂里刻下一个神圣的印记，借着这个证据就能认出这人是上帝的儿女。御玺表明国王的身份，同样，上帝的印也是上帝的标志："地与海并树木，你们不可伤害，等我们印了我们上帝众仆人的额。"（启7:3）还有："你去走遍耶路撒冷全城，那些因城中所行可憎之事叹息哀哭的人，画记号在额上。"（结9:4）上帝用圣灵把他的印刻在人心上以后，圣灵会在那里留下一个神圣的印记和形象，就和火漆上盖的章一样。这个神圣的印记和形象清楚地向良心证明拥有印记的人是上帝的儿女，这个印记正是圣经所说圣灵的印、圣灵的见证、圣灵同在的证据。而圣灵铭刻的这个形象正是上帝自己的形象。凭借这个证据，就能认出上帝的儿女，因为他们有天父的形象，儿女的心把这个形象铭刻在他们心中。古代的印上面通常刻着两样东西：所有者的**肖像**和**姓名**。因此，基督对伴侣说，"求你将我放在心上如印记，带在你臂上如戳记"（歌8:6）。这就是说：把我的名字和形象永远刻在你心上。王公贵族常把自己的**肖像**刻在印上，盖章时形象也留在上面。同样，古代的国王也把自己的肖像刻在珠宝上。在基督和使徒时代，罗马皇帝用刻有奥古斯都头像的宝石作为御印。⑪而圣徒就是掌管宇宙的万王之王耶稣基督的珍宝，这些珍宝上面都用他的印章——圣灵——刻着他自己圣洁的形象。这个形象印得越清楚，我们的良心就看得越真切。这种效果才是真正属灵、超自然、神圣的感动。它本身就具有属神的性情，它是上帝的圣洁美好本质与人心的交通。圣灵在圣徒心中所铭刻的神圣印记，圣灵在圣徒心中所产生的永恒影响，属血气的人根本无法体会。假如存在"借助直接联想或启示的圣灵见证"，那么圣灵的见证比它崇高美好得多，如同天高过地。这是魔鬼无法模仿的。那些内在的想象、神秘的话语、直接的宣告和启示，等等，魔鬼能毫不费力地炮制赝品，但圣灵的工作和圣灵在人心中产生的圣洁影响是魔鬼所无法仿造的。

  圣灵的印不是上帝的直接启示，而是上帝赏赐给人内心的恩典。说明这个道理的另一个充分证据是圣灵的印在圣经里被称为**圣灵的凭据**："他又用印印了我们，并赐圣灵在我们心里作凭据。"（林后1:22）"你们既听见真理的道，就是那叫你们得救的福音，也信了基督，既然信他，就受了所应许的圣灵为印记。这圣灵是我们得基业的凭据，直等到上帝之民被赎，使他的荣耀得着称赞。"（弗1:13—14）凭据是预先支付合同费用的一部分，象征到期支付全部费用；或是预先继承产业的一部

---

⑪ 《钱伯斯英语词典》（*Chamber's Dictionary*），条目"雕刻术"（Engraving）。

分,象征将来继承全部财产。但圣灵的交通具有永恒荣耀的本质,是最崇高、最美好的交通,它本身就具有属灵和神圣的本质,因此它远超过任何关于隐秘之事的默示或启示。许多属血气的人也能得到关于隐藏之事的默示或启示。除了恩典本身,还有什么是荣耀的凭据和起头?只有恩典,尤其是恩典活跃而明显的运行。不是讲道、说方言、知识,而是那更妙的道:"**爱是永不止息**。"上帝的爱是天堂光明、美好、福乐的开始,是仁义世界的起头。恩典是荣耀的种子,标志着永恒荣耀的开始;所以,只有恩典才是得基业的凭据。除了属灵的生命,还有什么是灵魂永生的凭据和开始?除了恩典,还有什么是属灵的生命?基督为选民买来的基业就是上帝的圣灵。不是圣灵的任何恩赐,而是圣灵本身。圣灵住在基督徒心里,在那里活跃运行,把属神的性情传递给圣徒。圣父预备一位救赎者,借着他把我们赎回,圣子就是这位赎买者和赎价,而圣灵则是基督赎买回来的祝福和基业,正如《加拉太书》3:13—14 所言。所以,新约常常说圣灵是福音的诸般应许中最大的福分(路 24:49;徒 1:4;2:38—39;加 3:14;弗 1:13)。这个基业是基督在他的遗愿和见证中留给门徒和教会的最宝贵遗产(约 14;15;16)。这也是圣徒在天上承受永生之福的关键(比较约 7:37—39;约 4:14;启 21:6;22:1,17)。圣徒在天上享受的所有光明、生命、圣洁、完美、喜乐都要借助圣灵活跃的交通和内住;并且圣徒在地上享受的所有光明、生命、圣洁、完美、喜乐也是通过同一位圣灵活跃的交通和内住,只是交通的程度逊于天上。圣灵住在圣徒心里并活跃地运行就是"**圣灵的凭据、未来基业的凭据和圣灵初结的果子**",正如使徒保罗在《罗马书》8:22 所说:**圣灵初结果子**无疑就是他在该章前面谈到的重要原则:圣灵活跃的内住、恩典的运行。他称之为属圣灵的,与属肉体和败坏相反。所以,圣灵的**凭据**和**圣灵初结的果子**与**圣灵的印**相同,就是指圣灵的内住、圣灵活跃的运行和使圣徒成圣的交通和感动,而不是借着圣灵的恩赐所得到的关于隐秘之事的直接想象或启示。⑫

　　使徒保罗在《罗马书》8:16 的确说过圣灵与我们的心同证我们是上帝的儿女。这句经文与前两句有密切联系，明显是前两句的总结。让我们把三句经文放在一起来读："因为凡被上帝的灵引导的，都是上帝的儿子。你们所受的不是奴仆的心，仍旧害怕；所受的乃是儿子的心，因此我们呼叫阿爸，父。圣灵与我们的心同证我们是上帝的儿女。"如果我们结合上下文来看，使徒保罗在这里所说"圣灵证明我们是上帝的儿女"显然是指圣灵的内住和引导，圣灵给我们儿女的心和得儿子名分的灵，使我们愿意亲近上帝如同亲近父亲一样。这才是使徒保罗所说的见证，证明我们真是上帝的儿女，因为我们有儿女的心，被上帝接纳为儿女。这不就是爱心吗？使徒谈到两种心，一种是**奴仆的心**，就是**惧怕的灵**；一种是**儿女的心**，就是**爱心**。使徒说，我们所领受的，不是奴仆的心、惧怕的灵，而是作为儿女那率真而高贵的灵，就是爱心；这种爱心自然而然地让我们愿意亲近上帝如同儿女愿意亲近父亲，且让我们对待上帝如同儿女对待父亲一般。这就是圣灵给我们的**见证**，**证明**我们真是上帝的儿女。使徒保罗说得很明白，他这里说的显然与使徒约翰在《约翰一书》4:18 说的是同样的道理：借着爱心和儿女之心的完全，除去怀疑、恐惧和捆绑的灵。捆绑的灵借助威胁和恐惧起效，奴隶害怕棍棒加身，但爱心呼喊**阿爸父**；爱心让我们到上帝面前做上帝的儿女；爱心给我们证据，证明我们与上帝联合，是他的儿女，由此消除恐惧感。因此，使徒所说的圣灵见证显然不是悄悄话，也不是上帝对个人的直接启示，而是圣灵在圣徒内心的神圣运行，让圣徒感受并回应到上帝的恩典，使他们具有上帝儿女的气质和性情，表现出对上帝的挚爱，这样的爱心能除去

---

⑫ 谢泼德先生说："一个人在基督里以后，不判断他的行为就是不根据圣灵来判断。因为使徒说圣灵的凭据就是那印。凭据是工价的一部分，是天国的开始，是天国光明和生命之始。不因此认识上帝是他的上帝的人根本不认识上帝。所以，不要追求没有话语的圣灵启示，也不要追求没有行为的话语。我感谢上帝，我怜悯那些有其他想法的人。基督的羔羊，哦，不要无知。"(*Parable of the Ten Virgins*, Part I, p. 26)

惧怕。整个上下文显然都在论述同一个道理，使徒反复谈到圣灵住在圣徒心里，成为恩典的原则，抵挡肉体败坏。正如他在引入这部分经文的13节所说："你们若顺从肉体活着，必要死；若靠着圣灵治死身体的恶行，必要活着。"

我完全确信：使徒在这里是专指恩典之灵（爱心、儿女的心）的活跃运行。因为只有**完全的爱和强烈的爱**才能见证我们是上帝的儿女，才能除去惧怕，并且救我们脱离奴仆之灵的捆绑，使我们完全自由。爱心（儿女的心、蒙福感恩的心、对上帝谦卑的爱）强烈而活跃的运行能清楚地证明人的灵魂与上帝的关系，证明他真是上帝的孩子，这能直接并且极大地满足人的灵魂所需。虽然我们不能断言，灵魂在这种情况下仅通过直接见证来判断自己和上帝的关系而不需要任何外在的记号或证据，但可以肯定的是：在这种情况下，圣徒不需要多重外在记号和神迹，也不需要进行冗长的推理。虽然人看见自己和上帝的**相对联合**和上帝的恩宠仍然需要通过一个媒介（上帝的爱）才能实现，但他能直接地看见**自己的心与上帝联合**，人的直觉可以感到爱和联合。圣徒明明白白地看见和感到自己的灵魂与上帝相联，这一联合是如此强烈和活跃，根本不容置疑。于是，他确信自己是上帝的儿女。既然他清楚地看见自己的灵魂与上帝联合，他怎么会怀疑自己能否向上帝呼喊：**阿爸父**？

使徒说圣灵**与我们的心同作见证**。这里所说**我们的心**是指我们的良心，良心也称为人的灵："人的灵是耶和华的灯，鉴察人的心腹。"（箴20∶27）我们在其他地方也读到这种说法，"我们所夸的是自己良心的见证"（林后1∶12）。"从此就知道我们是属真理的，并且我们的心在上帝面前可以安稳。我们的心若责备我们，上帝比我们的心大，一切事没有不知道的。亲爱的弟兄啊，我们的心若不责备我们，就可以向上帝坦然无惧了"（约一3∶19—21）。使徒保罗说圣灵和**我们的心同作见证**，他的意思不是两个彼此无关、相互独立的见证，而是我们借由一个见证接受另一个见证：圣灵将上帝的爱和儿女的心注入我们的心中，而我们的良心领受这样的恩典，并宣告这是我们蒙福的明证。

很多人错误地理解什么叫圣灵的见证，他们以为那是一种心里的声音、想象，或上帝宣告爱自己、罪得赦免、自己是上帝的选民，等等，或伴随经文或没有经文。许多人的宗教情感尽管热烈，却建立在这样空洞的基础上。许多灵魂恐怕已经因此堕入永死。这也是为什么我长篇累牍地强调这点。现在我继续论述恩典情感的第二个明显特征。

二　上帝美善的本质

恩典情感的首要客观基础是神圣事物本身具有超凡脱俗的美好本质，而不是人认为这些事物与自己有关或对自己有利。

我说神圣事物的美好本质是真圣徒属灵情感的第一或主要的和**本源**的客观基础，因为我不认为圣徒恩典情感中的所有感动都应该完全排除神圣事物与他们的关系以及他们个人的特殊利益。因为在真正圣洁属灵的情感中，可以存在并且也确实存在次要感动和间接感动。稍后我将阐明这点。

我已经论证了爱的情感是一切情感的源头，基督徒的爱更是一切恩典情感的源头，而上帝和耶稣基督、上帝话语、上帝工作、上帝道路之**美善本质**是真圣徒热爱这些事物的首要原因，而非人自以为他在这一切当中的**利益**，或自以为已经从中得到的好处或将从中得到的好处，或任何自以为神圣事物与自己有什么关系的想法。因此，无人可说自爱是爱上帝的首要基础。

有些人说，所有的爱都源于**自爱**；他们认为按天性讲，人若不以**自爱**为基础，就不可能爱上帝或爱别的任何存在。但我谨揣测他们这样说是因为考虑欠周。他们说：凡爱上帝、渴慕上帝荣耀或以上帝为乐的人，不过是以此为自己的幸福；人喜爱上帝的荣耀、仰慕上帝且以上帝为乐，乃是因为这些事情**于他有利**，可使他蒙福；于是他将自己的快乐寓于其中,以为这些东西一旦得到就可以使自己充满喜乐,得到幸福。所以,他们说,人渴望荣耀上帝,渴望见到上帝完美的荣耀并以此为乐,这不过是源于自爱或源于渴望自己得到幸福。但是,他们应该进一步思考:人为何将自己的幸福寓于荣耀上帝、默想上帝的荣美并以此为乐?的确,当人认为上帝的荣耀以及上帝的完美属性与己有利之后,他就会渴慕这一切,如同渴望自己的幸福。但是,他当初何以能如此喜爱这一切,甚至以荣耀上帝为自己至高的福乐?这岂不正是爱上帝的结果吗?一个人岂非必须先爱上帝,心系上帝,然后才能将上帝的利益视为自己的利益,以上帝的荣耀为自己的喜乐?我们岂能因为一个人首先爱了上帝,然后渴慕上帝的荣耀和喜乐,并以此为自己的幸福,就断言他爱上帝的原因必定是渴望自己得到幸福?按照这个道理,我们就能断言因为父亲生了儿子所以儿子生了父亲。如果一个人爱上帝,心系上帝,把上帝的良善视为自己的良善,把上帝的美好视为自己的美好,那么自然而然地会导致一个结果:连他的自爱或追求自己的幸福也会使他渴慕上帝的荣耀并以上帝为乐。但我们不能由此得出结论,他爱自己先于爱上帝;他爱上帝是爱自己的结果。导致他爱上帝的原因或许是与自爱完全不同的东西:他的思想观念发生转变或内心好恶发生了变化,于是能够领会上帝神性本身的美好、荣耀和至高的良善。或许这才是首先令他仰慕上帝的东西,并使他的心与上帝联合。这一切都发生在他考虑自己利益和幸福之前,尽管在此之后,他必然在上帝里寻求自己的利益和幸福,那是顺理成章的事情。

确实有一种完全源于自爱的情感。对方与自己有某种关系,或已对自己表现出某些尊重,或自己已获利或有求于对方,这成为爱的首要基础和情感的来源。爱自己先于欣赏对方的美好本质。然而还有另一种爱。当一个人对另一个人产生好感的首要原因是,看见对方的某些素质和属性,而这些素质和属性在他看来本身就是可爱的,并且因此发现对方值得自己尊重和喜爱。那么这种爱就不同于源于馈赠的爱(如法官因受贿而偏心）或出于**关系的爱**（如百姓爱妻子）。如果爱源于后者，则确是出于自爱。

那种爱归根结底源于爱自己。但如果对上帝和耶稣基督的情感也出于爱自己，那就不可能是真正感恩和属灵的情感，这点已经论证清楚。因为自爱是一种完全属血气的原则，这种爱，天使有，魔鬼也不少，所以它不可能导致超自然的神圣结果，这点也已经论证。⑬

基督清楚地说，这种爱并不比邪恶之人的爱更高尚，"你们若单爱那爱你们的人，有什么可酬谢的呢？就是罪人也爱那爱他们的人"（路6：32）。而且魔鬼自己也清楚这种交易式的爱（爱的原因和目的不过是利害关系使然）在上帝眼中看为无用："撒旦回答耶和华说，约伯敬畏上帝岂是无故呢？你岂不是四面圈上篱笆围护他和他的家，并他一切所有的吗？"（伯1:9—10）倘若魔鬼的说法是真的，上帝就不会默许魔鬼攻击约伯，用这种方式显出约伯敬畏上帝是否出于自私。而事实证明约伯的敬畏之情是真实的。

爱上帝的首要基础是上帝本身的美好，他值得爱或神性的至美至善，除此以外的任何想法都不合情理。使上帝可爱的首先是他自己的神性之美。一个人或任何被造物可爱首先在于其本身的美好，因此，上帝可爱首先在于上帝本身的美善，这无疑必须是人爱上帝的首要基础。神性之美无可限量，是的，神性本身无限美好，无限光明，无限荣耀。然而，对这样美好神性的爱，若其基础不是神性的真美善，那怎么可能是**真爱**？对美好和光明的爱，若非为美好和光明本身的缘故，那怎么可能是真爱？欣赏无价之宝，若非因其本身价值的缘故，那怎么可能是真欣赏？神性本身的无限美好是上帝一切美善的真基础；而一个人若非因上帝本身的美好而爱上帝，他怎么可能真爱上帝呢？有些人对上帝的情感首先

---

⑬ 谢泼德先生说："有一种人爱基督是属血气的爱，他们爱基督是因为基督对他们有好处，他们爱基督是为了他们自己；还有一种爱基督是属灵的爱，为了基督自己的缘故而爱他，唯独尊崇上帝。"(*Parable of the Ten Virgins*, Part I. p. 25)

建立在上帝给他们**利益**的基础上，那些人情感的出发点是错的。他们因上帝有限的恩赐触及自身且于己有利而对上帝有所忌惮，却对神性的无限荣耀不屑一顾。而后者才是原善，是众善诸美之真源，也是真爱的首要基础。

看不到神性本身的荣美，则热爱上帝仰慕基督的基础或许确是属血气的自爱原则。有一种感恩不过是自然情感。和愤怒一样，感激也是人之常情，是自然情感。有一种感激之情是出于自爱，正如愤怒也是出于自爱。愤怒是**敌对**别人的情感，因为对方冒犯了他的自爱；而感激则是喜欢或感谢对方，因为对方**迎合**了他的自爱。有的感激里面毫无真正的爱，正如有的愤怒里面并没有真正的恨，像父母虽然对孩子发怒，但内心却一直爱他们。这种感激是邪恶之人的情感，基督在《路加福音》第6章说：**罪人也爱那爱他们的人**。《马太福音》5:46 说最属肉体、最无耻的税吏也是如此。这正是不义的法官受到贿赂以后内心的情感原则。连畜生也有这种爱：狗热爱对它好的主人。有数不清的实例证明：属血气的本性足以激发感激之情，因得到施舍而感激对方，有时候甚至感激宿敌。扫罗就曾一再感谢大卫饶自己性命，甚至感动得痛哭流涕，可是他仍旧仇视大卫。正如人出于属血气的本性能对别人产生感激之情，他们也能对上帝产生感激之情。自爱能导致人感谢上帝，正如它导致人感谢别人。圣经中不乏例证：以色列人在**红海边唱歌赞美上帝，但很快就忘恩负义**。叙利亚人乃缦因上帝神奇地治愈他的麻风病而深受感动，甚至愿敬拜医治他的上帝，只要不影响他在世上的利益。尼布甲尼撒也深深地感激上帝，因为他一度与野地的兽同居，是上帝使他恢复神智，重掌王权。

正因为感激之情是自然原则，所以不懂感恩就更加邪恶可憎。因为它说明人邪恶到了何等可怕的地步，甚至遏制了自然原则之中较好的一个。《罗马书》1:31 提到这点，用它证明异教徒之邪恶，连**自然情感也丧失了**。不懂感恩和丧失自然情感是高度**邪恶**的明证，但这并不能说明一切感谢之情和自然情感都具有真美德或救赎恩典的本质。

自爱,借助自然的感激之情的运行,也能导致人爱上帝。有些人的爱是出于对上帝的错误认识,这种认识可能来自错误的教育或其他渠道:他们以为上帝只有恩典和怜悯,没有义怒,或以为上帝的恩典良善的运行是**必然的**,不承认上帝的自由和主权,或以为上帝的恩典**取决于**他们自身的素质或行为,似乎上帝的恩典会受到人的**牵制**。站在这些立场上的人所爱的不过是自己臆造的假神,而不是在天上统管万有的上帝。

我重申:自爱可能成为某些人爱上帝的基础,因为他们对自己在上帝面前的地位缺乏认识,良知麻木,意识不到他们已经惹动上帝的怒气。他们感觉不到罪的可怕,不知道自己得罪的是上帝,不知道上帝圣洁的神性与人的罪绝对势不两立。他们臆造一个适合自己的假神,想象它和他们一样,爱他们、赞同他们。他们也非常喜欢它,他们感到自己爱它,却不知自己所爱的并非真上帝。并且,人可能出于自爱的原则,因自己从上帝那里得到外在的利益而对上帝产生强烈的感情,正如乃缦、尼布甲尼撒和过红海的以色列人。

我再次强调,对上帝的热烈情感可以并且经常出于人自己的想象,他们有一种上帝**宠爱他们**的观念,这种认识是他们爱上帝的首要基础。当体验到良心觉醒并有了恐惧感之后,因为害怕下地狱,他们可能突然产生一个想法(借助想象或直接联想经文,或没有经文的某种神秘启示):上帝**爱他们**,上帝已经赦免了他们的罪,让他们成为他的儿女。而这成为他们爱上帝和耶稣基督的由头:在此之后并在此基础上,上帝和与上帝有关的事物才被他们看为可爱,基督才显得美好。如果有人问他们,上帝是否本身就很美好可爱,他们很可能会说是。实际上,如果严查细究起来,他们对上帝的善意是买来的,也已经得到了回报——他们臆造的上帝所赐给他们的许多利益。而他们说上帝本身是可爱的,只不过是因为上帝赦免他们,接纳他们,爱他们超过世上许多人,并且上帝把他无限的能力和智慧用于偏爱他们、尊重他们、提拔他们,只要他们不抛弃他,他就愿为他们效劳。一旦他们确立这样的认识,他们确实很乐意承认上帝和基督本身是美好而荣耀的,并且崇拜他们。他们很容易承认基督是一个可爱的人,是全世界最好的人,只要他们首先认定基督,宇宙的主宰,做了他们的俘虏,非爱他们不可,他的心肠因他们而消化,看他们的价值远远超过别人,在永恒当中预先爱了他们,且为他们而死,将来还要他们和他一同在天上掌权,同享永恒的荣耀。属肉体的人有了这种想法以后,他们内心的贪欲就能使基督在他们眼中看为可爱。骄傲自会诱使他们喜爱他们所谓的基督。自私骄傲的人自然而然地会把一切于他有利、迎合他野心的东西看为可爱。

这种人如何开始,也就如何继续。他们的情感时常因自爱和自大(以为上帝特别宠爱自己)而高涨。关于什么是"与上帝相交",很多人有一种错误的观念,以为人神相交是借助某些情感冲动、悄悄话、怪异的声音、臆想出来的外在形象。他们以为这些东西显明上帝对他们的爱,证明他们的地位高人一等,并常常一再因此兴高采烈。

然而,圣徒心中真正圣洁之爱的运行却并非如此。他们并非首先看到上帝爱**他们**,然后发现上帝可爱,而是首先看到上帝可爱以及基督美好荣耀。他们的心首先臣服于这样的认识,他们内心的爱常常由此生发出来,并且主要源于对上帝和基督的这种认识。在此之后,他们才看到上帝爱他们,以厚恩待他们。⑭

圣徒的情感始于**上帝**。虽然自爱混杂在各种复杂情感之中,但自爱仅是间接而次要的。与此相反,虚假的爱则始于**自我**,而承认上帝的伟大并且因此而生发的感动则是间接的,取决于自爱。在真圣徒的爱里面,上帝是基础的基础。爱慕神性之美好是后来各种情感的根基,自爱

---

⑭ 谢泼德先生说:"有一种看见基督是在人信以后,看见基督爱自己,等等。但我说的是在相信之前首先看见基督,而且是一种直觉的、真实的看见;看见基督在他的荣耀里。"(*Parable of the Ten Virgins*, Part I, p. 74)

便是其中之一，它不过是帮手而已。与此相反，假冒为善者的情感根基是他**自己**，他自己是爱上帝的首要基础，而上帝则是地面建筑，连他承认上帝的荣耀也取决于这在他看来于己有利。

自爱不仅能使人因上帝向他们作为个人所显明的恩慈而感动，而且因上帝向他们作为集体的一部分所显明的恩慈而感动。无须其他任何原则，属血气的自爱原则本身足以让人关心他所在的**民族**。正如面对当前的**战争**，自爱能使属血气的人因我方胜利而欢欣鼓舞，为我方受挫而忧伤难过，他们关心集体，因为他们是集体的成员。同样，这种自然原则甚至能进一步延伸至全人类，或许让人关心地球上一切动物。假设我们知道别的星球上有居民，并且了解它们的状况，属血气的人说不定还会去关心它们的福祉。所以，这种原则能让人为人类得到堕落天使所没有的大福分而感动，因上帝奇妙的大良善（他爱世人，甚至将独生子赐给他们，为败坏的罪人而死）而感动；为基督受难彰显的大爱而感动，因上帝为我们在天上预备的大荣耀而感动。他们以为这一切于他们有关、有利，自己深受恩宠。这类感动的原则仍旧是属血气的，与出于个人私利的感激相同。

但这一切绝非暗示对上帝的一切感激之情都仅仅是属血气的事或根本不存在属灵的感恩之情，而属灵的感恩之情是一种圣洁的情感。这一切仅意味着存在一种**仅属自然**的感激之情，当人仅仅或主要是为自己所得到的**利益**而对上帝感恩时，他们的情感就只不过是自然的感激之情。出于恩典的感激之情当然存在，而且这种情感与属血气之人所体会的感激之情截然不同。体现在以下几个方面：

1. 真感恩之情或感激上帝的恩典，出于一个预先奠定好的根基，这个根基就是因上帝**本身的伟大**而爱上帝。而自然的感激之情则没有这样一个先存的根基。人对上帝的感恩之情源于积存于内心的爱，而这些爱另有根基，那就是上帝自己的美善。各种情感都从这里奔涌而出，包括感激上帝的恩慈。圣徒一旦看见上帝的荣耀，内心臣服，成了大爱的俘房，他的心变得温柔，很容易因上帝的恩慈而感动。如果一个人本不爱另一个人，那么他的感激只能因为对方显出极大的仁慈。正如扫罗被大卫感动，但这种感激却不同于对挚友的感激之情。因为在对挚友的爱中，心里早已怀有尊重和爱戴之情，心变得温柔，所以容易感激对方，或因其他方式感动。虽然真正的恩典情感并不完全**排除**自爱，圣徒也因为上帝向**他们所发的恩慈**而爱上帝："我爱耶和华，因为他听了我的声音和我的恳求"（诗116:1），但真感恩之中除了自爱还**包含**别的东西：有另一种爱为真感恩预备道路，并且为真恩典情感奠定坚实的基础。

2. 属灵的感恩之情里面，人因上帝良善的属性和白白的恩典而感动，不在于它关乎自己的利益，而在于它乃荣美神性的一部分。上帝奇妙无比的恩典透过救赎大工得以表明，从耶稣基督的脸上发出荣光，它本有无限的荣耀，被天使看见并为之臣服。这恩典也是神性之完美道德的重要组成部分。不论这恩典是否向我们运行，它都是荣耀的，那些为这荣耀恩典而感恩的圣徒看见这大荣耀并为此喜乐。是的，圣徒因自己有分于这恩典而更加乐于思考它、注意它，更为它感动。自爱在其中仅仅起辅助作用，它服从更高的原则，带领人进入默想、提升喜乐和爱。上帝向他们所发的慈爱只是摆在他们面前的镜子，他们可以从中看见上帝良善的美好属性。上帝的美好属性就这样来到他们面前，在他们眼前运行并彰显出来。所以，在圣洁的恩典情感当中，上帝良善与我们自身利益的关系并不是我们感恩的首要基础，感恩的首要基础早已奠定在我们心里：我们因上帝自身的美善而爱上帝，这种爱使我们的心变得柔软而敏感，更加容易感受到他向我们施慈爱。我们自己的利益或我们得到的好处也不是恩典情感的首要客观基础，真正的基础只能是上帝的良善以及他美好的神性。当然，因上帝向我们施恩，上帝美好属性直接**彰显**在我们眼前，这提供了一个特殊的**机会**，让我们能够因此看见上帝的美好，使我们的情感更加热烈。

有些人可能会引用经文"我们爱，因为上帝先爱我们"（约一4:19）

来反驳我,他们认为这节经文暗示上帝向圣徒发慈爱是圣徒爱上帝的**第一基础**。对此,我的回应是:使徒约翰说这话的主要意图是突显上帝的爱何等伟大;在我们不爱他的时候,他先爱了我们。只需要把这句经文和前面9—11节加以对比就一目了然。不仅如此,上帝在我们不爱他的时候先爱了我们,使徒约翰借此证明上帝对选民的爱是他们爱他的依据。理由有三点:一是,圣徒爱上帝是上帝爱他们的**结果**,因为圣徒内心的爱是上帝的**恩赐**。上帝把爱心赏赐给他们,因为他在永恒中已经爱了他们。上帝对选民的爱是他们重生的基础,也是他们得救的基础。二是,上帝对罪人的奇妙大爱,借着耶稣基督的救赎之功得以运行并显明。这大爱本身就是他完美道德的荣耀彰显,被世人信服,被天使看见。所以上帝对选民的爱是世人和天使爱上帝的主要客观依据,这也符合之前的论述。三是,上帝对特定选民的爱借着信主显明出来,让他清楚地看见上帝完美的道德和荣耀。因此,上帝的爱成为激发圣洁恩典情感的**原由**,这也符合前面论述的内容。并且,圣徒考虑到这些方面而爱上帝,因为上帝先爱了他们,那正好回应了使徒约翰说这段话的目的。所以,我们不能用这句经文反驳本文论点:圣徒的属灵之爱和恩典情感首先源于神圣事物本身的美善,而非源于它们与人的利害关系。

圣徒对上帝的**爱**是如此,圣徒的**幸福**和属灵的**喜乐**之情也是同理;其首要基础不是他们以为神圣事物与己有利,而是首先在于他们默想这些事物本身的圣洁和美好时心中的甜蜜享受。这正是假冒为善者的喜乐与圣徒的喜乐之间的区别。前者以**自己**为乐,自己是快乐的首要基础;而后者以**上帝**为乐。假冒为善者也喜乐,但他们喜乐首先在于自己的特权,以及他们以为已经得到或将要得到的幸福;而圣徒的喜乐则首先在于他们看到神圣事物的本质是何等荣耀美丽,因此内心感到说不出的喜乐。这种认识成为他们一切喜乐的源泉和愉悦的精华,这是喜乐中的喜乐,美得无比。因认识神圣事物的美好**本质**而得到的甜蜜享受是喜乐的**基础**;在此之后,他们思想自己何等有福,竟然与上帝的应许有分,并为此喜乐。但假冒为善者情感的次序则正好相反:他们首先因上帝爱自己而兴高采烈,然后在此基础上,看上帝或多或少有点可爱。

圣徒以上帝为乐的首要基础是上帝本身的完美。圣徒以基督为乐的首要基础是基督本身的完美:他超乎万人之上,全然可爱。基督的救赎之道在圣徒看乃是福乐之路,因为上帝完美的神性借此得以显明,是美好的,可羡慕的。福音的圣洁教义使上帝得荣耀,使罪人降卑,使圣洁得尊崇促进,使罪恶遭羞辱遏制,使上帝的恩典和主权之爱得以显明。这圣洁教义首先在圣徒眼里看为**荣耀**,口中品为**甜美**,**然**后他才发现这教义于他有利。确实,圣徒因上帝于己有利以及基督救赎他们而喜乐,因此这是他们喜乐的充足理由。但这并非喜乐的首要源泉。他们首先因上帝本身的荣耀和美善而喜乐,其次才为自己的利益和自己与如此荣耀之上帝的关系而喜乐。他们**首先**以上帝为乐,因认识基督的美好,认识他的恩典是何等美善,他的救赎之道是何等美丽而内心充满甜美感受;**然后才生发出次要的喜乐**:因为这样伟大的救赎主和这样美好的恩典竟然与**自己**有关。⑮

然而,**圣徒的地面建筑却是假冒为善者的地基**。当他们听到这奇妙福音,听见上帝爱世人甚至赐下他的独生爱子,听说基督爱罪人甚至为他们而死,听到基督为圣徒买来的伟大产业和应许时,当这些真理活化在他们眼前时,他们会产生强烈的愉悦感,并且为此激动不已。但细究他们的喜乐,就会发现其基础只不过是自私,因为他们把这一切看作于己有利,这一切让他们**自高自大**,他们喜欢听说基督的大爱将某些人从世人里面分别出来,因为自爱甚至骄傲本身让他们感觉自己卓尔不凡。难怪他们喜欢这个教义,因为他们对自己的状态感到信心十足;难怪当听到

---

⑮ 欧文博士 (Owen) 提到圣灵的普遍工作,他说:"圣灵在人心里工作产生的普遍效果仅仅是让感受到圣灵工作的人们为(圣灵启示给他们的)神圣事物的美好属灵本质而感到欢喜和满意,仅此而已。但圣灵救赎性光照的本质在于:圣灵让人直觉地看到属灵事物和它们的前景,他们适合、喜欢、满足这些事物本身的属灵本质;以至于圣灵融入他们,浇注在他们的模里,驻留在他们里面。"(*On The Spirit*, p. 199)

上帝和基督如何造就他们时，他们的愉悦达到顶点。因此，他们其实是以自己为乐，而非以上帝为乐。

正因为如此，假冒为善者在喜乐的时候，一贯关注**他们自己**。他们自以为领受了所谓属灵的知识，满脑子都是自己的体验，而非上帝的荣耀或基督的美好。他们在心里自赞：我这个体验太美了！我这个知识多么了不起！我经历的事情真奇妙！于是他们用自己的体验代替基督和基督的美好与完全。他们不以基督耶稣为乐，反以自己的体验为豪。他们不用福音喂养自己灵魂，福音所展现的事实的内在固有、甜蜜、令人耳目一新的美善本质，在他们看来不过是细枝末节而已。他们默想的对象是自己的体验。他们用自己的知识喂养自己的灵魂，让自我中心的原则在心里茁壮成长。他们以自己的知识为安慰，而不以知识的对象——**基督**——为安慰。这正是所谓"吹嘘基督徒体验和基督徒地位"，而不是把这些体验和地位作为自己得救的**证据**。现实中很多人轻视证据，吹嘘**体验**，他们这种生活方式令基督蒙羞。

假冒为善者的情感常常这样出现：他们首先因自己的某些想象或冲动而感动，他们把这些想象或冲动当成上帝直接的启示或见证。他们以为这足以见证上帝爱他们、祝福他们。他们假想自己具有某种特权，无论有没有经文的依据。他们完全受到蒙蔽，以为这是伟大的知识，因此兴高采烈。而随着情感的高涨，他们又把这些热烈的情感当作伟大而奇妙的基督徒体验，坚信上帝甚喜悦这些情感。这使他们更加激动。他们就这样因自己的感动而感动。于是，他们的情感越来越热烈，甚至完全被吞没。同样高涨起来的还有自大和狂热。而这一切都是空中楼阁，其基础不过是人的想象、自爱和骄傲。

这种人心中的意念如何，口中的言语也如何；因为心里充满的，口里就说出来。在他们热烈的情感里，他们始终注视着自己美妙的体验和伟大的成就，因此他们很善于谈论自己。真圣徒在体验属灵的情感时，出于内心的丰富，他们常常谈论上帝、上帝荣耀的属性和工作、基督的美好和福音的荣耀，但假冒为善者情感热烈时却喜欢炫耀**发现本身**，而非所发现的真理。他们满口都是自己的奇妙体验，是他们多么确信上帝爱他们，他们得救的地位多么安全无虞，他们知道自己必进天堂，诸如此类。

　　真圣徒因发现上帝和基督的美好荣耀而感到喜乐时，他的心完全被上帝吸引和占据，看不到自己，不可能沉迷于自我和自己的成就。如果让他把注视的眼光从自己默想的伟大对象身上移开，去审视自己的体验，并且花时间筹算这是多么伟大的成就，我有好故事可以炫耀——那将是令他难以忍受的损失。并且，此时他内心的甜美感受也不是首先源于他想到自己的基督徒地位安全无虞或他看到自己的素质、体验或环境，而是源于他看见这位上帝神圣无比的荣美，其中并没有他自己。上帝的荣耀给他无比愉悦的感受，并有力地掌控他的心。

　　正如假冒为善者的爱和喜乐全都源于自爱，同样，他们的其他情感，诸如为罪忧伤、谦卑和顺服、宗教欲望和热情也都是出于自爱。他们的这一切情感确实已经提前得到了奖赏，因为上帝已经给他们许多强烈的感受，让他们在幻想中自高自大，从而满足了他们的虚荣心。人的本性是如此败坏，一旦人相信自己是天之骄子，并臆造出一个保护人犯罪、喜欢人犯罪的上帝，就可以毫不费力地热爱这位合己心意的臆造之神，同样也能尊崇他，顺服他，为他发热心，为他癫狂。很多人热烈情感的依据是他们以为自己是大圣徒。如果拿走这个想法，如果他们认为自己是较普通的圣徒，（尽管他们还是认为自己是真圣徒，）那么他们热烈的情感就会偃旗息鼓。只要他们看见自己内心的一点点罪恶，以及他们最完美义务和最美好情感之中的病态畸形，这足以毁灭他们的情感，因为他们的情感建立在**自我**的基础上，所以真实的自我认识会彻底摧毁它们。但真恩典情感另有根基，它们的基础在于上帝和耶稣基督，所以，当人发现真实的自己是多么罪恶深重、自己的体验是多么畸形卑鄙时，尽管这会熬炼他们，并使他们的情感更加纯粹，却不会摧毁它们，反而会在某些方面使它们更加甜蜜、更加热烈。

三　宗教的道德之美

真正圣洁情感的首要基础是神圣事物的道德之美。换句话说，因神圣事物的道德之美而生发热爱之情是所有圣洁情感的源头。

在此，为文化程度不高读者的缘故，我先解释"神圣事物的道德之美"的含义。这里的**道德**不应该按照通俗的方式理解：人们在说到**道德**或**道德行为**时，他们的意思通常是指表面遵守道德律，尤其是第二块法版上的诫命。**道德**也不能理解为某些表面的品德修养，这些东西其实是出于自然原则，反而与真正的、内在的、属灵的、出于上帝的道德相抵触。人们也把很多异教徒所具有的诚实、正义、慷慨、平易近人、无私好客等品质称为**道德**，将这些品质与真基督徒的信心、爱心、谦卑和属天的智慧区别开来，但是**道德**一词在此不应这样理解。

要正确理解我的意思，必须注意一点：神学家们通常认为**道德**的善恶与**自然**的善恶是截然不同的。说到**道德的恶**，他们的意思是**犯罪**的恶，或逃避责任的恶，以及违背上帝设立的正确秩序和万物受造之本位的恶。而说到**自然的恶**，他们的意思不是逃避责任，而是仅指违反自然状态，这与上帝规定的伦理责任没有任何关系。所以，苦难是自然的恶，痛苦、折磨、羞辱亦然；这类事情都是违背自然状态，不论坏人魔鬼还是好人天使，全都厌恶这些自然的恶。如果一个孩子生来就是畸形或智力低下，这就是**自然的恶**，但不构成**道德的恶**，因为这并不具有罪的邪恶本质。另一方面，说到**道德的恶**，神学家的意思是犯罪的恶，它与正确相反；因此，说到**道德的善**，神学家的意思是指与罪相反的那种善，是具有意志力和选择能力的生命体，作为自主的道德行为主体，按照其意愿所是与所为当中的善。并且，这种善显然是**最合宜、最美好的**。说到**自然的善**，神学家的意思是与圣洁美德完全无关的善，这种善仅仅迎合自然，只考虑自然的需求，而不考虑是否具有圣洁的素质，与判断是非的规则尺度没有任何关系。

所以，**愉悦**是一种自然的善，**荣誉**、**力量**亦然。推理的知识、人的学问、世俗的聪明也是自然的善。所以，人类自然的善与道德的善之间有分别，天使自然的善与道德的善亦有分别。天使的领悟力、强大的能力以及他们作为天国大牧者的尊贵身份（被称为宝座、统管、王权、能力）是他们**自然的**善；而他们美好荣耀的圣洁属性，他们对上帝纯洁而热烈的爱，他们对圣徒的爱以及相互的爱，则是他们**道德的善**。因此，神学家把上帝的完美属性也分为自然的属性和道德的属性：上帝的**道德属性**是指上帝作为道德行为主体所拥有的属性，借助这些属性，显出上帝意志是良善的、正直的、无限美好的，诸如他的正义、真理、信实、良善，一言以蔽之：这是上帝的圣洁。而上帝的**自然属性**，则是指那些与圣洁或道德属性无关的属性，这些属性是关乎上帝的伟大，诸如他的全能、全知、他的永恒（从亘古到永远）、他的无处不在，以及他可怕的威严。

一个自主的智慧生命体所具有的道德之美善，更多地直接存在于道德行为主体的**意愿或意志**中。具有正直而美好的意愿的智慧生命体，我们就说他在道德上是良善的或美好的。这种道德的美善若是真实的，那么它就是**圣洁的**，是从上帝而来的。所以，从上帝而来的圣洁，包含智慧生命所具有的一切真实的道德美善：真正的**美德就是圣洁**；除了真实的圣洁以外，没有真美德。圣洁包含好人的一切真美德，他对上帝的爱、对他人的恩典、正义感、乐善好施、怜悯心肠、慈爱以及基督徒的所有真美德，都是圣洁品格的一部分。所以，上帝的圣洁，按照这个词较宽泛的意义，也是人们通常使用这个词的意义来理解，等同于神性的道德之美或上帝作为道德行为主体的美好属性，这包括他所有的道德属性：他的公义、信实、良善。正如圣徒所具有的基督徒博爱、仁慈、怜悯品格属于他们的圣洁，上帝的仁爱和怜悯也属于上帝的圣洁。只是人的圣洁不过是上帝圣洁的形象，被造形象所具有的美德当然不可能超过本源，衍生的圣洁怎么可能超过源头的圣洁？

按照我们对上帝的认识，上帝的属性有两类，一类是道德的属性，总结起来就是上帝的圣洁；另一类是自然的属性：诸如能力、知识等，这些属性则构成上帝的**威严**。因此，人里面的上帝形象也是双重的：一个形象是**道德形象**或**属灵形象**，就是圣洁品格，反映上帝的道德美善（人因堕落而丧失了这个形象）；另一个形象则是来自上帝的**自然的形象**，它包含人的理性和学习能力、自然的能力，以及统治其他被造物的权柄和能力，这一切都反映上帝的自然属性。明白了上面的道理，就能理解我所说的："因神圣事物具有**道德之美**而生发热爱之情。是所有圣洁情感的源头。"

上一章已经论证：所有圣洁情感的首要客观基础是，神圣事物本身所具有的超凡脱俗的美好本质。现在，我要进一步具体说明：作为所有圣洁情感的首要客观基础的美好本质就是它们的圣洁。圣徒运用**圣洁情感**时，他们热爱神圣事物，首先因为它们是**圣洁**的。他们首先因为上帝可爱而爱上帝，因为上帝的**圣洁之美**和他的**道德之美**，因为上帝**本身**就是无比美好的。不是说圣徒在恩典情感运行时**仅仅**因上帝的圣洁而热爱上帝，上帝的一切属性在圣徒眼里都是美好而荣耀的，他们以上帝的每个属性为乐：他们喜欢默想上帝的无限伟大、能力、知识和他可畏的威严。但他们因上帝的圣洁而生发的爱是他们所有情感的**基础与核心**。对上帝的真爱由此开始，对神圣事物的一切圣洁情感也由此涌出，这是圣洁情感最明显、最核心的本质，是圣洁情感的必要根基。因上帝道德属性之美而爱上帝，这必然导致因上帝的一切属性爱上帝，因为他的道德属性与他自然的属性是一体的。因为他无限的圣洁就意味着他具有无限的智慧和无限的能力与威严，上帝的各种属性彼此之间是相互支持的。

一切智慧生命的真美好，首先在于且本质上在于其道德的美好，也就是圣洁。天使的美好正在于此，倘若没有道德，他们自然的强大能力和知识足以使他们成为魔鬼。智慧生命体的美好，唯独在于且完全在于其道德的美善，正是道德美赋予自然能力以美感，甚至可说各种天然属性、能力和素质之美就是道德美。良善的道德是各种自然能力之本。各种自然的能力究竟是好是坏，完全取决于这些能力是否伴随着良善的道德。

若无圣洁，能力和知识不仅不美好，反而丑恶；但若有圣洁，能力和知识则更美好。这样看来，善天使的自然属性因其道德属性而成为圣洁，他们更因能力和知识而显为荣耀。魔鬼却不是如此。虽然它也有强大的能力和诸般自然知识，但并不会因此而显得更加可爱。不仅不更加可爱，反而更加可怕。智慧生命的圣洁品格是其一切自然能力之美的精髓。上帝亦然，按照我们对神圣存在的理解：圣洁尤其是上帝神性的精髓。因此，我们常常在圣经里读到圣洁之美（诗29:2；诗96:9；诗110:3）。圣洁让上帝其他一切属性显得更加荣美。上帝的智慧是荣耀的智慧，因为它是圣洁的智慧，而不是一种邪恶的算计。上帝的威严是圣洁的威严，这使上帝的威严变得可爱，而不仅仅让人感到恐惧。上帝的恒常是荣耀的恒常，因为它是圣洁的恒常，而非邪恶的固执。

正因为如此，爱慕上帝必须从"看见上帝的圣洁"开始。对上帝真正的爱必须始于喜爱他的圣洁，而不是始于喜爱他的任何其他属性，因为任何属性倘若没有圣洁就根本不可爱，而且这些属性的美好（按照我们对上帝的理解）完全源于圣洁。所以，除非我们先看到上帝的圣洁，否则上帝的其他属性不可能在我们眼里显得可爱；除非我们首先爱慕上帝的圣洁，否则我们不可能喜欢神性当中的任何能力和属性。如果上帝所有属性的美好与否取决于他的圣洁之美，那么人对上帝属性的真正热爱也必须源于喜爱他的圣洁。那些看不到上帝圣洁荣耀的人不可能真正看见上帝怜悯和恩典的荣耀，他们不能把这些属性视为上帝的美好本质，尽管他们会因为它们与自己的利益相关而受感动并喜爱它们。因为这些属性不论多么完美，都不是神性的一部分；只有当它们被涵盖在上帝的圣洁之内时，只有当它们成为上帝道德属性的一部分时，它们才构成神性的一部分。

正如神性之美首先在于上帝的圣洁，一切神圣事物之美也首先在于它们的圣洁。圣徒之美在于他们是**圣洁的人**，他们的美在于他们反映了上帝的道德形象，就是他们的圣洁。天使的美好和光明也在于他们是**圣洁的天使**。而魔鬼的可憎也在于它们不圣洁（但4:13, 17, 23；太25:31；可8:38；徒10:22；启14:10）。基督徒信仰超越其他信仰的美也在于它是如此圣洁的信仰。圣道之美也在于上帝话语如此圣洁："你的话极其精炼，所以你的仆人喜爱。"（诗119:140）128节说："你一切的训词，在万事上我都以为正直，我却恨恶一切假道。"138节说："你所命定的法度是凭公义和至诚。"172节又说："愿我的舌头歌唱你的话，因你一切的命令尽都公义。""耶和华的律法全备，能苏醒人心；耶和华的法度确定，能使愚人有智慧；耶和华的训词正直，能快活人的心；耶和华的命令清洁，能明亮人的眼目；耶和华的道理洁净，存到永远。耶和华的典章真实，全然公义。都比金子可羡慕，且比极多的精金可羡慕；比蜜甘甜，且比蜂房下滴的蜜甘甜"（诗19:7—10）。主耶稣的美好可爱也首先在于他的圣洁，他超乎万人之上，全然美丽；在于他是**上帝的圣者**（徒3:14），是**上帝的圣子**（徒4:27），**他是那圣洁真实的**（启3:7）。主耶稣人性的属灵之美也在于他的温柔、降卑、忍耐、崇高、爱神、爱人、屈尊俯就卑鄙邪恶之人、怜悯同情受苦的人，这一切都归结于他的圣洁。而他人性之美所反映的神性之美也首先在于他的圣洁。福音的荣耀首先也在于福音是**圣洁的福音**，它闪耀着上帝和耶稣基督的圣洁光辉。福音教义之美也在于它们是圣洁的教义，是神圣**敬虔**的教义。耶稣基督救赎妙道之美也在于它是如此圣洁的道路。天堂的荣耀首先也在于它是**圣洁的城市**，是**圣城耶路撒冷**，是上帝圣洁荣耀的居所（赛63:15）。《启示录》最后两章所描述新耶路撒冷的一切美好景致，都不过是描述耶路撒冷的圣洁之美（见21:2, 10, 11, 18, 21, 27；22:1, 3）。

所以，圣徒热爱这些事物首先是因为他们看到这些事物的圣洁之美。他们喜爱上帝的话语，因为他们看上帝的话语十分纯全。他们喜爱圣徒，因为圣徒在他们眼里是圣洁的人。天堂和上帝的圣幕在他们看为可爱，主要也因为他们看它们是圣洁的。他们爱上帝，因为他们看上帝是圣洁的。也正是因此，他们爱基督，满心欢喜福音的教义，并甘愿顺服福音启示的救赎之道。⑯

在恩典情感的第一个明显特征一章中，我说过：上帝给予重生的基督徒一个新的感官，这个新感官超越各种自然的感官，因为它是一种神圣的、属灵的品位，它在本质上完全不同于从前的任何感官，正如味觉与其他五种感官的完全不同。有这种新感官的圣徒对神圣属灵事物的感觉与属血气之人的任何感觉都完全不同，就像品尝蜂蜜的甜味与看见蜂蜜或触摸蜂蜜的感觉完全不同。而我在上文谈到的圣洁之美，正是这种属灵感官从这些神圣事物中接受到的感觉，圣徒接触这些神圣事物得到的感觉与属血气之人得到的感觉完全不同。圣徒这种新品位所感受到的正是圣洁之美，这种甜美感受正是这种新属灵品位的感知对象。圣经常常把圣洁的甜美感受描述为品味属灵的食物。它是耶稣基督圣洁灵魂的甜美食物："耶稣说，我有食物吃，是你们不知道的……我的食物就是遵行差我来者的旨意，作成他的工。"（约4:32，34）圣经关于真敬虔本质和证据的描述，没有比《诗篇》119篇更全面、更集中、更明确的；《诗篇》作者开章明义在第一节就谈到主题，随后的经文一直围绕这个主题展开直到最后结束；而在这首诗歌中，圣洁之美被描述为属灵品位所直接感受的对象。作者反复强调上帝的律法是神性圣洁本质的表达和彰

---

⑯ 谢波德先生说："要真正钟情于基督的位格，必须品尝到罪的苦涩，必须理解罪是最大的恶，否则人不可能因基督的圣洁（认为基督里面的圣洁、从基督而来的圣洁是最大的善）而单单钟情于他。原因在于，为基督的圣洁而爱他才是正确的。如果我们问一个淫乱的人，他在基督的位格里看到什么美好之处，他会在审视基督的国度、基督的义、基督的工作之后，认为这些东西都很好，因为这些东西对他有好处，让他舒服。而如果我们问一个贞洁的人，他也看这一切为美好，但基督之美首先在于基督的圣洁，他在基督里面成为圣洁。正如在婚姻里，是位格性的美吸引人。由此我相信，因弟兄心里有一点点恩典而爱弟兄的人必然因此爱基督更多。"（*Parable*, Part I. p. 84）

显，上帝命令受造物必须圣洁。作者说圣徒对上帝感恩就当喜爱上帝的律法，并以此为满足和喜乐。所以，圣徒看上帝的诫命**比金子可贵，比精金可羡慕，比蜜甘甜，且比蜜房下滴的蜜甘甜**。这一切都是因为他们看见律法具有圣洁的本质，正如前面已经论证的。作者又说，律法的圣洁让人感受到律法的美好，从而喜爱上帝的律法："耶和华的律法全备，能苏醒人心；耶和华的法度确定，能使愚人有智慧；耶和华的训词正直，能快活人的心；耶和华的命令清洁，能明亮人的眼目；耶和华的道理洁净，存到永远；耶和华的典章真实，全然公义。都比金子可羡慕，且比极多的精金可羡慕；比蜜甘甜，且比蜂房下滴的蜜甘甜。"（诗 19:7—10）

圣洁之爱的对象必定是圣洁的。爱是圣洁的，首先在于爱的对象乃是**圣洁的**。我们是因其圣洁而爱它，所以爱它与否完全取决于它的圣洁。圣洁的性情必然首先爱最吻合其本性的东西，而最吻合圣洁本性的东西无疑就是圣洁，因为没有什么东西比事物本身更吻合其本性了。所以，上帝和基督、圣道和其他神圣事物的圣洁性情必然最吻合圣徒的圣洁性情。

再者，圣洁性情无疑会因为罪性敌视神圣事物而更加喜爱这些神圣事物，而罪性敌视神圣事物，首先就是因为它们是**圣洁的**。正因为如此，属血气的心与上帝为敌，与上帝的律法为敌，与上帝的子民为敌。现在我们从**反面**进行论证。从反面的原因到反面的结果，从相反的性情到相反的喜好。我们知道圣洁的性情与邪僻的性情正好相反，那么，既然邪僻的性情首先在于它反对和仇视圣洁，那么圣洁的性情也必定首先在于它喜爱圣洁。

天上圣徒和天使的圣洁性情彰显得最充分，而他们的圣洁性情首先就在于他们热爱神圣事物的圣洁。是圣洁之美让光辉的撒拉弗注目、崇拜并赞美上帝："彼此呼喊说，圣哉！圣哉！圣哉！万军之耶和华，他的荣光充满全地！"（赛 6:3）"他们昼夜不住地说，圣哉！圣哉！圣哉！主上帝是昔在、今在、以后永在的全能者!"(启4:8)同样,荣耀的圣徒也是如此:"主啊,谁敢不敬畏你,不将荣耀归与你的名呢?因为独有你是圣的。"(启15:4)

圣经描述地上的圣徒赞美上帝主要是因为他们看见上帝的圣洁。圣徒尊崇上帝的属性,要么因为这些属性因上帝的圣洁而变得可爱,要么因为这些属性本身构成上帝的圣洁。所以,当他们赞美上帝的能力时,他们所赞美的是上帝的圣洁:"你们要向耶和华唱新歌,因为他行过奇妙的事,他的右手和圣臂施行救恩。"(诗98:1)同样,当他们赞美上帝的公义和威严时,他们所赞美的也是上帝的圣洁:"耶和华在锡安为大,他超乎万民之上。他们当称赞他大而可畏的名,他本为圣。"(诗99:2—3)"你们当尊崇耶和华我们的上帝,在他脚凳前下拜。他本为圣。"(诗99:5)"耶和华我们的上帝啊,你应允他们。你是赦免他们的上帝,却按他们所行的报应他们。你们要尊崇耶和华我们的上帝,在他的圣山下拜,因为耶和华我们的上帝本为圣"(99:8—9)。当他们赞美上帝的怜悯和信实时,他们所赞美的还是上帝的圣洁:"散布亮光是为义人;预备喜乐是为正直人。你们义人当靠耶和华欢喜,称谢他可记念的圣名。"(诗97:11—12)"只有耶和华为圣,除他以外没有可比的,也没有磐石像我们的上帝"(撒上2:2)。

所有人都能借此检验他们的情感,尤其是爱和喜乐。不同被造物的性情之别在很大程度上体现在他们具有不同的品位和喜好,这个所喜欢的却是那个所厌恶的。真圣徒与属血气之人的差异也在于此:属血气之人感受不到神圣事物的良善和美好,至少他们不能因为这些事物的圣洁而感受到其美好。他们缺乏品味这种美好滋味的感官,所以可称为不认识它;上帝将它向他们隐藏。靠上帝的大能,它向着圣徒则是敞开的。上帝赐给他们超自然的感官,于是他们能感知圣洁之美。正是这种美好感受俘获了他们的心,让他们爱慕上帝的圣洁超过一切。不论天上地下,凡真圣徒无不由衷感到此乃最可爱甜美之物，最吸引他，最令他折服；这成为他至高的喜乐和幸福，不论在此生还是来世。您可借此检验您对上帝、对耶稣基督、对圣道和对基督子民的爱，您也可借此检验您对天堂的渴望，看它们是首先出于喜爱圣洁之美还是首先因假想的利益或期望而感动。很多人感情强烈，看似充满热爱和狂喜，其中却毫无这种圣洁的品位。

您更可借此检验自己的认识，看您是否真正认识上帝恩典和大爱之荣耀，并检验源于这些认识的情感是否出自恩典。上帝的恩典可以通过两种方式显为美好：*bonum utile*，**恩典于我有利**，迎合我的自爱；或 *bonum formosum*，**恩典本为美善**，上帝的恩典构成神性道德和属灵之美。因为后者，上帝白白的恩典感动真圣徒的心，俘获他们的爱。

综上所述，显然，尽管人可能因认识上帝的**自然完美**而受到感动，或因与上帝**道德**完美无关的认识而受到感动，但这并非恩典的确据。因为尽管人能强烈地感觉到上帝**大而可畏的威严**，这不过是上帝的**自然完美**，是人所共知的；属血气的人即便看见上帝的威严，也看不见上帝的道德之美；他们毫无属灵的味觉，尝不到神圣道德的甜美滋味。

在论述"属灵的恩典情感的第一个明显特征"一章，我们已经说明：属灵的情感在本质上完全不同于无恩典之人在尚无恩典之时的一切体验。但毫无恩典的人却能清楚地看见并强烈地感受到上帝的伟大、上帝的能力和可怕的威严；因为魔鬼也有这样的认识，虽然魔鬼已经失去了**属灵**的认识力，对上帝完美的道德毫无感觉。它们完全感受不到上帝圣洁之美，但它们却非常清楚地看见上帝自然的荣耀（如果我能这样说的话）和他可怕的威严；因为它们看到他的威严，所以在上帝面前恐惧战兢。到审判日，众人都要看见上帝的荣耀；上帝要让一切理性生命看见自己的荣耀和威严，不论是天使还是魔鬼、圣徒还是罪人。基督大而可畏的威严要显给众人观看，无人能抗拒他荣耀的显现，"**他在父的荣耀里降临的时候，众目都要看见他**"；然后他们要恳求山石倒在他们身上，把他们藏起来，好躲避坐宝座者的面目和羔羊的愤怒（赛2:10，19，21）。

上帝要让众仇敌看见自己的威严和荣耀，并因这清晰可怕的景象在地狱里永受煎熬。上帝在圣经里反复宣告他这永恒不变的旨意，他要让众仇敌认识他的威严，他发出威胁之后总说："**他们就知道我是耶和华**"；是的，上帝已经起誓，众人都要看见他威严的荣耀："然我指着我的永生起誓，遍地要被我的荣耀充满。"（民14:21）圣经经常提到上帝在仇敌面前如此显现（出9:16；14:18；15:16；诗66:3；46:10）。上帝在西奈山上正是如此向邪僻的以色列会众显现，让他们恐惧万分；营中的百姓尽都发颤。恶人和魔鬼都要看见并真实地感受上帝的荣耀，却看不见上帝的道德之美。他们要看见上帝无限的威严和能力，并完全相信他无所不知、永远长存、永不改变；他们将亲眼看见与他道德属性相关的一切事，但看不到这些属性的美好。他们要看见并认识他完美的公义、正直、真实，知道他是圣洁的上帝，他眼目清洁不看邪僻、不看奸恶；他们要看见他对圣徒显明无限的良善和白白的恩典。这一切都要让他们看见，只是不让他们看见上帝道德属性之美以及出于道德属性的其他属性之美。所以，尚在此世的属血气之人也能真切地感受到上帝的这些属性，但仅此而已，他们看不到上帝的圣洁之美。尼布甲尼撒深深地感受到上帝无限大而可畏的威严、他至高无上和绝对的统管、不可抗拒的大能大力、他的主权，以及他与地上的居民在上帝面前都算为虚无；他的良心深深地认识到上帝的公义，并且感受到上帝伟大的良善（但4:1，2，3，34，35，37）。大流士也同样感受到上帝的威严和能力（但6:25等）。但圣徒和天使所看见上帝的荣耀包含**圣洁之美**；并且这一点足以融化人心，使人谦卑，离弃世俗，亲近上帝，明显改变生命。看见上帝可怕的威严会夺走人的力气，让人无法抵挡；但是，倘若上帝**道德之美**向人隐藏，人心中对上帝的敌视仍旧保存着实力，等待反扑。爱心将得不到培养，意志也不能有效地服从，人还是要顽固悖逆，除非上帝的道德和属灵荣耀的第一抹光辉照进人心，用他不可抗拒的能力运行交通，在那里产生种种奇妙的效果。

属血气之人对上帝可怕威严的认识可能通过不同的方式对他们产生影响；这不仅让他们感到恐惧，也可能让他们感到兴奋、喜乐并赞美上帝。人们从上帝那里得到真实的或假想的大怜悯以后，在纯自然原则的感动下，自然能产生这样的效果。我已论证过：人领受上帝的慈爱之后，自然原则能使人感激上帝并赞美上帝；但如果一个人在感受到上帝慈爱的同时，还感受到上帝无限伟大，并且认识到自己在他面前不过是虚无，那么这当然会让他的感激和赞美更加热烈，因为上帝竟然怜悯他这样卑微的造物。对上帝伟大属性的认识在尼布甲尼撒内心就产生了这样的效果，他先被赶出王宫，离开世人与野兽同居，上帝又特别恩待他，让他恢复神志并重掌王权；他真切地感受到上帝何等伟大，内心充满了感激之情；他不仅用最崇高的话赞美上帝，还昭令天下与他一同赞美。如果一个属血气的人在感受到上帝无限的伟大和威严的同时，还自命不凡地相信如此伟大的上帝竟然使自己成为他的儿女，给自己特殊的恩宠，应许自己永恒的荣耀，分享他至高无上的爱；这当然会令他感到兴奋不已，极力赞美上帝。

所以，最近很多人无疑过于看重对上帝的伟大、能力、可畏威严和其他自然属性的认识，他们的情感正是上述之类，他们没有真正认识上帝的美首先在于圣洁。经验多次证明理性和圣经就此种现象的宣告：很多人看似臣服于上帝的伟大和威严，并因此情绪激动；但他们的心灵和性情却与之不符，也没有结出基督徒的行为果子；他们这些知识的工作方式与真正属灵知识的运用方式**背道而驰**。

人们对上帝之伟大和上帝自然属性的感觉与认识并非无用或不必要。因为正如我所论证的：人认识上帝圣洁之美，其中包含了认识上帝的自然属性。上帝的圣洁比上帝的威严更大，前者是后者的**基础**，正如较大的支撑较小的。而且，虽然属血气之人也能感受到上帝的自然完美；但关于这些完美属性的认识在圣徒显然更是常识。上帝的恩典使圣徒更清楚地认识这些属性，远胜过属血气之人的感受；他们不仅能认识上帝的自然属性，还能看到这些自然属性的美；而这种美感（按照我们对上帝的认识）正源于上帝的圣洁。

四　圣灵的光照

恩典情感来自圣灵正确的、属灵的光照，内心得到属灵光照才能够理解或领会神圣的事物。

圣洁情感并非仅有热度没有光明；相反，圣洁情感更出自理智和知识；一些是头脑所接受的属灵教训，一些是光照或实践知识。上帝儿女受到恩典的感动，因为他现在比以前看得更清楚；他对神圣事物、上帝或基督以及福音所展现的种种荣耀之事的认识更加丰富，理解更加深刻。比起受感动之前，他如今有了更加清晰、更加正确的认识：要么他得到某些关于神圣事物的全新理解；要么他原有的知识在衰微之后又得到更新。"凡有爱心的，都是由上帝而生，并且认识上帝"（约一4:7）。"我所祷告的，就是要你们的爱心在知识和各样见识上多而又多"（腓1:9）。"我可以证明他们向上帝有热心，但不是按着真知识"（罗10:2）。"这新人在知识上渐渐更新"（西3:10）。"求你发出你的亮光和真实，好引导我，带我到你的圣山"（诗43:3—4）。"在先知书上写着说：'他们都要蒙上帝的教训。'凡听见父之教训又学习的，就到我这里来"（约6:45）。知识是开启人心的钥匙，它首先开启刚硬的人心，然后扩大内心的感动，由此开辟进入天国的道路："因为你们把知识的钥匙夺了去。"（路11:52）

很多人的情感并非源于理性之光，这显然说明这些情感不是属灵的，不论情感多么热烈。⑰虽然他们确实得到某些从前没有的新感受。

---

⑰ "很多人刚信主时有很热烈的情感，但随后就渐渐地枯竭、消耗，直至完全死亡；他们的假冒为善就显明出来；即便他们没有对着全世界公然亵渎信仰，他们的内心和行为在基督徒看来也是僵硬、贫瘠、无味、不结果子的，因为他们对罪的认识本来就不够。"

人的本性就是这样：除非他的内心受到某种新感动或接受了某种新思想，否则他就不会被感动。但在很多人的新感受或新认识当中（他们因此而感动）并没有任何真知识的本质。例如，某人因内心突然出现一个生动的意象而感动，这个意象可能是某个形状或是美丽宜人的面容，一束光或其他荣耀的外在形象；虽然头脑得到了某个新东西，但这个东西毫无真知识的本质；它既不能使人更明智，也不能使人更认识上帝或人神之间的中保，或基督的救赎之道，或福音的任何教义。这类外在的意象不能让人更深地认识上帝；既不能认识神性的任何属性，也不能更深地理解上帝的话语、他的道路或工作。真正属灵的情感和恩典情感并非这样。它们出于理性的光照，理性之光让人更深地理解关于上帝和基督的那些教导，重新理解神性的美好本质和他奇妙的属性，更新自己对基督的认识，看到他属灵的美好和完全，看见从前隐藏的事；从前看为愚蠢的教义，今天却看为神圣而属灵。理性的这种光照在本质上完全不同于形状颜色之类的意象、外在的荣光或声音。所有恩典情感来自理性的教导或光照，这就进一步证明了源于个人想象的情感不是真正属灵的情感，符合我们之前的论证。

因此，显而易见：当某些经文突然进入头脑并使人感动的时候，如果情感的基础不是这些经文所**教训**的道理，而是经文出现的**方式**，那么源于这些经文的情感就是假的。基督曾用经文打动门徒，使他们内心火热，而他的做法是**解释经文，让他们能够明白其中的道理**："他们彼此说，在路上，他和我们说话、给我们讲解圣经的时候，我们的心岂不是火热的吗？"（路 24:32）同理，如果伴随经文而来的情感建立在错误教导的基础之上，而这种教导并不包含在这段经文或任何其他经文中，那么这些情感也必然是虚假的；因为这些自以为是的教导并不是真实的教导，而是人的误解。例如，某些人自以为某些经文清楚地告诉他们，他们是上帝所爱的儿女，他们的罪已得赦免，上帝是他们的父，等等，这就是一种错误的理解。因为圣经没有一个地方明确指出上帝爱哪个具体的个人，而只说明上帝所爱之人具有哪些好素质和好行为。所以，关于这个问题，我们只能按照圣经所启示的因果关系来认识，从人的好素质、好行为得知他是蒙恩之人，因为我们只能按照圣经**教导**的方式来学习圣经的**教训**。

  在上述例子中，情感实际源于无知，而非来自真理的教导。我们还可以提出其他一些类似的例子。比如，有些人祷告的时候发现自己言语流畅，他们就说上帝与他们同在，这使他们感动，于是他们的情绪就更加高涨。他们不去考查口齿伶俐的真实原因，而真实原因可能与圣灵的同在根本无关。有些人因为头脑中出现某些关于经文的聪明想法而感动，声称这是圣灵亲自教导。他们把很多自以为宝贵的个人想法归于上帝圣灵特殊的、直接的教导，并因自己拥有特权而感动。还有一些人，他们情感的第一基础显然是身体的某种感觉。人体的血气，出于某种原因，(有时可能是魔鬼的作为) 突然意外地进入一种宜人的运行状态，使人感到身体非常舒服；血气的运行常常与内心的兴奋程度有联系；于是，因为身心一致的原则，他们的心情也感到愉悦。但是，这种血气的运行不是源于任何情感，而他首先感受到的一种兴奋感和一种舒适的外在感受（或许位于他的胸部）。出于无知，他喜出望外，开始相信这就是圣灵的浇灌。于是情感开始热烈起来：首先是极大的喜乐之情；随后是很多其他情感，一种非常浮躁的方式让整个属血气的身体，包括身体和头脑，小题大做。因为正如上面论证过的，虽然只有灵魂才是**情感**的**归宿**，但身体的感觉也能影响心情。

  而且，就算某些宗教情感确实来自某种教导或理性的光照，如果作为情感基础的**光照**不是**属灵**的，那么这种情感也不是出于上帝的**恩典**。人的教育以及思维能力的提高也可以激发人的情感。借助这种普通教育的方式所获得的关于宗教事物的知识能使人感动，正如一些哲学家因数学和自然哲学的发现感到激动甚至情难自禁。同样，人的感动也可能源于圣灵的**普遍**光照，上帝借此提高人理解宗教问题的能力。而这种理解能力,只需要运用和改善自己的能力,任何人都能拥有。我们在圣经上读到很多人都一度被圣灵光照并为此深受感动,但他们的这些情感并不属灵。

如果圣经对我们有任何用处,我们就能从中得知:存在一种针对神圣事物的属灵的、超自然的理解力,它是圣徒独有的能力,其他人完全不具备这种能力。属血气的人没有这种能力,使徒保罗说道:"然而,属血气的人不领会上帝圣灵的事,反倒以为愚拙,并且不能知道,因为这些事惟有属灵的人才能看透。"(林前2:14)这当然是一种看见属灵之事的能力,是圣徒所独有的;正如使徒约翰所说:"凡犯罪的,是未曾看见他,也未曾认识他。"(约一3:6)"行恶的未曾见过上帝"(约三11),"因为我父的意思是叫一切见子而信的人得永生"(约6:40)。"世人不再看见我,你们却看见我"(14:19)。"认识你独一的真上帝,并且认识你所差来的耶稣基督,这就是永生"(17:3)。"除了父,没有人知道子;除了子和子所愿意指示的,没有人知道父"(太11:27)。"人看见我,就是看见那差我来的"(约12:45)。"耶和华啊,认识你名的人要倚靠你"(诗9:10)。"不但如此,我也将万事当作有损的,因我以认识我主基督耶稣为至宝"(腓3:8),"使我认识基督"(3:10)。许多经文告诉我们同样的道理。这显然说明:有一种理解神圣事物的能力,它的性质与属血气之人所具有的一切知识都完全不同,这种理解能力被称为**属灵的悟性**:"因此,我们自从听见的日子,也就为你们不住地祷告祈求,愿你们在一切属灵的智慧悟性上,满心知道上帝的旨意。"(西1:9)前面已经说过,新约通常所讲的**属灵的事**与属血气的情感和体验具有完全不同的性质。

由此可以推论属灵的理解力到底是什么。因为如果在圣徒里面存在某种感觉,它本质上完全不同于属血气之人拥有的一切体验(除非他们得到一个新的性情),那么它必然在于圣徒内心所独有的某种意象或感觉,这些意象或感觉是属血气的人完全没有也不可能体验得到的。也可以说：它主要是一种全新的属灵感官，它是属血气之人内心所不具备的感官。这一点已经反复论证过。我早已说明这种属灵的全新感官（是上帝赋予重生圣徒的独特感官）是什么，也说明了这种感官的感知对象是什么。我已说明它的直接感知对象是神圣事物本身的美善。这完全符合圣经的教导。使徒保罗明确教导说，属灵之光所启示的事情和我们借助属灵知识所晓得的事情就是上帝的荣耀："如果我们的福音蒙蔽，就是蒙蔽在灭亡的人身上。此等不信之人被这世界的神弄瞎了心眼，不叫基督荣耀福音的光照着他们。基督本是上帝的像。"（林后4:3—4）还有："那吩咐光从黑暗里照出来的上帝，已经照在我们心里，叫我们得知上帝荣耀的光显在耶稣基督的面上。"（4:6）以及第3章第18节所说："我们众人既然敞着脸得以看见主的荣光，好像从镜子里返照，就变成主的形状，荣上加荣，如同从主的灵变成的。"而且这是必需的，因为（正如我们已经论证的）圣经常常教导说：真宗教总结起来就是热爱神圣事物。所以，作为真宗教的正确基础，这种理解力或知识必须是关于**神圣事物之美**的认识。因为，毫无疑问，作为爱的正确基础，必然首先认识到事物的**可爱**。而神圣事物的可爱之处正是属灵感官的正确对象和直接感知对象，这点在上一章已经论证过，那就是神圣事物的道德之美。由此，属灵的理解力首先是而且主要是这种认知能力或感官。而且，它显然不可能是别的东西；因为（正如我们已经论证的）除了神圣事物的道德美以外，神圣事物的其他属性都是魔鬼和属血气之人所能够看见也能够认识的，而且他们将在永恒中充分而清晰地认识这些属性。

从上面的论证我们必然得出结论：属灵的理解力，主要是"**内心的一种感官，人借以感受神圣事物的圣洁之美或神圣事物的道德属性。此外，属灵的理解力也包含关于宗教事物的一切知识，而后者取决于并源于前面这种感官**"。

属灵的理解力首先在于**内心对属灵之美的感受能力**。我说它是内心感官，因为它不仅涉及推理能力，而且谈到宗教、理解力和感受力，它仍是不能截然分开的。当内心感受到一个事物的美好时，这意味着人对这个事物的优点具有某种认识，而且这种认识与感受的核心本质不可分隔，它是**内心感受**的一部分，或某个实体在内心产生的效果和印象，包括品位、喜好和意愿。

这里我们需要区分什么是**理解概念**（头脑运用推理能力来认识事物）、什么是**真实感受**（头脑不仅**推理**和**认识**，而且有切身的品味和**体会**）。后一种认识让人对事物产生喜爱感或厌恶感，感到香甜或恶心。这种能力不同于认识什么是三角形或正方形的能力。前者仅仅是**推理性**的认识，而后者则是**感受性**的认识，它不仅仅涉及智力。后者的真正主体是**心灵**，心灵不仅看见，而且对所看见的事物产生某种**倾向**，感觉愉悦或厌恶。 而其中确实含有**教导**的性质，正如品尝过蜂蜜的人对蜂蜜的认识远远超过那些仅见过或摸过蜂蜜的人。

使徒保罗显然把关于宗教的推理性知识与属灵的知识区分开来。他称前者为**知识和真理的模范**："在律法上的知识和真理的模范。"（罗 2:20）后者则经常被描述为某种滋味、嗅觉或感觉："感谢上帝！常率领我们在基督里夸胜，并藉着我们在各处显扬那因认识基督而有的香气。"（林后 2:14）"你不**体贴**上帝的意思，只体贴人的意思"（太 16:23）。"就要爱慕那纯净的灵奶，像才生的婴孩爱慕奶一样，叫你们因此渐长，以致得救。你们若尝过主恩的**滋味**，就必如此"（彼前 2:2—3）。"你的膏油**馨香**，你的名如同倒出来的香膏，所以众童女都爱你"（歌 1:3）。"你们从那圣者受了**恩膏**，并且知道这一切的事"（约一 2:20）。

由此可见，属灵的理解力，首先在于这种**体会神圣事物道德美的感官或品位**。所以，凡不是来自这种属灵的感官和不包含这种感官的任何知识，都不能称为属灵的知识。然而**其次是**，属灵的知识包含一切关于宗教**事物的理解和知识，这些理解和知识依赖源自这种属灵的感官**。

当灵魂发现神圣事物的圣洁或真道德之美时，那就像一个全新的世界豁然展现在眼前。它让人看见上帝一切属性的荣耀，也明白一切神圣事物的美好。因为，我已说过，上帝一切美好属性都来自上帝完美的道德属性。它让人看见上帝一切工作的荣耀，包括他的创造和护佑。因为这是创造和护佑之工的特殊荣耀，要叫上帝的圣洁、公义、信实、良善借着创造和护佑大工彰显出来；没有这些完美的道德属性，上帝创造和护佑宇宙的大能大力就毫无荣耀可言。上帝一切工作的特殊目的就是使他完美的道德得到荣耀。由此，只有认识到神圣事物的道德美，人们才能理解基督作为中保的充分性。因为只有认识基督道德属性的完全，信徒才可能认识到他位格的美好，信徒对基督的认识才能超过魔鬼对基督的认识。只有认识了基督位格的美好，他们才可能认识到他作为中保的充分性，因为后者取决于前者并源于前者。只有看见了基督位格的美好，圣徒才可能认识到基督宝血的珍贵，才知道它足以赎罪，因为基督宝血之宝贵，正在于它是如此美好可爱之人的宝血。基督顺服上帝之功德取决于此，基督为圣徒代求之充分和得胜也取决于此。只有看见道德之美，圣徒才能看见基督救赎之道是何等的美好；因为救赎之道的美好，正在于上帝道德属性之美，它自始至终在救赎道路的每一步闪耀着夺目光芒。由此，圣徒才能看见救赎之道的适切性，因为救赎之道是否适合我们，完全在于它能否救我们脱离罪和地狱，带我们进入幸福。因为真幸福就在于拥有与上帝的道德属性相符的道德美，并以此为乐。而基督救赎之道的卓越智慧，就在于上帝的精心设计能够达成如此救赎我们的目的。由此，圣徒才看见上帝话语之美好。倘若拿走话语之中一切道德之甘美，圣经就只剩下死文字，成了干瘪无趣、死气沉沉、味同嚼蜡的东西。由此，我们才看到自己责任的真正基础：上帝要求我们尊重、热爱、顺服、服侍他，因为他值得我们如此献身，也因为如此尽责是好得无比的事。由此，我们才看见罪的真正邪恶之处，因为看见圣洁之美的人必然看见其反面：罪的可怕。由此，人们才理解天堂的真荣耀，它就在于圣洁的美好与福乐。也由此，人们才看见圣徒和天使的可爱和幸福。只有看见圣洁之美和真道德的人，才能看见这世上最大的事，它是一切事物的完全；若没有它，整个世界就是虚空，是的，甚至不如虚空。除非我们看见它，我们就对值得一见的东西一无所见，因为，除此以外别无真美好。除非我们知道它，我们就对值得运用高贵理解力加以探究的东西一无所知。这是神格之美，是神性之神性（如果我能这样说），是众善之源，善中之善。若没有它，上帝自己（倘若可能的话）就是无比邪恶；若没有它，我们自己不如不存在；若没有它，一切都不如不存在。因此，不明白它的人，实际上什么都不明白，他的知识不过是知识的影儿，或**知识的模范**⑱，正如使徒保罗所言。因此，圣经把缺乏属灵感受力、不能欣赏圣洁之美的人描述为**瞎眼的**、**耳聋的**、**麻木不仁的**。是的，**死了的**。又把重生（上帝将这种神圣的感官赏赐给人的灵魂）描述为让瞎眼的看见、使死人复活、带人进入一个新世界。因为，只要我们考虑到上述事实就能明显看出：当一个人具有了这种感官和知识以后，他看一切都与从前迥异。虽然他从前**认识**一切事情，是"凭着外貌肉体，但如今却不再这样认识了。他已经是新造的人，旧事已过，都变成新的了"（林后5∶16—17）。

除了上文提到的事情以外，感受道德美的属灵感官引出了一切关于宗教的实验性真知识，这本身就是一个全新的知识世界。看不到圣洁之美的人，就不知道什么是圣灵的恩典，对恩典在心里的运行毫无概念，也不能体会神圣的安慰和喜乐，以及上帝圣灵在人心中发出的一切救赎功效。他对上帝最伟大的工作一无所知，也看不到上帝大能在被造物身上产生的最重要、最荣耀的效果；他完全不明白圣徒何以为圣徒，不知道他们是怎么回事；实际上，整个属灵世界他都不懂。

于是我们知道：上帝把上述超越肉体的属灵感官植入人心之后，使人内心产生剧变。若不是因为人刚得到这个属灵感官时，稚嫩的感受还

---

⑱ "知识的模范"暗示这种知识是僵死的形式。——译注

很不完全;若不是因为这荣光初照人心时,第一线曙光还很暗淡;因信主而睁开属灵之眼所导致的变化,在任何意义上都远远胜于天生瞎眼的人突然获得视觉,在清晰的阳光下发现一个多姿多彩的世界。因为虽然视觉比其他外在感官都重要,但属灵的新感官比视觉重要万倍,也比人原有的任何分辨力高贵万倍,它所感知对象本身更是无比伟大、无比重要。这就是体会神圣事物之美的真知识,它是一切真恩典情感的源头,所以,我们应当用它检验一切情感的真伪。源于别种知识或来自别种感悟的情感,必是虚空。

由此,我们就可知理性的光照(上帝圣灵在一切属血气之人内心产生的**普遍感动**)与救赎的启示(圣灵给予圣徒的**救赎性教导**)之间的本质区别。后者主要在于圣徒看见神圣事物的圣洁之美,这种美是唯一真正的道德之美,堕落的人类灵魂靠血气根本看不见这种美。而前者不过是理解能力的加强,仍旧是自然原则,理解的对象是众人凭自己能力的普遍运作就能多少知晓的事情。至于宗教,这种属血气的理解力只能使人明白宗教里面那些**属血气的**事情。例如,属血气的人经历良心觉醒和知罪的时候,圣灵不让他们认识神圣事物真正的**道德**之美,仅帮助他们比从前有更强的犯罪感、更清楚地知道犯罪要遭报应、罪和**受苦**之间的联系(但他们看不到罪的**道德**之恶,也看不到罪本身的可憎);仅让他清楚地意识到上帝**自然的完美**属性。他看不到上帝的圣洁之荣美,仅看到他可怕的威严。正是这种清晰的认识在审判日将邪僻之人的良心彻底唤醒,无须任何**属灵的光照**。也正是这种认识在今世(程度较低)唤醒属血气之人的良心,亦无须**属灵光照**。罪人在此生认罪时良心的些许发现,在审判日要得到完全;届时,所有罪人的良心都完全认识上帝是何等可畏。 对上帝之可怕威严的认识使这世上罪人的良心稍微觉醒,意识到得罪这样一位伟大而可畏的上帝,并知道要遭报应,由此生出对上帝义怒的畏惧之情;而当基督在能力和威严之荣耀中驾云降临时,万人都要看见,地上的万族都要因他哀哭。届时,这种属血气的知识会使所有邪僻之人彻底认识到罪无比可怕的本质，并使他们内心充满对上帝震怒的无比恐惧。上帝时而把这些普遍的光照赏赐给属血气的人，激发他们某种敬虔渴慕、爱心和喜乐，但他们仅仅看见神圣事物中那些**自然的**善。在普遍光照下，人们有时会因看到天堂**自然**的善而感到兴奋，诸如天堂的外在荣耀、人在那里无须劳苦、尊贵发达、享受上帝的宠爱、他人和天使的尊重，诸如此类。所以，福音中关于上帝、基督以及救赎之道的事情，有很多**自然的**善，它们迎合属血气之人的自爱原则。同样，在上帝对罪人的大爱中以及在基督之死彰显的奇妙大爱中，既包含**自然的**善——众人喜欢它们如同喜欢自己，也包含属灵的圣洁之美——只有重生的基督徒才能看见。所以，福音里面有很多关于上帝恩典的事情，属血气的人听到就**欢喜接受**。而属血气之人爱上帝和基督、爱基督徒美德、喜欢善良之人，不是因为看见其真正的**道德**之美，而是因为其里面包含**属血气的**利益。属血气之人对罪的恨恶也是出于自然原则，正如他们害怕老虎吃人，厌恶毒蛇有毒。他们喜欢基督徒美德也出于卑鄙的原则，与他们喜欢脾气好的人一样，因为他们这种性格可爱。这种情感与商人见钱眼开没有什么不同，和农民乐见黝黑的土地同属一类。

由此可见，属灵的理解力不在于认识任何新的**教义**，也不在于突然想到任何未曾见识或耳闻的新**命题**，因为头脑想象新命题显然在本质上完全不同于用新感官品尝甜美滋味。⑲同样很明显：属灵的知识不在于**解释经文的教义**，因为这也只是教义性的知识，是命题性的知识；解释经文的教义，仅能帮助我们理解这部分经文包含或教导的命题。

于是我们知道，**属灵地理解圣经**，不在于理解圣经当中那些比喻、预表、象征的**神秘含义**，因为这只是教义性的解经。解释什么叫"石头地"

---

⑲ 加尔文（Calvin）在《基督教要义》第一卷第九章的第一部分写道："上帝所应许我们的灵并不会编造新的启示和圣经上没有的启示，或捏造某种全新教义，勾引我们远离已经领受的福音教义；相反，圣灵的工作是向我们印证福音教义实属真理。"在这里他还提到有些人的观点与之相反，"他们装作自己直接受圣灵引导，自高自大、骄傲自满；与其说他们行在错谬中，不如说他们被狂躁所驱使"。

和"种子突然长出来又突然枯干"的人,只是解释了这些比喻中的**命题**或**教义**。解释"雅各的天梯"和"上帝的使者在梯子上上去下来"预表什么以及"约书亚带领以色列人过约旦河"预表什么的人只是说明了这些经文当中隐含的命题。而且很多毫无属灵真知识的人也能解释圣经中的各种预表。一个人可能知道如何解释圣经里所有的预表、比喻、隐语和象征,心中却没有**一丝属灵之光**,因为他可能对神圣事物圣洁之美毫无属灵感受,而且看不到这些奥秘或整本圣经中有任何的圣洁荣光。使徒保罗说得很清楚:一个人也许能理解这一切奥秘,却毫无救赎的恩典:"我若有先知讲道之能,也明白各样的奥秘、各样的知识,而且有全备的信,叫我能够移山,却没有爱,我就算不得什么。"(林前 13:2)所以,那些高估自己属灵成就的人实属愚妄;他们自以为懂得某些经文的奥秘含义,坚信这是所谓**属灵**的领悟,是圣灵直接的启示,并因此激动不已。他们的感情虽然热烈,但前面的论述已经说明这种情感实属虚空。

由此可见,当人们通过直接想象的方式认识到自己的宗教责任,说这个行为或那个做法是上帝的旨意,这种认识并非**属灵**的知识。即便这真是上帝向他的子民传达旨意的方式(通过直接内在启示),这类启示在本质上仍旧没有**属灵**的光照。这类知识只可能是**命题性**的知识,因为一个关于上帝**旨意**的命题正是宗教教义,正如关于神性或上帝工作的命题也是**教义**;向人宣告这类命题或其他任何命题(无论通过外在言语还是借助内在想象),在本质上都迥异于人心感受神圣事物的圣洁之美,而后者才是属灵的知识。所以,虽然上帝一次又一次通过圣灵将圣旨直接启示给巴兰,告诉他当走的路、当做的事和当说的话,但巴兰心里没有属灵的光照。

因此,这种引导显然不是上帝**神圣而属灵**的引导,因为属灵引导只属于圣徒,是上帝儿女的明显标志:"因为凡被上帝的灵引导的,都是上帝的儿子。"(罗 8:14)"但你们若被圣灵引导,就不在律法以下。"(加 5:18)

并且，如果人们突然想到某节经文就以为上帝在告诉他们当如何行，而这些经文在进入他们头脑之前早就写在圣经里了，且是关于别人的行为，但他们以为上帝既然把这段经文给他们就必有更深的新意，并且上帝的旨意就是明确地告诉他们应当这样做或那样做。我说，如果人们通过这种方式得到上帝的旨意，这仍旧是自欺。即使联想到某段美好的经文，也不能使想象成为属灵的教导。例如一个新英格兰人不知道是否应该去某教皇国或异教国度宣教，他在那里会遭遇各种艰苦和危险，于是他向上帝祷告求上帝指明道路；热切祷告之后，他突然联想到上帝在《创世记》第 46 章对雅各说的话，好像这话是对他说的一样："你下埃及去不要害怕，因为我必使你在那里成为大族。我要和你同下埃及去，也必定带你上来。"虽然这句话进入他内心之前早就写在圣经里了，本来只是关于雅各和雅各的行为，他却以为上帝这句话别有深意——上帝启示这句话要用在他身上，所以应该用新的方式来理解这句经文：埃及应理解为他要去的这个具体国家，去埃及就是他要漂洋过海，应许的意思，就是上帝会带他重回新英格兰。这种所谓的引导当中毫无属灵的本质，也根本不是圣灵的引导，因为其中毫无属灵理解的本质。"属灵地理解经文"，是正确地理解经文**当前**的意义，以及正确领受圣经作者**原本**的意图；属灵的理解是正确理解经文**原先的含义**，而不是为经文**新造一个意思**。如果人心被圣灵光照，并正确理解经文，人就能看见经文所要传达的正确意义，是以前**因**盲目而看不见的。但既然从前看不见的原因是盲目，那么显然经文的意义**原本就在**那里，否则看不见的原因就不是盲目：看不见一个不存在的意义并不是盲目。属灵的光照使人明白圣经就像开**人的眼睛**："求你开我的眼睛，使我看出你律法中的奇妙。"（诗 119:18）这说明：从前看不见的原因，在于当时眼睛是**闭**上的，而如果现在所理解的意义原本不存在，但因为我**突然想到**这句经文，经文得到了新的意思，那就是完全不同的情况了。像这样给经文创造**新的意思**，无异添加**新的经文**；这种加添上帝话语的行为落在可怕的诅咒中。属灵地**理解**圣经，就是打开心眼,看见经文正意的奇妙属灵之美,而它自从圣经写成就一直包含于经文之中;**属灵地理解**圣经,就是看见上帝完美神性的荣耀彰显,并且看见基督的美善和救赎的充分,看到基督救赎之道的美好和切合性,以及圣经应许和教训的属灵荣耀,等等。这些事情现在存于圣经,过去也一直存于圣经,倘若不是因为我们的盲目,我们早就应该看见,无须添加新感官。

  至于**圣灵恩典的引导**,它包括了两方面内容:一方面在于**教训人明白自己的责任**;而另一方面在于有力地**促使人遵守这些教训**。若只论到教训人明白责任,那么圣灵恩典的引导,主要在于借助属灵的品位引导人,这种属灵的品位使人能够体会真道德之美。我已说明:属灵的知识主要在于能够品味到真正圣洁事物之美,这种圣洁的品位使人无须进行一系列推理就能分辨善恶圣俗。正如真正会欣赏外在美的人,一看就知道美丑,他不需要测算外貌特征的比例就知道一张脸漂亮与否,他只需扫一眼便知。懂音乐的人一听就知道声音是否和谐,他不需要首先像数学家那样费劲去分析每个音符之间的比例。味觉正常的人一尝就知道食物好不好吃,完全不需要医生的知识和推理。而上帝的话语和行动中也有一种神圣的美感和甘甜,正如面容、声音、食物中所具有的属血气之美:"耳朵岂不试验言语,正如上膛尝食物吗?"(伯12:11)当一个圣洁的心灵想到某个圣洁可喜悦的行为时,这个心灵(倘若它属灵的品位运行正常)就能立刻看见它的美好,喜欢它,甚至唯独钟情于它。相反,如果一个下贱肮脏的想法进入心灵,圣洁(上帝使之成为圣洁)的眼睛看它为丑陋,不喜欢它。圣洁的品位感觉不到香甜,反而觉得恶心。是的,圣洁的品位引导人追求真正可爱的东西,让人自然而然地想这些东西,正如健康的味觉和食欲自然让人想吃健康的食物。同样,圣徒也受圣灵引导,有圣洁的品位和圣洁的性情指教和带领他;于是,借助恩典的活跃运行,他能轻而易举地分辨善恶,立即知道不同情况下什么行为荣神益人,并能判断是非曲直,一切都自然而然,无须专门推理论证,只需要顺从自己看见的美好和尝到的香甜。因此，基督责备法利赛人，说他们"不自己审量什么是合理的"，因为这并不需要用神迹证明（路12：57）。使徒保罗显然很重视这种判断属灵之美的方法："不要效法这个世界，只要心意更新而变化，叫你们察验何为上帝的善良、纯全、可喜悦的旨意。"（罗12：2）

有一种用于判断世俗事物的自然之美的好品位（有学问的人常谈到这种品位），例如讲话是否合体、文风是否优美、诗歌是否动人、举止是否有度，等等。最近我国的一位伟大哲人就此写道：

> 具有品位，就是感受和认可事物的真实价值，或因美好而感动，或因丑恶而震撼，不受虚假外观迷惑，不论有什么色泽或任何欺骗的伎俩，都能做出正确的判断。品位和判断大同小异。判断通过思考形成观点，理性沿着推理过程最终抵达其目的地，它提出原则、引出结果，然后加以判断，但若没有彻底了解全局，则难以判断。因此，若宣布判断，就要进行一系列推理。好的品位则不遵守这些形式。在它思考之前，它早已做出选择，目标一出现就形成印象和情绪，没有道理可讲。正如噪声伤耳朵、鼻子爱香味。理性还没有做出判断，品位早已行动，不给思考留余地。此后，理性或许可以证实品位，以及发现其行为的隐秘原因，但品位等不及这些思索。通常它根本不知道这些理由，而它再费劲也无法知道自己何以会如此。品位的行为不同于判断做出决策的过程：好的品位是一种直觉，是正确理智的第一动作，它比理性所为的更加迅速且安全，它是一瞥即知此刻事物的本质和关系。[20]

既然存在一种哲学家们所说的内心的品位，引导人们借助眼睛的观

---

[20] 《钱伯斯英语词典》，条目"品位"（Taste）。

看或内在的感觉以及第一印象来判断言语和行动里自然的美好、优雅、合宜、高贵，那么也一定存在一种神圣的品位，上帝的圣灵把它赏赐给圣徒，并让它在圣徒心里运行，它引导圣徒分辨真正属灵的和各种行为的圣洁之美。而且，圣灵内住和引导得越多，他们分辨得越容易、越从容、越准确。于是，"上帝的儿子在世界上行事为人都受圣灵引导"。

当恩典强烈而活跃地运行时，圣洁的气质和属灵的品位能使灵魂立刻明辨哪些行为是正确的，哪些行为符合基督徒的身份。这种引导既迅速又准确，远远胜过有能力而缺乏这种气质和品位的人。在日常生活中可以看到某些思维方式或内在性格，虽然它们在本质上远逊于真恩典，但足以教导人如何行动。例如，有一个人脾气很好，那么他的好性格会教他如何与人和睦相处，也会在每个场合指导他的言谈举止，使之显得大方得体。这种指导超过乖僻之人的最强理性。同样，如果一个人内心受到友情的感动，真诚地喜欢对方，虽然他原本是个冷漠的人，但他内心这种情感会迅速而准确地指导他的言谈举止，使他看上去和蔼可亲，具有善意。这种指导作用远胜过无情之人的所有算计。好像有一个灵在他里面引导他，他的情感使他具有一种品位，借助这种品位，他能立刻感受到善意的气氛和不友善的气氛。这种品位能使他立刻分辨这两者，比花几个小时以最精确的推理计算的结果更加准确。正如一块石头（或其他重物）的本质和内在的倾向就是从高处落下，立刻显示通向地心的路径，这比最高超的数学家花一整天时间靠最精确的观察计算的路线更加准确。因此，属灵的气质和品位带领和教导人如何在世上行事为人。所以，谦卑、温柔、仁爱的明显气质，会指导一个能力平平的基督徒做出符合基督徒的谦卑、温柔、仁爱原则的行为。能力出众却没有基督徒心灵的人，即便刻苦学习，用功推理，也达不到这样的效果。因此，爱上帝的心、圣洁的敬畏之情、对上帝的信心和属天的气质，会引导并带领基督徒做出各种圣洁行为。

让一个内心缺乏基督徒原则的邪僻之人懂得如何降卑自己，从而具有基督徒的美好生命和属天的香气，行为举止体现真正的圣洁和谦卑，这简直太难了。他不懂得如何披戴谦卑的衣服，这衣服对他也不合身："智慧人的心居右，愚昧人的心居左。并且愚昧人行路显出无知，对众人说，他是愚昧人。"（传10：2—3）"凡愚昧人，他的劳碌使自己困乏，因为连进城的路，他也不知道"（10：15）。"义人的嘴能令人喜悦"（箴10：32）。"智慧人的舌善发知识；愚昧人的口吐出愚昧"（15：2）。"智慧人的心教训他的口，又使他的嘴增长学问"（16：23）。圣徒照这种方式借助属灵品位判断行为的时候，他们并没有一个特定的套路来表明上帝话语如何掌管他们的每句话和每个行为，以及如何判断善恶，但他们的品位本身在总体上顺服神圣的道统（上帝话语的掌管），并且要经得起上帝话语以及建立在上帝话语之上的正确理性的验证。正如一个有正常味觉的人用味觉判断食物，但味觉本身也必须经得起规则和理性的判断，看它是否正常。但属灵的品位能强有力地帮助人心理解上帝的话语，以及正确判断上帝的真意图，消除堕落欲望的偏见，把思想自然地引向正确的路径，明白上帝的话语；借助圣洁的品位、气质以及神圣道统的和谐作用，让经文的正确意义自然而然地进入内心。是的，这种和谐，会使人在正确场合想到正确的经文，正如处于特殊状况的肠胃和味觉，会让人特别想吃身体最需要的食物。这样，上帝的儿子在世界上行事为人都受圣灵引导。圣灵引导他们判断自己的行为，以及引导他们思考、分辨、应用神圣道统。上帝也这样用他的律例教训他们，让他们明白训词之道，正如《诗篇》作者常常祷告的那样。

但圣灵的这种带领方式迥异于某些人所谓"圣灵的引导"：他们所说的引导，并不是教导人学习上帝早已颁布的律例，而是借助悄悄话或内在启示给他们个人颁布的某些新命令，其中毫无真恩典的滋味，也毫无对事物本质的判断和分辨力。他们不借助任何属灵的品位、感受或分辨力来决定什么是上帝的旨意，也不判断事物的本质，而是借助直接的启示。他们以为上帝直接命令他们该做什么，其中毫无任何属灵的判断或属灵的智慧。而圣灵的引导（上帝儿女的特权）里面具有从上帝而来的真智慧和圣洁的分辨力，上帝话语中常常提到这点。这种引导远远超过前一种庸俗的想象，如恒星之于萤火虫。这种引导是巴兰和扫罗（上帝有时通过前一种方式引导他）所从未体验过的，也是任何属血气之人所不可能体验的，除非上帝先改变他们的本性。

上文关于属灵理解力本质（其核心是内心**超自然的感官与品位**）的论述，不仅说明那些所谓的圣灵带领里面根本没有属灵的本质，而且说明**属灵的理解力**根本不同于各种各样的**狂热主义**，各种臆想的看见上帝和看见基督、看见天国，所有自以为是圣灵的**见证**，各种各样借助直接内在想象得到上帝**爱的**见证，一切关于将来的**想象**和任何关于隐秘之事的直接启示。由此我们看到：真属灵的宗教何以完全不同于一切关于经文的狂热印象和主观应用（有些人声称上帝借着经文向他这个特定个人直接说话，并且往经文中添加了圣经原本没有的新意思）以及一切错误解释（借助所谓的直接启示而得到经文秘义）。这些东西里面根本没有针对神圣事物的圣洁之美的内心圣洁感官和品位，也与这类圣洁感受毫无关系。它们全都在于头脑中的印象，全都指向头脑的**想象**，并全部在于激发头脑中的外在意象，要么是外在形状颜色的意象，要么是说的话或写的字或可感知的外在事物的意象；这些意向都是关于某个动作或从前做过的事或将来要做的事。狂热分子所谓的"上帝显明对他们的爱"是通过在他们的想象中激发某个意象，这个意象可能是一张微笑的脸庞，或其他外在形象，或自己喜欢的言语和文字，或身体的舒适感。所以，有时候人们以为自己得到了"神秘的启示"，这是来自外在的意象，这些外在意象要么是关于此事的话语，要么是关于此事的某些可见或可感知的情况。所以，所谓"圣灵引导他执行上帝的旨意"，这要么来自头脑中某些话语的外在意象（或是经文或是别的话语，他们把这些话语当成上帝直接的命令，命令他们采取某些行动），要么来自头脑中关于这些行动本身的意象。所以，有时候经文中预表或寓示的某个解释突然进入头脑，这是来自想象某些话语（好像有人悄悄告诉他经文的意思），或来自想象其他意象。

上述这类体验和认识常常使那些受蒙蔽的人情绪高涨，并且对他们的灵魂和身体产生强烈作用。自古以来，世界各地的假宗教绝大部分都在于这一类认识和随之而来的情感。古代毕达哥拉斯学派和其他很多异教徒所夸耀各种怪异的体验就是此类：狂喜、被提、所谓的神启以及上天直接的话语，等等。使徒时代和使徒后时代的艾赛尼派（犹太教的一个异端）的信仰也在于这类体验。强调这些东西的还有古代诺斯替派、孟他努派以及其他很多基督教会早期出现的异端。很多人装作与上帝和基督以及圣徒还有天使直接对话，罗马教会一度充斥这类隐士和修士，他们的信仰也在于这些体验。很多狂热分子组成的邪教伪装种种高级体验和超级属灵，他们的信仰也在于这些体验。这些人在宗教改革以后充斥世界，例如重洗派、反律主义者、家庭主义秘密教派，以及斯托克 (N. Stork)、孟塞尔 (Th. Muncer)、彼寇德 (Jo. Becold)、费瑟尔 (Henry Pfeiser)、乔治 (David George)、施文克菲尔德 (Casper Swenckfield)、尼古拉斯 (Henry Nicolas) 和艾斯勒比乌 (Johannes Agrcola Eislebius) 的追随者，还有克伦威尔时代在英格兰的很多狂热分子，以及哈钦森夫人 (Mrs. Hutchinson) 在新英格兰的追随者。针对所有这些邪教和异端的表现，著名圣徒拉瑟福德 (Samuel Rutherford) 先生在他的著作《敌基督显灵》(*Display of the Spiritual Antichrist*) 中进行了具体的描写。这也是最近那些法国先知及其追随者所夸耀的东西。当前多种狂热宗教显然也在于这类体验。撒旦主要就是借助这类宗教化身光明天使，它就是利用这些东西来挫败从基督教会开创之初到今天的多次真宗教复兴。每当上帝圣灵浇灌下来，荣耀的工作刚刚开始，这条古蛇就立刻通过各种途径引入这个杂种宗教，把它与真宗教混合在一起，一次又一次使人的信仰陷入混乱。人们难以设想其后果多么严重，直到我们看见它产生的可怕影响，为它导致的荒凉愚昧感到惊愕不已。真宗教复兴之初固然令人振奋，可一旦杂种宗教混进来，它就会像基甸的杂种儿子亚比米勒一样，杀死所有70个真儿子，仅剩的一个也被迫远走他乡。因此，牧师必须极其严格地警惕这类事情，尤其在大觉醒的时代。因为人，尤其是普通人，很容易受这些事情蛊惑，他们喜欢高级宗教哗众取宠的表演。魔鬼隐藏自己真实的形状，化身光明天使。人们不仅不怕它，反而爱戴它。

想象（或幻想）是撒旦各式各样的欺骗手段发育成形之所在。撒旦用这些手段蒙蔽了许多喜欢假宗教、伪恩典和虚假情感的人，他们因这些赝品而感动，走入歧途。不着边际地幻想神圣事物是魔鬼潜伏的大本营，是肮脏虚妄之邪灵的老巢。不受约束的妄想使人的心灵能够接受各种外在可感知事物的意象，进行各种想象；若不是借着人的妄想，魔鬼可能根本无法进入人的灵魂或以任何方式感动它，或激发任何想法或感动或产生任何效果。至于体外的灵魂如何交流、上帝设立了什么规律和途径，我们一无所知。我们不知道它们通过什么媒介表明自己的想法或彼此激发思想。至于联于身体的灵魂，它们的交流媒介就是身体。它们没有别的媒介可借以与其他被造物互动，只能借助身体。难怪魔鬼总是借助血气的运行（使某些与身体相关的东西发生运动或产生改变）来激发某些想法或在人灵魂中产生某些效果。因此可以推论：除非借助身体的媒介，否则魔鬼不可能在人的心里产生任何想法——也就是说魔鬼不可能直接看见或知道人的想法；圣经多处说明这种能力（直接知道人的思想）唯独属于全知的上帝。但是，很难设想魔鬼能**直接产生**某个效果，而这个效果竟然不在它的**直接视线**范围之内。受魔鬼控制的人显然不会脱离它的视线范围，否则它就看不见自己的行为了。我们怎能想象任何灵（或任何有智慧的自主体）会按照魔鬼的想法来执行它的旨意并产生效果，而这效果却超越它的理解范围或不能被它直接认识？然而，既然魔鬼只能借助血气和肉体在人的心里产生想法，那么它也只能借助想象或幻想，或借助激发外在意象的方式在人心里产生想法。因为，我们知道身体的变化在头脑中只能激发外在的意象，或外在可感知的意象，或具有外在本质的意象。至于头脑的活动（思考、归纳、推理，等等）以及活动的结果（各种思想和内在感动），它们并非身体受影响的直接结果。因此，撒旦进入人心，试探它、蒙蔽它，或让它联想任何东西，这一切只能借助想象才能完成。㉑

这显然正是为什么忧郁症患者经常明显屈服于撒旦的试探，接受魔鬼的想法，因为这种疾病尤其影响血气的运行，并且使作为血气之源的身体变得虚弱，甚至使头脑也变得虚弱，而头脑正是幻想的居所。魔鬼正是借助影响人的头脑，才能通过血气运行或身体变化在人心里激发某些意象。这样一来，头脑就变得虚弱和扭曲，它不再完全服从心灵当中较高级的能力，反而容易受外在印象的影响，并受制于紊乱的血气运行。于是魔鬼就占据上风，能够利用人的想象操控人的头脑。撒旦就是用这种方式在很多忧郁症患者心里激发各种可怕的话语或某些外在的恐怖意象，让他们不由自主地联想种种恐怖的事。而当魔鬼试探那些没有忧郁症的人时，它也使用同样的手段，让他们生动地想象他们贪恋的东西，用这些东西诱惑他们；或激发某些话语的意象，从而借助这些话语激发各种想法；或促使他们想象各种外在的行为、事件、环境，等等。魔鬼有万般方法使人想象种种外在意象，从而让人的头脑浸淫于各式各

㉑ 博格斯（Anthony Burgess）先生在《论原罪》中说："想象是魔鬼经常光顾的心房。确切地说，魔鬼缺乏影响人理智部分的有效能力；它不能改变人的意志。所以，它所能做的不过就是通过劝诱和暗示的方式引诱人犯罪。它是如何做的呢？它对人的想象施加影响。它观察人的性格和身体的构造；它让人产生各种幻想，向那里射出它的火箭，由此影响人心。尽管魔鬼不能对您的意志发号施令，但它能这样搅动您的想象，而由于您原本缺乏恩典，所以您必站立不稳，忍不住顺着魔鬼的路去思想。由此，您想象中的罪就在心里动工，造成外在行为的罪。而且，宗教里的很多错误和自欺正是源于此，全都是因为人的想象败坏了。是的，人们常常误以为这些想象是圣灵出于恩典的工作，实际上却是魔鬼的欺骗！因此很多人装得好像具有宗教热情；他们离开圣经完全专注于他们的内在感受。"（*On Original Sin*，p. 369）伟大的神学家图瑞丁（Turretine）在回答"什么是天使的权能"这一问题时说道："无疑，天使能对各种凡俗之体产生影响，感动和激动他们。而且，他们也能在外部和内部感官上做工，激发这些感官或限制它们。但对理智本身，天使不能直接作用于此，因为只有上帝本人才能决定人的理智，因为上帝鉴察人心，一切都在上帝手中，他可以使人心随他的意思流转。但天使只能通过想象间接地影响人的理智。"（*Theolog. Elench. Loc.* Ⅶ. Quest. 7）

样的邪恶思想。

如果人们不警惕撒旦并封锁它进入人心来试探和欺骗人的这些宽阔大道,那么他们的心灵很可能被撒旦充满。特别是如果他们不仅不提防它,反而将自己向它敞开心胸,甚至追求和邀请它,那他们的情况就更加悲惨了。因为撒旦好像光明天使,它伪造圣灵的各种光照和恩典,借助内在的私语、直接联想某些事情、舒服的话语、美好的形象和其他各种想象来蛊惑人心。有很多人被这些事情欺骗,因这些事情感到兴奋,并追求这些东西。他们长期浸淫其中,这些东西可以招之即来,尤其是当他们需要在众人面前表演这些东西来满足自己的骄傲和虚荣的时候。他们擅长这种恶习,就如同某些人宣称自己能通过想象得知遗失物品在哪里。他们敞开自己的头脑欢迎魔鬼进来,而魔鬼从不拒绝满足人的这种欲望,它很乐意用各种幻想充满他们的心。

在我完成本章(关于幻想、伪属灵之光以及源于这些赝品的种种虚假情感)之前,为避免人们误解上述内容,我要再次强调:我绝非断定凡是伴随想象的情感都不是属灵情感。人的本性便是如此:若完全脱离外在的意象,那他就几乎无法进行任何深入的思考。在人思考的过程中,这些外在的意象不可避免会出现并进入头脑,与各种思想交织在一起,尽管它们常常是混乱的,并不是头脑需要的。当头脑专注思考的时候,想象常常变得比较强烈,意象也更加生动,某些体质特殊的人尤其如此。但两者有极大的差别:一个是**源于强烈情感的生动想象**,一个是**源于生动想象的强烈情感**。前者可以是,并且常常是真恩典情感。属灵的情感既不源于想象,也不依赖想象。正好相反,由于人性软弱,想象只是情感的偶然效果或后果。但如果是后一种情况(实际情况也经常如此):情感来自想象并建立在想象的基础上,而不是建立在属灵光照或属灵认识的基础上,那么这些情感无论多么热烈都毫无价值,纯属虚空。这就是关于想象的论述要点。现在,我继续论述恩典情感的另一个明显特征。

五　属灵的确信

真正的恩典情感伴随着合理而属灵的确信：相信神圣事物完全属实，不容置疑。

我们立论根基的经文已暗示了这一点："你们虽然没有见过他，却是爱他。如今虽不得看见，却因信他就有说不出来、满有荣光的大喜乐。"

所有真正感恩的人都有一种牢固、充分、彻底、有效的确信，他们相信福音中的那些事情都是真实的。他们不再踌躇于不同观点，福音的伟大教义不再是一个值得怀疑的东西，或仅仅是不同的观点而已（尽管很像真的，但仍存疑）；在真圣徒看来，这些是确定无疑的真理，毫无争议、不容置疑，所以他们愿意为真理摆上自己，不怕付任何代价。他们的确信是**有效**的，所以福音里面那些属灵奥秘和看不见的事情如同真实事物一样**感动**和**影响**他们。在他们心中，这些事情具有与真实事物同等的**分量**和**能力**，它们统治他们的情感，并管理他们度过整个一生。他们看到基督真是上帝的独生子、救世主，以及他启示的关于他自己、他的父和另一个世界的事情。他们不是先入为主地相信这些是真实的并勉强加以赞同（正如他们对待其他很多可疑的问题），而是确实看见这一切**就是真的**；他们的眼睛被打开，于是他们看见耶稣真是基督，他真是永生上帝的独生子。至于基督所启示的那些事情（上帝关于堕落人类永恒的旨意、上帝在另一个世界为圣徒预备的永恒荣耀），他们看见这一切的确完全属实，所以这一切在他们看来分量极重，有力地支配他们的内心，并影响他们的行为，多少与这些事情本身的重要性相吻合。

一切真基督徒都对福音的真理有这种确信，圣经对此说得很清楚。我仅举其中几个例子。耶稣说："你们说我是谁？"西门彼得回答说："你是基督，是永生上帝的儿子。"耶稣对他说："西门巴约拿，你是有福的！因为这不是属血肉的指示你的，乃是我在天上的父指示的。"（太 16:15—17）西门彼得回答说："主啊，你有永生之道，我们还归从谁呢？我们已经信了,又知道你是上帝的圣者。"(约 6:68—69)耶稣说:"你从世上赐给我的人,我已将你的名显明与他们。他们本是你的,你将他们赐给我,他们也遵守了你的道。如今他们知道,凡你所赐给我的,都是从你那里来的;因为你所赐给我的道,我已经赐给他们。他们也领受了,又确实知道,我是从你出来的,并且信你差了我来。"(约 17:6—8)"腓利说,你若是一心相信,就可以"(徒 8:37)。"因为我们这活着的人,是常为耶稣被交于死地,使耶稣的生,在我们这必死的身上显明出来。这样看来,死是在我们身上发动,生却在你们身上发动。但我们既有信心,正如经上记着说:'我因信,所以如此说话。'我们也信,所以也说话。自己知道那叫主耶稣复活的,也必叫我们与耶稣一同复活,并且叫我们与你们一同站在他面前。"(林后 4:11—14)"所以,我们不丧胆"(林后 4:16)以及"原来我们不是顾念所见的,乃是顾念所不见的"(林后 14:18),等等。还有:"我们原知道,我们这地上的帐棚若拆毁了,必得上帝所造的房屋。"(林后 5:1)"所以,我们时常坦然无惧,并且晓得我们住在身内,便与主相离。因我们行事为人是凭着信心,不是凭着眼见。我们坦然无惧,是更愿意离开身体与主同住"(林后 5:6—8)。"为这缘故,我也受这些苦难,然而我不以为耻。因为知道我所信的是谁,也深信他能保全我所交付他的,直到那日"(提后 1:12)。"我们若将可夸的盼望和胆量坚持到底,便是他的家了"(来 3:6)。"信就是所望之事的实底,是未见之事的确据"(来 11:1)以及整个 11 章。"上帝将他的灵赐给我们,从此就知道我们是住在他里面,他也住在我们里面。父差子做世人的救主,这是我们所看见且作见证的。凡认耶稣为上帝儿子的,上帝就住在他里面,他也住在上帝里面。上帝爱我们的心,我们也知道、也信。上帝就是爱,住在爱里面的,就是住在上帝里面,上帝也住在他里面"(约一 4:13—16)。"因为凡从上帝生的,就胜过世界;使我们胜了世界的,就是我们的信心。胜过世界的是谁呢?不是那信耶稣是上帝儿子

的吗?"(约一5:4—5)

所以,真正的恩典情感伴随着信服福音真理,并看见这些真理的证据和现实性,正如这些经文和其他许多经文所言。

然而,有很多宗教情感却不伴随着这种确信和判断。一些人有很多感觉和意象,他们称之为**属灵的认识**,但这些东西只使他们**感动**,却不使他们**信服真理**。虽然他们一时似乎比从前更相信基督教的真理,而且可能公开认信,正如基督的许多听众一样:他们一时相信,但他们没有彻底而有效的确信。他们内心没有种种重大而持久的改变。所谓重大改变就是:他们一度忽略福音里的很多事情,现在却发现它们都是真实的,于是就能以一种前所未有的崭新观点来看待福音里的事物。有很多人宗教热情高涨,自以为已经信主,但他们对福音真理的确信并不比以前更深,至少没有明显的改变。如果人看到福音所启示的无限丰富、永恒不变的真理,并确信这些真理,如果他们因此而深受感动,并每天顺服福音真理,他们就不可能还像以前一样生活。因为他们的情感没有伴随彻底的确信,所以这些情感完全是靠不住的;它们好像夜空中闪耀的烟花,又像石头地上的花草;尽管繁茂,但它们并没有深入土壤的根基,不过是昙花一现。

某些充满宗教热情并对自己的得救地位信心满怀的人,有一种错误的认识,他们无知地称之为**看见上帝话语是真理**,但他们的看见远非真的看见。突然某节经文奇特地进入他们的头脑,似乎上帝直接对他们宣告(他们自以为是上帝在说话)罪得赦免、上帝爱他们、上帝拯救他们,等等,也可能是一连串相通主旨的经文接连出现,于是他们就相信这就是所谓的真理,他们相信自己的罪真的已经赦了,上帝真爱他们,诸如此类。他们说他们知道这些都是真的,当他们联想到这些经文的时候,当他们自以为这真是上帝亲自对他们说话的时候,他们会毫不犹豫地大喊:"**真理!真理!确实如此!上帝的话语是真的!**"他们把这称为"看见上帝话语是真实的"。可是,他们所有的信仰不过是坚信自己得救而已。他们坚信这些经文是真理，原因不过是这些只言片语告诉他们（他们自以为是在告诉他们）已经得救，可实际上（我们已经论证）圣经没有直接说过任何一个特定的个人能得救，只说人得救以后会有哪些好行为。所以，这一切根本不是真正认识上帝话语当中蕴含的真理，而完全是幻觉，是自欺欺人。真正"看见上帝的话语是真实的"，在于认识福音的真理。福音是上帝话语所蕴含的荣耀教义，是关于上帝、耶稣基督和基督救赎之道，是基督进入的荣耀以及基督为一切信他的人赎买的基业；福音不是上帝直接告诉我们，谁谁谁是真基督徒，谁谁谁能进入天堂。所以，情感若非源于这种对真理的认识和信服，那就必然是源于虚假，而不是源于真正的确信，那么这些情感本身必是自欺欺人，虚空无益的。

但是，假设宗教情感确实源于对基督教真理的一种强烈**确信**，他的情感也不见得就好多少，除非他的确信是**合理**的确信。所谓"合理的确信"，是指这种确信基于**真实证据**，或符合**正确理性**，或具有**正确依据**。人们可能因教育或盲目从众而相信基督教是真实的，正如很多人信仰伊斯兰教，因为他们的父母、邻居和整个民族都信仰伊斯兰教。如果人们相信基督教真理的**依据**与伊斯兰教信仰的依据**完全一样**，那基督教和伊斯兰教就属同类。尽管基督徒所信的事物碰巧要好一些，但这并不能使他们的信仰变得更好。因为虽然信仰的内容碰巧是真的，但信仰的理由不在于其真实性，而是在于接受了文化教育。所以，既然基督徒的确信不比伊斯兰教徒的确信更好，那么基督徒源于确信的情感本身，也不比伊斯兰教徒的情感更好。

但是，即便一个人相信基督教的教义（作为情感的源头）不仅来自教育而且来自理性与论证，他的情感也不一定是真正的恩典情感，因为真正的恩典情感不仅要求作为情感源头的确信必须是**合理的**，而且要求这种合理的确信必须是**属灵的**。显而易见，有些人确实因理性和论证而赞同基督教是真理，但他们内心却仍旧是属血气的。犹大显然相信耶稣是弥赛亚，因为他亲眼看见耶稣的作为；但他自始至终都是一个魔鬼。同样，在《约翰福音》2:23—25，我们读到"很多人相信基督的名，因为他们看见耶稣的作为"，但耶稣知道这些人里面的心思如何，他们的信心是不可靠的。行邪术的西门在理智上相信了，因为他看见使徒所行的神迹，但他仍旧"在苦胆中被罪恶捆绑"（徒8:13，23）。既然属血气的人也能有某种相信或肯定的判断，那么这些判断和相信当然会导致宗教情感。正如我们在圣经上读到很多人**一时**相信基督，深受感动，听见基督的教训就**欢喜领受**，但最后他们的结局又如何呢？

有证据说明存在一种**属灵的确信**（相信福音里面的事情全都是真的），或者说存在一种专属于圣徒的确信，这些人是重生的基督徒，圣灵住在他们里面，进行神圣的运行和交通，成为一种新生命原则。因此，他们拥有的确信，不仅在信的**结果**（属灵的信仰结出属灵的果子，就是好行为）上与属血气之人不同，而且这种**确信本身**也不同：它仅属于圣徒，属血气之人根本没有这种确信。关于这点，圣经说得再清楚不过了："他们信你差了我来。"（约17:8）"凭着上帝选民的信心与敬虔真理的知识"（多1:1），"父自己爱你们，因为你们已经爱我，又信我是从父出来的"（约16:27）。"凡认耶稣为上帝儿子的，上帝就住在他里面，他也住在上帝里面"（约一4:15）。"凡信耶稣是基督的，都是从上帝而生"（约一5:1）。"信上帝儿子的，就有这见证在他心里"（约一5:10）。

前一章对**属灵理解力**的论述可以帮助我们判断什么是**属灵的确信**。属灵的确信源于理性的光照，是对事物进行正确的判断，这取决于对事物本质的正确把握。由此可见，**属灵的确信**（相信福音是真实的）是这样一种确信：它源于人对福音内容的**属灵感受**。圣经显然也告诉我们：得救的信心（相信福音展示给我们的世界是真实而神圣的）源于上帝圣灵对人心的光照，让人能够正确地把握事物的本质。这种体验好像水落石出，又如同拨云见日：上帝揭示事物的本质，让人能够清楚地看见。"父啊，天地的主,我感谢你!因为你将这些事向聪明通达人就藏起来,向婴孩就显出来。父啊,是的,因为你的美意本是如此。一切所有的都是我父交付我的。除了父,没有人知道子是谁;除了子和子所愿意指示的,没有人知道父是谁。"(路 10:21—22)"因为我父的意思是叫一切见子而信的人得永生,并且在末日我要叫他复活"(约 6:40)。很明显,真信仰来自一种属灵的认识,圣灵使人看见耶稣是基督。"你从世上赐给我的人,我已将你的名显明与他们。他们本是你的,你将他们赐给我,他们也遵守了你的道。如今他们知道,凡你所赐给我的,都是从你那里来的;因为你所赐给我的道,我已经赐给他们。他们也领受了,又确实知道,我是从你出来的,并且信你差了我来"(约 17:6—8)。基督把上帝的名启示给门徒,让他们正确地感受神圣事物;由此门徒就知道基督的教导是从上帝而来,基督是上帝所差来的:"西门彼得回答说:'你是基督,是永生上帝的儿子。'耶稣对他说:'西门巴约拿,你是有福的!因为这不是属血肉的指示你的,乃是我在天上的父指示的。'"(太 16:16—17)"信上帝儿子的,就有这见证在他心里"(约一 5:10)。"我又在犹太教中,比我本国许多同岁的人更有长进,为我祖宗的遗传更加热心。然而那把我从母腹里分别出来、又施恩召我的上帝,既然乐意将他儿子启示在我心里,叫我把他传在外邦人中,我就没有与属血气的人商量"(加 1:14—16)。

  我早已说明什么是属灵的确信:它是对福音内容的神圣性和真实性的属灵确信,它源于对这些事物**属灵的理解**。简而言之,它在于一种对神圣事物的圣洁之美的感知能力和品位。既然如此,当这种确信出现(直接或间接源于上述属灵感受力)的时候,人就自然会**属灵地**相信福音的神圣性和真实性。关于这点,圣经说得非常清楚:"如果我们的福音蒙蔽,就是蒙蔽在灭亡的人身上。此等**不信**之人,被这世界的神弄瞎了心眼,不叫**基督荣耀福音**的光照着他们。基督本是上帝的像。我们原不是传自己,乃是传基督耶稣为主,并且自己因耶稣作你们的仆人。那吩咐光从黑暗里照出来的上帝，已经照在我们心里，叫我们**得知上帝荣耀的光，显在耶稣基督的面上**。"（林后4：3—6）还有引入这段经文的前一章最后一句经文："我们众人既然敞着脸得以看见**主的荣光**，好像从镜子里返照，就变成主的形状，荣上加荣，如同从主的灵变成的。"

非常明显，使徒这里所说"得救的信心"源于心灵被圣灵光照以后看见福音的神圣荣耀。这种对神圣荣耀（以及福音给我们展示的无与伦比的美）的看见或感知，会通过两种方式使人相信这些事物是神圣的：第一种是**直接**的，第二种是**间接和微妙的**。

1. 看见神圣荣耀能**直接**使人相信这些事物的神性，因为这荣耀本身就是直接、清楚、无坚不摧的证据，尤其是当这种超自然的感知能力很强、能使人清楚地认识神圣荣耀的时候。

人清楚地看见福音里事物的神圣荣耀，从而**直接**确信这些事物是神圣的以后，他就会拥有一种**合乎理性**的确信。他的信全部与理性吻合，因为神圣事物的荣美**本身**就**直接**证明了其神圣性，并且这是**最直接、最有力的证据**。一个人一旦真正看见神圣事物那超凡脱俗、至高无上的荣耀，他就从**直觉得知**这些事物是神圣的。他不仅**推论**它们是神圣的，而且**看见**它们是神圣的。他看见神性主要就在于这种荣耀，因为这种荣耀与各种人为的肤浅做作之事以及其他所有荣耀之间有如天壤之别，无法用语言描述，而真正的神性正在于这种荣耀。上帝就是上帝，他与所有存在者都截然不同，他超乎万有之上，而他的超越性首先就在于他的圣洁之美与其他各种美都完全不同。因此，他们看见这种荣耀在神圣事物中留下的印记，他们看见这些事物的神性，他们看见上帝在它们里面，并看见它们是神圣的，因为他们看见神圣的真义**正在于**这些事物。这样，人就有一种对福音神圣内容的**直觉性认识**。不是说他完全不需要推理或演绎就判断福音的教义是出于上帝，而是说他的这个判断不需要一长串论证过程。整个论证只有一个环节，而证据是直截了当的。人的头脑只需要一步就擢升进入福音的真理，这一步就是看见福音真理的神圣荣耀。

神圣事物具有一种美，它超乎万有之上，与一切事物都截然不同。人一旦看见这种美，就能将神圣事物与一切俗物明显区分开来。如果任何一个宣信的基督徒否认这点，那可真是咄咄怪事。如果我们还有任何理性，就必须承认：凡是**神圣**的事物，凡是与至高者有关的事物，都与**世俗**之事迥然不同。在这些事物里面，有一种如神一般的、崇高无比、荣耀无比的美，这种美让这些事物与庸俗之事完全不同，差别之大难以言喻。因此，任何人一旦看见这种美，就得到一个最有力的证据，足以相信这些事物正是其所是——**神圣事物**。所以，毋庸置疑，既然这种美使上帝超乎万有之上，与众生截然不同，那么上帝必定能借助这种美彰显他自己，让人借助看见这种美来认识他。因此，我们也就无法否认：上帝也能让神圣事物显出这种神圣之美，让他所乐意的人清晰地看到这种美，由此认出这些事物真是出于上帝。有很多**自然的**美，人们可以借助它识别其主体。例如，心智成熟的人说话与小孩子多么不同！天才（如荷马、西塞罗、弥尔顿、洛克、艾迪逊等人）的语言与普通人又有多么大的差别！语言说明，不同的人，其心智差异是何等之大。那么，上帝的**自然**属性一旦按他的旨意显明，他的美与我们这些来自尘土像虫豸一样的人之间的差别，与人类彼此的差别相比，岂不是更加显著？对人类和人类工作有最起码认识的人，看见太阳也知道那不是人手所造。所以，可以想象，当基督在世界末了在父的荣耀中降临之时，他所显现无法言喻的神圣荣耀必将让全世界的人，哪怕最顽固的异教徒，都无可置疑这位从天而降的就是上帝。然而，上帝首先显现他的**道德**和**属灵**的荣耀（这正是神性之美所在），并使人因此而由衷信服。门徒就是通过这种方式相信耶稣是上帝的儿子，他们"见过他的荣光，正是父独生子的荣光，充充满满地有恩典有真理"（约1:14）。当基督登山变像，向门徒显明他的荣耀时，他让门徒通过肉眼看见上帝外在的荣耀——这是基督属灵荣耀的美好象征——又在门徒心里显明他属灵的荣耀；这种荣耀的显明是如此完美，足以让门徒**相信**耶稣基督的神性。当时的目击者之一使徒彼得这样描述："我们从前将我们主耶稣基督的大能，和他降临的事告诉你们，并不是随从乖巧捏造的虚言，乃是亲眼见过他的威荣。他从父上帝得尊贵荣耀的时候，从极大荣光之中有声音出来向他说：'这是我的爱子，我所喜悦的。'我们同他在圣山的时候，亲自听见这声音从天上出来。"（彼后1：16—18）使徒彼得称这座山为圣山，因为基督荣耀在这座山上向他们真实地显明出来，基督的圣洁荣耀，基督的**道德**之美打动了他们，并强烈地冲击他们的心，正如当时在场的另一位门徒所言，他的荣耀满有恩典和真理。

现在，上帝已经把这最大的荣耀通过**福音**的内容（福音的教义，主耶稣的话，基督的教导、行为和工作）向我们彰显出来。这一切最清晰、最崇高、最明显地展现上帝道德之美的荣耀。既然福音的神圣荣耀已经显现出来，当然人也能**看见**它。它为什么不能被看见呢？不能因为某些人**没看见**它就断定它不能被**看见**。尽管这些人在世俗事务上可能是聪明人，但他们在属灵的事上却是瞎眼的。如果福音里面存在这样无法言喻、卓然不俗、清晰明白的美，那么我们完全可以想象：这种美若不是借着上帝圣灵的特殊感动和光照就不能被人看见。人们需要出众的智力才能看出天才作品的超凡之处，例如弥尔顿的作品在常人看来索然无味，漏洞百出，但智力超群、品位出众的人却认为弥尔顿具有非凡的功力。同样，如果有一本书是上帝写的，我们就完全有理由认为书中的荣耀是败坏的人心所无法理解的，因为败坏导致人与上帝完全隔绝，使人心愚钝得无法体会神性的纯全道德之美，从而无法看见；除非上帝愿意光照他们，恢复他们感受圣洁的能力，他们才能重新体会圣洁之美。

这种品位（感受神圣事物属灵之美的能力）也会**直接**让人相信福音是真的。福音里面有很多最重要的内容是隐藏的，叫属血气的人不能看见；要看见这些内容是真实的，就在于这种美，或直接取决于这种美，并且源于这种美。所以，当人们**看见**这种美以后，才能看见这些神圣事物都是**真实的**。一旦人的眼睛打开,看见神圣事物的圣洁之美,福音里许多取决于此的重要教义(这些教义此前在属血气的人看来又怪异又晦涩)就随之打开,叫人立刻明白这些教义都是**真实的**。例如,人会看见圣经关于罪的说法是**真实的**,因为看见上帝圣洁之美的眼睛,必然看见罪的极度可憎,尝到真道德之香甜的口舌,必然尝到假道德和邪恶的苦涩。由此,人看见**自己的邪恶**,因为他现在具有一种新的感受能力,可以识别具有邪恶本质的东西;于是就看见圣经关于人类彻底败坏的说法确实是**真实的**,这是以前看不见的。现在,他有了一种新的眼光,能够看见自己内心的可怕罪污,和自己本性的彻底败坏。他发现自己根本不可能靠自己得救,因为上帝赋予他一种新的感官,使他能体会这种绝症的痛苦。这让他看见圣经关于人性的败坏、人的**原罪**、人类不断走向毁灭、人类**需要**救主、需要**上帝的**大能更新心灵、改变本性等的启示全是**真实的**。看见真正的圣洁之美以后,人才能看见所有这一切的荣耀,也就是理性和圣经所说上帝的荣耀,因为我们已经论述过,这一切的荣耀都取决于此。由此人们看见圣经所说关乎上帝荣耀威严的一切都是**真实的**,他是众善之源,是被造物的唯一福乐,等等。这又让人看见圣经关于罪罚的教导也是**真实的**:人得罪的是这样一位荣耀的上帝,人犯罪应当遭受可怕的刑罚,我们无法为自己赎罪,我们不可能为这么邪恶可憎的罪献上足够美好的祭品。这也再次显明福音所启示的人类**确实**需要一位救主,需要他献上无比宝贵的赎罪祭。这种感受属灵之美的能力,让人心看见福音所启示的种种荣耀都是**真实的**,诸如**基督位格**的荣耀;让人能够看见基督位格的无比美好和无上尊严,这都体现在福音所记载的他的话语、工作、行为和生命中。而感受到基督超然尊贵位格以后,人就能看见福音所宣告的基督宝血和基督的义是**真实的**;看见他替我们献的祭是多么完美,从而理解基督赎罪的充分性,使我们可以完全通过他得以与上帝和好。这样,圣灵就打开信靠基督得救之道。人看见基督救赎之道多么适合自己,上帝设计的救赎之道多么智慧,福音启示的救恩多么完美，上帝的预备多么贴合我们一切所需。一旦上帝把这种圣洁之美的感受力赋予人心，人心就能分辨救赎计划每个部分的美好之处。这也使人看见圣经关于人生首要幸福的宣告是**真实的**：人生最大的幸福，在于操练圣洁并以自己在天上的荣耀身份为满足和喜乐。人看见旧约的预言和使徒书信关于弥赛亚国度荣耀的宣告也是**真实的**，这一切现在都清清楚楚；也让我们明白圣经关于宗教责任的理由和依据的教导。只有借助感受圣洁之美的属灵品位，人才能看见圣经启示的这些事以及其他事都是**真实的**，而在此之前，它们是隐藏的。

不仅如此，因为看见圣经这一切事情都是真实的，人们由此认识到，基督教是**实验性的宗教**，因为他们体验和证实了这一切。这使人由衷相信：圣经的作者确实鉴察人心，他了解我们胜过我们认识自己的内心，他完全认识什么是真正的美德和圣洁的本质。我们的视野被打开，又开阔又清晰；看见福音当中如此奇妙和荣耀的世界，一个从前所不认识的世界，现在却如此清晰明亮地展现在眼前，因为它远超过属血气的视野；这强烈地感动人心，使人彻底信服福音的是出于上帝。

除非人们可以通过上述的内证方式（看见福音的荣耀）被合理地说服并相信福音真理，否则不识字和不熟悉历史的人不可能彻底而有效地相信福音真理。如果没有内证，他们也许看得出它很有可能是真实的；他们或许会因为这是学者和历史学家的研究结果而认为福音有一定的可信度；并且他们的讲述可能会显得非常有说服力，让他们觉得基督教很可能是真的，甚至于他们认为不相信福音简直违背理性。但光是历史证据不足以使人具有清晰、明确和安稳的信心，不足以让他们变卖所有、无所畏惧、冒失去一切的危险、忍受种种长期折磨和痛苦、把全世界踩在脚下、为基督看万事为粪土。一个人如果对世界历史缺乏总体认识，对不同时代的历史进程缺乏总体认识，那么他不可能从历史有力地推论基督教的真实性，他不可能信到愿意为此摆上一切甚至牺牲生命。在学者告诉他一切之后，他还是会心存无数疑虑；一旦遇到大试炼，他们就会说:"我怎么知道这个或那个是真的?我怎么知道这些事情是什么时候写的?有学问的人说这些事情是这样那样地发生在历史上、有当时的事实证明,但我怎么知道这些事真的发生过?他们说这些事和当时的其他什么事情同样值得相信,但我怎么知道当时的其他那些事情是真的?"那些对历史事件以及对人类不同世代的状况缺乏总体认识的人,不能从遥远的历史事实中看见清楚的事实证据,他们心里会不停地提出各种疑虑和顾忌。

但福音不仅是写给学者的。在圣经的读者里面,绝大多数都不能通过学者的论证方式有效地确信圣经的神圣权威。如果生长在异教背景的人必须等到熟悉世界各国历史以后才能清楚地确信基督教真理,并认识这些论点的力量,那么相信福音对他们来说,就成了无比沉重的负担,向异教徒传福音也会变得无比困难。如果最近表示愿意学习基督教的呼撒图纳克(Houssatunnuck)印第安人和其他民族,只能通过这种方式看见基督教真理,并甘愿为基督变卖所有的,那他们的状况就太悲惨了。

我们无法想象上帝为他的子民仅仅预备了**可能成立**的证据来证明福音的真实性。不,他仔细地、充足地预备并给予他们最令人信服、最让人放心、最使人满意、最明显不过的证据,来证明恩典之约的信实。正如大卫所说:"上帝与我立永远的约,这约凡事坚稳。"(撒下23:5)所以,我们有理由认为,必定存在清楚而有力的证据证明**这就是他与人所立的约**,这些应许就是他的应许,或基督教信仰是真实的信仰,基督的福音是上帝的话语。否则,盟约中的许多应许和证据(他亲自起誓,用许多印记和誓言多次多方加以坚立,让我们相信上帝的信实)就成了虚空。因为这个证明"此盟约乃上帝与我们立的恩典之约"的证据,是我们其他所有信念和证据成立的根本基础,我们所有信心的力量和效果全都由此而来。所以,我们有理由推论:上帝已经给了我们某种证据来证明诸约和应许全都是他的,这个证据远非**或然性**的证据,而是坚不可摧的**确据**;一旦我们抓住这个确据并站立得稳,那么(如果我们不盲目)它就会给我们更多的信心，超过从历史、人类传统或文化中所得出的任何推论。这种信心是文盲和不熟悉历史的人也能够拥有的，是的，这种确据为人类最崇高、最完美的信心打下坚实基础，正如使徒保罗这些崇高的话语所表明的一样："就当存着诚心和充足的信心来到上帝面前。"（来10：22）"要叫他们的心得安慰，因爱心互相联络，以致丰丰足足在悟性中有充足的信心，使他们真知上帝的奥秘就是基督"（西2：2）。我们有理由认为，上帝愿意用最大的证据向我们证明那些最大的事，因为这对我们至关重要；并且，如果我们有足够的理智，我们要渴望得到这样充足、确凿、完美的确据。但显然，不相信福音的人，不可能借助研究古代文化、历史记录、文献得到这种确据。

事实和经验表明：在真基督徒里，就是那些甘愿为基督变卖所有的基督徒里，没有几个是通过这种（研究和推理）方式相信福音的。如果我们通读历史，自宗教改革以来，有成千上万的基督徒为基督殉道，他们充满喜乐地忍受最残酷的折磨，因为他们相信福音是真的，以受苦为于他们有益。如果我们去研究他们的处境，有几个是通过这种方式相信福音真理的呢？人怎么可能通过推理论证得到如此完备而强烈的确信呢？他们当中不少是妇孺，大多都不识字，许多人生长在教皇国家的愚昧和黑暗中，而脱离这种愚昧和黑暗不过是最近的事，他们生活和殉道的时代，人们还不懂得如何借助考古和历史文献为基督教辩护。而且，直到最近，这些推理才变得清晰而令人信服。从前，即便是学者也觉得艰深难懂。然而，自从我们采用这种方式为福音辩护以后，在接受宗教教育的人里面，彻底相信福音的人却从来没有像今天这么稀少，离经叛道的事情从来没有像现在这么猖獗，尽管这些推理论证今天已经发挥到极致。

耶稣基督真正的殉道者，不是那些在**观念**上认为基督福音为真的人，而是那些**确实看见基督福音为真**的人。殉道者这个词（原意"见证"，圣经称殉道者为"基督的见证人"）本来就是这个意思。有些人仅仅在观念上认为这些事情是真的，这些人尚不足以称为见证人。真正的见证人能够并且的确为他们见过的事情作证，那才是真正的见证人："我们所说的，是我们知道的；我们所见证的，是我们见过的。"（约3:11）"我看见了，就证明这是上帝的儿子"（约1:34）。"父差子作世人的救主，这是我们所看见且作见证的"（约一4:14）。"他又说，我们祖宗的上帝拣选了你，叫你明白他的旨意，又得见那义者，听他口中所出的声音。因为你要将所看见的、所听见的对着万人为他作见证"（徒22:14—15）。真正为耶稣基督殉道的人被称为基督的见证人；圣徒通过他们在各种艰苦试炼中的圣洁行为宣告他们的信仰是**所望之事的实底，是未见之事的确据**；圣经把这些人称为见证人（来11:1；12:1）。他们宣告并实践自己的信仰，宣告自己确实相信福音的真实性和神性。上帝打开他们的心眼，用属灵之光让他们得以看见福音的神性，看见福音闪耀着无与伦比、无法言喻的圣洁光辉。这神圣的荣耀是如此地明显确凿，使人信服。可以说，他们真的在福音里见到了上帝，真的见到福音是神圣的；于是他们就能见证福音。他们不仅能说他们**认**为福音是神圣的，而且能说福音**就**是神圣的，同时以此为见证，因为他们看到福音的确如此。所以，彼得、雅各和约翰在山上看见基督至高的荣耀以后，他们下山就能用见证的方式肯定地说，**耶稣是上帝的儿子**；正如彼得所说，**他们亲眼见过基督的威荣**（彼后1:16）。同样，万族都将肯定地说，耶稣是上帝，因为审判的时候，万人都要看见他的荣耀，尽管这荣耀仅仅是他自然的荣耀，而非道德和属灵的荣耀，而后者才是上帝区别于被造物的更重要的本质。

但有一点必须注意：在那些具有属灵眼光、看见福音神圣荣耀的人里，信心的程度因人而异，正如不同的人所看见的神圣荣耀，其清晰程度也有差别。但是，如果信心里毫无这种内证，那就不是真正得救的信心，或属灵的确信。上帝的荣耀福音并不像某些人以为的那样，需要四处搜罗证据劝人相信自己是真的。福音本身就包含最崇高、最正确的证据。然而，外在的论证也可以善加利用，我们不应该忽视它们的价值，因为它们可以唤醒不信的人，敦促他们进行严肃认真的思考，并证实圣徒的信仰。是的，它们在某些方面有助于人们产生得救的信心。尽管如此，真正属灵的确信只源于真实地感受到神圣事物属灵的荣美。因为，正如我们已经论证的，这种感受（或看见）会通过两种方式使人信服福音的真理：直接的方式或间接的方式。我们已经论证了直接的方式，现在继续论证间接的方式。

2. 看见神圣荣耀会间接影响人心，使人信服基督教真理。

第一，它的间接作用首先体现在消除内心偏见。人心充斥各种偏见，使人敌视神圣抵挡真理。当这些偏见消除以后，人心才能接受理性的力量。人心的原始状态就对福音的教义充满敌意，这不利于用论证的方式说服人相信真理。不管说得多么有理有据，人就是不接受。但是，当人发现基督教教义圣洁之美时，这会消除他的敌意，纠正他的偏见，圣化他的理性，使人心灵豁然开朗，使人因真理得到自由。这样一来，论证说服人心的效力就大不一样了。基督的神迹在门徒身上产生效力与在文士和法利赛人身上产生效力的差别也在于此：不是门徒的理性比文士和法利赛人高明，而是门徒的理性被基督圣化了。当门徒看到基督和他教训当中道德之美时，偏见消失了，而正是这些偏见导致文士和法利赛人盲目诋毁耶稣。

第二，圣洁的荣耀不仅消除阻碍，而且积极地帮助理性。它甚至使抽象的推理过程变得更加生动有趣。它帮助人心专注那些重要的事物，这些事物可以使人具有更清晰的视野，使人更清楚理解不同事物之间的关系。通过这种方式，那些原本晦暗不明的意象得到光照，变得更明白，使人的印象更深刻，于是人就能更好地加以判断，就像阳光洒在地面，照亮地上的东西，人就看得清清楚楚，能够分辨物体真实的形状和彼此的关系。人们也是这样在阳光下清楚地看见神圣的智慧和上帝巧妙的安排，远远胜过星光下的摸索和暮光中的揣测。

上述内容可以在某些方面说明属灵确信（相信神圣事物的真实性）的本质，并且说明真恩典情感和种种赝品的差别所在，因为真恩典情感总是伴随着这种属灵确信。但结束本章以前，需要注意一些与此有关的假信心。有些人以为这些是属灵的、得救的信心，但其实根本不是。

（1）有一种相信基督教真实性的信心源于圣灵的普遍光照，这种信不是得救的信心。在圣灵的普遍启示下，有些人明显地感受到宗教当中属血气的那些内容——正如属血气的人在圣灵的普遍光照下良心觉醒——这会让他们在某种程度上相信基督教是真实的。而在得到圣灵普遍光照之前，他们并不相信这些事情。圣灵的光照让他们看到圣经里上帝自然属性的彰显：例如他的伟大、能力、可怕的威严。这会让他相信圣经真是一位威严上帝的话语。他们从上帝话语和作为当中明显感受到上帝是何等伟大和威严，借着圣灵的普遍感动，他们可能会非常相信，这些话语和作为都来自一位非常伟大的、看不见的存在者。并且这些关于上帝威严属性的生动认识（是属血气的人可能具有的）会使他们感受到得罪这样一位上帝将承担多么可怕的后果，让他们害怕上帝的义怒。而这会让他们相信圣经关于另一个世界的启示，关于罪人在那里受到的极端可怕的刑罚和永恒的痛苦。并且，属血气之人也具有的这种认识（对上帝自然属性的认识），会进一步促使他们相信福音的真理。这一切他们可能都不缺，唯独缺乏属灵的美感体验，他们体会不到基督教真理的道德之美和圣洁之美，所以，他们也没有属灵的确信。可是，很多人却误以为这种信心是救赎性的确信，误以为源于这种信心的情感是救赎性的情感。

（2）有些人具有某些奇特想象（异象和强烈冲动以及直接的联想），好像真的看见、听见了一样。这些想象可能而且常常使人强烈地相信圣经里看不见的那些内容。尽管这些想象的总体倾向和最终结果会使人离弃上帝的话语，使人们拒绝福音，并确立无神论的至高地位，但目前它们可能并常常看似让人相信圣经启示的某些道理。然而，这类信心建立在幻觉和自欺的基础上，所以它们毫无价值。例如，有一个人借助某种看不见的媒介，得到某种直接而深刻的印象，好像看见一束强光，有一个荣耀的人端坐在宝座上，满有外在的威严和佳荣，正在说某些威严的话语，感觉很有力量，于是这个人就开始相信存在看不见的属灵的生命。因为他有这个奇特的亲身体验，他知道整个过程的奇特效果不是他自己的作为，而且他可能会相信自己看到、听到的那个形象就是基督，这会让他更加相信基督存在，而且基督在天上掌权，因为他看见了基督；他还可能相信他听见的那些话都是真的，诸如此类。教皇派捏造种种神迹暂时欺骗无知的人们，他们就是通过这种愚昧的方式让人坚信新约当中许多事情是真的。教皇派的教会时不时地在某些特殊场合抬出基督的塑像或画像，教士们用尽巧计让人相信这些画像会哭泣、会流血、会说话，而人们也就真的相信这些是基督亲自所行的神迹，由此相信基督存在，并且相信基督的受死、受难、复活、升天、在天上掌权全都是真的，因为他们把这些"神迹"当作信心的证据和基督显现的明证。虽然这些捏造的神迹暂时可能使人感动，但它们总体的趋势不是让人相信耶稣基督是道成肉身的上帝，反而会促进无神论的思想。甚至巫师与撒旦的相交以及他们常常体验到的撒旦直接的能力，也会使他们相信基督教某些教义是真实的，特别是存在一个看不见的世界（灵界），这些教义与撒都该人的教义相反[22]。撒旦给人的感动总体而言是谎言，但他会在谎言中掺杂某些真理，免得被人轻易识破。

  有很多人被假信仰欺骗了，他们的信仰建立在上述想象的基础上。他们说他们知道有一位上帝，因为他们见过他；他们知道基督是上帝的儿子，因为他们见过他的荣耀；他们知道基督为罪人而死，因为他们见过他挂在十字架上，他的血从伤口流下来；他们知道有天堂和地狱，因为他们见过受诅咒的灵魂在地狱里受苦的惨状，以及天堂里圣徒和天使

---

[22] 撒都该人是犹太教的一个教派，他们的教义具有理性主义和物质主义的倾向。——译注

的荣耀（他们所谓的荣耀不过是想象的外在形象）；他们知道圣经是上帝的话语，特别是圣经里的这个和那个的应许，它们都是上帝的话语，因为他们听见上帝亲自对他们说话，这些话语突然直接从上帝进入他们心里，不是靠己力所为。

（3）有些人对基督教真理的信心看似大增，可他们信心的基础不过是他们自以为在基督教里面会得到好处。他们首先通过某种途径相信：如果存在基督和天堂，那么它们都于己有利，然后这种偏见使他们更加相信这些都是真实的。当他们听见基督教里面那些伟大而荣耀的事情时，他们就认定这一切都是他们的，于是他们很容易相信这些是真实的。他们认为：如果这一切是真的，那对他们可大有好处。很显然，人的利益和喜好强烈地影响着他们的判断。当一个属血气的人想如果有天堂和地狱，并且后者而非前者属于自己，那么他就很难相信真有天堂和地狱；但要是他以为地狱只属于别人不属于自己的时候，他就很容易接受地狱的真实性，并且大声地批评其他人如此麻木，竟然对脱离地狱的途径视而不见，并且深信自己是上帝的儿子，相信上帝已经应许自己进入天堂，看上去他会具有强烈的信心，并且积极反对那些不信的人。

回到主题，我现在继续论述恩典情感的另一个明显特征。

六　福音的谦卑

真恩典情感伴随着出于福音的谦卑：基督徒感到自己必须向上帝交差，从而认识到自己彻底匮乏、可鄙、可憎。

我们需要区分出于律法的谦卑和出于福音的谦卑。前者是属血气之人在尚处于属血气状态且对上帝没有感恩之情时也拥有的品质，而后者只属于圣徒。前者源于圣灵的普遍感动，它能帮助自然的原则工作，尤其是促进属血气的良知，而后者源于圣灵的特殊感动，圣灵把超自然的原则和属神的性情灌输到圣徒心中，并且在他们里面活跃运行。前者是来自人心对宗教当中属血气事物的认识（尤其是上帝的自然属性，例如上帝的伟大、可怕的威严，等等，以色列众人在西奈山领受上帝律法的场景就是一个很好的例子），后者是来自人心对神圣事物超凡脱俗的道德之美的感受。在前者里面，对上帝可怕的威严、自然属性及其严格律法的认识使人相信自己有罪，落在上帝的义怒之下要遭到上帝严厉的惩罚，正如恶人和魔鬼到了审判日必然会相信审判；但它们不能因为认识罪而发现自己**可憎**，它们既不认识罪的**本质**，也不恨恶罪的本身，只是恨恶罪带来的**惩罚**。 而**福音的谦卑**则包含对罪本身的认识，因为上帝向圣徒启示圣洁之美和他的道德属性，从而能够认识罪本身的可憎。在**律法的谦卑**中，人们认识到自己在伟大可畏的上帝面前何等渺小、根本是虚空、彻底破产、完全无法自救，正如恶人到审判日所具有的认识，但他们没有一种向**上帝交差的心态**，一种放低自己唯独尊崇上帝的气质，这种气质只存在于**福音的谦卑**当中：通过让人看见圣洁之美，上帝克服了人心的悖逆，改变它们的好恶。在律法的谦卑中，有良心的觉醒，正如所有人的良心在审判日都将完全觉醒。但因为没有属灵的感受，所以人的悖逆意志还没有屈服，人心喜好犯罪的倾向还没有改变。这一切只有在福音的谦卑中才能实现。在律法的谦卑里，人靠自己拯救自己，但最终却陷于绝望。在福音的谦卑中，上帝使人们能够主动地拒斥自己的贪欲。在律法的谦卑里，人们被强迫制服，不得不低声下气。而在福音的谦卑中，上帝使他们心甘情愿地降服；他们虽然俯伏在上帝的脚前，但内心却是自由自在、充满喜乐的。

　　律法的谦卑里面没有属灵的良善，毫无真美德的本质，而福音的谦卑则是基督徒美好恩典的关键。律法的谦卑并非无益，它是获得福音谦卑的渠道。正如关于宗教的普遍知识是获取属灵真道的途径。人可能因律法而低三下四却毫无内心的真谦卑，正如恶人在审判日将充分相信他们没有义，而是完全败坏、罪大恶极、配受永恒诅咒和刑罚，虽然他们可能充分认识自己无法自救，但丝毫不为内心的骄傲悔改。但因福音而谦卑的精髓就在于这种**真谦卑**，认识自己作为被造物的地位，自己的罪性、自己是靠上帝的恩典得以存活。真谦卑就在于看见自己卑鄙的本相，完全是虚空、可鄙、可憎的东西，从而弃绝自高之事，甘愿放弃自己的荣耀。

这是真信仰的本质所在。整个福音和新约的所有内容，包括上帝对堕落人类的安排，这一切都经过精心设计，目的显然就是使人的内心生发这种真正的谦卑。没有这种真谦卑的人，不管他们宣称自己有什么宗教信仰，也不管他们的宗教情感多么热烈，他们都没有真正的宗教信仰："迦勒底人自高自大，心不正直；惟义人因信得生。"（哈2:4）意思就是，他要靠上帝的义和上帝的恩典活着，而不是依靠自己的良善。上帝在圣经中反复说明这点：真谦卑是他最看重的品质，倘若没有它，别的东西都不蒙悦纳；"耶和华靠近伤心的人，拯救灵性痛悔的人"（诗34:18）。"上帝所要的祭，就是忧伤的灵。上帝啊，忧伤痛悔的心，你必不轻看"（诗51:17）。"耶和华虽高，仍看顾低微的人"（诗138:6）。"他赐恩给谦卑的人"（箴3:34）。"因为那至高至上、永远长存、名为圣者的如此说，我住在至高至圣的所在，也与心灵痛悔、谦卑的人同居；要使谦卑人的灵苏醒，也使痛悔人的心苏醒"（赛57:15）。"耶和华如此说，天是我的座位，地是我的脚凳。你们要为我造何等的殿宇？哪里是我安息的地方呢？耶和华说，这一切都是我手所造的，所以就都有了。但我所看顾的，就是虚心痛悔、因我话而战兢的人"（赛66:1—2）。"世人哪，耶和华已指示你何为善，他向你所要的是什么呢？只要你行公义，好怜悯，存谦卑的心，与你的上帝同行"（弥6:8）。"虚心的人有福了，因为天国是他们的"（太5:3）。"我实在告诉你们，你们若不回转，变成小孩子的样式，断不得进天国。所以，凡自己谦卑像这小孩子的，他在天国里就是最大的"（太18:3—4）。"我实在告诉你们，凡要承受上帝国的，若不像小孩子，断不能进去"（可10:15）。《路加福音》第7章记载了百夫长承认他不配让基督进他的家,他也不配来见耶稣。注意有罪的女人如何来见耶稣:"那城里有一个女人,是个罪人,知道耶稣在法利赛人家里坐席,就拿着盛香膏的玉瓶,站在耶稣背后,挨着他的脚哭。眼泪湿了耶稣的脚,就用自己的头发擦干,又用嘴连连亲他的脚,把香膏抹上。"(路7:37等)《哥林多前书》11:15说,头发是女人的冠冕,但这个女人并没有认为头发太宝贵,不能用来擦耶稣的脚。耶稣满有恩典地接纳她,对她说:"你的信救了你,平平安安地回去吧!"耶稣对迦南女子说:"不好拿儿女的饼丢给狗吃。"妇人表示顺服,认为自己称为一条狗是理所应当的;然后基督对她说:"妇人,你的信心是大的,照你所要的,给你成全了吧!"(太15:26—28)浪子说:"我要起来,到我父亲那里去,向他说,父亲,我得罪了天,又得罪了你,从今以后,我不配称为你的儿子,把我当作一个雇工吧!"(路15:18—19)还有:耶稣向那些仗着自己是义人,藐视别人的,设一个比喻,说:"有两个人上殿里去祷告:一个是法利赛人,一个是税吏。法利赛人站着,自言自语地祷告说:'上帝啊,我感谢你,我不像别人勒索、不义、奸淫,也不像这个税吏。我一个礼拜禁食两次,凡我所得的,都捐上十分之一。'那税吏远远地站着,连举目望天也不敢,只捶着胸说:'上帝啊,开恩可怜我这个罪人!'我告诉你们:这人回家去比那人倒算为义了。因为,凡自高的,必降为卑;自卑的,必升为高。"(路18:9—14)"她们就上前抱住他的脚拜他"(太28:9)。"所以你们既是上帝的选民,圣洁蒙爱的人,就要存谦虚的心"(西3:12)。"我从万民中领你们出来,从分散的列国内聚集你们,那时我必悦纳你们好像馨香之祭,要在外邦人眼前在你们身上显为圣。我领你们进入以色列地,就是我起誓应许赐给你们列祖之地,那时你们就知道我是耶和华。你们在那里要追念玷污自己的行动作为,又要因所作的一切恶事厌恶自己"(结20:41—43)。"我也要赐给你们一个新心,将新灵放在你们里面。又从你们的肉体中除掉石心,赐给你们肉心。我必将我的灵放在你们里面，使你们顺从我的律例，谨守遵行我的典章。那时，你们必追想你们的恶行和你们不善的作为，就因你们的罪孽和可憎的事厌恶自己"（结36:26—27,31）。"好使你在我赦免你一切所行的时候，心里追念，自觉抱愧，又因你的羞辱就不再开口。这是主耶和华说的"（结16:63）。"因此我厌恶自己，在尘土和炉灰中懊悔"（伯42:6）。

我们既然接受圣经作为判断真信仰和判断我们自己信仰状况的最终标准，同样，我们也需要认真看待谦卑问题，因为这是真正的基督教所关注的核心问题。[23]基督徒舍己的责任（真谦卑）主要在于两点，第一，弃绝世俗的喜好，放弃和排斥所有属世的物质和娱乐；第二，弃绝属血气的自高自大，放弃自己的尊严和荣耀，倒空自己，从而能够心甘情愿并由衷地放弃自己，忘记自己。而这才是福音的谦卑。后者是舍己里面最大也是最困难的部分。虽然二者总是并行不悖且密不可分，若一个为假另一个就必不为真，但相比起来，属血气之人做到前者远易于成就后者。很多隐士和修士放弃了（虽然没有真正从内心弃绝）财富和享乐以及常人的欢娱，但他们还远没有放弃自己的尊严和自己的义。他们从来没有为基督舍弃自己，只不过是卖掉一种欲望以喂饱另一种贪婪，卖掉了属野兽的欲望好满足属鬼魔的胃口。所以他们从来没有变得更好，反而堕入比从前更坏的境况。他们赶出去一个污鬼，却请进来七个白鬼；虽然白鬼看上去漂亮些，却比从前那个更坏。我们简直无法想象人自义自高的本性是多么强烈和顽固。为了满足这个欲望，他们什么事情都干得出来。他们用各种方法表现自己的舍己，甚至走到非常极端的地步，包括犹太人里面的艾赛尼人和法利赛人，还有教皇派、很多异端邪教、

---

[23] 加尔文在《基督教要义》第二卷第二章第十一节写道："我一直很欣赏克里索斯托说的'哲学的根基是谦卑'，但我更喜欢奥古斯丁的话：'当人问一位修辞学家演讲的第一要素是什么时，他回答说是雄辩；第二呢？雄辩；第三？还是雄辩。如果您问我基督教的第一要素是什么，我会说，第一是谦卑，第二是谦卑，第三是谦卑，永远都是谦卑。'"

宣信的基督徒当中的狂热分子，以及很多伊斯兰教徒、毕达哥拉斯派、很多其他异教的代表人物，更不用提那些出于属灵的骄傲和自义，而情愿把儿女烧死献给摩洛的迦南人。他们做这一切的动机，都是为了在上帝和同胞面前抬举自己。

这种真谦卑，正是一切最光鲜的假冒为善者（他们向世界显示自己多么能够克制欲望，自己有多么虔诚）跌倒之处。倘若不是圣经反复强调这是真恩典的最本质所在，人们可能会因魔鬼的试探，而以为很多异教哲人拥有真正的恩典，他们看上去是如此聪明，有这么高的道德，有这么多的亮光，待人如此热情，眼界如此高远，好像天神下凡，是与上帝相交的。[24] 确实，很多假冒为善者非常善于伪装谦卑，正如他们善于模仿其他种种恩典。他们不仅善于模仿，还常常宣扬自己是多么谦卑。他们绞尽脑汁在语言和行为上表演谦卑，但实际上却做得并不好，尽管他们自己感觉已经做得够漂亮了。他们不知道什么才是真正谦卑的语言和行为，也不知道如何说话行动才能散发出基督徒谦卑的味道。真基督徒的谦卑香气超越他们算计的范围，因为他们**不受圣灵引导**，不是出于谦虚的心自然而然地做出圣洁谦卑的行为。所以他们别无选择，只好反复强调自己是多么卑微，告诉别人他们是怎么怎么被上帝降卑为尘埃，他们满口说自己坏话："我是圣徒里最小的，我是个可怜的肮脏的被造物，我不配得到一丝一毫怜悯，我不配上帝看顾我！啊！我有一颗可怕的邪

---

[24] "尽管毕达哥拉斯学派因犹太教式的神秘智慧、道德以及很多属血气的成就而著称，但他们仍然不能免俗于自夸和骄傲；这实际上是所有哲学家最常见的通病，但毕达哥拉斯学派特别明显。"（Hornius, *Hist. Philosoph.* L. Ⅲ. chap. 11）"正如海西尔斯所言，毕达哥拉斯学派很喜欢夸耀自己的长处，甚至到了厚颜无耻的地步。确实，骄傲的本性喜欢走在自焚的火里。虽然很多这些古代哲学家可以因自己的光和热加上某些普遍的光照和圣灵的普遍恩典（并非圣灵的特殊和救赎性运行）而放弃某些粗鄙的邪恶罪行；但他们深陷在悲惨的、被诅咒的、属灵骄傲的深渊之中，因此他们一切属血气的、道德的、哲学的成就都在滋养、加强和促进他们内心根深蒂固的、来自地狱的恶。那些看似最谦卑的学院派（口头上宣称自己无知）和犬儒派（用语言和独特的生活方式嘲讽其他哲学家骄傲）也不乏最恶劣和最明显的骄傲。这种属灵骄傲的毒根、源头和瘟疫是人败坏本性所固有的，是人不道德的核心本质；尤其是当人有任何属血气的、道德的或哲学的长处滋养这种骄傲的时候更是如此。就此，奥斯丁正确地判断这些哲学道德不过是外表光鲜的罪。"（Gale：*The Court of the Gentiles*, Part Ⅱ. B. Ⅱ. Chap. 10:17）

心！我的心比魔鬼更坏！哦，我这可诅咒的心呀……"诸如此类。他们经常用这些话说自己，却没有一颗破碎的心，没有痛悔的灵，没有给耶稣擦脚的眼泪，也不会"在上帝赦免他们一切所行的时候，心里追念，自觉抱愧，又因他们的羞辱就不再开口"（结16:63），反而有一种轻松的感觉，脸上带着微笑，或者有一种法利赛人的情感。而且我们必须相信他们确实很卑微无用，正像他们说的一样邪恶阴险，因为他们的行为证明他们里面毫无真正的谦卑。有很多人说起自己邪恶侃侃而谈，却指望别人当他们是大圣徒，以为自己配受众人敬重。而如果有人胆敢暗示或直言不讳地说他们并不见得是最好的基督徒，那他们可就危险了。有很多人，虽然常常大哭大喊自己内心多么邪恶，自己的缺点多么大，自己多么没用，似乎他们真看自己为最小的圣徒。可是，如果有牧师私下里严肃地告诉他们相同的事情，并且明说他担心他们是卑微而软弱的基督徒，认为他们应该反省自己为什么不结果子，为什么这么没用，为什么比别人差这么多，那他们就坚决无法接受。他们会觉得自己深受伤害，从此对牧师心存芥蒂。

有些人随意批评牧师，说这是**律法主义的教义**、那是**律法主义的讲道**、某某有**律法主义的灵**，可是他们却对自己论断的事所知甚少。律法主义的灵远比他们想象更加狡诈，实际上，他们根本无法理解律法主义的灵有多么狡诈。正当他们在批判它的时候，它就潜入了他们的内心，在那里运行并且得胜，从而反倒使他们自己成为最恶劣的律法主义者。只要一个人还没有完全倒空自己，仍然倚靠自己的义和自己的善，不管以什么形式，他内心就有律法主义的灵。人倚靠自己的义、道德、圣洁、情感、体验、信心、谦卑或任何良善，这种骄傲就是律法主义的灵。在亚当堕落之前，他里面的骄傲不是律法主义的灵，因为在当时的情况下，他确实可能依靠自己的义寻求上帝的接纳。但在堕落后的有罪的被造物里面，律法主义的灵只可能是属灵的骄傲。反之亦然：属灵的骄傲就是律法主义的灵。凡是因自己的体验和认识而自高自大（这一切在他自己看来很光荣）的人，无不信靠自己的体验，并以此为义。他可能用谦卑的语言来谈论这些体验，好像是上帝**为他成就大事**，好像因此而归荣耀于上帝，但以自己体验为傲的人总不免把某些功劳归在自己身上，于是这些体验就成了他维护自我尊严的依据。而如果他把这些体验看作自己的尊严，他必然认为上帝也这样看，因为他必然认为自己的观点是正确的，然后判断上帝也和他的看法一致，于是不可避免地想象上帝也和他一样，因这些体验而尊重他。他认为自己在上帝眼中和在自己眼中一样光荣。于是他就信靠自己的本性，自以为上帝看自己为荣耀，靠这些东西得以亲近上帝，得到了这种鼓励以后，他就敢在祷告中走到上帝面前，期望上帝回报他。他认为基督爱他，愿意让他披戴基督的义，因为他以为上帝因他的这些体验和恩典而接纳他。这是严重倚靠自己的义，这种人正奔跑在通往地狱的宽阔大道上。可怜的人啊，他们被欺骗了，他们以为自己在上帝眼中很光鲜，其实他们是上帝鼻中的烟，是整天烧着的火。他们在上帝眼里，比所多玛最不洁的畜生还肮脏，因为畜生尚不以敬虔自居！他们这种做法才是真正的**倚靠体验**。与之相反，正确的做法是把这些属灵体验仅仅作为蒙恩的证据，并由此生出盼望和安慰。

有一种人，他们极力反对靠行为称义，疾呼因信称义，自称是福音派，反对律法主义，高举基督和福音以及白白的恩典，但他们其实是恩典之道最危险的敌人，他们对纯粹谦卑的基督教构成最大的威胁。

有一种伪装的谦卑、伪装的"向着律法死了"、伪装的倒空自己，它最让人洋洋自得。有些人说自己已经充分经历了律法在他们心中的动工，并且完全放弃了靠行为称义的本性，而这些人灵里的自义是我所见过最严重的。还有些人自以为已经倒空了自己，他们相信自己已经降卑至尘土，却又因自己如此谦卑为荣，因此沾沾自喜、激动不已。他们的谦卑是自我膨胀、自我欺骗、自我信靠、自吹自擂、自以为是的谦卑。属灵骄傲的本质就是让人因谦卑感到傲慢、自高自大、装腔作势。罪人之子当中最骄傲的那个,就是自诩为"圣洁" ㉕、抬举自己高过上帝、享受众人膜拜的那个大罪人,在他身上,这点体现得最明显不过。他号称"仆人的仆人",在登基的时候找几个穷人来为他们洗脚,表演谦卑。

至于真正倒空自己的人、虚心的人和伤心的人,谦卑则完全不是这样。谦卑在他们身上有完全不同的效果,超过很多人的想象。令人吃惊的是,怎么会有这么多人在这个问题上欺骗自己。他们想象自己很谦卑,其实却很骄傲,行为举止趾高气昂。属灵的骄傲和自义最充分地说明人心何等诡诈。撒旦的诡计就在这里得到最好的体现:人因为有属灵的骄傲而任由撒旦摆布。其中一个原因可能在于撒旦最擅长这种事情。它认得进入人心的道路,它熟悉人心的隐秘泉源:人自己的罪性。在带领灵魂的事务上——不管是带人学义还是教人学坏——经验都很有用处。

然而,尽管属灵的骄傲既狡猾又隐秘,经常披着谦卑的伪装,但有两个标志会让它露出马脚:

第一个标志是,受这种坏脾气主宰的人常常**高估自己在信仰上的成就**,总觉得自己比别人强。他自然而然会高估自己,觉得自己是杰出的圣徒,鹤立鸡群,有明显伟大的宗教体验。这些正是他内心的真话:"法利赛人站着,自言自语地祷告说:'上帝啊,我感谢你,我不像别人……'"(路18:11)"我比你圣洁"(赛65:5)。所以,他们要超乎众人之上,理应身居高位,因为这些位置无疑是专门为他们保留的。他们自然而然做那些被耶稣指责的事情(路14:7等)。他们喜欢拣择首位;从事带领、教导、管理性质的工作;"又深信自己是给瞎子领路的,是黑暗中人的光,是蠢笨人的师傅,是小孩子的先生"(罗2:19—20)。他们想当然地认为自己应该是宗教事务中的法官和师傅,所以他们暗中喜欢人们称

㉕ 圣洁:原文His Holiness,系天主教教皇的称号。这种抬举罪人的说法反映了一种偶像崇拜的思想,与基督教救恩论直接冲突,是人本主义思想侵蚀教会的结果之一。——译注

他们老师，正如法利赛人所为：喜爱筵席上的首座、会堂里的高位，又喜爱人在街市上问他安，称呼他拉比（太23:6—7）。他们期望别人尊重他们、服从他们、把他们当作宗教事务的先生。㉖

但内心谦卑的基督徒具有相反的气质。既然圣经上有这么多见证人，那么真正谦卑的基督徒就会认为自己的成就与历代圣徒相比实在算不得什么，他认为自己在众圣徒中是最小的。谦卑（灵里真正卑微）使人们看别人比自己强，"只要存心谦卑，各人看别人比自己强"（腓2:3）。于是，他们会觉得末位才是他们的，他们内在的气质自然而然让他们顺服救主的命令（路14:10）。他们不喜欢做教导的工作，相反，他们觉得那不是他们的工作，别人比自己更合格，正如摩西和耶利米（出3:11；耶1:6）。尽管他们如此伟大，认识如此深远，可他们还觉得自己是笨拙的、幼稚的。他们觉得自己不配教导别人，反而应该被别人教导。他们喜欢听，愿意接受别人指教，不喜欢指点别人，"你们各人要快快地听，慢慢地说"（雅1:19）。即便在说的时候，他们也不喜欢用鲁莽和教训人的口气。相反，基督徒的谦卑让他们说话的时候非常谨慎，甚至战兢。他们不擅自专权做师傅，反彼此顺服，"不要多人作师傅"（雅3:1—2）。"你们众人也都要以谦卑束腰，彼此顺服"（彼前5:5）。"又当存敬畏基督的心，彼此顺服"（弗5:21）。

有些人的体验让他们看高自己，他们常常说自己有非常了不起的得救体验，他们说起自己得救的**伟大体验**就滔滔不绝。这本不见得是坏事，可以在一个**正确**的意义上加以讲述。从某个意义上讲，经历上帝的救恩本身就是一件**了不起**的事情：是的，非常伟大，因为上帝竟然拿儿子的饼给我们这些狗吃。一个人越谦卑，越看到上帝竟然这样怜悯他，越能从

㉖ 谢泼德先生说："有两件事说明一个人只有普遍恩赐，没有内在恩典运行。一是，这些恩赐使他自高自大，让他看自己是个大人物，正如哥林多人因知识而骄傲；二是，很多人私下认为自己能当牧师。"(*Parable*, Part I. pp. 181-182)

这个意义上说自己得救是**伟大的体验**。但是，如果他们所说的**伟大体验**是指他们得到的属灵体验超过别人或超乎寻常（得救的体验显然本来就应该是超乎寻常的），那么一个人说"**我体验了伟大事情**"，就相当于说"**我是个伟大的圣徒，我拥有超乎寻常的恩典**"，因为拥有伟大体验（如果这个体验属实且值得分享）就等同于拥有伟大的恩典：真正的蒙恩体验本身就是恩典的工作。得救体验的程度越高，蒙恩和圣洁的程度也越高。这些人谈论自己得救的体验，指望别人因此而崇拜他们。确实，他们认为自己的谈论并不是自夸，他们也不认为这是骄傲的表现，因为他们说"我知道这不是出于我，这是上帝白白的恩典，是上帝为我成就的事情，我承认这是上帝怜悯我，我没有什么可夸耀的"，但问题在于这正是法利赛人的说法。他嘴上归荣耀给上帝，感谢上帝使他和别人不一样："上帝啊，我感谢你，我不像别人……"（路 18）㉗虽然他们嘴上说他们比其他人圣洁一事需要归功于上帝的恩典，但这并不妨碍他们高估自己的圣洁。于是，他们的话反而证明他们内心多么骄傲和虚荣。如果他们真受到谦卑之灵所感，他们就不会这么看重自己的宗教成就，也不会因此感到沾沾自喜。真基督徒有最了不起的体验，他们是天国中最大的，但他们让自己降卑成为小孩子的样式（太 8:4）。因为他们看自己不过是恩典中的小孩子，他们的成就不过是在基督里为婴孩的，所以他们因自己的爱心之冷淡、感恩之少、对上帝认识之浅薄而感到惊讶和羞耻。摩西在山上与上帝对话下来，他的脸皮因而发光，让人不敢挨近，可是摩西却不知道自己的脸皮发光，更不以此自夸。有些人号称高级基督徒，有些人自以为高级基督徒，但那些在天上闪耀着光芒的圣徒，那些真正谦卑的圣徒根本不喜欢自称高级。我不相信世界上有任何一个真基督徒自称高级。真圣徒往往称自己是圣徒中最小的，并且看每个人的成就和体

㉗ 加尔文在《基督教要义》第三卷第十二章第七节写道："法利赛人表面上承认他一切义都是上帝的恩赐，但因为他内心相信自己是义人，所以不得见上帝的面，并且在上帝看为可憎。"

验都比自己强。㉘

真恩典和真属灵之光的本质就在于它们会使圣徒看自己的恩典和良善是小的,看自己的罪却是大的。恩典和属灵之光越多的人越这样看。任何人只要清醒而彻底地权衡事物本质,并且仔细思考下列事实,就必然对此加以赞同。

这样的恩典和圣洁确实应该被称为小的,因为人里面的恩典和圣洁与他应有的样子**相去甚远**。一个真正有恩典的人就是这样看的,因为他把眼光放在自己的责任上。尽责是他的目标,是他灵魂的挣扎、内心的追求,他用它来评估和判断自己的所为和所有。在内心有恩典,尤其是有许多恩典的人看来,自己的圣洁很少,因为它与应有的样子相比显得微不足道,离上帝的标准和自己的责任还差得很远。因为他看到自己的圣洁还差得远,所以自然觉得它不值一提,甚至应该为此感到羞耻,自己里面根本谈不上有什么美好的可爱之处。这就像饥肠辘辘的人觉得面前的食物少得可怜,这点东西只够塞牙缝的。又像一个嫉妒父亲地位的王子,认为人们对他显然不够尊重,因为比起父亲得到的尊重,人们在他面前的礼貌实在算不得什么。

但真恩典和属灵之光的本质就在于此:它使人眼界开阔,看见自己离本应有的圣洁样式相差甚远。而且,他的恩典越多,他对此认识越清晰,他越能感受到上帝无限的荣美,基督无限尊贵的位格,基督对罪人的爱何等长阔高深。随着恩典加增,他的视野也越来越广阔,最后整个

㉘ 拉瑟福德 (Rutherford) 在《敌基督显灵》(*Display of the Spiritual Antichrist*, pp. 143 - 144) 引述路德说:"**基督徒的生命是这样:有基督徒生命的人看自己还没有得着,只是竭力追求或者可以得着:**正如保罗所说,我不是以为自己已经得着了。因为对信徒来说,没有什么东西比这种假设(他已经得着了,不需要继续寻求)更有害的。很多人就是这样退步,并且在属灵的安全感和懒惰中渐渐枯竭。所以伯尔纳说:'站在上帝的道路上静止不动就是后退。'那些认为自己还不是基督徒,但要继续寻求成为基督徒,好与保罗一起得荣耀,'我还没有得着,但我愿意得着'的人已经开始成为基督徒;他还没有完全,但已经开始成为基督徒。所以,那些以为自己已经完全是基督徒的人并不是基督徒,因为他感觉不到自己的缺乏。我们追求天国,但我们不在天国里。完全更新的人(自以为已经完全被更新)有祸了。这样的人无疑还没有开始被更新,他还没有尝到做基督徒的滋味。"

心灵都融化于其中，并且他惊讶地发现爱这位上帝，爱这位荣耀的救赎主是多么美好的事情：他爱我如此之多，我爱他却如此之少。于是，他对上帝的认识越多，他越是感到自己的恩典和爱心少得可怜，所以他会觉得别人都比自己强。因为他不理解自己的恩典怎么会这么少，所以他无法想象这样的怪事会发生在其他圣徒身上。自己真是上帝的儿女，并且真实地领受了基督说不出的爱和救赎的恩典，而自己却不能多爱上帝一些，他觉得这简直不可思议。他认为这种怪事只可能发生在自己身上，而且是一个特例。因为他只能看见其他基督徒的外表，却能看见自己的内心。

读者可能会反对说：人越认识上帝就越爱上帝，那么圣徒对上帝的认识增加，怎么会反而使爱心显得少了呢？我的回答是：虽然圣徒内心的恩典和对上帝的爱与他们认识上帝的程度成比例，但他们的恩典和爱与他们认识的对象（上帝以及福音中的神圣事物）并不成比例。圣徒见到神圣的事物以后，内心所信的远超过眼睛所见的。所见的固然奇妙，但这更让他坚信那看不见的上帝。于是，圣徒内心惊讶自己是何等无知，何等缺乏爱。正如内心具有属灵认识之后，会因此更加坚信不可见的上帝，它也更加坚信只要消除内心的乌云和阴霾，自己必能更多地认识他。这使圣徒一面因自己的属灵认识而欣喜，一面抱怨自己在属灵上何等无知、内心何等缺乏爱，并渴求更多的知识和更大的爱。

而且，哪怕是世界上最伟大的圣徒，他内心的恩典和对上帝的爱，比起他的本分来，实在少得可怜。如果考虑到下面两个因素，我们就能明白，此生可能成就的最高的爱与我们的各种责任相比，是极其贫乏、冷淡、微弱、不值一提的。这两个因素是：第一，上帝已给我们充分理由爱他；他通过他的话语和工作，尤其是他儿子的福音和借着耶稣基督为罪人所成就的事，显明了他无限的荣耀。第二，上帝已经赋予人心各种能力，让人可以看见和理解这些理由，上帝给我们这些能力就是为了爱他。如果我们考虑到这两个因素，地上最伟大圣徒的爱与之相比显得多么贫瘠啊！恩典，尤其是显著的恩典更能使人相信这点，因为恩典具有光明的本质，可以让人看见真理。所以，越有恩典的人，越能看见自己的爱本应多么热烈，并且他比别人更加清楚，自己爱的程度与上帝对我们的要求相比，是多么的微不足道。只要他把自己的爱与自己的责任相比，就能看到自己的爱是何等的渺小。

当圣徒认识到自己远远没有尽到爱上帝的责任时，他不仅看到自己的恩典是何等的微不足道，而且认识到自己的败坏是何等严重。要衡量我们里面败坏的程度，就必须首先知道我们距离自己的责任还有多远。因为我们与我们的责任之间的距离就是我们的罪：罪就是未尽之责，并且我们亏欠越多，罪越大。罪就是道德行为主体的行为与其责任不符。所以，我们需要用责任来判断罪的程度。凡是与责任不符的就是罪，不论是过多还是过少。如果人对上帝的爱达不到尽责的要求，那么内心的败坏就超过恩典，因为欠缺的恩典超过存在的恩典，而这种欠缺就是罪。所有圣徒都认为这种亏欠极其丑恶，特别是大圣徒。在他们眼里，我们爱基督这么少，我们如此不感激他牺牲的爱，这真是非常可憎的事情，是最可恨的忘恩负义。

恩典的加增还会通过另一种方式使圣徒认识自己的罪（病态、不足、扭曲）远甚于认识自己的义。它不仅会使他们相信自己的败坏远大于他们的良善（这是事实），而且使他们最小的罪当中的病态扭曲，或程度最轻的败坏显得很大，远远超过他们最大的圣洁（这也是事实）。因为得罪一位无限的上帝，哪怕是最小的罪，其可憎和病态的程度也是无限的；然而一个有限的被造物，不管圣洁的程度有多高，总是有限的；所以，被造物的美全部加起来，与最小的罪相比也是微不足道的。每种罪的病态和可憎程度都是无限的，这一点很明显，因为罪的邪恶可憎在于它背信弃义：它破坏了被造物的责任，或者说我们的所是和所为违反了本该有的样式。所以，我们没有尽到的责任越大，我们的罪就越邪恶可憎。显然，我们敬爱任何存在者的责任与他值得我们敬爱的程度成比例,所以,一个比较可爱的东西,我们爱它的责任当然应该超过我们爱一个不太可爱的东西。而如果某一位无限可爱、无限值得我们爱,那么我们爱他的责任当然是无限的,所以,只要我们的爱没有尽到这样的程度(无限的爱),那我们的罪(邪恶、病态、一文不值)就是无限的。而另一方面,我们自身的圣洁以及我们对上帝的爱里面并没有这样一种无限的价值。上帝和被造物之间的距离越远,被造物悖逆上帝就越可憎:上帝的伟大和我们的渺小都使我们罪加一等。被造物对上帝的尊重是没有价值的,因为被造物本身是无限渺小的。所以,上帝和被造物之间的差距越大,被造物对上帝的尊重也越**不值得**上帝关注。美善者的美善增加了低劣者尊重美善者的责任,进而使低劣者对美善者缺乏尊重显得更加可憎。低劣者的低劣程度使他对美善者的尊重变得**没有价值**,因为他越低劣,他越**不值得**美善者注意。他越低劣,他能够贡献的价值越少,因为他最多也只能奉献他自己。所以,他越渺小越没有价值,他的尊重也就越没有价值。一个人越具有真恩典和属灵之光,就越明白这个道理;越清楚自己因为犯罪多么畸形,就越小看自己的恩典和体验,因为这些恩典和体验与自己的罪相比实在不值一提。人里面的良善与罪恶相比,如同沧海一粟,因为有限与无限相比等于零。一个人越具有属灵之光,他越明白这些道理,因为这本来就是事实。因此,综上所述,真恩典的本质体现在:一个人拥有真恩典越多,他越小看自己的良善和圣洁,越重视他的畸形和病态。他不仅重视从前的畸形和病态,而且重视目前的畸形和病态。他更加清楚地看到内心的罪,更加清楚地认识自己最热烈忠诚的情感和最美好体验当中那些恶劣的缺陷。

然而,我认识很多人的热烈宗教情感和所谓的伟大认识,其本质却是试图掩盖他们内心的败坏,让他们觉得好像自己的罪已经消失,让他们觉得不需要对付内心尚存的邪恶,虽然他们能勇敢承认以往的不足。这无疑证明他们所谓的认识是出于黑暗,而非出于光明。因为黑暗掩盖人的污秽和畸形,但照进人心的光能显出种种败坏,在最隐秘的角落搜出隐藏最深的罪，让它大白于天下。上帝圣洁荣耀之光更是如此，它能穿透一切，鉴察所有。确实，真正救赎性的认识在某种意义上可以掩盖败坏，因为它遏制人犯罪的积极欲望，诸如恶毒、嫉妒、贪婪、淫荡、闲话，等等，但它能显露那些隐藏的罪和那些亏欠的罪，就是缺乏爱、谦卑和感恩。这些亏欠在最有恩典的人眼中显得最为可恨，最为沉重，因此，这些圣徒为自己的贫瘠、骄傲、缺乏感恩而哀哭。一旦败坏的罪性蠢蠢欲动，混入恩典当中，恩典之光就会立刻辨认出它们，让它们显得特别丑恶。圣徒越杰出，他们心中来自天上的属灵亮光越多，这些败坏在他们自己眼中就越丑恶，就像天上的圣徒和天使看地上的圣徒一样，哪怕是地上最大的圣徒。让我们设想：即便地上最大的圣徒，若不是因为基督的义覆庇他们，在天使眼中，在基督无限荣光的照耀下，他们的病态畸形怎么可能隐藏得住？让我们设想：天上的圣徒真真切切地看见上帝的荣耀，并没有帕子遮挡；而在他们眼里我们的崇拜和赞美怎么可能是热烈的？让我们设想：他们清楚地看见基督，他们完全认识基督就和基督完全认识他们一样，他们看见他死而复活的荣耀以及他奇妙的爱，完全没有任何阴霾遮挡。而在他们眼里，我们对基督替罪人而死的感恩怎么可能是崇高的？他们会如何看待地上的蠕虫对他们亲眼所见的无限威严的上帝表示内心最深的崇敬和谦卑？他们难道会觉得这些情感伟大吗？配称为崇敬和谦卑吗？在他们看来，我们这些情感距离他们面前这位伟大而圣洁的上帝遥不可及，地上圣徒最高的成就也是微不足道的，因为他们住在上帝的荣耀里，他们看见上帝是谁。在这点上，地上和天上的圣徒是一致的：他们拥有恩典越多，越觉得自己的成就不值一提。

我希望人们不要误解我的意思，以为地上圣徒恩典在心里运行最明显时，却对自己各方面做出最恶劣的评价。从很多方面看，事实正好相反。圣徒会发现：当恩典积极运行时，自己败坏的程度较低；而当恩典运行低迷时，自己败坏程度较高。他们把自己不同时期的表现加以对比就知道，当恩典积极运行的时候，自己的状况比从前好（虽然自己从前并不像现在这样看见这么多败坏），而当自己心态变差的时候，他们会**知道**自己正在走下坡，从而得知自己里面遗留的大败坏，并且**合理地认识自**己更深的罪，感到内疚，感到自己被律法定罪，这种罪恶感比恩典积极运行的时候强烈得多。但我们前面的论证也是真实的：上帝儿女内心的真恩典运行得越明显，他们越体会到自己的罪性，越对自己的病态具有**属灵**的认识，越**明显**而迅速地感受到自己目前的邪恶，越把自己摆在众人当中最末的位置。于是，正如基督所言，**天国里最大的**、基督教会中地位最高的，就是**自己谦卑**如同小孩子的人（太 18:4）。

真圣徒能知道他具有某些真恩典：而且恩典越多，越容易感受到。这点之前已经论证过。但这并不一定说明一个伟大的圣徒会**轻易感到**自己与其他人相比是伟大的圣徒。我不否认，具有很多恩典的伟大圣徒可能知道自己是圣徒。但他不会那么轻易地知道这点；对他来说，这并不是**明显**的事实：他比别人好，他比别人有更伟大的体验和成就。这不是他**最**主要的想法，他也不会时常想到这点；这个想法不是顺手拈来，而是远在天边，他必须花很大精力才能说服自己相信这点；他需要使用长串的推理和严谨的论证，才能勉强说服自己相信这点。而且，即便他通过严谨的思考，从理性上知道自己的体验比某些圣徒（他们表面看来，恩典并不明显）更伟大，他也会觉得自己并不比他们拥有更多的恩典，他能轻易放弃这个来之不易的认识；而基于这种认识的各种行为，他也觉得别扭。我们可以认定这句话是颠扑不破的真理："倾向于认为自己比别人杰出，自己的体验比别人奇妙，这种想法是他首要而自然的认识的人必然不是伟大的圣徒，他的认识必定是错误的，骄傲自义的灵胜过了他。"如果这是他的习惯并且成为他持续的性情，那他就肯定不是圣徒，他根本还不具备哪怕一点点真正的基督徒体验，正如上帝的话语全然真实。

这类具有上述倾向和效果、让人因此而自高自大、洋洋自得的认识，必定是虚空自欺。这种所谓的认识，会使人膨胀，让他忍不住感叹自己的知识多么了不起，使他自满，以为所见所知超过很多基督徒；这种认识里根本没有真正的属灵之光。与之相反，真正的属灵知识应有这种效果：一个人越具有属灵的知识，他越感到自己无知，正如保罗所言："若有人以为自己知道什么，按他所当知道的，他仍是不知道。"（林前8:2）亚古珥一方面对上帝有深刻的认识，他感受到上帝的奇妙荣耀，看到他的工作何等宏伟，他大声赞叹上帝的伟大和不可测度；与此同时，他深刻地体会到自己愚笨，说自己是众人中最愚笨的："我比众人更蠢笨，也没有人的聪明。我没有学好智慧，也不认识至圣者。谁升天又降下来？谁聚风在掌握中？谁包水在衣服里？谁立定地的四极？他名叫什么？他儿子名叫什么？**你知道吗？**"（箴30:2—4）

一个人因自己的属灵体验和对上帝的知识而**极其自满**，就是**自以为聪明**。他就因此而犯了诫命，"不要自以为有智慧"（箴3:7）；"不要自以为聪明"（罗12:16）；并落在诅咒之下："祸哉！那些自以为有智慧、自看为通达的人"（赛5:21）。那些自以为聪明的人，下场最为悲惨。经验告诉我们这是真的："你见自以为有智慧的人吗？愚昧人比他更有指望。"（箴26:12）

有些人会举出反对的例子：《诗篇》作者肯定是得救的圣徒，而他却说自己的知识很多，远超过其他人："我比我的师傅更通达，因我思想你的法度；我比年老的更明白，因我守了你的训词。"（诗119:99—100）

对此，我有两点回应：一是，先知讲这些话是为了上帝教会的益处，在圣灵的**直接默示**下说话；此时，圣灵给先知的启示是超常的。圣灵可以向先知启示某个奥秘，并且命令他把这个奥秘向其他人宣告出来，而这个奥秘是他本人不可能明白的事情。圣灵可以把超越他理智的奥秘启示给他，或是遥远的不可见之事，或是除非圣灵用超自然的方式启示，否则他就不可能知道的未来之事。所以，圣灵可以启示大卫，让他知道自己因常常与上帝对话而领受的福分，并使用大卫作为上帝的器皿，把这些事情记录下来，让众人因此受益，督促他们同样尽责，用同样的方式获取真知识。大卫在圣灵的**特殊感动**下，受圣灵直接默示，并在其命令下，写出合乎上帝心意以及使教会受益的话语，我们不能由此推论，大卫所受到的影响是属血气的**普遍恩典**。正如我们不能说，凡是诅咒和希望别人遭遇最可怕的痛苦都是属血气的情感，因为大卫也在圣灵的默示下诅咒恶人，并且祷告求上帝把痛苦加在那些人身上。二是，虽然我们不能确定大卫这里说的知识是不是**属灵的知识**（圣洁首先在于拥有这种知识），但他说的知识可能是上帝给他有关弥赛亚和未来国度的启示。关于这些事情和福音的奥秘和教义，大卫得到的启示确实比其他人更多、更清楚、更广泛、更深刻，这是上帝给大卫的奖赏，因为大卫持守了他的见证。我们从《诗篇》可以明显看出，大卫这方面的知识确实超越一切前人。

第二，属灵骄傲的另一个确凿标志是，人高估自己的谦卑。虚假的得救体验常常伴随着假谦卑。而且，使人自高自满正是假谦卑的本质：虚假的宗教情感，尤其是假宗教情感非常热烈的时候，通常都有这种倾向：它使人们认为自己非常谦卑，并因而常常注意它和赞美它。而伟大的恩典情感（这个说法或许不妥）却具有一种截然相反的倾向和效果。真恩典情感使人们更加认识到他们为什么应该更加谦卑，并且使他们渴慕这种谦卑；真恩典情感使他们现有的谦卑（他们已取得的属灵成就）显得微不足道，而使他们残存的骄傲显得无比明显，更加可憎。

一个骄傲的人会高估他的谦卑，而一个非常谦卑的人会低估他的谦卑。原因在于人们依据自己的身份和尊严来判断自己是否谦卑。一个人的谦卑行为放在另一个人身上可能根本不是谦卑，因为不同的人具有不同的身份，受尊重的程度也不同。如果某个伟人给别人脱鞋洗脚，人们会认为这是谦卑的举动，而他本人既知道自己的尊贵身份，也会认为自己的举动是谦卑。但如果一个卑贱的奴隶给王子脱鞋，没人会觉得这是谦卑，这个奴隶自己也不会这样想，除非他骄傲自满达到可怕或可笑的程度。如果事后他夸耀说自己为王子脱鞋,并试图以此证明自己非常谦卑,那么每个人都会哑然失笑:"你以为你是谁?竟然以为这就叫谦卑?"这说明这个奴隶非常骄傲,内心非常虚荣,他相当于在说,"**我认为我自己很了不起**"。如果出于尘土、毫无价值、邪恶、恶心的蠕虫以为他们在上帝面前承认自己没有价值,并因此俯伏在上帝面前证明了他们多么谦卑,那么他们的骄傲和虚荣与那个可笑的奴隶相比,有过之而无不及。一个人把这种外在行为和内心想法视为谦卑,原因在于他自视过高。如果他对自己的看法公道一些,他就会发现这些事情根本不值一提,他的谦卑也微不足道;相反,他会因自己没有在上帝面前更加谦卑而看到自己是何等骄傲。当一个人在心里盘算说,"这是个谦卑的举动;我这种想法和行为显然说明我非常谦卑"的时候,他实际上在说,"这说明我很谦卑,因为我是非同小可的人物"。他认为自己的言行非常谦卑,并且把自己当前的举动与他内心自以为的崇高地位加以对比,发现两者相差甚远,于是认定自己是真正的谦卑,因此洋洋自得。然而,一个真正谦卑的人,他的看法正好相反。他能真实地看见自己在上帝面前的邪恶,并认识到自己的行为与上帝的要求之间的鸿沟。当他被放到众人的最末位时,他不会觉得这比自己真正的地位低,反而会觉得还不够低。他觉得自己比配得的地位高出太多,他渴望再低一些,好回归自己的本位。他看到自己现在的地位离当站的地方,还有一大段距离。他称之为骄傲。因此,他眼里看为大的,是他的骄傲,而非他的谦卑。因为虽然他现在的地位比从前低得多,但他并不认为这是谦卑;对他来说,现在的地位虽然比以前所以为的更低,却比自己配得的地位高出太多,因此他厌恶自己。正如一个卑贱的奴隶,从前自以为是王子,现在降到自以为是贵族的地步,这根本不叫谦卑,因为贵族仍旧比奴隶(他真实的地位)高贵得多。

全世界的人在判断自己和别人谦卑与否的时候,都应该考虑这两个方面:他们实际的地位和尊严,以及他们降卑的程度。人们会把后者与前者加以比较。所以，安守低位或谦卑行为可能在一个人身上说明他非常谦卑，而在另一个人身上却证明他毫不谦卑。但真正谦卑的基督徒对自己的实际地位和尊严看得极低；与此相比，降卑的举动在他们眼里微不足道。在他们看来，自己这样可怜、贫瘠、邪恶、卑劣的被造物跪在上帝脚前根本算不上谦卑。

判断谦卑与否，要看两个因素：一个是**降卑的程度**，另一个是降卑的**理由的程度**。真正非常谦卑的人从不会认为自己很谦卑，因为他认识到自己理当如此。他认为，无论如何谦卑都不过分，因为这理由（上帝）实在太伟大，自己降卑的程度还远远不够。所以，他眼里只看到自己的骄傲，看不到自己的谦卑。

熟悉认罪者心态的人都知道那些真正认罪的人不会认为自己认罪有多么伟大。原因在于人们判断自己认罪的程度需要考虑两个因素：一个是**主观犯罪感**的程度，另一个是使他们产生犯罪感的**客观理由**的程度，也就是他们**犯罪**的程度。有些人认为自己罪恶深重、远超过众人，因为他们本来就是臭名昭著的罪犯，他们这样想是理所当然的，这根本算不上是**伟大的认罪**。如果这种人看不到自己的罪，那他们就太盲目了。但是，那些真正深刻认罪的人，也会自然而然地认为自己认罪的原因是自己确实罪恶深重。在他看来，自己比别人更有理由认罪，他把自己认罪归结于自己罪孽深重，而不归结于自己敏于思过。真正认罪的人自然而然地相信自己是罪人中的罪魁，并且认为这是非常明显的事实。因为他越认罪，越清楚地看到这点。所以，他必然觉得这点很明显，因此认罪也就不值一提。认罪的程度与所犯的罪相比是大的，这样的人才是真认罪的人。但真认罪的人没有一个会认为自己认罪的程度与自己所犯的罪相比是大的。因为如果他这样想，**这**正好证明他心里认为自己犯的罪是小的。并且，**这**正好说明他还没有认罪。而这也正是为什么真谦卑的人在被上帝对付的时候，并不觉得自己谦卑。

人认罪是如此，同理，人认识自己的卑鄙、邪恶、无知、无能也是如此。同样，基督徒出于**福音的谦卑**，对自己卑微地位的认识也是如此。当福音的谦卑感程度很高的时候，圣徒从来不会认为自己这些认识（认识到自己的卑鄙、肮脏、无能，等等）有多么了不起，这些认识在他们看来不值一提，因为考虑到应当谦卑的**理由**，这些想法都是理所当然的。

一个伟大的圣徒不会觉得自己有任何伟大之处。他所有的恩典和体验都微不足道，尤其是他的谦卑。说到与基督徒体验和真敬虔相关的东西，基督徒最看不到的就是自己的谦卑。他分辨自己骄傲的速度比看见自己谦卑快万倍：他能轻易分辨并且注意自己的骄傲，却从来看不见自己的谦卑。与此相反，自欺欺人的假冒为善者受到属灵骄傲的辖制，而对自己的骄傲视而不见，却对自己的谦卑极其敏感。

谦卑的基督徒鉴察自己的骄傲超过挑剔别人的骄傲。他会积极地看待别人的言行，并认为自己才是最骄傲的人。与此相反，假冒为善者迅速地看到弟兄眼中的刺，却看不见自己眼里的梁木。他常常大声地批评别人骄傲，指责别人外表和生活方式的种种问题，为邻居的戒指和服饰大惊小怪，却对自己内心的污秽安然处之。

假冒为善者这种"高估自己的谦卑"的习气，引出他们"喜欢炫耀自己的谦卑"的毛病。假谦卑的人喜欢用夸大的语言谈论自己多么谦卑，用做作的表情、动作、语气或低劣的伪装或某种怪异的感动等方式表演谦卑。古时候的假先知就是如此（亚13:4），假冒为善的犹太人也有这个毛病（赛57:5），基督告诉我们，这也是法利赛人的问题所在（太6:16）。但真谦卑与此相反。真谦卑的人不喜欢大谈自己的谦卑，也不用夸张的词语描述自己**卑微的程度**。㉙

真谦卑不用任何外在的装扮或外在的生活方式表现自己，正如圣经

㉙ 琼斯先生（Jones）在他关于新约正典的优秀论文中注意到：福音书作者马可（圣彼得的同伴）在使徒彼得的指导下写出《马可福音》，当他提到彼得不认主以及彼得的悔改时，他的口气不如其他福音书作者严厉，他只是说他："思想起来，就哭了。"（可14:72）而其他使徒这样描述："他就出去痛哭。"（太26:75；路22:62）

所言："你禁食的时候，要梳头洗脸。"（太6:17）"这些规条使人徒有智慧之名，用私意崇拜，自表谦卑，苦待己身，其实在克制肉体的情欲上是毫无功效。"（西2:23）真谦卑也不喜欢喧哗；真谦卑既不吵闹也不浮躁。圣经描述的谦卑是安静温柔的。亚哈王在上帝面前表现出谦卑的时候，他缓缓而行（王上21:27）。圣经说，真谦卑使人静默忏悔："他当独坐无言，因为这是耶和华加在他身上的。"（哀3:28）谦卑常常伴随着沉默不语："你若行事愚顽，自高自傲，或是怀了恶念，就当用手捂口。"（箴30:32）

我专门用大量篇幅说明伴随属灵情感的真谦卑的本质在于它使人轻看自己的属灵成就，它使人觉得自己的成就与别人（尤其与别人的谦卑）相比显得微不足道，我也说明了属灵骄傲的相反本质，它使人高估自己的属灵成就。我用较长篇幅谈论这个问题，因为我认为这是一个非常重要的问题，它帮助我们分辨真假谦卑。假冒为善者看自己比别人强，而这种性情正是上帝看为可恨的："主说，这些人是我鼻中的烟，是整天烧着的火。"（赛65:5）圣经讲到圣城耶路撒冷居民的骄傲，因为耶路撒冷的人自以为比所多玛人圣洁，所以觉得有资格鄙视他们："在你骄傲的日子，你的恶行没有显露以先，你的口就不提你的妹妹所多玛。"（结16:56）

我希望读者不要忽略在自己身上应用这些道理。当您一旦相信"一个人总觉得自己比别人圣洁，这是一个坏兆头"，那么您就要小心了，在评价自己的时候，注意不要盲目地相信自己不会那么骄傲。您或许需要非常严格地审查自己，才能判断自己是否存在这个问题。如果您的结论是，"在我看，没有人比我更坏了"，也不要就此放过自己，反而要再次省察内心：您是否因为对自己评价如此之低，而认为自己比别人好？您是否因此而觉得自己很谦卑？如果您的回答是，"不，我并不高看自己的谦卑，在我看来，我和魔鬼一样骄傲"，请再省察：自满是否带着这种伪装进入您的内心？您是否因为觉得自己和魔鬼一样骄傲而感到自满？

由于真谦卑和假谦卑具有本质的区别，因此，具有这种情感（真谦卑）的人也表现出许多与上文所提到的截然相反的性情和行为。

一个真正谦卑的人看低自己的义和圣洁，他是灵里**贫穷**的人。因为一个灵里贫穷的人，就是感觉自己里面空虚贫乏的人，他确实看到自己里面一无所有，这也是一种向上帝交差的态度。所以，一个谦卑的人，特别是非常谦卑的人，自然而然在很多方面举止如同穷人一样。"**贫穷人说哀求的话，而富足人用威吓的话回答。**"穷人在富人面前，不会迅速而强烈地表示厌恶；他会屈服，因为他知道自己比别人卑微；他不顽固，不一意孤行；他忍难忍之事；除了被鄙视，他没有指望得到别的待遇，并坦然加以接受；他不会在心里暗自不服，他不会觉得自己被小看不受尊重；他可以安守末位；他愿意尊重上级；他静静地接受批评；他尊重那些在他上面的人；他愿意受教，不自夸聪明；他既不过分热情，也不喜怒无常，他的心对强暴的事情没有兴趣；他不自以为是，也不看重别人如何看待他，而是自然而然愿意顺服别人。这才是谦卑的基督徒。正如伟大的马斯特里赫特（Mastricht）所言，谦卑就是一种**圣洁的胆怯**。

贫穷的人是乞讨者，灵里贫穷的人也是同样。真恩典情感和假恩典情感有巨大的差别：前者是站在上帝门口的乞讨者，穷困潦倒，饥寒交迫；而后者凡事富足，衣食无忧。他们靠幻想为自己积蓄了一切所需。㉚

㉚ 谢波德先生说："圣灵永远让人看自己是贫穷的、邪恶的、空虚的。属血气的人有了一点知识，能够应对自如，初尝属天恩赐的美味以后，他的良心就相当安稳了；而如果他在祷告中得到某些回答，有一些美好的情感，他就完全长成了：他的良心很平静，不再感到罪的困扰，也不再每天为罪忧伤。于是，祷告的心就死了：他失去对上帝供应的尊重，感觉不需要祷告；或感觉祷告对他没有什么用处，也感觉不到祷告的生命和力量。这就是一些人的可怕处境，但他们却意识不到。而被圣灵充满的人则不是这样，因为上帝把他倒空，并且他活得越长，越是如此。虽然其他人认为他已经不再需要更多的恩典，但他却自认为是最匮乏恩典的人。"（*Parable of the Ten Virgins*, Part Ⅱ, p. 132）"真圣徒经历了圣灵充满以后，永远感觉空虚、饥渴、需要更多，并为此而祷告。"（Ibid., p. 151）"真的，弟兄们，当我看见上帝加在许多基督徒（他们对自己的分、恩赐和平、安慰、能力、责任感到自满）身上的诅咒时，我不禁赞叹上帝对一小群贫穷基督徒的怜悯，上帝不仅让他们空虚，而且保守他们一生空虚。"（*Sound Believer*, the late edition in Boston, pp. 158-159）

穷人说话举止都谦虚，灵里贫穷的人更是如此，且他的谦虚比穷人有过之而无不及。他在众人当中行为极其谨慎。对人趾高气昂，自以为是，鲁莽冲动，却在上帝面前装谦卑扮小孩是没用的。使徒告诉我们福音的目的就是为了灭绝人的骄傲和荣耀，不仅在上帝面前，也在人面前（罗4:1—2）。有些人在上帝面前装出谦卑的样子，对人却趾高气昂，胆大妄为，自以为是。他们应该思量这些经文："耶和华啊，我的心不狂傲，我的眼不高大。重大和测不透的事，我也不敢行。"（诗131:1）"耶和华所恨恶的有六样，连他心所憎恶的共有七样，就是高傲的眼"，等等（箴6:16—17）。"眼高心傲，这乃是罪"（21:4）。"高傲的眼目，你必使他降卑"（诗18:27）。"眼目高傲、心里骄纵的，我必不容他"（诗101:5）。"爱是不自夸，不张狂"（林前13:4）。基督徒在众人当中的举止行为有一种美好的谨慎和敬畏感，这来自他们的谦卑，正如圣经常常提到的："有人问你们心中盼望的缘由，就要常作准备，以温柔、敬畏的心回答各人。"（彼前3:15）"当恭敬的，恭敬他"（罗13:7），"并且提多想起你们众人的顺服，是怎样恐惧战兢地接待他，他爱你们的心肠就越发热了"（林后7:15）。"你们作仆人的，要惧怕战兢，用诚实的心听从你们肉身的主人，好像听从基督一般"（弗6:5）。"你们作仆人的，凡事要存敬畏的心顺服主人"（彼前2:18）。"这正是因看见你们有贞洁的品行和敬畏的心"（彼前3:2）。"又愿女人廉耻、自守，以正派衣裳为妆饰"（提前2:9）。在这方面，基督徒就像小孩子一样：小孩子在大人面前是老老实实的，他心里有敬畏之情。

也正是这样的心使基督徒尊重所有人："务要尊敬众人。"（彼前2:17）一个谦卑的基督徒不仅在行为上尊重其他圣徒，也在各方面尊重所有人（但并不赞成他们犯罪）。信徒的榜样亚伯拉罕尊重赫人："亚伯拉罕就起来，向那地的赫人下拜。"（创23:7）这样的谦卑举动很值得注意，因为赫人并不在基督里，而且亚伯拉罕很清楚这些人是被上帝诅咒的，所以他绝不允许老仆人从这些人当中为他儿子娶妻；而以扫的两个妻子就是赫人，她们常使以撒和利百加心里愁烦。保罗也尊重非斯都："非斯都大人，我不是癫狂，我说的乃是真实明白话。"（徒26:25）基督徒的谦卑不仅使他们尊重那些在有形教会之外的恶人，也尊重假弟兄和逼迫教会的人。正如雅各，他是得救的人，刚刚与上帝整夜摔跤并领受祝福。但他非常尊重以扫，而后者是假弟兄，是逼迫他的人："他自己在他们前头过去，一连七次俯伏在地，才就近他哥哥。"（创33:3）他称以扫为主，并命令全家人都要这样尊重以扫。

我已竭尽所能按照圣经描述了内心真正谦卑者（出于恩典的谦卑掌管他的心）的心态和行为。

所有真正的圣洁情感都涌自这样一颗心。基督徒的情感好像马利亚的珍贵香膏浇在基督的头上，香味满了整间屋子。这香膏出于一个纯白的玉瓶，对基督的感恩之情也出于一颗**纯洁的心**。这香膏从打破的瓶子倾倒出来；瓶子不破，香膏就流不出来，香味也散发不出来。同样，**恩典情感也源于一颗破碎的心**。恩典情感又像抹大拉的马利亚（路7章）的情感，她也用珍贵的香膏膏抹基督，也**打碎玉瓶**，用自己的眼泪给基督湿脚，用自己的头发擦干。真正的恩典情感（是献给基督的香气，用属天的香甜气息充满基督徒的灵魂）正出于这样一颗破碎的心。真基督徒的爱，不论是爱上帝还是爱人，都是出于谦卑、破碎的心。圣徒的渴慕，不论多么热烈，都是谦卑的渴慕；他们的盼望是谦卑的盼望；他们的喜乐，即使是**说不出来**、**满有荣光的大喜乐**，也是谦卑的喜乐，是出于破碎的心；它使基督徒虚心，使他们更像小孩子，行为举止更加谨慎。

七　人改变本性

恩典情感的另一个明显标志是人的本性被改变。

我已经论证：所有恩典情感都来自属灵的理解力，借着这种理解力，人心看见神圣事物的荣耀。不仅如此，所有属灵的认识都具有改变人心的能力和功效，它们不仅能影响人心当前的想法、感受和状态，而且能改变人的本性："我们众人既然敞着脸得以看见主的荣光，好像从镜子里返照，就变成主的形状，荣上加荣，如同从主的灵变成的。"（林后3：18）这种能力正是上帝的大能，**唯有圣灵才具备这样的力量**。其他能力或许能影响人目前的状态或感觉，但只有那位创造者的大能才能彻底改变人的本性，赋予人一个全新的性情。除了神圣、超自然的认识，别的任何认识都不可能具有这样超自然的效果。这些超血气的认识产生真正圣洁的效果，它们使人深受感动，以至于彻底改变人的本性。

信主之人的情感便是如此。圣经对信主有各种形象的描述，这些描述有力地说明人的本性发生了改变：诸如"重生、成为新造的人、死里复活、心志改换一新、向罪死向义活、脱去旧人穿上新人、被接到新枝子上、上帝的种子存在他心里、得以与属上帝的性情有分"，等等。

因此，如果人们以为自己体验了圣灵使他们信主的工作，可他们本身却没有深刻而持久的变化，那么他们所有的想象和吹嘘都是虚空，不论情感多么热烈。[31]信主是一个深刻而广泛的转变，将人从喜爱犯罪转向渴慕上帝。一个人信主前或许能被约束不犯罪，但当他信主以后，他不仅能因为受约束不犯罪，而且他自己的内心和性情整个被翻转过来，从喜爱犯罪转向渴慕圣洁。由此，他成为一个圣洁的人，一个恨恶罪的人——他成为罪的仇敌。所以，如果一个人因自以为信主而产生强烈的情感，却没有发生明显的变化，之前那些明显的坏禀性和恶习仍旧没有革除，仍旧受以前的气质和性格左右，和以前一样显得自私、属肉体、愚蠢、乖谬，没有基督徒的样子，令人讨厌，那么这些情感只能证明他还没有真信，不论他讲述的体验多么精彩。因为受不受割礼、高级的还

---

[31] 谢泼德先生说："我不会通过突然的痛苦感受来判断一个人的灵魂是否归向基督，我宁可通过他内在的倾向来判断。因为整个灵魂的情感、表达、行为可能都归向基督，但如果没有这种内在倾向的转变，没有情感的改变，那么他的信仰就是不坚定的。"(*Parable*, Part I. p. 203)

是低级的信仰告白、故事讲得动人与否，这些都无关紧要，要紧的就是做新造的人。

如果一个人在一段时间内发生巨大改变，但这个改变不能持久，他之后又故态复萌，成为从前的样式；那么这显然不是改变本性，因为本性是持久的。本性肮脏的猪可以被洗净，但它的本性还是喜爱肮脏的；本性清洁的鸽子可以被弄脏，但它喜欢清洁的本性并不会消失。㉜

确实，信主以后难免还有属血气的脾气，信主并不能在眨眼之间就彻底根除属血气的脾气。出于属血气的本性，信主前喜欢犯某些罪，信主后还是很容易被这些罪缠累。但即使这些罪也会因信主而发生巨大的变化。尽管恩典仍不完全，不能彻底根除属血气的脾气，但恩典的大能和功效能够影响和改正它。信主引起的变化是彻底的，恩典能把人里面的各种丑恶都扭转过来，使他脱去旧人，穿上新人；旧事已过，一切都是新的了；众罪都要治死，包括本性当中的罪和其他各种罪。如果一个人在信主前因属血气的本性而喜欢淫荡、醉酒、凶恶，信主以后，恩典会使他在这些方面发生巨大变化。他也许还很容易陷入这些罪，但是这些罪已经不能再支配他，它们也不再是他的固有品格了。真正的悔改能够让一个人恨恶自己的不义，尤其是他最大的罪和最羞辱上帝的地方。如果他放弃别的罪却保留最大的罪（他最容易犯的罪），那么他就和扫罗一样：扫罗受差去击打上帝的仇敌亚玛力人，上帝明令不可存留一人性命，必灭尽所有的，不论老幼大小，然而扫罗杀了瘦弱下贱的，却饶了亚玛力王亚甲一命。

一些人愚蠢地为自己的虚假认识和情感辩护，他们说这些体验和情感消失以后，自己里面就没有任何属上帝的生命和感觉，于是就恢复原

㉜ 谢泼德先生说："灵魂就像水一样，冷可能会消失，但水会变冷的原则没有改变。您可以遏制贪欲的表现，但没有消除贪婪的黑暗本性。只要罪的权势还在那里，良心从感觉安全变为感到恐惧，生活方式从亵渎上帝变为文明，暂时遏制贪婪，但在这些最假冒为善的人里面，罪性从来没有改变。"(*Parable*, Part I. p.194)

状。他们认为，这正好说明他们的体验是完全属于上帝的，而不是属于他们自己的，因为按他们的说法，当上帝离开他们的时候，这一切也随之消失。他们什么也看不见，什么也感觉不到，又回到从前糟糕的状态中。

确实，圣徒内心的所有恩典和良善完全来自上帝，并且圣徒得到恩典和良善也直接而完全地依靠上帝。但是，这些人错误地理解了上帝与圣徒交通的方式，不明白上帝如何把救赎的恩典浇灌在圣徒的心灵中。上帝把自己的灵赏赐给圣徒，圣灵与圣徒内心的能力合而为一，**并住在那里，成为他们本性的原则**。于是，拥有上帝恩典的圣徒得到一种**新的性情**，既然是性情，那么就是**持久的**。恩典的所有运行（真情感）都来自基督。但是，倘若情感运行的方式好像某个有生命的东西感动和刺激某个没有生命的东西，而后者仍旧保持死气沉沉的状态，那么这些情感的运行就不是来自基督。恩典的运行方式是这样：基督的生命传递给人的灵魂，借着基督的大能，圣灵本身成为人真实而**活泼的性情**。在人心里，凡是接受基督救赎的地方，基督就活在那里。基督不仅活在人心之外，似乎努力想要激活它；而且他活在人心里面，人心也因他而活着。人心中的恩典来自基督，正如阳光下玻璃中的光线来自太阳。 但这个比喻并不完全恰当，因为它并不能完全描述圣灵如何将恩典注入人心；因为玻璃仍旧是**玻璃**，它经过阳光照射以后，**本性**没有因此发生变化。但圣徒的内心一旦领受公义太阳的光线，**本性**就被改变，自身就变成发光体。圣徒不仅反射太阳的光辉，而且本身就成为小太阳，与那光源的性情有分。由此看来，他们发光的方式更像会幕中的金灯台，而不像反射阳光的玻璃；一旦被天火点亮，自身就成为燃烧的发光体。圣徒不仅喝来自泉源的生命之水，这水要在他里面成为泉源，从他腹中要流出活水的江河来（约4:14；7:38—39）。恩典是种在土里的种子，不仅**埋在土里**，而且要与**土壤紧密结合**，在里面扎根，在里面成长，在里面成为一种**持之以恒的生命原则**，使人具有上帝的性情。

信主之初的属灵认识和情感如此，信主之后的所有属灵光照和情感也同样如此：它们都能**改变人的本性**。它们里面都有属上帝的能力，就和信主之初的种种认识一样，而且它们也会直达内心最深处，按照其运行的程度影响和改变人心的性情。通过这些认识和情感，人的本性不断被改造，直到生命的尽头，那时圣徒的荣耀就得以完全。所以，圣经把恩典在圣徒心中动工的过程比喻为持续改造和更新人的性情。所以，使徒保罗劝勉在罗马的信徒，就是那些"**为上帝所爱、奉召作圣徒的人**"——蒙上帝怜悯以至得救的人——要**心意更新而变化**。"所以弟兄们，我以上帝的慈悲劝你们，将身体献上，当作活祭，是圣洁的，是上帝所喜悦的，你们如此侍奉，乃是理所当然的。不要效法这个世界，只要心意更新而变化，叫你们察验何为上帝的善良、纯全、可喜悦的旨意"（罗 12:1—2；比较罗 1:7）。所以，使徒保罗写信给在以弗所的圣徒，就是"**在基督耶稣里有忠心**"的人（弗 1:1），那些"死在过犯罪恶之中又活过来"的人，"与基督耶稣一同复活，一同坐在天上"的人，"在基督耶稣里造成为要行善"的人，"从前远离上帝，如今却在基督耶稣里靠着他的血，已经得亲近"的人，"不再作外人和客旅，是与圣徒同国、上帝家里的人"，"靠他同被建造成为上帝借着圣灵居住的所在"的人；使徒保罗写信给这一切人，告诉他们："(我) 就为你们不住地感谢上帝，祷告的时候，常提到你们，求我们主耶稣基督的上帝，荣耀的父，将那赐人智慧和启示的灵赏给你们，使你们真知道他。并且照明你们心中的眼睛，使你们知道他的恩召有何等指望，他在圣徒中得的基业有何等丰盛的荣耀；并知道他向我们这信的人所显的能力是何等浩大，就是照他在基督身上所运行的大能大力，使他从死里复活，叫他在天上坐在自己的右边，远超过一切执政的、掌权的、有能的、主治的和一切有名的，不但是今世的，连来世的也都超过了。又将万有服在他的脚下，使他为教会作万有之首。教会是他的身体，是那充满万有者所充满的。"（弗 1：

16—2:22）使徒保罗在这里说的就是上帝改变人心的大能和工作。所以，使徒保罗劝勉这些人"要脱去你们从前行为上的旧人，这旧人是因私欲的迷惑渐渐变坏的。又要将你们的心志改换一新，并且穿上新人，这新人是照着上帝的形象造的，有真理的仁义和圣洁"（弗4:22—24）。

某些人时而产生热烈的情感，但这些情感在他们身上不能产生持续的效果，来得快去得也快；当情感达到最高点的时候，他们好像被上帝提到空中，但是他们旋即又堕入行尸走肉的状态，完全没有基督徒的感受和行为。真正的恩典情感断非如此：㉝它们在人的心中持续地留下神圣事物的品位，使人热爱上帝、渴慕圣洁。摩西的脸不仅在山上与上帝对话时发光，而且下山以后继续发光。当人们真正与基督对话时，这会在他们身上产生明显而持续的效果。他们会具有一种独特的气质，如果我们注意到这种变化，并且深究其本，就能认明他们是跟过耶稣的（徒4:13）。

八 基督的性情

真正的恩典情感与虚假自欺的情感不同之处在于：真情感伴随着羔羊的心、鸽子的灵和基督的性情；换句话说，它们自然生出慈爱、温柔、安静、饶恕和怜悯的心肠，也就是基督的心。

这点有非常充分的圣经依据。如果我们依靠上帝的话语判断什么是基督教的本质和福音的真精神，那么，这种如羔羊和鸽子一般的温柔心灵，可称为**基督徒最明显的心灵特征**，并且可被视为基督徒区别于非基督徒的最明显气质。每当门徒因鲁莽或软弱而说出一些与这种心灵不符的话时，基督就责备他们不明白自己的心如何（路9:55），言下之意，这种心灵才是基督教和基督国度应有的精神。所有的真圣徒、基督的真门徒

㉝ 谢泼德先生说："难道您以为圣灵曾经降到巴兰这个人身上，然后又离开他，然后他又变得毫无圣洁的性情吗？"（*Parable*，PartI. p.126）

里面都有这样的心灵。不仅如此，他们也都是属于这种心灵的人。他们完全受到这种心灵的控制，所以这种心灵成为他们真正的品格。所以智者说（他所指的显然就是这种心灵）"性情温良的有聪明"（箴17:27）。基督专门这样描述真正有福之人，他们必蒙怜恤，是上帝的儿女和后嗣："温柔的人有福了，因为他们必承受地土。怜恤人的人有福了，因为他们必蒙怜恤。使人和睦的人有福了，因为他们必称为上帝的儿子。"（太5:5，7，9）《歌罗西书》说这种心灵是上帝选民的独特品格："所以你们既是上帝的选民，圣洁蒙爱的人，就要存怜悯、恩慈、谦虚、温柔、忍耐的心。倘若这人与那人有嫌隙，总要彼此包容，彼此饶恕。"（西3:12—13）使徒保罗说这种性情是基督教最美好的本质，人若没有它就不是真基督徒；与它相比，最堂皇的信仰告白和所有恩赐都算不得什么（他把这种心灵称为爱）；他这样描述道："爱是恒久忍耐，又有恩慈；爱是不嫉妒，爱是不自夸，不张狂，不做害羞的事，不求自己的益处，不轻易发怒，不计算人的恶。"（林前13:4—5）《加拉太书》第5章说这些基督徒的性情和心灵才是真恩典的明显标志和果子："圣灵所结的果子，就是仁爱、喜乐、和平、忍耐、恩慈、良善、信实、温柔、节制。"（5:22—23）使徒雅各也这样描述真恩典和上头来的智慧：他说，内心与之相反的人不可自欺，也不可说谎话抵挡真道；虽然他们说自己是基督徒，但他们根本不是："你们心里若怀着苦毒的嫉妒和纷争，就不可自夸，也不可说谎话抵挡真道。这样的智慧不是从上头来的，乃是属地的、属情欲的、属鬼魔的。在何处有嫉妒纷争，就在何处有扰乱和各样的坏事。惟独从上头来的智慧，先是清洁，后是和平，温良柔顺，满有怜悯，多结善果。"（雅3:14—17）

凡是与内心圣洁相关的事情都具有真基督教的本质，都是基督徒的品格。但是，表现在某些特定恩典中的圣洁心灵，尤其被称为"基督徒心灵或性情"。有一些美好品质和美德，特别符合福音的本质和基督徒的信仰告白，因为这些品质和美德，特别符合耶稣基督在救赎过程中向我们展现的种种美德和他为我们设立的无上典范，同样，也因为它们特别符合救赎大功的**主旨和设计**，符合我们由此领受的诸多福分以及我们得以进入与上帝、与众人的**美好关系**。这些美德不正是基督徒品格中的谦卑、温柔、仁爱、饶恕和怜悯吗？

圣经说的这些美德正是教会元首耶稣基督自己的品格。旧约多次预言基督具有这些品格："要对锡安的居民说：'看哪，你的王来到你这里，是温柔的，又骑着驴，就是骑着驴驹子。'"（太 21:5）基督自己也提到这些品格："我心里柔和谦卑，你们当学我的样式。"（太 11:29）圣经把基督称为羔羊，这个名字也说明了同样的道理。既然这些属性最符合基督的品格，那么它们也是基督徒最应该具备的品格。基督徒就是**像基督**一样的人。如果他们的品格与基督不符，那他们就不配称为基督徒。"穿上了新人，这新人在知识上渐渐更新，正如造他主的形象"（西 3:10）。所有真基督徒都从镜子里看见主的荣光，就变成主的形状，如同从主的灵变成的（林后 3:18）。因为他预先所知道的人，就预先定下效法他儿子的模样，使他儿子在许多弟兄中做长子（罗 8:29）。头一个人是出于地，乃属土。第二个人是出于天。那属土的怎样，凡属土的也就怎样。属天的怎样，凡属天的也就怎样。我们既有属土的形状，将来也必有属天的形状（林前 15:47—49）。基督满有恩典，基督徒都从他丰满的恩典里领受了，而且恩上加恩。也就是说，基督徒里面有恩典，这恩典是对基督恩典的回应，正如封蜡和封印彼此吻合、品格与品格相互辉映。这种恩典、这样的心灵和性情、这些属于基督的品格也属于基督徒。最能体现基督品格的气质也最能反映基督的形象。基督徒不仅反射公义太阳的光辉，他们自己也放射同样的光芒：同样温柔、甜美、宜人之光。灵宫中这些金灯台被天火点燃，它们燃烧着同样属天的火焰。枝子与树干及树根具有同样的本质，里面流淌同样的汁液，也结出同样的果子。各肢体与它们共同的那个头具有同样的生命。基督徒的性情和心灵如果与基督的不同，那才是怪事；因为他们是他的骨肉，他们与主**成为一灵**；且他们**现在活着，不再是他们，乃是基督在他们里面活着**（林前6:17）。基督徒的心是基督在他子民心上打的标志，是他在他们额上刻的印记，带着基督的形象和名号。基督徒是跟随基督的人，凡是基督的真门徒，必顺服基督的呼召，"到我这里来，学我的样式。我心里柔和谦卑"（太11:28—29）。他们跟随这位羔羊："羔羊无论往哪里去，他们都跟随他。"（启14:4）真基督徒是那些**披戴基督**温柔、安静、仁爱性情的人；凡是**在基督里的人，都要披戴基督**。教会身披日头也是此意，教会不仅披戴基督归算的义，并且要用基督的救恩当作妆饰（罗13:14）。大牧者本人是羔羊，信徒也是羔羊，整个羊群都是羔羊："你喂养我的小羊。"（约21:15）"我差你们出去，如同羊羔进入狼群"（路10:3）。教会靠基督的救赎得以脱离魔鬼的权势，这在旧约中早有预表，就是大卫拯救羔羊脱离狮口和熊爪。

这种美德是基督徒心灵的本质，这种心灵在基督内心和基督肢体中运行，是基督徒最明显的特质。最能说明这一点的是，上帝选择鸽子作为圣灵的象征。某个东西要成为其他东西的恰当象征，它必须恰当地反映它们的**本质**。当基督被天父膏抹的时候，圣灵**仿佛鸽子**降在他身上。没什么比鸽子更能象征温柔、善良、和平、仁爱。这灵既然降于教会的元首，也就进入基督的肢体："你们既为儿子，上帝就差他儿子的灵进入你们。"（加4:6）"人若没有基督的灵，就不是属基督的"（罗8:9）。整个奥秘的身体，包括头和肢体都成**为一体一灵**（林前6:17；弗4:4）。基督向门徒吹气，让他们领受圣灵（约20:22）。正如基督被圣灵膏抹、圣灵仿佛鸽子降在他身上，基督徒也"从那圣者受了恩膏"（约一2:20，27）。他们是用同样的油膏抹的，就是那"贵重的油浇在头上，流到胡须，又流到衣襟"。这灵就是和平与仁爱的心。"看哪，弟兄和睦同居，是何等的善,何等的美!这好比那贵重的油浇在亚伦的头上,流到胡须,又流到他的衣襟。"(诗 133:1—2)亚伦衣襟上的油与他头上的油有同样的香味;基督徒情感与基督徒行为的香味也来自基督的香膏。因为教会具有鸽子般的性情和气质,所以圣经说教会有鸽子的明眸:"我的佳偶,你甚美丽!你甚美丽!你的眼好像鸽子眼。"(歌 1:15)"我的佳偶,你甚美丽!你甚美丽!你的眼在帕子内好像鸽子眼。"(歌 4:1)圣经也用同样的语言描述基督,《雅歌》5:12 说,"他的眼如溪水旁的鸽子眼";也常把教会比作鸽子:"我的鸽子啊,你在磐石穴中,在陡岩的隐密处。"(歌 2:14)"我的妹子,我的佳偶,我的鸽子,我的完全人,求你给我开门"(歌 5:2)。"我的鸽子,我的完全人,只有这一个,是她母亲独生的"(歌 6:9)。"你们安卧在羊圈的时候,好像鸽子的翅膀镀白银,翎毛镀黄金一般"(诗 68:13)。"不要将你鸽子的性命交给野兽"(74:19)。㉞挪亚从方舟放出去找不到落脚之处,在天上飞来飞去的鸽子也预表真圣徒。

温柔是基督徒的重要品格,所以圣经里温柔和圣洁是同义词:《诗篇》把恶人与温柔的人加以对比,来说明邪恶和圣洁:"还有片时,恶人要归于无有。你就是细察他的住处,也要归于无有。但温柔人㉟必承受地土。"(37:10—11)"耶和华扶持温柔人㊱,将恶人倾覆于地"(诗 147:6)。

显然,基督称他承受天国的所有门徒都是小孩子也是指这点:"让小孩子到我这里来,不要禁止他们,因为在天国的,正是这样的人。"(太 19:14)"无论何人,因为门徒的名,只把一杯凉水给这小子里的一个喝,我实在告诉你们,这人不能不得赏赐"(太 10:42)。"凡使这信我的一个小子跌倒的,倒不如把大磨石拴在这人的颈项上,沉在深海里"(太 18:6)。"你们要小心,不可轻看这小子里的一个"(18:10)。"你们在天上

㉞ 中文和合本译作"不要将你斑鸠的性命交给野兽。"——译注
㉟ 中文和合本译作"谦卑人"。——译注
㊱ 同上。

的父也是这样，不愿意这小子里失丧一个"（18:14）。"小子们，我还有不多的时候与你们同在"（约13:33）。小孩子单纯无恶意，他们不会对世界构成巨大的威胁；人们不需要怕他们；他们不是危险人物；他们即便生气也不会持久，他们不恼羞成怒、怀恨在心。真基督徒就要在恶事上做婴孩（林前14:20）。小孩子不诡诈多谋，而是诚实简单；他们不擅长无中生有、瞒天过海和欺诈之术；他们不懂得如何巧妙伪装。他们愿意顺服，不刚愎自用，不固执己见；他们不信靠自己的聪明，而是依赖父母和其他长辈的指导。小孩子恰如其分地、活生生地说明了基督的追随者应该是什么样子。像小孩子这样的人，不仅值得称道，不仅是基督徒赞许和追求的目标（某些人确实取得这样的成就），而且是基督徒的普遍品格。若非如此断不得进天国："我实在告诉你们：你们若不回转，变成小孩子的样式，断不得进天国。"（太18:3）"我实在告诉你们：凡要承受上帝国的，若不像小孩子，断不能进去。"（可10:15）

然而，有些人也许会反对说：难道基督徒不应该刚强，为基督放胆，在属灵争战中身先士卒，勇敢地站出来抵挡仇敌吗？

我对此的回答是：的确，基督徒确实应该为基督刚强壮胆。圣经把基督徒的整个一生比作一场战争，而这个比喻恰如其分。最杰出的基督徒都是最好的战士，上帝赐给他们最多基督徒的勇敢精神和坚强意志。作为上帝的子民，我们有责任坚决有力地抵挡那些企图推翻基督国度和危害基督信仰的种种诡计。然而，许多人显然误解了什么是基督徒的勇敢。它远非蛮力，也不是野兽扑食的凶恶。基督徒的勇敢在于内心的力量。靠上帝的恩典，基督徒在两件事上表现出刚强：抑制**邪恶**的私欲和**不洁**的情感，以及坚定而自由地运用**良善**的情感，活出美好的性情，不被罪恶的恐惧感**捆住手脚**，也不因仇敌抵挡而**畏缩不前**。然而，真基督徒借助真勇敢和真坚强**努力克制的情欲**却正是假基督徒**拼命表现**的。真基督徒实践勇敢的那些圣洁情感与假基督徒的鲁莽正好相反。尽管基督徒的勇敢有时候表现为忍耐和反击我们外面的敌人，但它更多地表现为抵挡和遏制我们里面的仇敌，因为它们才是我们最可怕、最强悍、对我们最不利的仇敌。论到耶稣基督精兵的力量，最好的表现就是：基督徒面对这个邪恶无理世界的暴风骤雨、疾病伤害、怪异行为、意外事件时，始终保持平静、温柔和善良，圣经说这种神圣的性情才是真正的勇敢："不轻易发怒的，胜过勇士；治服己心的，强如取城。"（箴16:32）

如果我们想正确地判断什么是勇敢地与上帝仇敌作战，那么最直接和最确定的办法就是看主耶稣。他是天上万军之元帅，是我们的伟大领袖和榜样。我们要看他如何在受难这一人类历史上空前绝后的大战中表现出他的勇敢：他独自一人与全世界作战，身边没有一个人帮助他，他表现出无与伦比的勇敢，并且取得了胜利；天使天军要永远高声赞美，歌唱耶稣基督荣耀的凯旋；我们看到耶稣基督在他最后受难的时刻，来自世界和地狱的仇敌全都起来向他发动最猛烈的进攻，四面围困他，好像撕咬咆哮的狮子。毫无疑问，我们看见一位圣洁战士和胜利者，在上帝的光荣事业中表现出的勇敢达到了最完美的境界，闪耀着至高无上的光辉，凡是愿意跟随主耶稣继续战斗的士兵，无不臣服于这位元帅的勇敢，因为他是最好的表率。可是，他当时究竟如何显示神圣的勇敢呢？他没有激动和愤怒，没有用激烈的言辞反击敌人的无比邪恶，没有说他们是魔鬼的党羽，相反，他被欺压，受苦的时候却不开口；他像"走向屠宰场的羔羊，像剪羊毛者面前无语的羔羊"；他祈求父饶恕这些残暴的敌人，因为他们不知道自己在做什么；他不流别人的血，却因着无坚不摧的忍耐和大爱流自己的血。实际上，一位门徒一度试图证明自己有胆量捍卫基督，他自信地说，就是死也断不会不认他，他真的拔刀相助，但基督温柔地斥责他，并伸手治好他造成的刀伤。此时，基督的忍耐、温柔、仁爱、饶恕显露无遗；此刻，羔羊的心与鸽子的灵得到完美体现。所以，如果基督徒在面临上帝的和自己的仇敌最残忍凶恶、最无法理喻、最邪僻乖谬的抵挡这诸般试探时，仍能保持羔羊的谦卑、安静和温柔以及鸽子的善良、仁爱、美好性情，我们就能断定他正是**耶稣基督的精兵**。

当人们暴躁并表现出激烈和苦毒的情绪时，这正好说明他们软弱，而非刚强。《哥林多前书》第3章开头说："弟兄们，我从前对你们说话，不能把你们当作属灵的，只得把你们当作属肉体、在基督里为婴孩的。我是用奶喂你们，没有用饭喂你们。那时你们不能吃，就是如今还是不能。你们仍是属肉体的，因为在你们中间有嫉妒、纷争，岂不是属乎肉体、照着世人的样子行吗？"

有一种伪装的为基督刚强壮胆，它源于骄傲。有的人显得好像自己不贪爱世界，甚至让世人厌恶他，但这些都是出于他自己的骄傲。属灵骄傲在本质上就是要显示自己与众不同，于是他们常常向那些他们称为属肉体的人宣战，好显得自己鹤立鸡群。然而，真正为了基督刚强壮胆，是没有限量的，是攻无不克的，它使基督徒超越所有反对的声音。不论是朋友还是敌人，他都不需要曲意逢迎。他为了基督可以放弃所有。他宁可冒犯所有人，宁可被所有人鄙视，也不愿得罪基督。事实上，一个人愿意为了基督而被自己人鄙视，比他愿意挺身而出指责敌人，更能表现出真正的刚强。真正为基督刚强壮胆的人，真正拥有基督徒的勇敢的人，当犯罪以后，能公开承认自己的罪，甚至向对手认错。这种克己的行为才是属灵勇气的表现，而不是激烈对抗敌人。使徒保罗说，他不仅不在外邦人和犹太人面前求自己的荣耀，也不在基督徒面前求荣耀（帖前2:6）。㊲

正如有些人错误地理解什么是为基督**刚强壮胆**，他们也错误地理解什么是基督徒的**热心**。基督徒的热心虽是火焰，却是甜美的，或可说是甜美火焰散发的热量。因为这火焰乃是神圣的爱，或基督徒的仁爱，所

㊲ 谢泼德先生在谈到假冒为善者追求掌声的时候说："人们放弃他们的朋友，并把世界的嘲笑踩在脚下；因为他们在别的地方得到了回报。为了维持圣徒们对他们的爱，他们愿意受苦。"（*Parable of the Ten Virgins*, Part I. p. 180）

以这是人或天使心中最甜美、最良善的东西。基督徒的热心是这火焰的热，它热忱而活跃地向外散发，追求美善，也因此积极反对那些阻碍良善的邪恶。在基督徒的热心中，确实包含反对，并且是有力的反对；反对是基督徒热心当中不可分割的一部分，或可说是伴随基督徒热心而存在的；但基督徒的反对是对事不对人。对人怀恨在心不是基督徒热心的一部分，而是与之相反的东西；基督徒越是热心，他越远离怨恨和苦毒，越充满爱；不仅爱好人，也爱坏人。它的本质与核心正是基督徒仁爱之心。至于其中反对事的部分，它首先是反对自己里面的邪恶之事：反对自己里面那些敌对上帝和亵渎神圣之事（这是他看到最多，也是最需要对付的事），其次是反对他人的罪。所以，真正的基督徒热心，一点也不违背温柔仁爱之心，小孩子、羔羊和鸽子的心；它不仅完全符合温柔仁爱之心，并且会积极促进它。

现在，我准备对基督徒的心灵加以具体论述，这就是**饶恕、仁爱与怜悯**。圣经清楚地表明，这些品格对每个基督徒都是**绝对必不可少的**。

饶恕的心就是愿意忽略和赦免别人给我们的伤害。基督把饶恕的心赏赐给我们，它既是消极的证据，又是积极的证据。基督教导我们说，如果我们有这样的心，就证明我们得到了上帝的赦免和饶恕；如果我们没有这样的心，那我们就不能得到上帝的饶恕。我们应该特别注意这点，并永远牢记在心："免我们的债，如同我们免了人的债。你们饶恕人的过犯，你们的天父也必饶恕你们的过犯；你们不饶恕人的过犯，你们的天父也必不饶恕你们的过犯。"（太6:12，14，15）基督在另外一个场合也说过同样的话（可11:25—26），又在《马太福音》18:22至末尾的比喻中谈到同样的道理，欠主人一千万两银子的仆人不愿意赦免同伴十两银子的债务，所以被交给掌刑的受罚。基督在谈到这个比喻的应用时说："你们各人若不从心里饶恕你的弟兄，我天父也要这样待你们了。"（18:35）

圣经也清楚地教导我们，所有真圣徒都有仁爱驯良、乐善好施的心。这样的经文数不胜数。使徒保罗说，如果没有这种心灵，我若能说万人的方言，并天使的话语，却没有爱，我们就成了鸣的锣、响的钹一般。我若有先知讲道之能，也明白各样的奥秘、各样的知识，而且有全备的信，叫我能够移山，却没有爱，我就算不得什么。新约多处经文反复强调这个品格是真基督徒的标志。圣经常常提到，这是基督徒最明显的特征，众人借此就知道他们是基督的门徒，并且基督徒自己也认出彼此来。圣经常常将它作为基督徒身份的消极和积极特征。基督说爱的律法是他最大的命令："我赐给你们一条新命令，乃是叫你们彼此相爱；我怎样爱你们，你们也要怎样相爱。"（约13:34）"你们要彼此相爱，像我爱你们一样，这就是我的命令"（约15:12）。"我这样吩咐你们，是要叫你们彼此相爱"（约15:17）。"你们若有彼此相爱的心，众人因此就认出你们是我的门徒了"（约13:35）。《约翰福音》14:21还专门提到主的命令："有了我的命令又遵守的，这人就是爱我的。"约翰这位蒙爱的门徒本身就满有这种美好的性情，他在书信中也反复强调这点。没有哪个使徒像他那样写下那么多明确的恩典记号，让宣信者可以检验自己的信仰；而在这些记号中，他最强调的就是基督徒的爱心和与之相符的行为："人若说自己在光明中，却恨他的弟兄，他到如今还是在黑暗里。爱弟兄的，就是住在光明中，在他并没有绊跌的缘由。"（约一2:9—10）"我们因为爱弟兄，就晓得是已经出死入生了。没有爱心的，仍住在死中"（约一3:14）。"小子们哪，我们相爱，不要只在言语和舌头上，总要在行为和诚实上。从此就知道我们是属真理的，并且我们的心在上帝面前可以安稳"（约一3:18—19）。"上帝的命令就是叫我们信他儿子耶稣基督的名，且照他所赐给我们的命令彼此相爱。遵守上帝命令的，就住在上帝里面，上帝也住在他里面。我们所以知道上帝住在我们里面，是因他所赐给我们的圣灵"（约一3:23—24）。"亲爱的弟兄啊，我们应当彼此相爱，因为爱是从上帝来的。凡有爱心的，都是由上帝而生，并且认识上帝。没有爱心的,就不认识上帝,因为上帝就是爱"(约一 4:7—8)。"从来没有人见过上帝。我们若彼此相爱,上帝就住在我们里面,爱他的心在我们里面得以完全了。上帝将他的灵赐给我们,从此就知道我们是住在他里面,他也住在我们里面"(约一 4:12—13)。"上帝爱我们的心,我们也知道、也信。上帝就是爱,住在爱里面的,就是住在上帝里面,上帝也住在他里面"(约一 4:16)。"人若说,我爱上帝,却恨他的弟兄,就是说谎话的;不爱他所看见的弟兄,就不能爱没有看见的上帝"(约一 4:20)。

圣经说得再直白不过了:只有真心**怜悯**并**帮扶**穷困、劳苦、生病同胞的人才是真圣徒,缺乏这种心肠和行为的人肯定不是真圣徒:"恶人借贷而不偿还;义人却恩待人,并且施舍。"(诗 37:21)"他终日恩待人,借给人"(诗 37:26)。"施恩与人、借贷与人的,这人事情顺利"(诗 112:5)。"怜悯穷乏的,乃是尊敬主"(箴 14:31)。"义人施舍而不吝惜"(箴 21:26)。"他为困苦和穷乏人伸冤,那时就得了福乐。认识我不在乎此吗?这是耶和华说的"(耶 22:16)。"在上帝我们的父面前,那清洁没有玷污的虔诚,就是看顾在患难中的孤儿寡妇"(雅 1:27),等等。"我喜爱良善,不喜爱祭祀;喜爱认识上帝,胜于燔祭"(何 6:6)。"怜恤人的人有福了,因为他们必蒙怜恤"(太 5:7)。"我说这话,不是吩咐你们,乃是藉着别人的热心试验你们爱心的实在"(林后 8:8)。"因为那不怜悯人的,也要受无怜悯的审判,怜悯原是向审判夸胜。我的弟兄们,若有人说自己有信心,却没有行为,有什么益处呢?这信心能救他吗?若是弟兄或是姐妹赤身露体,又缺了日用的饮食,你们中间有人对他们说:'平平安安地去吧!愿你们穿得暖吃得饱',却不给他们身体所需用的,这有什么益处呢"(雅 2:13—16)?"凡有世上财物的,看见弟兄穷乏,却塞住怜恤的心,爱上帝的心怎能存在他里面呢"(约一 3:17)?《马太福音》第 25 章对审判日进行了非常具体的描述,基督说,那天上帝要按照人是否有怜悯的心肠和行为来审判每个人。基督这样描述审判日的进程,显然是为了让所有门徒明白：除非他们具有怜悯的心肠和行为，否则基督不可能接纳和承认他们。所以，我们必须明白这个道理。我们发现，在圣经里，**义人**和**怜悯人**的人是同义词。"义人死亡，无人放在心上；虔诚人被收去，无人思念。这义人被收去是免了将来的祸患"（赛57:1）。

所以，我们看到圣经充分、清楚、完整地证明，真正感恩的人具有耶稣基督那如同羔羊和鸽子般的心灵，这是福音救恩的最核心、最明显的本质，也是真正的基督教精神。所以，我们可以断言：所有真正的基督徒情感都伴随着这样的心灵，这是真基督徒各种情感（惧怕、希望、忧伤、喜乐、信心、热心）的固有倾向。

我希望人们不要误解我。我不是说真基督徒里面毫无与此相反的心灵，也不是说基督徒绝对不可能在任何事情上做出与此不符的行为。但我可以肯定一点，如同我肯定圣经的价值：基督徒里面属于真基督教的部分都具有这种温柔的倾向，并按照这个方式工作。如果一个基督徒与这种心灵完全无分，那么他就必然不是真基督徒。因为真基督徒内心掌权的一定是这种精神，这必须真正成为他的品格。所以，基督没有给牧师和任何人任何凭据，让有相反品格和行为的人以为仅仅因为他们讲述了一个"光照"或"认识"的童话故事，就证明他们已经信主成为基督徒。如果有人这样做，那么他就是相信自己的聪明胜过相信基督的智慧。不仅如此，他还违背了基督的命令，因为他不使用基督的标准来判断一个人是不是基督徒。有些人错误地以为信仰就是人喜欢吹嘘的"光照"和"想象"，其实这些都是靠不住的，是转瞬即逝的东西；尤其当它们以错误的方式和次序出现的时候，更是虚假。这些人忽略了信仰更重要的是在于心灵和品格，他们极大地扭曲了基督信仰，他们对基督教的认识与圣经所启示的真基督教有天壤之别。圣经里没有这种基督徒：卑鄙龌龊、自我中心、圣俗混杂、争强好胜。没有什么比一个孤僻生硬、刻薄恶毒、趾高气昂的基督徒更荒谬的。我们必须学会如何带人就道，而非改道就人。如果我们扭曲神圣的道统来适应我们自己和邻居，那么最后圣道就会面目全非，彻底失效。

确实，论到这些事情和其他事情，人的血气是难免的，但这并不意味着豺狼和毒蛇信主以后心灵不会发生明显变化。信主导致的变化是非常明显的，尤其是人从前最喜欢犯的罪方面。上帝的恩典最善于遏制和治死这类罪，因为它们与基督徒的心灵正好相反。圣经用形象的比喻描述福音的恩典如何扭转人心："豺狼必与绵羊羔同居，豹子与山羊羔同卧，少壮狮子与牛犊并肥畜同群；小孩子要牵引它们。牛必与熊同食，牛犊必与小熊同卧，狮子必吃草与牛一样。吃奶的孩子必玩耍在虺蛇的洞口，断奶的婴儿必按手在毒蛇的穴上。在我圣山的遍处，这一切都不伤人、不害物，因为认识耶和华的知识要充满遍地，好像水充满洋海一般。"（赛 11:6—9）同样还有《以赛亚书》65:25。据此我们发现：基督教会初期，信徒在这方面的转变是极其显著的："我们从前也是无知，悖逆，受迷惑，服侍各样私欲和宴乐，常存恶毒、嫉妒的心，是可恨的，又是彼此相恨。但到了上帝我们救主的恩慈和他向人所施的慈爱显明的时候，他便救了我们，并不是因我们自己所行的义，乃是照他的怜悯，藉着重生的洗和圣灵的更新。"（多 3:3）"当你们在这些事中活着的时候，也曾这样行过。但现在你们要弃绝这一切的事，以及恼恨、忿怒、恶毒、毁谤，并口中污秽的言语"（西 3:7—8）。

九　温柔的心灵

恩典情感使人心柔软，进而使基督徒有温柔的心灵。

虽然假情感在开始的时候似乎能融化人心，但最终它会使人心刚硬。假情感会使人具有不良气质，例如自私自利、自高自大、抵挡别人；不仅如此，假情感结合自欺则产生一种可怕的作用，它使人心愚钝，拒绝温柔的心肠；最终使人的心态变得日益糟糕。他们越来越不认识自己当前和过去犯的罪，听不到良心的提醒，不警惕将来的罪，不在乎上帝话语的警告，不因上帝的护佑而感动，不在乎自己的灵命状况，不注意自己的行为的方式和倾向，难以认识罪恶，不怕邪恶的显现，而他们属灵的光景反而不如认罪（律法使他们知罪，害怕地狱）之前的状况。现在他们有了这种或那种情感，高度评价自己，以为自己已经得救，必得上天堂，安全无虞；他们可以比以前活得更放松，不需要履行那些麻烦的义务；他们遵守命令变得又缓慢又挑剔，尤其是自己觉得困难的义务；当他们的缺点和过错暴露时，不能引以为戒；他们愈欣赏自己，觉得自己劳苦功高，站得直行得正，就愈加容易向诱惑和私欲投降；他们在公共崇拜或私人聚会中朝见上帝时，也不谨慎自己的举止。以前，在律法的认罪中，他们曾为信仰忍受许多痛苦，在很多事情上拒绝私欲的诱惑；而现在他们却以为自己已经远离地狱，就卸下十字架的负担，省去了许多困难的责任，沉溺于享乐和私欲。

这样的人接受基督，不是因为**基督救赎他们脱离罪恶**，而是因为他们以为**基督纵容他们犯罪**。他们不是把基督当作避难所，投奔基督，躲避属灵的仇敌，而是把基督当作武器，利用基督，反击属灵的仇敌，让自己更有力量对抗上帝。他们利用基督的恩典鼓励自己反对上帝的律法。他们把基督当成罪犯的牧者、魔鬼的元帅，耶稣成了帮助他们反对耶和华上帝最有力的支持者。他们以为有了耶稣，就可以肆意得罪上帝，再也不用担心什么。他们以为耶稣的恩典实际上打破了各种约束，使上帝最庄严的警告和最可怕的威胁都落了空。他们相信基督的死是为了让他们继续享受犯罪，为了庇护他们躲避上帝的怒气。他们来到耶稣面前，像上帝儿女一样倚在他的胸口，用藏在袖中的致命刀剑伤害他。㊳

然而，与此同时，这些人却宣告自己热爱上帝，相信上帝的恩典，

㊳ 谢泼德先生说："这些假冒为善者说自己相信，却滥用主耶稣的福音。我们在《犹大书》第四节读到有些人将上帝的恩典变作放纵情欲的机会。这显示出了人心特别的邪恶，他们不仅把律法而且把主耶稣的荣耀福音变成他里面的不义。常常见到人们在信主之初呼求恩典和基督，后来却变为放荡，不遵守律法，并且用福音为他们的罪行辩护。"(*Parable*, Part I, p. 126)

感到基督的爱多么美好,并以上帝为乐。他们就是使徒犹大所说的:有些人**偷着进来**,就是自古被定受刑罚的,是不虔诚的,将我们上帝的恩变作放纵情欲的机会(犹4)。这些人相信自己的义,而因为上帝应许义人**必定存活得救**,他们就更加**放肆**。以西结对这些人提出警告说:"我对义人说:你必定存活!他若倚靠他的义而作罪孽,他所行的义都不被记念;他必因所作的罪孽死亡。"(结33:13)

恩典情感的倾向正好与之相反。它们使石心变得越来越柔软,成为肉心。圣洁的爱和盼望是大有功效的,它们让人心变得柔软,使人恨恶罪恶,并且憎恶一切冒犯上帝、令他不悦的事情,并且使人保持谨慎、敏感和自律,效果远胜过奴性的恐惧感。正如我们前面所言,恩典情感出于忧伤痛悔的心,心因为圣洁的忧伤而更加温柔,就像受伤的皮肉更加柔软,更加容易感到疼痛。出于上帝恩典的圣洁忧伤比出于自私原则的律法忧伤,更加能软化人心。

真基督徒有温柔的心。我们的救主耶稣基督把具有这种温柔性情的人比作**小孩子**,这真是一个美好的比喻。小孩子的皮肉是非常柔软的,重生之人的心也是如此。圣经说乃缦在约旦河洗澡以后,麻风病得以治愈,这显然预表着重生的基督徒受圣灵的洗以后灵魂得以更新。"于是乃缦下去,照着神人的话,在约旦河里沐浴七回,他的肉复原,好像小孩子的肉,他就洁净了"(王下5:14)。小孩子不但**皮肉柔软**,**心肠**也柔软。小孩子容易感动,容易受教,容易顺从。基督徒在属灵的事上也是如此。小孩子有同情心,他们与哀哭的人同哀哭,他们不忍心看见别人受苦;基督徒也是如此(约11:25;罗12:15;林前12:26)。仁爱善良的人容易赢得小孩子的心,基督徒也喜爱良善。小孩子看见世俗的丑恶事物就害怕得哭泣,基督徒也为罪忧伤哭泣。小孩子看见外在的邪恶或会伤害他的东西时,容易感到恐惧,基督徒也警惕属灵的邪恶,躲避那些危害灵魂的事情。当小孩子遇到敌人或野兽的时候,他不相信自己的力量，而是寻求父母的保护；当基督徒与属灵的仇敌争战时，他们也不信靠自己，而是投奔基督。小孩子在危险的地方会害怕，他们怕黑、怕独处、怕离家；基督徒也是如此，他们对属灵的危险很敏感，他们看不清前面的道路时充满恐惧，害怕被上帝离弃，害怕远离上帝："常存敬畏的，便为有福；心存刚硬的，必陷在祸患里。"（箴 28:14）小孩子怕长辈，怕他们生气，看见长辈皱眉，他们就会吓得发抖；基督徒也非常惧怕上帝："我因惧怕你，肉就发抖，我也怕你的判语。"（诗 119:120）"耶和华说：这一切都是我手所造的，所以就都有了。但我所看顾的，就是虚心痛悔、因我话而战兢的人"（赛 66:2）。"凡为以色列上帝言语战兢的，都因这被掳归回之人所犯的罪，聚集到我这里来"（拉 9:4）。"现在当与我们的上帝立约，休这一切的妻，离绝她们所生的，照着我主和那因上帝命令战兢之人所议定的，按律法而行"（10:3）。小孩子敬畏大人，同样，圣徒来到上帝面前也要存敬畏的心："他的尊荣，岂不叫你们惧怕吗？他的惊吓，岂不临到你们吗？"（伯 13:11）真敬虔的本质很大程度上在于圣洁的敬畏之情，所以圣经把真敬虔称为**敬畏上帝**。

所以，恩典情感不会使人鲁莽、轻率、喧哗，而是让人说话**战兢谨慎**："从前以法莲说话，人都战兢，他在以色列中居处高位；但他在侍奉巴力的事上犯罪，就死了。"（何 13:1）恩典情感会以圣洁的敬畏装饰他们在上帝和众人面前的行为（诗 2:11；彼前 3:15；林后 7:15；弗 6:5；彼前 3:2；罗 11:20）。

但是，有些人读到这里可能会反对说：难道就没有在祷告和圣洁的敬拜中表现出神圣的勇气这种事情吗？我的回答是：神圣的勇气当然存在，而且它主要存在于大圣徒心中，就是那些信心和爱心极大的人。但这种神圣的勇气与**敬畏之情**丝毫不矛盾，神圣勇气的反面是**纷争和奴性**。神圣勇气会消除或减轻人喜欢纷争和奴性的病态，这种病态源于人与上帝之间的**道德差距**以及**关系差距**，如同主仆之间的那种差距。但这种勇气绝不会消除人与上帝之间的**属自然差距**，因为在这点上，我们与上帝之间永远存在天壤之别。纯洁无瑕、完全荣耀的天使在上帝宝座面前尚且掩面不敢正视（赛6章），更何况是我们这些出于尘土的罪恶蠕虫？不管有多少勇气，不管是何种勇气，都不可能使人看见上帝而不感到万分恐惧和敬畏。利百加与以撒的婚姻显然预表教会许配给基督，而利百加一见到以撒就急忙下了骆驼，拿帕子蒙上脸，虽然她此行的目的正是做他的新娘，与他建立人类最亲密的联合关系。㊴大先知以利亚与上帝有圣洁的亲密关系，而当他亲近上帝的时候，甚至当他在山上与上帝对话的时候，还用外衣蒙上脸。这并不是因为**大风**、**地震**、**大火**使他产生奴性的恐惧感。他盖上脸是在这一切可怕的震动结束之后，当上帝像朋友那样用**微小的声音**与他说话的时候："地震后有火，耶和华也不在火中；火后有微小的声音。以利亚听见，就用外衣蒙上脸，出来站在洞口。"（王上19:12—13）上帝与摩西面对面地说话好像人与朋友说话一般，论到与上帝的亲密关系，众先知中没有比摩西更大的。而摩西离上帝最亲近的那次，就是上帝在山上（后来上帝又在这里向以利亚显现）向他显现荣耀时，"摩西急忙伏地下拜"（出34:8）。有些人胆敢直接对着伟大的耶和华上帝说话，胆子大得不合体统，令人无法忍受——这是一种伪造的神圣勇气，他们装成伟大圣徒的样子，好像与上帝有特别亲密的关系——假如他们真的看见上帝与他们之间的差距，他们绝不会如此胆大妄为；仅仅是这种亲近上帝的想法，就足以让他们在惧怕和狂乱中缩为无有。他们好像法利赛人，大胆地到上帝面前来，相信自己非常圣洁。然而，假如他们认识到自己的邪恶，他们就会像那个税吏一样："远远站着，连举目望天也不敢，只捶着胸说，上帝啊，开恩可怜我这个罪人。"

㊴ 艾姆斯博士曾提到，敬拜上帝的时候，节制是真谦卑的一个标志。（*Cases of Conscience*, Book Ⅲ. chap iv.）

我们这样的罪人虽然怀着信心而没有惧怕，但我们带着忧伤痛悔的心和蒙羞的脸来到圣洁的上帝面前，乃是理所当然的。圣经预言：在最后荣耀的日子里，当教会在地上得到最高的特权时，当上帝用他恩约的怜悯来安慰她的时候，这种温柔和敬畏之情将成为基督教会独特而明显的气质："然而我要追念在你幼年时与你所立的约，也要与你立定永约。你接待你姐姐和你妹妹的时候，你要追念你所行的，自觉惭愧。并且我要将她们赐你为女儿，却不是按着前约。我要坚定与你所立的约，好使你在我赦免你一切所行的时候，心里追念，自觉抱愧，又因你的羞辱就不再开口。这是主耶和华说的。"（结16:60—63）我们在《路加福音》第7章读到一位大圣徒，就是那个有罪的女人。基督曾亲自见证（7:47）她的爱除去惧怕。而她来到基督面前的方式就是蒙悦纳的：她怀着谦卑、敬畏、羞愧的心上前来，站在耶稣背后，因为不敢到他面前，就挨着他的脚哭，眼泪湿了耶稣的脚，就用自己的头发擦干。

  恩典情感总是伴随温柔的心，其中一个原因是，真恩典会促进良心认罪。人们拥有真恩典之前，必定经历良心认罪；而他们真正信主并拥有真悔改、喜乐和平之后，恩典会使他们停止**犯罪**，但不会使他们停止**认罪**，反而会让他们更深地认罪。它不会使人的良心变得愚钝麻木，反而会使良心更加敏感、更加迅速、更加充分地分辨罪恶，并对罪的可怕本质产生更加深刻的认识，使人能够**更快更深**地认识罪，更相信自己是一个罪人、自己内心充满邪恶；最终，它使人更加警惕自己的心。恩典会使人心**更深刻**、**更充分**地认识与罪有关的事，超过律法使人认罪的功效。也就是说，人不仅认识到犯罪是极大地悖逆上帝的旨意、律法和尊荣，不仅认识到上帝极其恨恶罪、犯罪招致极其可怕的惩罚，而且恩典让人的灵魂更深地认识罪，是从前**律法的认罪**中所认识不到的：罪的本质是无限可恨的，因此罪极其可怕。而这使人在看待罪人的时候变得心肠柔软，正如大卫一样，他虽有机会手刃扫罗，却仅仅割去他的衣襟。真悔改之人的心就像被烫过的孩子怕火。与之相反，假悔改、假安慰和假喜乐的人，好像烧红的铁放到水中淬过，变得比以前还刚硬。假信主使人止步于良心认罪，所以，它要么完全消除，要么明显削弱人之前因律法做工而显露出的良知。

　　所有恩典情感都具有这种促进基督徒温柔心肠的倾向。不仅圣洁的忧伤有此功效，而且感恩的喜乐也是如此："当存畏惧侍奉耶和华，又当存战兢而快乐。"（诗2:11）感恩的盼望亦然："耶和华的眼目看顾敬畏他的人和仰望他慈爱的人"（诗33:18），"耶和华喜爱敬畏他和盼望他慈爱的人"（诗147:11）。是的，来自真恩典的最确凿信心和盼望具有这种倾向。圣洁的盼望越强烈，这种基督徒温柔品格越明显。为奴的恐惧感被圣洁的信心消除，神圣的敬畏感随之相应增加。害怕上帝**惩罚**自己的恐惧感减少，担心**上帝不悦**的责任感随之相应增多。对地狱的恐惧感减少，对罪的恐惧感就增多。 关于自己能否得救的焦虑感消失，对自己内心的厌弃感随之相应增多，不再相信自己的力量、智慧、安稳、信实，等等。越不害怕属血气的邪恶——因为内心坚固，信靠上帝，所以**不怕邪恶势力**——越警惕道德性的邪恶，越警惕罪恶。圣洁勇气越多，自信莽撞、自以为是、胆大妄为就越少，人也越谦卑。越确信上帝拯救自己脱离地狱，越认识到地狱的刑罚多么可怕。他不像别人那样容易动摇信心，却比众人更容易被上帝的庄严警告、上帝的皱眉蹙额、世人的悲惨结局而感动。他有最坚固的安慰，却有最柔软的心肠。他比众人都富有，灵里却最贫穷。他是最高大、最刚强的圣徒，却是其中最小、最温柔的孩子。

十　圣洁情感具有美感

　　真恩典情感和圣洁情感区别于假情感的另一个明显特征是圣洁情感比例平衡，具有美感。

这不是说基督徒的情感和美德能在今生达到比例完美的地步。由于恩典尚不完全，缺乏正确教导，判断错误，或某种属血气的性格缺陷，或缺乏良好教育，以及其他许多不利因素，基督徒的情感和品格常常在很多事情上显得不足。但无论如何，真基督徒的诸多情感和真宗教各个部分之间，绝不会出现极端怪异的比例失衡。而缺乏平衡感正是假信仰的特色，是假冒为善者伪造恩典的常见结果。

圣徒的圣洁情感具有平衡感，这是他们整体成圣的自然结果。他们满有基督的形象，他们各个部分和所有肢体都已经**脱去旧人，穿上新人。因为父喜欢叫一切的丰盛在他里面居住**：一切的恩典都在他里面，**他满有恩典和真理**，凡是属基督的人都"**从他丰满的恩典里领受了，而且恩上加恩**"（约1:14，16）。也就是说，他们里面有基督的所有恩典，恩上加恩的意思就是圣徒的恩典与基督的恩典相称：凡基督有的恩典，圣徒里面必有形象与之相称。这形象是真形象，与本体具有同样美好的比例，有相同的特征和相同的肢体。凡上帝所造的都具有比例适度的美感。上帝所造属血气的肢体彼此都成比例，新造的人也是如此；他有许多恩典和情感，彼此都成比例。生下来正常的婴儿，长大以后虽然可能瘦弱或肥胖或受伤，但他们绝对不像生下来就是怪胎的。

假冒为善者就像古时的以法莲，上帝这样责备他的虚伪："以法莲是没有翻过的饼"（何7:8），一面烤煳了，另一面却是生的。假冒为善者的情感通常都像这样缺乏一致性。假冒为善者在情感**种类**上表现出很强的偏好：某些情感很强烈，别的情感则很冷淡，比例明显失调。在圣徒身上，圣洁的盼望和圣洁的畏惧并重（诗33:18；147:11），但某些假冒为善者只有信心和盼望，没有尊敬、自省和谨慎，且几乎看不到畏惧感。在圣徒心里，喜乐和圣洁的惧怕并行，尽管他们的喜乐可能达不到门徒看见基督复活时的地步:"妇女们就急忙离开坟墓,又害怕,又**大大地欢喜**。"(太28:8)⁴⁰但很多假冒为善的人只有喜乐没有战兢,他们的喜乐与圣洁的敬畏之情正好相反,是无法无天的狂欢。

但圣徒与假冒为善者的一大区别在于:圣徒的喜乐和安慰伴随着神圣的为罪忧伤和为罪哀恸。圣徒不仅在首次受到上帝安慰之前为罪忧伤,并且在受到安慰之后,在他们得到喜乐之后,仍然为罪忧伤。正如圣经早有预言,上帝的教会被掳归回以后,在流着奶与蜜的安息之所迦南地安家之后,他们要追念玷污自己的行动作为,又要因所作的一切恶事厌恶自己(结20:42—43):"我领你们进入以色列地,就是我起誓应许赐给你们列祖之地,那时你们就知道我是耶和华。你们在那里要追念玷污自己的行动作为,又要因所作的一切恶事厌恶自己。"(同样的经文还有结16:61—63)真圣徒在这方面像小孩子:他重生前从不为罪忧伤,但重生后常常为罪忧伤。 小孩子出生前,在未见阳光之前从来不哭,而他一见光就开始哭,而且从此以后常常哭个不停。尽管基督诚然担当我们的忧患,背负我们的痛苦,好让我们脱离**刑罚之苦**,得享基督为我们买来的美好安慰,但这并无碍我们的安慰伴随**悔改**的忧伤。 所以,上帝命令古代以色列人吃逾越节的羔羊要与苦菜同吃。圣经说,真圣徒不仅过去为罪忧伤,而且现在也常常忧伤,将来还要忧伤:"哀恸的人有福了,因为他们必得安慰。"(太5:4)

假冒为善者不仅严重欠缺某些种类的宗教情感,而且他们的同种情感在不同对象身上也表现出怪异的偏好和不平衡。以**爱**为例,有些人装得很像,表演自己多么热爱上帝和基督。他们可能因为听到某些与自己

---

⁴⁰ 弗拉韦尔先生指出:"更新的谨慎和殷勤紧随圣灵之印而来。灵魂现已摆在基督脚前,正如马利亚在空坟墓前那样,满怀惧怕和大喜乐。怀揣巨财的旅人担心每棵树后都藏有强盗。"(*Sacramental Meditations*, Med. 4)

相关的事情或因为他们以为某些事情与自己有关而感动，但是，他们对人却没有仁爱之心，反而喜欢争强好胜，嫉贤妒能，打击报复，血口喷人，并且会在心里积怨长达七年甚至两个七年，活在真实的恶意和苦毒当中。他们对待邻居的时候，不能严格而有意识地遵守"**你愿人怎样待你，就怎样待人**"的原则。"人若说，我爱上帝，却恨他的弟兄，就是说谎话的；不爱他所看见的弟兄，就不能爱没有看见的上帝"（约一4:20）。而另一方面，有些人显得对人非常热情，为人处事豪爽慷慨，但他们却一点也不爱上帝。

　　至于对人的爱，有些人对某些人的爱源源不绝，但他们爱的对象却远不够广泛，而普世之爱是真基督徒爱的本质。他们对某些人充满亲热，对其他人却充满苦毒。他们亲密联合自己一党，就是那些拥护、爱戴、崇拜他们的人。对那些反对他们、不喜欢他们的人则无情打击，残酷镇压。"这样，就可以作你们天父的儿子，因为他叫日头照好人，也照歹人；降雨给义人，也给不义的人。你们若单爱那爱你们的人，有什么赏赐呢？就是税吏不也是这样行吗"（太5:45—46）？有些人显得很爱邻居，好像很喜欢与来自外国的基督徒作伴，与此同时，却对自己家里的妻子和亲属粗暴无礼，忽略自己对亲人的职责。至于爱罪人、爱宗教敌人以及关怀他们的灵魂，某些人表现得非常极端。他们在一群人中，特意挑出一个给予无微不至的关怀，甚至到了自己受苦的地步，而与此同时，却并没有相应地表现出对那些处境同样悲惨者的普遍同情，这显然不符合真恩典的本质。我的意思不是说，圣徒怜悯罪人灵魂的程度不应该达到为他们心痛的地步；也不是说，对某些罪人灵魂的同情超过其他同样可怜的人就是咄咄怪事，尤其是在某些特定的场合。很多事情都可能让基督徒更多地关心某个特定的人，无疑某些基督徒为某些特定个人的灵魂特别有负担，也确实为他们而感到痛苦。但是，如果人们仅在特定的时间显得对特定的个人有特别大的负担和痛苦，程度远远超过大圣徒中常见的情感，而他们的温柔、爱心和对人类总体的同情心又远远不及其他圣徒,那么,我强调:这种痛苦很值得怀疑,因为上帝的圣灵赐给人的恩典和情感具有平衡之美。

正如某些人对不同人的爱存在可怕的不平衡,他们对同一个人的爱也明显不平衡。有时候,他们很关心别人的外在益处,给予他们世俗的物质关怀,常常施舍穷人,但他们却不关心和爱护别人的灵魂。而有些人装作关心别人的灵魂,却不怜悯别人身体的需要。毕竟,表演爱心和怜悯别人的灵魂不需花费分文,而要怜悯别人的身体,必须舍得口袋里的钱。但真基督徒爱弟兄,既关怀灵魂又照顾身体,正如耶稣基督的仁爱和怜悯:他怜悯人的灵魂,为他们操劳,向他们宣讲福音,同时照顾他们的身体,四处行善,医治各种疾病。我们在《马可福音》6:34 读到一个好例子,说明基督如何同时怜悯人的灵魂和身体,同时喂养他们这两方面的需要:"耶稣出来,见有许多的人,就怜悯他们,因为他们如同羊没有牧人一般,于是开口教训他们许多道理。"这是他怜悯人的灵魂。然后我们又读到他如何怜悯他们的身体:他知道他们已经很久没吃东西,就用五饼二鱼喂饱了五千人。如果基督徒对人的爱不是这样,那就不是真基督徒的爱。

更进一步地看,如果人们显得非常恨恶其他基督徒的坏品质(例如其他圣徒的冷漠和缺乏活力),却对自己的缺点和败坏视而不见,那么这也说明他们的情感不正确。一个真基督徒或许会因别的基督徒冷漠或不像基督徒而感到难过,但与此同时,他更为自己的败坏和缺点感到忧伤。这是他最重视的事,并且最迅速地识别它,看见其严重性并谴责它。比起同情别人的错误,人只需要较低程度的美德就能为自己忧伤,并担心自己的悲惨下场。 如果人们连较低的美德都不具备,我们就能断定他们没有达到更高的美德。

在此,我顺便强调一点,这或许是一个普遍规律:如果人看似取得较高的宗教成就，却没有达到较低的标准，那就说明他们在装假。如果人们装作已经超越了简单的**伦理道德**，过着**属灵而神圣**的生活，行为却比那些只晓得伦理道德的人还不如，或装作深深为内心邪恶而忧愁，自己的行为公然违背上帝律法却视而不见，那么他们的这些伪装都是虚空。如果他们装作宁可上帝得荣耀甘心自己受诅咒，却不愿意为了履行宗教责任而损失一点点财富、名声和世俗利益，或装作不害怕为基督摆上自己的灵魂，将一切交托给上帝，将自己永恒的福乐单单寄托于上帝的话语和他应许之信实，与此同时却没有足够的信心，不敢将自己的一点财产托付给上帝，用于敬虔和慈善的事业，我强调：如果人们是这种状况，那么他们的伪装显然都是虚空。行至半途者却以为自己已过终点，那他永远不能抵达目的地；才爬到山腰却以为自己已登上山顶，那他必定不能看得更远。

爱是如此，其他宗教情感亦然。真宗教情感成比例地作用于适合的对象，然而虚假的宗教情感经常显得突兀、怪异、不协调。以**宗教渴慕**为例，凡是属灵而美好的事物，圣徒都对它们表现出渴慕之情，并且他们的渴慕程度与这些事物的美好程度、重要程度、与他们相关的程度相符。但假基督徒的渴慕则完全不是这样。他们猛烈地、缺乏耐心地追求那些次要的东西，却忽视更要紧的事。例如，有些人时而突然出现一种强烈的欲望，渴望倾诉他们的体验或劝勉别人，而且给人过分粗暴的压力。然而同时，他们却没有相应地表现出真基督徒所具有的对其他事情的兴趣：比如独自一人向上帝倾诉心灵、殷勤祷告、赞美上帝、更加像他、活出他的荣耀，等等。与那种强烈的倾诉欲不同，圣经更多地提到"**说不出的叹息、切慕你甚至心碎、切慕、饥渴慕义、叹息**"，等等。

恨恶与**热心**也是如此。正确的恨恶之情反对一切罪，并且恨恶程度与罪恶程度成比例："我恨一切的假道。"（诗 119:104，128）但假的恨恶则仅指向某些特定的罪。例如某些人特别恨恶亵渎和骄傲的罪，而他们自己却是出名的贪婪、吝啬，或喜欢诽谤和嫉妒在上者，对掌权者存逆反之心，对伤害他们的人怀有恶意。假的热心主要反对别人的罪行，而真热心的人首先反对自己的罪行，尽管他也同样恨恶别人明显而危险的恶行。有些人装作非常厌恶自己内心的罪，并大喊自己内心多么败坏，却对自己实际的罪行轻描淡写，而且犯起罪来轻轻松松也不觉得后悔，尽管这些行为说明他们的内心和实际生活都在犯罪。

正如假情感对待不同的**对象**显得很不平衡，它们在不同的**时间**也显得很不平衡。因为尽管真基督徒也不是永远一模一样——确实，真基督徒的情感在不同的时候也有很大起伏，并且他们应该为此感到羞愧——但"羔羊往哪里去就往哪里去"的真童女，绝不会像虚情假意之人那么不稳定。正如圣经所言，**义人的心坚定，信靠上帝并不动摇**（诗112:7），让他的心靠恩典坚固（来13:9），且要持守他的道："然而义人要持守所行的道，手洁的人要力上加力。"（伯17:9）圣经说，犹太人宗教的虚伪，表现在他们是**快行的独峰驼，狂奔乱走**。

因此，如果人们的敬虔忽冷忽热，一时义薄云天，突然又烟消云散，变得无动于衷，恢复属肉体的样子，并且用这种方式继续宗教生活；如果他们仅仅在特殊的时间——如圣灵大大浇灌时，或仅在上帝特殊的护佑和安排下，或仅因上帝特别的怜悯或因享有很多世俗的利益而自以为得到上帝特别的怜悯时，或仅因他们自以为信主或得到伟大的认识时——才显得非常感动和敬虔，而后却故态复萌，主要关注别的东西，心中所思念和情感所倾注的基本上是世俗之事，那么他们就显出了自己的病态。如果他们好像旷野的以色列人那样，刚刚在红海边感叹上帝为他们所行的大事并高声赞美上帝，而转身就垂涎埃及人的肉锅；当他们来到西奈山看见上帝亲自显现他可怕的威严时，又显出虔诚之貌，急不可待地进入上帝与他们所立的约，公开宣告："凡耶和华所说的，我们都要遵行"，但回头就为自己造金牛犊——我强调：如果人们是这种状况，就证明他们的情感是不健康的。[41]他们好像暴雨季节的积水，下暴雨的时候迅速积蓄起来并流淌成河，看似充足却维持不久，现在已经不见踪影，只有再下暴雨的时候才会出现。而真圣徒却是活水的源泉，虽然也会因下雨而涨水、旱季水量也会减少，但他们却永不会枯竭："人若喝我所赐的水，就永远不渴。我所赐的水要在他里头成为泉源，直涌到永生。"（约4:14）又像一棵树栽在溪水边，有水不断供应树根，因此叶子常青，在干旱之年也不挂虑："倚靠耶和华、以耶和华为可靠的，那人有福了。他必像树栽于水旁，在河边扎根，炎热来到，并不惧怕，叶子仍必青翠，在干旱之年毫无挂虑，而且结果不止。"（耶17:7—8）很多假冒为善者好像流星，一时光彩夺目，但他们行踪不定，所以被称为"流荡的星"（犹13）。他们的光彩很快就会消失得无影无踪，再也难得一见。但真圣徒好像恒星，虽然它们也升起降落，常遭乌云遮挡，但它们的轨道稳固可靠，它们的光芒恒久不灭。假冒为善的情感好像激烈的运动，如被风飘荡的云彩（犹12）。但恩典情感是更加自然的运动，好像溪流潺潺，虽然也有起起落落，也会遇到阻碍，时快时慢，但它总体是稳定持续的，而且会保持这样的态势，直至汇入海洋。

正如虚假情感在不同的**时间**表现得不稳定和不平衡，它们在不同的**地点**也是如此。有些人在公众场合很热情，但独处时（一个人祷告、沉

---

[41] 欧文博士在谈到圣灵的普遍工作时说道："圣灵的普遍工作对情感产生重要影响，我们已经举了许多例子，说明它如何影响人的恐惧、忧伤、喜乐等情绪。但普遍工作与充分工作相比，缺乏两样东西。第一，它不能使这些情绪保持稳定。第二，它不能使这些情绪达到完全。"(*On the Spirit*, Book Ⅲ. Chap. 2 Sect. 18)普莱斯顿博士（*Preston*）说："有一种爱肯定是上帝不接纳的：有些人来到上帝面前提出种种伟大的承诺，好像海里的滔天巨浪，他们以为自己可以为上帝做许多事！但他们的心意会转变，他们就像那些巨浪一样最后都平息下去，和诸水无异。"弗拉韦尔先生在谈到这些不可靠的宣信者时说："这些宣信者像月亮而不像太阳：他们的光弱、热低、易变。他们欺骗很多人，是的，他们甚至欺骗他们自己，但他们不可能欺骗上帝。他们里面缺乏压舱物和成就，不能保持稳定。"(*Touchstone of Sincerity*, Chap. 2 Sect. 2)

思、远离世界独自一人与上帝对话时）的情感却与之不相称。㊷真基督徒当然喜欢宗教团契，乐意与其他基督徒交流，并因此深受感动，但他也喜欢时不时离开众人独自与上帝对话。这特别能帮助他坚固心志、善用情感。真宗教让人喜欢一个人沉浸在圣洁的默想和祷告中。以撒就是这样常常在田间默想（创 24∶63）。耶稣基督更是如此。我们多么频繁地读到他一个人退到山上去独自与父交谈！虽然强烈的情感难以掩饰，但恩典情感却比假情感更喜欢安静和私密。圣徒的**忧伤**就是如此，他们各自为自己的罪忧伤。将来，真圣徒感恩的**忧伤**也是如此；当最后荣耀的日子开始时，他们要避开至亲的伴侣，独自忧伤："境内一家一家的都必悲哀。大卫家，男的独在一处，女的独在一处；拿单家，男的独在一处，女的独在一处；利未家，男的独在一处，女的独在一处；示每家，男的独在一处，女的独在一处。其余的各家，男的独在一处，女的独在一处。"（亚 12∶12—14）他们也要如此为**别人**的罪忧伤。圣徒要在人看不见的地方为罪人的灵魂痛哭流泪："你们若不听这话，我必因你们的骄傲在暗地哭泣，我眼必痛哭流泪，因为耶和华的群众被掳去了。"（耶 13∶17）圣徒感恩的喜乐也是如此：喜乐之情是圣徒看不见的吗哪（启 2∶17）。《诗篇》作者显然说他最美好的安慰来自独处之时："我在床上记念你，在夜更的时候思想你，我的心就像饱足了骨髓肥油，我也要以欢乐的嘴唇赞美你。"（诗 63∶5—6）基督呼召他的配偶离开世界，去到无人之处，在那里接受基督的爱情："我的良人，来吧，你我可以往田间去，你我可

㊷ 谢泼德先生说："虽然人们公开尊崇上帝，但私下忽略上帝；因为他们的密室里没有风，他们的帆失去了动力，于是就停住不动。很多人保持告白，却失去了情感。他们还有一个名字可以靠着生活（这就够了），但他们的心已死。只要您爱他们，赞扬他们，他们就爱您；但如果您不这样对待他们，他们就抛弃您。他们只能靠别人的火保持温暖，所以他们里面没有生命的原则，很快就会死亡。这就是驱动法利赛人磨盘的水。"（*Pasable*, Part I. p. 180）弗拉韦尔先生说："假冒为善者不适合密室，只适合会堂（太 6∶5—6）。离开世界的喧嚣，一个人享受上帝，这不是他的饮食。"（*Touchstone of Sincerity*, Chap. 7 Sect. 2）艾姆斯博士在（*Cases of Conscience* Lib. Ⅲ. Chap. Ⅴ）中提到一个可以用来判断信仰真假的标志："没有人的时候和有人的时候一样顺服；在一个人的时候和在公众场合时一样敬虔。"（腓 2∶12；太 6∶6）

以在村庄住宿。我们早晨起来往葡萄园去，看看葡萄发芽开花没有，石榴放蕊没有；我在那里要将我的爱情给你。"（歌7：11—12）我们在圣经里所读到的、圣徒从上帝那里得到的最大恩宠，都是在他们独处时。上帝几次向亚伯拉罕显现并与他立约，都是在他独自一人远离众多亲仆之时。任何人只要认真阅读其生平就会发现这点。以撒独自在田间默想时，得到上帝给他的特殊礼物利百加，并从她而得上帝所应许的那位后裔。当基督向雅各显现时，雅各正独自祷告；他与基督摔跤且得了祝福。摩西一个人在沙漠时，上帝从何烈山上的荆棘中向他显现（出3）。后来，当上帝再次向他显现荣耀时，当他得以进入与上帝至深相交时，他是独自一人在山上，且留在山上四十昼夜，等他下山的时候，面皮发光。上帝向大先知以利亚和以利沙显现并与他们亲密交谈时，他们也和摩西一样远离众人。当耶稣基督登山变像预显将来荣耀的时候，他不是身处群众之中，也并非与十二门徒相伴，而是退到山上无人之地，仅让三个最亲密的门徒看见，并嘱咐他们在他复活以前不可告诉别人。当天使加百列向蒙福的童女显现时，当圣灵临到她时，她显然是独自一人，并且将此事向世界隐藏；连她在地上的至亲约瑟，就是她的丈夫也对此毫不知情。最先发现基督复活的女子也是独自一人在空坟墓遇见基督（约20）。当上帝的恩典临到大蒙眷爱的使徒㊸、让他在异象中看见基督和基督对教会和将来世界的安排时，他是独自一人在拔摩岛上。当然，我们也有不少事例说明圣徒在与众人一起时领受许多特权，而且基督徒彼此的交流、社会敬拜和公众崇拜都会让基督徒感到由衷喜乐。但我在上文讲这些的目的都是为了说明这是真恩典的本质：无论基督徒多么喜爱社会生活，真圣徒尤其青睐独自一人与上帝有私密的交通。因此，如果人们表现得积极参加社会宗教活动却没有密室中的敬虔，如果在人面前显得积极热情，而独自一人与基督和上帝交谈时却感到麻木无

㊸ 大蒙眷爱的使徒指使徒约翰。——译注

聊,那他们的宗教就因此黯然失色了。

十一 圣徒渴望更加属灵

恩典情感的另一个重要而明显的标志是:恩典情感越热烈,基督徒越渴望取得更高的属灵成就。与此相反,假情感使人自满且安于现状。㊹

真基督徒越爱上帝,越渴望更爱他;而当他感到自己爱上帝不足时,就会觉得不安。真基督徒越恨罪,就越要更恨它;而当他感到自己仍旧多少有些爱它时,便会感到悲伤不已。真圣徒越爱上帝、越感恩,就越渴望更多地爱上帝,越觉得自己缺乏对上帝的爱,并为此感到亏欠;他越恨恶罪,就越渴望更多地恨恶罪,越觉得自己仍旧受罪的吸引,并为此感到哀痛;他越为罪忧伤,就越渴望更多地为罪忧伤;他的心越破碎,就越渴望它更加破碎;他越渴慕上帝和圣洁,就越渴慕更多地渴慕上帝,越能在渴慕上帝的过程中活出他真实的灵魂。点燃和唤起恩典情感就像引燃篝火:火越大越热烈,越烧火势越猛。心灵渴慕圣洁也是如此:圣洁之人比众人更加渴慕圣洁,而圣洁之人在恩典和圣洁情感运行最活跃的时候,心灵比平时更加渴慕圣洁。属灵的新生儿渴慕圣洁,就像新生儿渴慕母乳,他越健康胃口越好。"就要爱慕那纯净的灵奶,像才生的婴孩爱慕奶一样,叫你们因此渐长,以致得救。你们若尝过主恩的滋味,就必如此"(彼前 2:2—3)。圣徒在这世上所得到的一切,不过是预尝将来的丰盛荣耀,是得基业的凭据(林后 1:22;5:5;弗 1:14)。最伟大的圣徒目前的状态与他们将来完全成熟和完美状态比起来,不过是孩童,正如使徒保罗所说(林前 13:10—11)。圣徒在此生达到的最大成就,不会使他们感到满足或减少他们的渴慕,相反,这些成就会使他们更努力前进,正如使徒保罗所言:"弟兄们,我不是以为自己

㊹ "基督的工作无不如此,它使灵魂的渴慕之情越来越深。"(*Parable of the Ten Virgins*, Part Ⅰ. p. 136)

已经得着了,我只有一件事,就是忘记背后,努力面前的,向着标竿直跑,要得上帝在基督耶稣里从上面召我来得的奖赏。所以我们中间凡是完全人,总要存这样的心。"(腓 3:13—15)

原因在于:人们拥有的圣洁情感越多,他们越具有属灵的品位(前面讲过)。由此,他们越感到圣洁的美好。他们在不完美状态下拥有的恩典越多,他们越看到自己的不完美和空虚匮乏,越看到自己与完美的差距,他们就越感到自己缺乏恩典(我在论述什么是合乎福音的真谦卑时讲过)。而且,我们此生的恩典永远都是不完全的,是不断增长的。一切有生命的东西都具有这样的性质:在不完全的状态下,在生长阶段,它们的本性就是努力生长;而它们越努力生长就越健康、越繁茂昌盛。所以,真恩典的呼求就像真信心的呼求:"我信!但我信不足,求主帮助。"(可 9:24)真基督徒的属灵认识越深刻、情感越强烈,他就越是急切地乞求恩典和灵粮,好让自己成长,越是借助正确的蒙恩之道竭力追求,因为真正的渴慕圣洁不是呆板、无效的妄想。

然而,有些人可能反对说:属灵的喜乐能满足灵魂的渴望,你说的显然与此相悖。我的回答是:属灵的喜乐确实能满足灵魂的渴望,但这与我说的并不矛盾。我们只需要想到属灵的喜乐是如何满足灵魂渴望的:显然,我们说属灵喜乐可以满足人心,不是说它令人腻烦,不是说一个人只要尝到了一点点属灵喜乐的滋味,哪怕还很不完全,就再也不想要更多。属灵的喜乐令人感到满足,在于以下几个方面:

第一,属灵喜乐在本质上完全符合人心的本质、内容和需求。所以,那些得到属灵喜乐的人不再追求**其他种类**的快乐。他们因自己拥有这种喜乐而感到非常满足,他们不想标新立异,也不会一味贪婪,说"**谁能指示我们什么好处**?"于是,人心不再感到乏味、疲倦、无聊,而是完全放弃自己,永远投身于这种喜乐之中。不是说人们感受到一点这种喜乐就觉得受够了,不想要更多。

第二,属灵的喜乐使人心满足,因为它们正确地回应人的期望。当人非常渴望某个东西时,他对这个东西的期望也高。对某个具体对象的渴求当中包含了对这个事物本质的期望。这种期望不能通过世俗的娱乐得到满足,人们希望从中得到更大的快乐感受,但终必失望。而属灵的喜乐则不是这样,它们完全能够回应并满足人心最深刻的期望。

第三,属灵喜乐的满足感和愉悦感是持久的,而世俗的欢乐则是短暂的。世俗的欢乐确实能在某个意义上满足某些特定的需求,但这些需求一旦得到满足,人就感到厌烦,愉悦感也会烟消云散。而愉悦感一旦消失,人追求幸福的渴求又会袭上心头,于是内心更加空虚,因为什么也不能满足它。所以,针对某些特定需求的满足感,只是消除了人某种特定的饥渴感,却留下总体的空虚感。

第四,属灵喜乐能满足人心的需要,在于它满足人心的程度是最高的,只要我们消除各种阻碍,并正确领受属灵喜乐。在属灵喜乐中,灵魂能够充分扩展自己,属灵的喜乐是一片无边无际的海洋。如果人们在这里得不到最大的满足,如果他们没有最强烈的幸福感,那么问题的根源在他们自己:嘴张得不够大。

但这一切都不是说人心品尝到一点属灵喜乐以后就不想得到更多,也不是说人体会到属灵喜乐以后,他对属灵喜乐的渴望不增加反而消减。正如被地球吸引的天体,离地球越近,吸引力越大,越不容易脱离。属灵喜乐的本质就是能够满足人心的,正因为如此,人心越品尝到它的美味,越认识它的本质,就越渴慕它,越希望通过它完全满足内心的需要。他体验得越多,他就越知道属灵喜乐是多么美好、多么无可比拟、多么精致、多么能满足内心的渴望,他就越渴望得到更多,直至臻于完全。所以,从本质上讲,圣洁情感越强烈,人越渴慕恩典和圣洁。而假情感和假喜乐则不是这样。如果以前还对恩典有某种渴望的话,那么一旦唤起假情感,人的渴望就消减。也许,当这个人在律法认罪的阶段时,他很害怕地狱,他渴望得到属灵的真光,渴望信基督,渴望爱上帝,可是现在,当这些假情感运行起来以后,他受到蒙蔽,自以为已经信主，已经得救，于是不再渴慕属灵的光明和恩典，因为目的已经达到了。他相信自己的罪已经赦免，他会进天堂，所以就满足了。尤其是假情感非常热烈的时候，它们更会扼杀对恩典和圣洁的渴慕之情。这时候，人根本不像贫乏空虚的被造物，反而是富足的，已经发了财，样样都不缺，想象不出有什么良善是自己所没有的。

于是，很多人的热切寻求有一个极限：一旦他们得到他们所谓的信仰，或唤起热烈情感，并以此为得救的确据以后，他们就不再寻求。他们一度看自己为属血气之人，渴慕寻求上帝和基督，呼求上帝赏赐恩典，积极操练蒙恩之道，但现在却显得好像已经完成了工作，他们以过去的工作或某些体验为荣，再也不呼求上帝，也不再寻求上帝的恩典。然而，真圣徒的圣洁原则具有上帝的大能，能感动他热切地寻求上帝和渴慕圣洁，这远非奴性的恐惧感可比。因此，圣经说圣徒最明显的标志之一就是他们**寻求上帝**，并称他们为寻求上帝的人："这是寻求耶和华的族类，是寻求你面的雅各！"（诗24:6）"万军的主耶和华啊，求你叫那等候你的，不要因我蒙羞"（诗69:6）。"谦卑的人看见了就喜乐。寻求上帝的人，愿你们的心苏醒"（诗69:32）。"愿一切寻求你的，因你高兴欢喜；愿那些喜爱你救恩的常说，当尊上帝为大"（诗70:4）。而且，圣经还说基督徒的寻求、努力、工作是在他信主以后，信主只是一生辛勤工作的起点。不仅如此，圣经常常提到基督徒的守望、慎重[45]、奔那摆在前头的路程、受苦磨难、不是与属血气的争战乃是与那些执政掌权的争战、拿起上帝所赐的全副军装、抵挡仇敌并且成就了一切还站立得住、向着标竿直跑、忘记背后努力面前、恒切祷告、昼夜呼吁上帝。圣经所说的这一切，几乎全都是指已经信主的基督徒。倘若这些事情有一分可以用于罪人信主，更有十分可以用于基督徒一生追求圣洁。然而今天，很多人却走上违背圣经的道路，他们把努力和争战全都放在信主之前，

---

[45] giving earnest heed to themselves，中文和合本译为"越发郑重"。——译注

信主以后却过得逍遥自在，安然享受自己的懒惰。他们自以为已经富足，但基督要来叫饥饿的得饱美食，叫富足的空手回去（路1:53）。

无疑，只有假情感的某些假冒为善者自以为经得起试炼。他们会说自己不满足于过去的成就，而是努力面前，要取得更多成就。他们说自己寻求上帝和基督，渴望成为圣洁并积极追求圣洁。但事实是，他们追求圣洁不是为了圣洁本身，不是因为圣洁的道德之美和属灵的美好感受，而是另有所图。他们追求更深的神学认识，好感觉自己得救；或因为有了这些认识可以让自己满足，因为上帝让我比其他人高明；他们渴望得到上帝的爱（他们所理解的爱）超过爱上帝。或者，他们有一种矫揉造作、自命不凡、人为捏造的渴慕，因为他们认为自己必须渴慕更多的恩典，否则别人看自己就不光彩了。然而，这些做作的情感根本不自然，与真基督徒渴慕上帝和追求圣洁完全不一样。圣徒内心对圣洁有一种熊熊燃烧的欲望，这种欲望之于新造的人，正如温暖之于生命，是非常自然的。圣徒渴慕上帝的灵，这种欲望之于圣徒，正如呼吸之于生命，同样是自然而然的。圣洁情感的对象首先是圣洁本身，而不是上帝对自己的恩宠。圣洁是心灵渴求的**属灵粮食**："耶稣说：'我的食物就是遵行差我来者的旨意，作成他的工。'"（约4:34）我们在圣经上常常读到圣徒的渴望、渴慕和渴求，他们追求的首先是上帝的义和上帝的律法，而不是别的什么东西。圣徒渴慕**圣经话语的灵奶**，不是为了验证上帝对他们的爱，而是为了**更加圣洁**。我在前文讲过，圣洁是属灵品位的直接对象。无疑，圣洁之美是属灵品位的首要对象，也是属灵渴慕的首要对象。恩典是敬虔之人珍视的财宝："你以敬畏耶和华为至宝。"（赛33:6）圣洁是敬虔之人渴求的利益（提前6:6）。假冒为善者渴慕认识上帝，只是为了得到眼前的安慰，或是为了证明上帝爱他，而不是因为受到圣洁之美的感动。但是，积极追求神学认识，或渴望感到上帝的爱，或渴望上天堂，或求死，这些都不是真圣徒的明显标志。真圣徒渴望有一颗更加圣洁的心，渴望有更加圣洁的生活。

十二 一生追求圣洁行为

恩典情感在基督徒生活的实践中得到运用并结出果实。圣洁情感能够影响和规范基督徒，使其行为与基督教规则一致，并且受这些规则指导；圣洁情感让圣洁行为成为基督徒一生的实践和追求。

这意味着三件事：第一，他完全顺服。其在世的行为和实践，必须全部符合基督徒的道统，并受到这些规则的引导。第二，他立志成圣。圣洁生活比其他所有事情都重要，这是他最积极、最投入、最竭力追求的事。操练敬虔，可说是他最重要的工作。第三，他矢志不渝。信仰不仅仅是某些时候的事，不仅仅是安息日，或某些重要场合，或一月一次，或一年一次，或七年一次的工作，不仅仅是在某些环境和条件下的工作，而是他一生的事；是在人生的跌宕起伏、艰难困苦和各种试炼中一以贯之的工作，直至生命的尽头。

圣经清楚而充分地告诉我们，这三点是每个基督徒都必须具备的。

1. 人必须完全顺服："凡向他有这指望的，就洁净自己，像他洁净一样。你们知道主曾显现，是要除掉人的罪，在他并没有罪。凡住在他里面的，就不犯罪；凡犯罪的，是未曾看见他，也未曾认识他。行义的才是义人，正如主是义的一样。犯罪的是属魔鬼，因为魔鬼从起初就犯罪。"（约一 3:3 等）"我们知道凡从上帝生的，必不犯罪，从上帝生的，必保守自己，那恶者也就无法害他"（约一 5:18）。"你们若遵行我所吩咐的，就是我的朋友了"（约 15:14）。如果有一体败坏了，我们却不将它砍下来丢掉，它就会把全身丢在地狱里（太 5:29—30）。上帝命令扫罗杀尽上帝的仇敌亚玛力人，他却饶了亚玛力王亚甲的性命，因此扫罗必被弃绝。迦勒和约书亚进入应许的安息，因为他们完全顺从上帝（民 14:24；32:11—12；申 1:36；书 14:6, 8, 9, 14）。乃缦的虚伪之处在于：虽然他好像感激上帝治愈他的麻风病，愿意服侍上帝，却求上帝在拜偶像的事上网开一面。还有希律，虽然他敬畏约翰，保护他，听他讲论，多照着行，并且乐意听他，但他还是受上帝诅咒，因为有一件事他不听从约翰，就是同他喜欢的女人希罗底分手。所以，人必须离弃自己喜爱的不义，这些恶行就像喜欢犯罪的右眼和右手，因属血气的意愿、邪恶的习俗、某种特定的环境以及其他原因使人沉溺于罪中。倘若约瑟的弟兄们不交出便雅悯这个备受疼爱、从不远行的弟弟，约瑟就不会认他们。同理，如果我们不离弃自己最舍不得的贪欲，如果我们不恪守那些最难恪守、我们最反感的责任，那么基督也不会向我们显明他的爱。

还有一点不可忽视，人要做到真正完全顺服，他的顺服绝对不能只是**消极**的，他不能仅仅逃避恶行和不犯罪。完全顺服也意味着他必须**积极**地实行信仰的所有要求。"以善小而不为"和"以恶小而为之"性质一样，都是违背上帝的命令。我们不能只因某人不偷窃、说谎、渎神、醉酒、淫乱、傲慢或残暴，就说他是一个真基督徒。他也必须确实地敬畏上帝、谦卑、尊敬人、温柔和平、宽恕、仁慈和爱人。没有这些积极的品德，他就没有服从基督的律法。基督在《马太福音》第25章描述了那左边被咒诅的人，说他们要进入那为魔鬼和它的使者所预备的永火里去："因为我饿了，你们不给我吃；渴了，你们不给我喝。"所以，一个人不能仅仅因为他不是强盗、恶霸、骗子、醉鬼酒鬼、嫖客、妓女、不洁的、亵渎上帝的、谗谤人的、撒谎的、狂暴的、恶毒的、辱骂人的，就可称之为完全顺服上帝。如果仅仅做到这些，他还谈不上与福音相合。他必须还要具备谨慎、虔诚、谦卑、温柔、饶恕和平、尊重人、迁就人、仁爱、怜悯、慷慨、善良的言行。没有这些，他就没有遵守基督的律法。这些都是基督和使徒反复强调的事情，是非常重要，必不可少的。

2. 人要成为真基督徒，他们必须**践行信仰**，热忱而殷勤地服侍上帝，服侍上帝必须成为他们的人生第一要务。属基督的人不仅要行善，而且要**热心行善**（多2:14）。一个人不能事奉两个主。上帝的真仆人必须完全投身于服侍上帝，以此作为自己全部的工作，投入所有心血和精力：" 我只有一件事。"（腓 3:13）基督徒的呼召是有效的呼召，上帝没有呼召我们闲散度日，而是要在葡萄园里工作，整日辛勤劳作。一切真基督徒要都服从这个有效的呼召（也唯有如此，呼召才是有效的）并做好基督徒分内的事，所以新约把基督徒比作那些惯用体力的人：跑步的、摔跤的、打仗的。一切真基督徒都是耶稣基督的精兵，**打美好的仗，为要持定永生**。那些斗拳像打空气的，必不能**承受永恒的冠冕**。在场上赛跑的都跑，但得奖赏的只有一人。在场上懒散的，不这样奔跑的，就不能得**着奖赏**。若不努力，就不能承受天国。若不殷勤，就不得走上引向永生的窄路，也就不能抵达荣耀和幸福。若不竭力做工，就不能攀登陡峭的锡安山，也就不能抵达山顶的属天之城。若不持续进取，就不能在激流中奋勇前进，也就不能抵达源头的生命之泉。所以，我们**要时时警醒，常常祈求**，使我们能逃避这一切要来的事，得以站立在人子面前。所以，我们必须穿上上帝全副的军装，**抵挡仇敌**，才能站立得住，否则就不能抵挡恶者的火箭。所以，我们要忘记背后，**努力面前的，向着标竿直跑**，要得上帝在**基督耶稣里从上面召我们来得的奖赏**。声称是上帝的仆人，服侍上帝时却偷懒，与公然悖逆上帝是一样的罪，懒仆人就是恶仆人，要丢在外面黑暗里，与那些公然与上帝为敌的人一起哀哭切齿（太 25:26，30）。懒惰的人就不是**效法那些凭信心和忍耐承受应许的人**："我们愿你们各人都显出这样的殷勤，使你们有满足的指望，一直到底。并且不懈怠，总要效法那些凭信心和忍耐承受应许的人。"（来 6:11—12）他们**既有这许多的见证人如同云彩围绕，就当放下各样的重担，脱去容易缠累他们的罪，存心忍耐，奔那摆在他们前头的路程**（来 12:1）。人们凭借这种真信心，完全依靠基督的义和基督为他们成就的工作，在基督那里支取力量，靠基督而活。这种信心必然伴随着切慕基督徒工作的心灵，正如上帝吩咐古代以色列人吃逾越节的羊羔，当腰间束带，脚上穿鞋，手中拿杖，要赶紧地吃（出 12∶11）。

3. 真基督徒一生坚持完全顺服，殷勤服侍上帝，在各种困苦和试炼中**矢志不渝**，直至生命的尽头。凡是承受永生的真圣徒，都必须这样坚持信仰实践和服侍上帝，这是圣经的教导。限于本文篇幅，无法将相关经文全部列出，我仅列举其中一些。㊻

圣经首先强调基督徒必须**始终顺服**上帝，这是真恩典的特殊标志。基督徒要在各种试炼中坚定他们圣洁的脚步，持续不断地履行责任。

这里说的**试炼**，是指基督徒的人生遭遇，特别是那些使人难以坚持相信上帝和持续忠诚上帝的遭遇。圣经或称之为**试炼**，或称之为**试探**。这些遭遇的性质各不相同：有一些会使人自高自大，或惹人生发怒气，或激发人的贪婪和败坏。很多事情一旦沾染上就难以摆脱，并且会引诱人犯罪，或让人不受约束，鼓励人行不义，使人难以坚持履行责任。其他事情会考验宣信者的信仰是否足够坚定，因为它们会使基督徒的责任显得可怕，吓住一些心智不坚定的人，比如让他们看到基督徒的责任意味着受苦，遭侮辱、蔑视、贬低，失去外在的财产和舒适的生活。一个基督徒活在充满各种变化和邪恶的世界上，他必然会遭遇许多考验其信仰是否忠诚和坚定的事。此外，圣经多处表明：出于上帝的护佑，上帝让宣信的基督徒和上帝的仆人经历种种试炼，目的是让他们更加清楚自己得救的地位，也让世界看到这群基督徒是多么与众不同。

真圣徒可能在某些事情上有某种程度的退步，也可能屈服于某些特定的试探，从而堕入罪中，甚至是很大的罪。不过，他们绝对不可能堕落到厌烦信仰、疲于服侍上帝、厌弃信仰成性的地步，不论是因信仰本

㊻ 《申命记》32∶18—20，《历代志上》28∶9；《诗篇》78∶7，8，10，11，35，36，37，41，56 等；《诗篇》106∶3，12—15；《诗篇》125∶4—5；《箴言》26∶11；《以赛亚书》64∶5；《耶利米书》17∶13；《以西结书》3∶20；18∶24；33∶12—13；《马太福音》10∶22，13∶4—8，19—23，25∶8；24∶12—13；《路加福音》9∶62；12∶35 等；22∶28，17∶32；《约翰福音》8∶30—31，15∶6，7，8，10，16；《启示录》2∶7；《歌罗西书》1∶22—23，《希伯来书》3∶6，12，14，6∶11—12；10∶35 等；《雅各书》1∶25，《启示录》2∶13，26，2∶10；《提摩太后书》2∶15；《提摩太后书》4∶4—8。

身的缘故还是因遭遇逆境。关于这点，圣经说得很清楚（加6:9；罗2:7；来10:36；赛43:22；弥1:13）。他们不可能退步到持续不断地悖逆上帝的地步，也不可能退步到不再遵守基督教规则、不再履行基督教责任的地步。已有无数事实证明这点。他们绝不可能堕落到热衷其他事情超过喜欢参加宗教事务的地步，绝不可能惯于服侍别的什么东西却不服侍上帝，绝不可能公然放弃殷勤服侍上帝，不再长期委身于宗教事务，除非基督的话落空（"你不能服侍两个主"），除非使徒的话失信（"岂不知与世俗为友，就是与上帝为敌吗？"），除非一个圣徒换了一个上帝他却仍旧是真圣徒。真圣徒绝不会堕落到言行举止与信主之前毫无二致的地步。真正信主的人是新人，是上帝新的创造，不仅里面是新的，连外面也更新了；他们的身心灵都被圣化，旧事已过，都变成新的了；他们有新心、新眼、新耳、新舌、新手、新脚，也就是说他们有新的言行；他们走在新的人生道路上，并且会在这条路上走完一生。倘若他们堕落到那种地步，那说明他从未与基督一同复活。尤其是当人们的错误认识（尚未信主却以为自己已经得救）正是问题的根源时，这更加清楚地证明他们的认识多么不可靠。同样的道理，不管他们是重新回到以前的罪还是新添了什么恶行，都说明他们败坏的本性当初并没有治死，只是换了个渠道。因为，虽然人们自以为已经信主，可是他们并没有转离从前的亵渎和邪淫，却对自己的体验、恩典、特权有很高的评价，他们的性情就会渐渐地变得自义和骄傲，自然也会表现出这种行为。这样的人，不管他们看似多么远离从前的恶行，仅凭这点已足以定他们的罪，他们末后的景况，就比先前更不好了。这显然正是基督指责当年犹太人的问题，他们因施洗约翰的讲道而醒悟，改正从前各种邪僻的行为，不洁的灵被赶出去，屋子里面空闲，打扫干净，修饰好了。但是，他们里面并没有上帝，也没有上帝的恩典，就装满了他们自己，自高自大，自以为是义人和圣人，常常抬举自己。他们把税吏和妓女的罪换成了法利赛人的罪，于是，后来的七个鬼比先前的那一个更恶（太 12:43—45）。

我已经解释了"恩典情感要运用在基督徒生活实践中并结出果实"当中"实践"和"果实"的含义。本论文前面已经充分论述了为什么恩典情感具有这种倾向和效果。

属灵的情感具有这种效果，因为它们来自圣灵：**圣灵进入人内心进行特殊的运行并产生属灵的感动**，由此生发出神圣的情感，与上帝交通，得以与属上帝的性情有分，基督活在他们的心中，圣灵住在他们里面，与人心的各种能力联合，成为一个有生命力的内在原则，圣徒在运用这些能力的时候，能够发挥出上帝的神性。这足以说明为什么真恩典具有这样的活力、能力和效果。难怪神圣的性情如此有效，因为有全能的上帝站在它这边。如果上帝住在人心里并与之联合，他就会借着他运行的能力来显明他真是上帝。基督在信徒心中不是好像一个死人睡在坟里什么也不能做，基督在信徒心中是从死里复活的救主在他的圣殿中掌权。因为有基督救赎性的内住，他留在人心里，并在那里发挥出他自己的能力，就是从死里复活的永恒生命之大能。于是，上帝使每个因基督受难而蒙福的基督徒都体会到基督复活的能力。基督的灵是圣徒内心恩典之泉，是关乎一切生命、一切能力、一切作为："用圣灵和大能的明证"（林前 2:4）。"因为我们的福音传到你们那里，不独在乎言语，也在乎权能和圣灵"（帖前 1:5）。"因为上帝的国不在乎言语，乃在乎权能"（林前 4:20）。尽管救赎性的情感常常并不光彩夺目，但它们具有一种说不出的稳定感和生命力，能吸引人心，攻破人心，俘获人心，使人顺服基督："将各样的计谋，各样拦阻人认识上帝的那些自高之事一概攻破了，又将人所有的心意夺回，使他都顺服基督"（林后 10:5），让人坚定地执行上帝的旨意和完全渴慕圣洁。"当你掌权的日子，你的民要甘心牺牲自己"（诗 110:3）。于是，圣洁情感能掌管人的一生。雕像可以很像真人，而且很美，是的，它或许看上去很像有生命的、强壮的、会动的人，但它里面没有生命和力量的原则，所以它并不能活动，它不能做出任何变化，它的表演当中没有实际的动作。假认识和假情感不能真正深入到人心最深处，不能成为掌管人一切行为的泉源。石头地上的种子不能深深扎根土壤，所以不能结出果实。但真恩典情感能深入内心最深处，在那里成为生命的泉源，掌管人的一切行为。

真敬虔的能力也在于它有实际的行为。实际的敬虔行为就是使徒保罗所说敬虔的能力："有敬虔的外貌，却背了敬虔的能力。这等人你要躲开。"㊼（提后3:5）很明显，他在这里说有些人自称基督徒，却没有基督徒的实际行为。尽管他们有敬虔的**外貌**，却背了敬虔的**能力**。确实，敬虔之大能首先在于心里的运用，首先体现在内心恩典情感的运行。但是，敬虔大能的最主要**证据**，则是圣洁情感在实际生活中的运用，首先在于它的实践性，在于它夺回人心，战胜贪婪和败坏，使人在各种试探、困苦、敌对和逆境中成为圣洁。

恩典情感能在基督徒的生活中实践出来并产生效果，原因在于（前面讲过）**恩典情感的首要客观基础是神圣事物本身具有超凡脱俗的美好本质，而不是人认为这些事物与自己有关或对自己有利**。这说明了为什么圣洁情感会使人的所有行为都成为圣洁。使人产生宗教偏执的原因在于，他们在宗教中寻求自己，而不是寻求上帝；他们走近宗教，不是因为上帝本身的美好，而是因为他们可从中渔利。凡是带着这种功利心态接近宗教的人，一旦他们认为自己的功利已经得到满足，他们就会失去前进的动力。但是，因上帝本身的美好本质来亲近上帝的人，在得到上帝自己之前绝对不会裹足不前。为宗教信仰而信仰的人将喜得全部。这也说明为什么恩典情感会使人一生笃行信仰，不论顺境逆境都矢志不渝。宗教信仰不一定总是符合个人的利益，很多时候，信仰会在很多方面使人遭受外在的损失。因此，因自私动机而遵守基督徒原则的人是靠不住

㊼ "敬虔的能力"，中文和合本译作"敬虔的实意"。——译注

的，他们很容易因时局变化而放弃信仰，但基督信仰本身的美好是不变的。不论世界怎么变，它永远不会改变，始终如一。

另外，恩典情感能够生发圣洁行为的原因也在于**神圣事物本身的美好**。神圣事物的圣洁之美是属灵情感的基础。因圣洁本身的缘故而爱圣洁，这会使人活出圣洁，并且实践一切圣洁之事。因为是圣洁本身的美在激发、吸引、掌管人的所有恩典情感，所以这些情感能使人成圣。凡是人所爱慕的，就渴望拥有它，渴望与之联合，渴望被它得着。人既然喜爱圣洁之美，他们就渴望拥有它，与它联合，被它得着。凡是人看为好的行为，他们必然乐意去做。

我们在前文还讲过圣洁情感当中具有**圣灵的神圣教导和带领**，这些教导和带领让圣洁情感具有使人全然成圣的效果。因为圣灵通过这些圣洁的教导和带领，能使人心感受到圣洁事物的美好，也使人厌恶污秽。

属灵的知识作为一切圣洁情感的基础，也具有同样的效果。属灵知识的本质在于**体会神圣事物那超凡脱俗之美**，由此人们看到这些事物的价值远远超越其他东西，值得他们持守。因为看见基督至高的荣耀，真基督徒看见基督确实值得跟从，他们深深地被他吸引，他们看见基督值得他们舍弃万有。由于看见基督无与伦比的美好，他们愿意完全顺服他，并积极参与服侍，愿意为了基督忍受一切艰难困苦。由于人们认识到基督的神圣，所以他们愿意永远效忠他。基督在他们头脑中留下如此深刻的印象，他们根本不可能忘记他。所以，他往哪里去，他们就跟到哪里，任何试图引诱他们离开基督的伎俩都是徒劳的。

属灵情感具有实践性的另一个原因是，这些情感伴随着合理而属灵的**确信，基督徒坚信神圣事物完全属实，不容置疑**。所以，那些缺乏这种确信的人，那些对基督信仰持怀疑态度的人，他们绝对不可能为了基督信仰（这个信仰要求信徒必须殷勤刻苦，完全圣洁，忍耐到底）而忍受苦难，舍弃自我，因为他们没有信心。而与之相反，真基督徒完全相信这些事情是真实的，他们的实际生活就必然受这些事情的掌管。因为上帝话语启示的事情实在太伟大了，比所有其他事情都重要得多，所以人不可能在完全相信圣经的真理以后，实际生活却不受真理的影响——那根本不符合人性。

圣洁情感通过实践得以表达并产生实际结果的另一个原因在于，具有这些情感的人会**改变本性**。如果人的本性不改变，人的行为实践也不会彻底改变。除非树变好，果实不可能好。荆棘上岂能摘葡萄呢？蒺藜里岂能摘无花果呢？猪可以暂时洗干净，但本性没有改变，又回到泥里去滚。本性是最强大的行为原则，强于任何与之相反的东西：尽管可以暂时遏制人的贪婪，但如果人的本性没有改变，人最终还是会打破所有约束。人性如洪水，堤坝只能暂时加以阻拦。如果不采取措施切断水源，堤坝迟早都会决口。水势一高，必然要找一条出路，要么恢复旧河道，要么奔淌出一条新河。属血气之人设计出种种改良社会的制度，究其根本都是利用人的贪婪和恐惧，而与这些转眼就过时的制度相比，人本性的力量则要持久得多。当属血气的人违背贪婪的本性，过一种严格的宗教生活的时候，他或许能暂时显得谦卑、忍耐、渴慕信仰，但这一切都是不自然的。这就好像把石头用力扔向空中：石头会慢慢减速，最终耗尽动能，而本性则保持着原有的全部力量，最终它会重新得势，石头就会往下落。只要人败坏的本性没有治死，只要它还存在人心里，那就不要指望它不会重新掌权。但是，如果旧的本性被治死，属天的新性情被注入人心，那么他就有了希望，能活出新的生命，忍耐到底。

圣洁情感具有实际的功效，部分原因在于我们讲过这些情感**伴随着真正的谦卑**。顺服的心很大程度上都在于谦卑。骄傲就是悖逆的心，而谦卑的心是愿意委屈自己、顺服别人的心。我们看人就知道：心里自高自大的仆人并非凡事都顺从主人的意志，但自卑的仆人则不是那样。

前文讲过，伴随一切恩典情感的羔羊的**心**和鸽子的**灵**成全了第二块法版上的所有责任，正如使徒保罗在《罗马书》13∶8—10和《加拉太书》

5:14所言。而基督徒的生活实践,很大部分就在于遵行这些律法,基督教的外部实践也主要在于遵守这些律法。

感恩情感会导致基督徒严格的、整体的、持续的顺服,原因在于**恩典情感使人心柔软,进而使基督徒有温柔的心灵**,基督徒能迅速而真切地看见邪恶,并因此感到痛苦,所以他们害怕和躲避邪恶。

感恩情感会导致源源不断的、全然圣洁的、矢志不渝的基督徒行为,其中一个重要原因,在于这些实践会整体地、持续不断地在所有种类的圣洁活动中,在所有环境中及在所有时候,以美好的**平衡方式**作用于所有对象。

圣洁情感之所以在很大程度上表现为积极参与和坚持圣洁实践,部分原因在于真情感伴随着属灵的渴望:**恩典情感越热烈,基督徒越渴望取得更高的属灵成就**。

在前文我谈到圣洁情感的所有这些特点,让我们看到圣洁情感如何导致全面、有效、持续的基督徒实践。这一点可以得到进一步证明,只要我们考虑到:在基督信仰的很多方面,圣经都特别看重诚恳的态度和坚定的意志;在我们决定基督是我们唯一的主和我们唯一的分时,我们要舍弃所有,为要得着基督;在我们为上帝和基督立定心意的时候,我们要算计花费;在我们单单钟情于基督,并遵守耶稣基督的约束及一切属基督的事时,我们要在各种艰难困苦中拥抱基督,好像我们为了爱基督就恨恶我们在地上的享乐,甚至恨恶自己的生命;我们要摆上我们自己以及我们的所有,完完全全、永永远远奉献给基督,毫无保留;或简言之,我们要为基督舍己;为了他,我们要拒绝自己,否认自己,责备自己;使我们自己成为无有,好让基督成为所有。参见与此相关的经文。[48] 显然,真有心为基

---

[48] 《马太福音》5:29—30;6:24;8:19—22;4:18—22;9:37—39;13:44—46;16:24—26;18:8—9;19:21,27—29;10:42;12:33—34;14:16—20,25—33;16:13;《使徒行传》4:34—35;5:1—11;《罗马书》6:3—8;《加拉太书》2:20;6:14;《腓立比书》3:7。

督舍弃所有的，实际上就会在遇到试炼的时候为他舍弃所有。有心为基督舍己的，就会在基督和私欲相争之时舍己。在内心真正放弃自己和一切所有的，毫无保留的人，就会在各个方面完全臣服于他的意志，委身于他的事业和目标。如果我们单单忠于耶稣信仰，那么也就会在遇到各种困难的时候不为外界所动；因为我们算计了花费，我们会在信仰道路上持守，忍耐到底，矢志不渝，直到战胜所有苦难。

恩典在圣徒心中会直接地导致圣洁行为，并且两者的联系是非常自然、紧密和必要的。真恩典不是一个死气沉沉的东西，天上地下没有比恩典更加活跃的东西，因为它就是生命本身，并且是最活跃的生命，是属灵的、神圣的生命。它绝非贫瘠不育之物，宇宙中没什么东西比它更能结出累累硕果。内心的圣洁与实践行为之间的直接关系，就相当于泉源与溪水，或是太阳与阳光，或生命与呼吸、脉搏，以及其他任何生命活动之间的关系，或是一种行为习惯或原则与具体行为的关系。因为这正是恩典的本质，恩典就是使人产生圣洁行为的内在原则。重生（上帝把恩典注入人心的工作）与实践也有直接的关系，因为圣洁实践正是基督徒重生的目的。按照上帝计划，基督徒生命的各个层面都要发生剧变，而这些变化全都指向这个目的：基督徒的生活实践。"我们原是他的工作，在基督耶稣里造成的，为要叫我们行善"（弗2:10）。是的，这正是基督救赎我们的目的："他为我们舍了自己，要赎我们脱离一切罪恶，又洁净我们，特作自己的子民，热心为善。"（多2:14）"就如上帝从创立世界以前，在基督里拣选了我们，使我们在他面前成为圣洁，无有瑕疵"（弗1:4）。"我们原是他的工作，在基督耶稣里造成的，为要叫我们行善，就是上帝所预备叫我们行的"（弗2:10）。圣洁实践是上帝在圣徒身上工作的目的，正如丰收的果实是农民在田园中辛苦劳作的目的。圣经常常提到这点（太3:10；13:8，23，30，38；21:19，33，34；路13:6；约15:1，2，4，5，6，8；林前3:9；来6:7—8；赛5:1—8；歌8:11—12；

赛 27:2—3)。㊾所以，基督徒的价值完全取决于他在多大程度上达到这个目标。基督徒的每种恩典、每个认识、与基督徒体验相关的每件事，都直接指向圣洁实践的果实。

在真圣徒的基督徒原则及信仰告白与他们生命中的圣洁实践果实之间，存在着稳定持久、牢不可破的联系，这一联系在圣经中被预表为圣殿里的金灯台。金灯台有七个枝子和七盏灯，显然预表基督的教会。在《撒迦利亚书》第 4 章，圣灵亲自把教会描述为有七盏灯的金灯台；又在《启示录》第 1 章把亚细亚七个教会比作七盏灯。圣殿中的金灯台全身都**有球和花**（出 25:31—40；37:17—24）："球"的原文是指苹果或石榴。这里有球有花，那里有球有花，凡是有花的地方就有苹果或石榴。花与果实总联系在一起，密不可分。花里包含了果实的原则，外表有美好的应许，而且这应许不会落空。果实的原则或表象一定伴随着真实的果实，果实是表象的后继。基督的教会也是如此：心中的恩典具有结出果实的内在原则，外面有美好的信仰告白，以金灯台上开放的花朵为代表；而实践则有相应的果实（圣洁行为）与这种内在原则和外在告白相伴。金灯台每个有球有花的枝子头上都是燃烧的明灯作为冠冕。这意味着圣徒借助正确而美好的信仰告白和与之相符的行为果实在世界上发光，从而把荣耀归于我们的救主："人点灯，不放在斗底下，是放在灯台上，就照亮一家的人。你们的光也当这样照在人前，叫他们**看见你们的好行为**，便将荣耀归给你们在天上的父。"（太 5:15—16）正确而美好的信仰告白，还有与之相伴的宝贵果实，都是真基督教会的美好装饰。而且，我们发现果实和花不仅是圣殿金灯台的外饰，而且是圣殿本身的一

㊾ 普莱斯顿博士说："宣告自己懂很多并不难，难的是在所有场合使自己的情感顺服上帝，与贪欲斗争，克制您的意志和您自己。上帝希望我们的生命完全为他所用，荣耀他，对众人有益。凡是在我们里面的体验，都于上帝和我们的弟兄无益；只有源于内在体验的外在顺服，才能荣耀上帝，并造福他人。上帝要成就此事。如果不是为了让树木健康生长，何必辛苦栽种浇水？而如果不是为了长出果实，树木生长有什么用？农夫何必珍惜不结果子的树？"(*Church's Carriage*)

部分，而圣殿预表的是教会。正如使徒说："我们是永生上帝的殿。""殿里一点石头都不显露，一概用香柏木遮蔽，上面刻着野瓜和初开的花"（王上6:18）；"网子周围有两行石榴遮盖柱顶，两个柱顶都是如此。廊子的柱顶径四肘，刻着百合花"（王上7:18—19）。凡在**上帝殿中作柱子**的也是如此，他们必不再从那里出去，所有真圣徒都是如此："得胜的，我要叫他在我上帝殿中作柱子，他也必不再从那里出去。"（启3:12）

大祭司亚伦的以弗得袍子也说明同样的道理——亚伦的衣服显然代表教会和圣徒，因为圣徒是基督的外衣："看哪，弟兄和睦同居，是何等地善，何等地美！这好比那贵重的油浇在亚伦的头上，流到胡须，又流到他的衣襟"（诗133:1—2）。大祭司亚伦的以弗得和我们的大祭司基督的里衣有同样的含义。基督的里衣没有缝儿，是上下一片织成的，以弗得也是如此（出39:22）。正如上帝出于他的护佑使基督的里衣没有破裂，上帝也特别关照以弗得，吩咐它不可有裂口（出28:32；39:23）。以弗得上的金铃铛，用珍贵的金子做成，发出悦耳的声音，这代表圣徒美好的信仰告白。上面的金石榴则代表圣徒结出的果实。以弗得袍子周围底边上金铃铛和石榴彼此相连：一个金铃铛、一个石榴；一个金铃铛、一个石榴（出28:34；39:26）。因此，真圣徒的信仰告白与美好果实总是彼此相伴，他们在生活中结出的实践果实与他们美好的信仰告白相互辉映。

基督对配偶的描述也代表了同样的含义："你的肚脐如圆杯，不缺调和的酒。你的腰如一堆麦子，周围有百合花。"（歌7:2）这里又说到美丽的花朵和美好的果实彼此相伴。百合是美丽的花朵，而麦子则是美好的果实。

基督徒实践的果实在经历试炼的时候愈加显明出来，也只有真基督徒才能结出这样的果实。除了真基督徒，没有人能这样完全顺服，如此彻底地投身于宗教责任，为基督教事业而完全舍弃自己。未成圣之人是不义的工人，他们的父是魔鬼，他们父的私欲，他们偏要行。没有任何假冒为善者能完成信仰的事业，既无善始，亦无善终。他们不能忍受上帝给真基督徒的种种试炼，上帝必转脸不看他们这些偏行邪路的人。他们不能在实践中完全忠诚于基督，他们不能做到基督走到哪里就跟到哪里。不管他们在某些宗教事务中能够走多远，尽管他们有一段时间看似非常严谨积极地参与服侍上帝，但他们仍旧是罪的奴仆。他们还没有打破旧监工的枷锁，他们的贪欲仍旧统治着他们的心，所以他们迟早还要向旧监工磕头下拜。㊿"必有许多人使自己清净洁白，且被熬炼，但恶人仍必行恶，一切恶人都不明白"（但 12:10）。"以恩惠待恶人，他仍不学习公义，在正直的地上，他必行事不义"（赛 26:10）。"在那里必有一条大道，称为圣路，污秽人不得经过"（赛 35:8）。"因为耶和华的道是正直的，义人必在其中行走；罪人却在其上跌倒"（何 14:9）。"不敬虔的人虽然得利，上帝夺取其命的时候，还有什么指望呢？患难临到他，上帝岂能听他的呼求？他岂以全能者为乐，随时求告上帝呢"（伯 27:8 — 10）？未成圣之人或许能隐藏他的罪，并且在很多事情上暂时克制自己不犯罪，但他最终不能弃绝罪，不能给它一纸休书；因为对他来说，罪太可爱了，所以"他口内以恶为甘甜，藏在舌头底下，爱恋不舍，含在口中"（伯 20:12 — 13）。正是因为门是窄的，路是小的，所以属肉体的人不能进入天国：这条路需要完全弃绝一切不虔不义，这是**舍己**和**牺牲**的道路。

很多属血气的人在被上帝对付（目的是让他们弃绝罪）的时候，他们对罪的态度就像法老一样：上帝对付法老命令他让以色列人走，法老因自己的骄傲和贪婪，强迫以色列人留下不让他们走。当上帝的手向他施压的时候，他畏惧上帝的怒气，觉得不如让以色列人走，承诺允许他

㊿ 谢泼德先生说："未重生之人不可能走太远，即便他做了很多事，他仍旧活在某种罪中，隐秘或公开、小的或大的。犹大跟随主，但他贪财；希律喜欢听约翰讲道，但他爱希罗底；每条狗都有它的狗舍，每头猪都有它的泔水；每个邪恶的人都有他的贪欲。"（*Sincere Convert*, 1st edition, p.96）

们离开。可是只要他发现压力稍缓，就一次又一次地食言。上帝使埃及全境满了雷轰和闪电，有火从天上降下，法老赶紧认罪，看上去十分谦卑，并且痛下决心要让以色列人走："法老打发人召摩西、亚伦来，对他们说，这一次我犯了罪了，耶和华是公义的，我和我的百姓是邪恶的。这雷轰和冰雹已经够了。请你们求耶和华，我就容你们去，不再留住你们。"（出 9:27—28）罪人也是如此，他们有时看见律法的雷轰电闪就感到畏惧，表现出谦卑的样子，似乎已经离弃罪；但他们内心并没有彻底弃绝罪，正如法老并不情愿让以色列人走。当法老的良心和贪欲之间争斗时，他也觉得应该服侍上帝；但他又舍不得自己的贪欲，因为有这么多以色列人做他的奴仆。摩西说他们必要服侍和祭祀以色列的上帝；法老表示同意，却不让他们离开："你们去，在这地祭祀你们的上帝吧！"（出 8:25）很多罪人也是这样，一方面觉得应该服侍上帝，与此同时又舍不得自己的贪欲。摩西拒绝法老的提议，因为以色列人不能留在埃及，在监工的手下服侍上帝；两者水火不容，以色列人不能一面服侍上帝，一面做上帝仇敌的奴隶。法老同意让以色列人走，前提是他们不要走**太远**：法老不愿意与他们最终分开，想把他们留在自己的控制范围之内。很多假冒为善者对待自己的罪也是如此。后来法老同意放他们走，只要他们留下**妇女和孩子**（出 10:8—10）。然后，上帝再次加重压力，他又允许以色列人走，**男人连同妇女和孩子都可以走，他们的牲口却要留下！**总之法老就是不愿意让以色列人带着他们所有的一起走（出 10:24）。罪人也常常如此，他们愿意放弃某些罪行，却不愿弃绝一切罪；他们被迫离弃某些明显的可怕罪行，却不愿舍弃他们的贪婪和内心的罪，总觉得只要没人看见，小小放纵一下还是可以的。我们必须弃绝所有的罪，不管是小错还是大罪；正如以色列人要全部离开埃及，**男女老少，还有牲口**；他们必须一起走，"**我们要和我们老的少的、儿子女儿同去，且把羊群牛群一同带去，连一蹄也不留下**"。最后，上帝采取极端的手段，法老让所有人和他们所有的一切一同离开;可是他的心意不定,很快就反悔,派出军队追杀他们;原因是法老的贪婪、骄傲和欲望(妄图永远辖制以色列人,让他们和他们的子孙永远伺候自己)并没有真正治死,只是迫于外力暂时被抑制住。因此,在他一再反悔食言之后,他遭到彻底毁灭,永受诅咒。和法老一样,有些人表面上离弃了邪僻的行为,看似不再悖逆上帝的命令;但他们这样做并非出于甘心,而是因为被迫;他们内心喜欢犯罪的原则并没有治死,所以他们忍耐不久,狗所吐的转过来又吃;最终无可救药地走向可怕的毁灭。基督有很多假门徒:虽然他们暂时情愿追随基督,可是不能跟他到底;陆续回到原先的道路,不再跟随他。[51]

由此可见,基督徒实践或圣洁生活是真救赎恩典的**最明显标志**。我要进一步说明:基督徒实践不仅是向他人证明基督徒信仰的**首要证据**,也是向自己良心证明基督徒信仰的首要证据。

那么,读者就必须正确接受、理解和认识基督徒实践在何种意义以及通过什么方式成为证明恩典的**最首要的**标志。因此,为了更清楚地阐明这个问题,我将具体而清楚地证明:基督徒实践是基督徒判断自己和别人信仰真实性的**首要标志**;为了帮助读者正确理解这个问题,我将专门强调某些必要的相关问题。

(一)基督徒实践和圣洁生活,是向邻居和弟兄证明信仰真实性的最明显标志。

上帝的话语说明,基督徒实践是向众人证实恩典的首要标志。基督

---

[51] 谢泼德先生说:"愚蠢童女的假恩典和普遍恩典在经历荣耀的信仰告白以后必定会逐渐减少,最后完全消失。它在使用、发光、燃烧的过程中逐渐消耗殆尽——那些最大言不惭的人会慢慢腐败;他们的恩赐衰败、生命衰败。信仰告白之后恩典会消失,因为虽然开始的时候恩典增加,但过一段时间他们就受够了,恩典随之衰败而死亡。上帝的圣灵通过各种方式,让很多假冒为善的人充分认罪;圣灵在他们身上动工的方式就像在巴兰身上一样;正如涌动的大水,所及深远广大。尽管如此,圣灵并不住在他们里面,不以他们为自己永恒之宫殿。于是恩典就渐渐消退,直至消失不见。正如池塘满了上面降下来的雨水,并非来自他们里面的涌泉;它会一点点地蒸发,直至完全枯竭。"(*Parable*, Part II. pp. 58, 59)

最清楚我们应该用什么标准判断人,他反复告诫我们,要通过别人的果实来认识他们:"凭着他们的果子,就可以认出他们来。"(太 7:16)然后,他对此加以论证,并清楚地阐述为什么果子是说明人本质的首要标志,最后在第 20 节他再次总结:"所以,凭着他们的果子,就可以认出他们来。"又说:"树好,果子也好;树坏,果子也坏。"(太 12:33)如果树是坏的,果子却是好的,那么树是一种植物,果子却是另一种植物,这不是很荒谬的事吗?最能说明树本质的东西就是树上结的果子。最后这句话说得再清楚不过,"所以,凭着他们的果子,就可以认出他们来";判断树是什么种类,看果子显然是最重要最正确的方法。所以《路加福音》说:"凡树木看果子,就可以认出它来。"(路 6:44)基督从来没有说过,你们凭叶子和花可以认出树来,或凭人说的话就可以认识他们,或凭人讲的故事和他们分享的体验就可以认识他们,或你们凭他们的说话方式和口气,或语重心长,或悲恸煽情,或滔滔不绝,或口沫横飞,或催人泪下,或表情丰富,或凭你内心对他们的感觉就可以认识他们;不,基督说凭他们的果子就可以认出他们,**树木凭果子可以认出来,每棵树都要凭果子认出来**。正如行为是基督指示我们用来判断别人的依据,这也是基督指示我们给别人用来判断我们的依据:"你们的光也当这样照在人前,叫他们看见你们的好行为,便将荣耀归给你们在天上的父。"(太 5:16)这里,基督指示我们要通过好行为,让别人看到我们的圣洁。敬虔圣洁是射入人心的真理之光,基督指示我们,这光不仅要照亮我们自己的心,还要照在别人面前,让他们看见。他们怎么才能看见呢?借着我们的好行为。基督没有说"叫他们听你说你做过的好事,听你讲故事,或听你说得催人泪下",而是叫**他们看见你们的好行为,便将荣耀归给你们在天上的父**。既然这个规则(让我们的光照在人前,人就因此认出我们)是基督给我们的,那么基督的规则无疑就是最佳规则。众使徒也说基督徒实践是基督徒真实身份的首要基础。例如使徒保罗在《希伯来书》第 6

章所言。他在开篇就提到一些得到普遍光照的人,说那些已经蒙了光照,尝过天恩的滋味,又于圣灵有分,并尝过上帝善道的滋味,觉悟来世权能的人,若是离弃道理,就不能叫他们从新懊悔了;因为他们把上帝的儿子重钉十字架,明明地羞辱他。就如一块田地,吃过屡次下的雨水,生长菜蔬合乎耕种的人用,就从上帝得福。若长荆棘和蒺藜,必被废弃,近于咒诅,结局就是焚烧;然后立刻在第 9 节补充(表达他对希伯来人基督徒的爱,说他们拥有的救赎性恩典强于所有这些普遍光照)说:"亲爱的弟兄们,我们虽是这样说,却深信你们的行为强过这些,而且近乎得救。"然后在下一节,他说明为什么对他们有这么高的评价。他没有说这是因为他们精彩地描述了上帝如何在他们心里动工,并且讲得很真切。不,使徒说,原因是他们出于爱心的工作:"因为上帝并非不公义,竟忘记你们所作的工和你们为他名所显的爱心,就是先前伺候圣徒,如今还是伺候。"同样,使徒保罗在另一处又谈到基督徒的好行为向众人证明他们对上帝的爱,因为他们用实际行动忠实服侍上帝,尊崇上帝,克制私欲:"别人都求自己的事,并不求耶稣基督的事。但你们知道提摩太的明证,他兴旺福音,与我同劳,待我像儿子待父亲一样。"(腓 2:21—22)使徒约翰也表达同样的意思,他表扬该犹是因为该犹有很好的行为:"有弟兄来证明你心里存的真理,正如你按真理而行,我就甚喜乐。"(约三 3—6)但是,这些弟兄怎么能证明该犹心里存有真理呢?使徒约翰怎么能判断该犹心里有真理呢?不是因为他们证明该犹向他们精彩地分享了基督徒体验的过程,让他们感觉从这个人的谈吐看出他是基督徒,懂得基督徒的术语,而是因为他们证明他确实按真理而行:"我听见我的儿女们按真理而行,我的喜乐就没有比这个大的。亲爱的兄弟啊,凡你向作客旅之弟兄所行的,都是忠心的。他们在教会面前证明了你的爱。"使徒就是这样解释众弟兄如何**证明该犹按真理而行**的。并且使徒在这里教导该犹如何判断别人;在第 10 节,他提到一个叫丢特腓的人,他不仅自己失丧了,还领别人走上死路;然后在第 11 节,他指示该犹要提防这样的人，不要跟随他们；并且给该犹一个可以认出恶人的规则，就是基督原先给他的规则："凭着他们的果子，就可以认出他们来。"使徒约翰说："亲爱的兄弟啊，不要效法恶，只要效法善。行善的属乎上帝。行恶的未曾见过上帝。"使徒雅各更进一步表明这个道理，他对比了两种方式：一种是用我们的实践和行为向别人表明我们的信仰，另一种是只有信仰告白而没有实际行为。使徒明说前一种方式更好："必有人说，你有信心，我有行为。你将你没有行为的信心指给我看，我便藉着我的行为，将我的信心指给你看。"（雅2:18）如果只有信仰告白没有好行为，或信仰告白与行为脱节，那就是说空话。正如使徒雅各在第14节说："我的弟兄们，若有人说自己有信心，却没有行为，有什么益处呢？这信心能救他吗？"所以，我们有两种让邻居认识我们内心的方法：一种是靠说话，另一种是靠行为。而使徒雅各认为后一种才是说明基督徒信仰的最好方法。当然，我们对自己的一切描述（我们说自己有信仰，我们已经信主，我们说如何进入这种信仰，经历了哪些步骤，有哪些认识和体验，等等）都是用**语言**来表明我们的信仰，这些都是可以的，但使徒说这种方式远远比不上用**行为**来表明信仰。

正如圣经清楚地教导说，实践是证明基督徒信仰的最佳证据，理性也有同样的教导。理性告诉我们，人的行为比语言更能真实反映他们的思想。不论哪个时代哪个民族，全人类的常识都教人们要通过行为而不是其他东西，来判断一个人是不是顺民、真爱、孝子、忠仆。如果一个人对另一个人表白情谊，理智告诉我们，这种表白的说服力不如在朋友需要的时候采取行动：不管是顺境还是逆境，始终保持忠实和友好，愿意为朋友摆上自己，牺牲自己的利益。聪明人相信，这比一千句热切的宣告和庄重的誓言以及最热情洋溢的话语更能证明友谊的真挚。同样的理由，我们也应该把实践视为我们爱基督的最佳证明。理性的教导与基督在《约翰福音》14:21的教导是一致的，"有了我的命令又遵守的，这人就是爱我的"。所以，如果我们看见一个人一生都跟随基督，效法基督，努力舍己归荣耀给基督，扩展基督的国度和利益，那么，理智会告诉我们，这正是爱基督的有力证据，与之相反的，是一个人只是口头上说自己爱基督，描述自己有这样那样的内在体验，他感到自己里面的爱多么强烈，他如何如何热爱基督，但他在实践中并没有效法基督，并且当他需要为基督牺牲的时候总是后退，不参与扩展基督的国度；每当需要他为基督舍己的时候总有各种托词。同样，如果一个人在分享他的体验时说，他如何厌弃这个世界，看到世界不过是虚空的虚空，一切在他看来都算不得什么，并表白自己愿意为基督舍弃一切，呼天抢地为自己作证，可是他在实践中却趋炎附势，把属世的东西看为宝贵，极不情愿为了慈善和敬虔的目的奉献金钱，钱财从他口袋中出来好像心头滴血，这样的人无论怎么表白爱上帝，都是不可靠的。但是，还有另一种宣信的基督徒：他们话虽不多，但实际行为表现出愿意随时为基督舍弃世界；只要世界妨碍他们履行宗教责任，他们就选择后者；只要有机会促进基督徒和众人的利益，他们就自由地奉献。理智告诉我们，后者厌弃世界的证据才是最令人信服的。如果一个人在上帝和众人面前存谦卑的心而行，言谈举止表现出忧伤痛悔，在遭遇不幸的时候保持忍耐和顺服上帝，为人处事温柔和蔼，那么显然这就是真谦卑的证据。另一个人只是谈论自己如何感到自己毫无价值，上帝如何降卑他，使他躺卧于尘埃，如何虚心，看见自己是虚空、肮脏、可鄙，等等，然而他的行为却表现得好像自认为是最好的基督徒，理应称为城里所有基督徒的头，并且自以为是，趾高气昂，刚愎自用，不能忍受哪怕一点点反对或批评的意见，那么我们就能肯定一点：在这个人心里，实际行为的地位比不上口头告白。再举一些例子：如果一个宣称自己相信基督的人，通过自己的行为表现出怜悯别人的悲惨处境，愿意与他们一同负轭，愿意与他们分享自己的财产，并且愿意为了他人身心的益处，而放弃舒适生活并忍受不便，而另一个人只是常常说自己感觉内心如何充满爱，他如何同情别人的灵魂，他内心如何为他们受苦，他如何感到自己由衷地爱仇敌和怜悯他们，可是他的行为却显得非常自私、吝啬、小气，一切只顾自己，不关心邻居，善妒好争，难道前者不是显然比后者更有爱心吗？那些偶尔情绪激动的人，可能以为自己愿意为上帝付出，愿意奉献更多，忍耐更多，并且会热切而自信地表达这样的意愿，但他们真实的内心远远不是这样。很多人在情绪高涨的时候，甚至相信自己愿意为了上帝的荣耀而死。转瞬即逝的情感能轻易制造廉价的言语，而嘴上的敬虔比手上的圣洁更容易伪造。基督徒的实践是代价高昂、极其费力的。基督徒所必须的舍己及引向生命的窄路不在于言语，而在于行为。假冒为善者可以很容易地学会像基督徒那样**说话**，但他们很难学会像真圣徒那样**活着**。

所以，在基督徒周围的人眼里，基督徒实践显然是基督徒具有真敬虔的最佳标志。但是，为了正确理解这个问题，必须注意以下几点。

第一，必须注意，当圣经提到"基督徒实践是证明基督徒具有真恩典的最佳标志"时，并**不排斥**基督三位一体的信仰告白，而是**支持**使用信仰告白。上面提到的各种规则是用来帮助基督徒认识宣信者和自称是基督徒社会一分子的人，基督徒可以用这些规则判断他们是否言行**一致**以及信仰告白是否真实。这些规则**不是**用于判断异教徒和那些公开否认基督教、与基督徒没有关系的人。关于这点，基督在《马太福音》第 7 章说得再清楚不过："凭着他们的果子，就可以认出他们来。"他在这里教我们如何分辨**自称基督徒**的人，就是那些在信仰告白上大做文章的假先知："他们到你们这里来，外面披着羊皮。"（太 7∶15）使徒雅各也这样说："你将你没有行为的信心指给我看，我便藉着我的行为，将我的信心指给你看。"（雅 2∶18）很明显，这两种人虽然提出不同的信仰证明，但他们都是**宣信者**，经文暗示他们都提出某些关于自己信仰的证明。前面的经文也很清楚，使徒谈的是公开宣称相信耶稣基督的人。同样，使徒约翰在第三封书信里谈的显然也是**宣信的基督徒**。在所有这些规则中，基督徒实践都是基督徒信仰告白真实性的最重要和最明显的标志。尽管基督徒实践的说服力比基督徒信仰告白强得多，但基督教信仰告白是一个明显的预设：虽然它既不是基督徒信仰真实性的重要证据，也不是明显的标志，但基督教信仰告白确实是不可或缺的前提。正如人的身体会动，既不是区分人与动物的标志，也不是人性的主要证明，但它的确是一个必要条件和前提。所以，如果任何人公然宣告自己不是基督徒，不相信耶稣是上帝的儿子或是上帝差来的，那么基督和使徒给我们这些用来判断一个人是不是基督徒的规则，就完全**不适用**于他，不管从表面看，他的行为多好、多有道德。这些规则不仅不适用于那些公然否认基督教的人、公开的自然神论者、犹太教徒、异教徒或明说自己没有信仰的人，也不适用于那些不愿意公开做信仰告白的基督徒，因为基督和使徒给我们这些规则的目的，仅仅是为了判断宣信基督徒的真伪：果子须与花朵并行，金铃铛必有石榴相伴。

于是就有了这个问题：一个人怎样才算是宣告基督教信仰，或怎样的信仰告白才是基督教信仰告白？我的回答是，基督教信仰告白在于两点：一是，显然一个人要做基督教信仰告白，宣告本身必须包含基督教的必要内容。凡是基督教必不可少的**核心**，就是基督教信仰告白必不可少的**内容**。信仰告白必须与告白的事情相关。一个人进行基督教信仰告白，就等于他宣告自己**实际具有**基督教信仰。而且，凡是属于某个事物本质的东西，就是这个事物之告白不可或缺的内容。如果我们仅相信基督教的**一部分**不相信另一部分，那我们相信的就不是基督教，因为缺失了一部分基督教核心内容。所以，如果我们仅告白基督教的一部分，不告白另一部分，那么，我们的告白就不是基督教信仰告白。所以，要宣告基督教信仰，我们必须承认相信耶稣是弥赛亚，因为这是基督教的核心信仰。同样，我们必须宣告（明确地宣告或含蓄地表示）耶稣的死满足了上帝公义的要求，他是为我们的罪而死，以及福音的其他核心教义，因为这些教义都是基督教不可或缺的内容。除了正统教义以外，我们在宣告基督教信仰的时候，还必须承认其他一些内容：我们必须认罪悔改，我们必须承认自己是罪人，上帝对我们的愤怒和惩罚显出他的公义，我们愿意弃绝所有的罪，我们全心全人接受基督为我们唯一的救主，我们爱他超乎一切，我们愿意为他放弃一切，为了永远做他的儿女，我们愿意摆上我们自己，等等。这些东西和福音所有教义一样，都是基督教的**核心内容**，所以，宣告这些东西和宣告福音教义一样，都是基督徒信仰告白的必要内容。不是说人要成为宣信的基督徒，就必须清晰地宣告与基督徒恩典和美德有关的**一切**事情，而是说基督徒必须有一个关于基督教**必要**内容的信仰告白，不管这个告白清晰还是含蓄。至于基督徒应该告白哪些事情，我们应该按照上帝话语的指引，参考圣经记载的上帝子民在不同历史的公开信仰告白。他们要宣告自己**悔改**：当人们开始宣告信仰的时候，他们承认自己的罪，为此降卑自己（太 3:6）。他们受的洗被称为**悔改的洗**（可 1:4）。给他们施洗的约翰劝勉他们要结出果子，与悔改的心相称（太 3:8），也就是说他们的行为要符合他们的告白。约翰鼓励他们说，如果他们这样做，就能脱离将来的忿怒，就称为好麦子收在上帝的仓里（太 3:7—10，12）。所以，使徒彼得对犹太人说："你们各人要悔改，奉耶稣基督的名受洗。"（徒 2:38）这说明受洗的前提是**悔改**。悔改的告白必须当**着众人的面**。当犹太人被掳归回并进入圣约的时候，他们当**众认罪、公开**忏悔，"以色列人就与一切外邦人离绝，站着承认自己的罪恶和列祖的罪孽"（尼 9:2）。悔改的告白必须包含**认罪**，承认上帝定我们的罪显出他的公义（尼 9:33，35 以及 10 章开头）。他们要宣告相信耶稣基督、热爱基督、全心信靠他是自己的救主，并且欢喜接受基督的福音。所以，腓力在为太监施洗之前，要求他承认**完全相信基督**。五旬节信主、受圣灵浇灌的众多门徒显然**欢喜地接受**福音："于是，领受他话的人就受了洗。那一天，门徒约添了三千人。"（徒 2:41）他们要表明自己完全依靠基督的义和基督的能力，把自己完全奉献给他，他是他们唯一的上帝和救主，他们以他为乐，他是他们唯一的义和唯一的分。圣经预言：万国都要公开宣告对基督的信仰，直到地极:"地极的人都当仰望我,就必得救,因为我是上帝,再没有别神。我指着自己起誓,我口所出的话是凭公义,并不反回,万膝必向我跪拜,万口必凭我起誓。人论我说:公义、能力、惟独在乎耶和华。人都必归向他,凡向他发怒的,必至蒙羞。以色列的后裔都必因耶和华得称为义,并要夸耀。"(赛 45:22)他们要宣告,为了基督完全**舍弃**自己,借着基督亲近上帝,正如以色列的儿女公开承认与上帝立约一样:"你今日认耶和华为你的上帝,应许遵行他的道,谨守他的律例、诫命、典章,听从他的话。"(申 26:17)他们要宣告愿意在各种艰难困苦中**忠于**信仰,完完全全顺服上帝,一生**遵行**他的旨意,**至死不渝**(出 19:8;24:3,7;申 26:16—18;王下 23:3;尼 10:28—29;诗 119:57,106)。他们要宣告,在这一切事上,他们要尽心、尽性、尽意忠于上帝,永远服侍他(代下 15:12—14)。上帝子民向上帝起誓,**按上帝的名起誓**或起誓归入上帝的**名**(通过这种方式,表达他们庄严地摆上自己,进入圣约,发誓接受他为他们的上帝,完全属于他,顺服他,服侍他),这在圣经里是所有以色列人(可见的属上帝子民)必须履行的责任(申 6:13;10:20;诗 63:11;赛 19:18;14:23—24;对比罗 14:11;腓 2:10—11;赛 48:1—2;65:15—16;耶 4:2;5:7;12:16;何 4:16;10:4)。所以,要成为宣信的基督徒,得到邻居完全的尊重和爱,人们必须根据基督和使徒的命令活出可见的圣洁行为,还要加上信仰告白(清楚或含蓄地表达上面提到的内容)。我们要凭**他们的**果子认识他们,也就是说,我们要凭他们的果子,知道他们是不是自己所宣告的人。

二是,宣告信仰的人必须**理解**信仰告白(必须与基督徒实践结合)的内容。也就是说,他们必须首先接受关于基督教各项原则的教导,使他们至少具有普通的**理解力**,可以明白信仰告白的正确含义。因为人必须理解语音的意思,声音才指代事物,否则就毫无意义。

为了被其他基督徒完全接纳并成为基督徒社会的一分子,人们需要按照圣经的指示和基督徒社会的要求，正确地宣告基督教信仰，但他们不需要说明他们所感觉到的圣灵作工的**具体步骤**和**方法**，也不需要说明圣灵究竟如何让他们从内心认识基督教的重要内容。圣经没有记载任何使徒或初代教会的牧长或基督徒要求其他基督徒必须如此告白才能被接纳，也没有说基督徒在判断弟兄的时候，首先关心的是他们内在体验的**具体方法和顺序**。使徒和牧师要求人们宣告圣灵的工作，但不要求他们描述圣灵工作的方式。圣经找不到这类做法的影子，从亚当到使徒约翰，上帝的教会从来没有这种传统。

  我并不是说基督徒不需要与弟兄分享任何体验。因为人们宣告基督教核心内容，就等同于宣告他们**体验**到这一切。因此，当人们**庄严**宣告他们完全感到并相信他们有罪、悲惨、无能，自己完全败坏，应遭到上帝弃绝，该承受永恒震怒，自己的义或自己的任何东西根本不足以满足上帝的公义，不能使他们得到上帝的恩宠，他们完全依靠主耶稣基督和他的满足和公义，这不就等同于宣告他们**体验**到这些事情吗？当人宣告他们全心相信基督福音的真理，他们完全认罪并认识到福音所展示的他作为救主的充分和完美，全心全意爱他，承认他为灵魂的避难所和安息之地，是他们安慰的泉源；他们愿意为自己的罪悔改，完全弃绝一切罪，把自己全然摆上献给基督；愿意臣服于这位君王，把全心全人献给他；愿意并决心以上帝作为他们全部并永远的福分，这不就是说他们**体验**到这一切吗？当人宣告他们依靠他的各种应许（将来在天上永远的福乐），放弃这虚空世界的一切享受，为了天上的财宝和将来的产业而变卖所有的，遵守上帝的每条诫命，包括最困难的和最需要舍己的诫命，奉献整个生命服侍上帝，这不就是关于**体验**的宣告吗？当人宣告他们饶恕那些伤害他们的人，愿意仁慈地对待全人类，他们的内心与属耶稣基督的人彼此联合，爱他为弟兄，一同在团契中敬拜服侍上帝，跟随基督，愿意并决心作为同一位上帝家里的成员和基督奥秘身体的肢体，履行一切责任——我说，当人们这样在上帝面前庄严宣告的时候，这就等同于宣告，他们在心里意识到并真实**体验**到这些事情。

我也不是说人们关于自己基督徒体验（恩典的具体运行，以及具体的时间和环境）的描述不会帮助别人判断他们的状态，也不是说人们永远都不应该在任何情况下询问关于这些体验的问题，因为在某些情况下，这些问题是很重要的。有时候人们需要用所有方式寻求和确认一个人是否敬虔，例如按立牧职。在这种情况下，这些问题可以在若干方面帮助人们更好地判断这个人，我们可能因宣信者说话诚实并理解他宣告的内容，不仅仅把信仰告白当作形式而感到更加满意。

不论基督教信仰告白的目的是什么，告白要得到接纳，就必须给人们以足够的理由，相信宣信者不仅仅是遵照惯例、按照预先制定好的格式或用非常马虎而含混的方式说没有任何特别意义的话——信仰告白常犯这种错误；人们必须相信宣信者本人理解这些语言，并用它们诚实地表达内心想法，否则他的告白就没有任何作用，只能视作没有生命的东西在发出毫无意义的声音。但是，不论关于属灵情感具体运行的描述如何帮助人们判断，真正的信仰告白必须出于自愿和责任感，宣信者必须提前接受充分的教导，并能够证明自己理解告白的内容，而他符合信仰告白的行为则是最好的证明。

我也承认，一个人当被问及特定经文、基督徒体验的特定时刻和环境以及其他事情时，如果他能够清晰地描述首次信主的方式，并且这个方式与通常人们观察到的真信主的方式相同；如果某些事情明显按照时间的顺序和性质的顺序一个接一个发生，那么我承认这种描述能够让他信主的证据**锦上添花**，向别的基督徒弟兄进一步证明他的体验是真实的。我所反对的、不符合圣经的做法，是某些人强调信仰告白**必须**包括某些具体的描述——诸如圣灵作工的具体**方法**和**步骤**——他们以为有这些特定的描述，才说明宣信者是得救的基督徒，并把这些东西当成接纳宣信者为真基督徒的**前提**；或者仅仅因为没有这些东西就不接纳他们，无视更重要的证据，就是他们在众人面前的好行为。

第二，为了正确理解"基督徒行为是向他人证明宣信者具有真敬虔的**最重要标志**"，我们需要记住前面所讲基督徒行为的含义，并且要考虑到这些行为能在多大程度上被其他人看见。如果一个宣信者仅仅是通常人们所说的老实人或好人（没有什么给他品格带来污点的特殊过错），这并非证明其信仰告白真实性的**最佳证据**。这不是**把光照在人前**，也不是出于**为基督的名所显的爱心而操劳殷勤**，使徒保罗说这些工作使他相信希伯来信徒是真信徒（来6:9—10）。除了他或许是个好人，我们看不出别的什么；虽然他的生活和言行没有什么明显违背敬虔之道的坏事，但也没有什么明显的证据表明**他确是敬虔之人**。但是，在人外在行为中，确实可以各种积极表现来证明其敬虔。他们能一生致力于服侍上帝，他们能表现出自己效法耶稣基督的榜样，遵行《马太福音》第5至第7章和《罗马书》第12章以及新约很多经文中的规则；他们能表现出**完全顺服基督的教训和福音的道**：恪守第一块法版上的各项责任，显明自己敬畏上帝，爱上帝，并且守全爱人（爱圣徒也爱仇敌）的全部诫命：温柔和饶恕、怜悯和仁爱，不单顾自己的事也顾别人的事的诫命；善待人（具体的个人和公众）心灵和身体的诫命；治死旧性情以及在言行上谦卑的诫命；勒住舌头，说荣耀上帝和祝福人的话，显出舌上有仁慈法则的诫命。他们能表现出自己**随时随地**做基督徒，不论在上帝的家里还是自己家中或在邻居中间，不论在安息日还是平日，不论是严肃场合还是普通交往，对待朋友或敌人，对上级下级或平级都言行一致。人们能用看得见的行为表现出自己是在非常积极地服侍上帝和人类，在基督徒工作中尽心竭力，摆上自己，并且在各种环境和试探中站立得稳。他们能表现出愿意舍己，为上帝和基督受苦，热爱基督教的利益和弟兄的福祉。一个人的行为可以充分显出一种宁可丢弃万事也不背弃基督，一切让位于基督荣耀的气质。一个人可以借助很多这样的行为显明宗教乃他的要务，显明宗教是他人生的首要喜乐和最大幸福；他可以如此行事为人，不论走到哪里都散发着基督徒恩典的香气和属天的性情。当宣信基督教的人具有此类表现时,这就是向别人证明其信仰告白真实性的**最佳证据**,其他任何东西都无法与之媲美。

无疑,当宣信者用生活和行为来证明信仰真实性的时候,不同人证明的力度有极大的差异,正如不同人描述基督徒体验的步骤和方法,也有好坏明暗的差别。但有一点是确定的:这种证明(用行为表现出基督徒的心灵)远胜过最美妙、最光彩的故事(描述基督徒体验的具体步骤和方式)。并且在总体上,通过实践来表现基督徒信仰告白的真实性,远远好于谈论种种体验的描述。

第三,我们必须注意,正如在前文提到的,世人可见的任何外在表现,都不是恩典的**绝对确据**。前文提到的那些外在表现,是人所能期望的最佳表现,并且它们必使基督徒社会完全接纳他们为圣徒,当其是上帝的儿女,爱他们并以他们为喜乐。这些表现足以使基督徒因他们感到满足,足以让基督徒明白应该如何对待他。但人在邻居身上所看见的任何表现,都不足以生发**绝对的确信**,从而确信邻居必是得救之人:因为他们无法看见他的心灵,也不可能看见他所有的外在行为,因为人心多处是**隐秘的**,**藏起来**不叫世人看见,并且我们也不可能**断定**一个人在属血气动机的驱使下能够**伪装**多少外在行为和恩典、装得多像。尽管毫无疑问,众人若能像人自己的良心一样,洞悉人行为背后的心态,那或许能成为证明他们得救的绝对确据。这正是我下面论述的内容。

(二)基督徒实践,是向自己的良心证明恩典真实性的最佳明证。

我已论证基督徒实践是向众人证明信仰真实性的最佳证据,现在我继续论述:根据圣经,基督徒实践是向自己的良心证明自己具有真恩典的最佳明证。《约翰一书》2:3就此说得很清楚:"我们若遵守他的诫命,就晓得是认识他。"而圣经告诉我们,良心关于我们好行为的证言可以让我们确信自己是敬虔的:"小子们哪,我们相爱,不要只在言语和舌头上,总要在行为和诚实上。从此,就知道我们是属真理的,并且我们的心在上帝面前可以安稳。"(约一3:18—19)使徒保罗在《希伯来书》第6

章提到希伯来基督徒出于**爱心的行为**,他说这让他相信他们有最崇高的知识,并且这个证据会让他们确信自己有满足的盼望:"亲爱的弟兄们,我们虽是这样说,却深信你们的行为强过这些,而且近乎得救。因为上帝并非不公义,竟忘记你们所作的工和你们为他名所显的爱心,就是先前伺候圣徒,如今还是伺候。我们愿你们各人都显出这样的殷勤,使你们有满足的指望,一直到底"(约一 6:9 等)。使徒保罗指示加拉太信徒**察验自己的行为**,这样他们就能因自己得救的地位而感到喜悦:"各人应当察验自己的行为。这样,他所夸的就专在自己,不在别人了。"(加 6:4)《诗篇》作者说:"我看重你的一切命令,就不至于羞愧。"(诗 119:6)也就是说,这样我就会有勇气、有信心、有安稳的盼望。我们的救主说:"凡不结好果子的树,就砍下来丢在火里。所以,凭着他们的果子,就可以认出他们来。"(太 7:19—20)尽管基督给这个命令首先是让我们借此判断别人,但后面的经文显然说明他也希望我们用这个标准来判断我们自己:"凡称呼我主啊,主啊的人,不能都进天国;惟独**遵行**我天父旨意的人,才能进去。当那日,必有许多人对我说,主啊,主啊,我们不是奉你的名传道,奉你的名赶鬼,奉你的名行许多异能吗?我就明明地告诉他们说,我从来不认识你们,你们这些**作恶**的人,离开我去吧!所以,凡听见我这话就去行的,好比一个聪明人,把房子盖在磐石上。雨淋,水冲,风吹,撞着那房子,房子总不倒塌,因为根基立在磐石上。凡听见我这话**不去行**的,好比一个无知的人,把房子盖在沙土上。"后面我还会提到一些经文说明同样的问题。

为了更加清楚地阐明这个问题,我将首先说明,我们应该按照圣经,把"基督徒行为、实践、行善或遵守基督的诫命",作为向我们自己的良心证明我们是真基督徒的确据。**其**次将说明,基督徒实践,是基督徒向自己证明自己具有真敬虔的首要证据。

第一,我们为什么应该按照圣经,把"基督徒行为、实践、行善或遵守基督的诫命"，作为向我们的**良心**证明我们是真基督徒的确据。

这里我想强调一点，我们不能把圣经所提到的好行为、好果实、遵守基督的诫命，假设为仅仅指外在的动作或身体的运动，而不包括其他任何东西，不指向人的任何目的或意向，或人的理解力或意志的运用。因为如果这样理解人的行为，人的行为就不能被视作善行或顺服之举，而是钟表的机械运动——它们根本不能看作是人的行为。倘若按这样来理解，这种行为既非顺服，也非不顺服，它们不过是身体的痉挛和抽搐。我所说的顺服和果子，是指人的顺服和人的果子。它们不仅是身体的动作，而且有心灵的顺服，包括心灵的运用和心灵的行为。我**不是**说在这个问题上，圣经提到的恩典行为以及果子和行为包含内心的一切敬虔和圣洁，既包括内在原则，也包括运作，既包括心灵，也包括实践，因为如果是那样的话，上帝就把这些东西给我们作为内心恩典原则的标志，事物就成了它本身的标志，树根和果子就没有区别了。圣经的说法**仅仅**意味着：恩典的运行和心灵的圣洁活动是我们拥有圣洁原则的标志和得救地位的证明。圣经的说法也不是指恩典的一切内在运行，而仅指心灵**实践性**的运行和内在圣洁的发挥，这些运行和发挥都体现在顺服的行为中；或称之为内心的行为和恩典的行为，它出于并止于意志的指令，心灵通过它发出指示和命令，并由此带出某种行为。

为了更清楚地阐明这个问题，我要说明恩典的两种运行方式。第一种运行方式，其中的一些称为**内在活动**，也就是恩典的运行始终保持在心中，与外在行为和实践没有直接的关系。圣徒的默想就是这类活动。恩典的这些内在运行不会直接导致外在行为，尽管它们和恩典的任何运行一样，都能间接地影响实践。恩典的另一种运行方式，被称为**实践的活动或有效的活动**，因为它们直接指向某个具体行**为**。恩典的这类运行表现在意志发出命令，指导外在行为。人把一杯凉水给门徒喝，这个行为就是出于恩典（爱人）的运行；人愿意为了宗教责任而忍受逼迫，这也是出于恩典（爱基督）的运行。因此，恩典的发挥通过外在行为产生效果。恩典的这些运行之所以被称为“实践性的”和“有效果的”（产生好行为），不是说它们在本质上具有产生果效的倾向——所有真恩典都具有这样的本质倾向，而是因为它们实际上产生了具体的行为结果。这正是恩典在意志行动中的运行，而且这也是内心的实践。心灵是实践的直接作用者，因为身体的动作遵循身心一致的定律，这个定律是上帝设定并维持的。心灵的活动和恩典的运行（通过身体的好行为发挥出来）正是好行为本身，因为心灵与行为不可分隔，并且行为就是心灵的工作。意志的决定正是我们的行动，只要是我们自己的决定，正如杜德里奇博士（Doddridge）的论述。(52)在心灵的实践中包括内心的目标和意图，目标和意图是实践的驱动者。我们不会认为一个机器上发条动起来行公义或按时分发救济食物是“顺服基督”的行为；我们也不会把人的无意行为（虽然从外表看，在物质层面符合基督的某条命令）称为“顺服基督”，因为他从未听过基督的事或基督的任何诫命，或在他做这件事的时候，心里没有想到基督的诫命。如果上述好行为和好果子是心灵的运行，如果它们是由衷地荣耀上帝，而不仅是身体的机械动作，那么必须考虑到心灵在整个动作中的运行过程和作用：动作必须体现心灵的意图，心灵必须指向上帝，等等，否则它们就不是我们的舍己，也不是顺服上帝或服侍上帝，而是具有其他性质的行为。上述这种恩典的有效运行，正是千万殉道者的最高体验，并且所有真圣徒的一生都充满这样的善行；而上述这类恩典的内在运行，则是他们一生善行的生命和灵魂。这也是上帝所看重的顺服和果子，他看重人的内心胜过身体，因为内心是更高级的部分。上帝看人的顺服和实践的时候，他是看内心的实践：“因为耶和华不像人看人，人是看外貌，耶和华是看内心。”

所以，我们应该这样来理解什么是顺服、好行为、好果子（圣经说

---

(52) 参见 *Scripture Doctrine of Salvation*， Sermon Ⅰ, p.11。

这些东西是向我们自己的良心证明我们具有恩典的确据）：顺服、好行为、好果子不仅包括身体的动作，也包括**心灵的顺服和意志的运行**；而且**心灵的顺服和意志的运用**先于身体的动作并主导身体的动作。当圣经说实践是向**别人**证明我们真相信基督教的主要证据时，是指**别人能够看见**的行为；但当圣经说实践是向**我们自己的良心**证明我们真相信基督教的确据时，是指我们自己**良心能够看见**的行为，这就不仅包括身体的动作，也包括**心灵的运行**，因为是心灵的运行发出命令指挥身体的动作；而我们的良心能够直接审视心灵的这些运行，良心看见心灵的运行比看见身体的动作更加直接。这才是圣经的意图；不仅事物的本质和理性告诉我们如此，圣经本身也这样说。所以，基督在登山宝训结束时谈到门徒需要实践他的话语，他说实践是真门徒的标志，没有实践是房子盖在沙土上，有实践则是房子盖在磐石上。很明显他指的不仅是外在行为，也指这个行为过程中内心的运行；他前面谈到我们行为的话可以清楚证明这点，例如："虚心的人有福了；哀恸的人有福了；温柔的人有福了；饥渴慕义的人有福了；怜恤人的人有福了；清心的人有福了；使人和睦的人有福了；为义受逼迫的人有福了；凡无故向弟兄动怒的难免受审判；凡骂弟兄是拉加的，难免公会的审断；凡骂弟兄是魔利的，难免地狱的火；凡看见妇女就动淫念的，这人心里已经与他犯奸淫了；要爱你们的仇敌；为那逼迫你们的祷告"，等等。还有一些经文同样暗示内在运行，正如基督在《约翰福音》14：21 说，"有了我的命令又遵守的，这人就是爱我的"，这里他显然指的是他多次重复的命令，他特意称之为他的命令：**基督怎样爱他们，他们也要怎样彼此相爱**（参考13：34；15：10，12—14）。但这个命令首先是指向内心的运行，尽管它要通过外在实践发挥出来。 使徒约翰也这样说，"我们若遵守他的诫命，就晓得是认识他"，他显然主要是指基督给他们的那个命令，这一点可以从后面的经文（约一 2：7—11 和约二第 5 和第 6 节）明显看出来。并且，圣经说人在审判日**要按他们的行**

为接受审判，按身体所行的事遭受报应；这不能仅仅被理解为**外在的**动作；因为如果是那样，为什么圣经常常说上帝察看人心并试验人肺腑，**他要照你们的行为报应你们各人**？正如《启示录》所言："叫众教会知道，我是那察看人肺腑心肠的，并要照你们的行为报应你们各人。"（2∶23）以及《耶利米书》："人心比万物都诡诈，坏到极处，谁能识透呢？我耶和华是鉴察人心、试验人肺腑的，要照各人所行的和他作事的结果报应他。"（17∶9—10）如果"**各人所行和他作事的结果**"仅仅意味着身体的动作，上帝何必要"**察看人心并试验人肺腑**"？希西家在病中祈祷，他求上帝看他的行为并因此恩待他；他这里指的不仅包括他的外在行为，也包括他的内心："耶和华啊，求你记念我在你面前怎样存完全的心，按诚实行事，又作你眼中所看为善的。"（赛38∶3）

尽管圣经给我们（用来证明信仰的真实性）的证据很看重内心，但它并不排除外在行为，而且外在行为是它的目的。因为外在行为与恩典在意志当中的实际运用有密不可分的联系，恩典的内在运行直接指导和命令身体的外在动作。于是，任何外在行为及邪僻之人都不可能通过伪装来证明自己具有真敬虔，他们的所有伪装都被剥除干净。因为真敬虔的证据在于内在运行和心灵的实践，而内心的实践在于通过意志指挥外在动作。我们知道，意志的指挥和身体器官组织的运动不能相互剥离，因为上帝设定了身心一致的规律，只要灵魂和身体是合一的，只要身体器官和组织执行来自意志的命令，那么意志的指挥和身体的运动就是一致的。因此，如果有人说他的意志发出的命令是参加公众崇拜，但他的脚却带他去酒馆或妓院；或者他内心意志的运行是把手里的钱给某个贫穷的乞丐，但他的手却收起来，攥住钱不给——那不是很荒谬的事吗？

第二，我继续说明："按照上述意义理解的基督徒实践是向基督徒自己的良心证明自己具有真敬虔"的首要证据。这个证据远胜过其他证据，诸如认罪、光照、信主之后的安慰、内在认识，或始于并止于默想的恩典运行，等等。(53)以下是相关论点。

论点1——理性清楚地说明：最能证明一个人内心真实倾向的，就是当他可以自由选择要做或不做某事时，他的实际选择。我说过，真信在于把上帝放在内心最重要的位置上，首先选择他，愿意为基督变卖所有的，等等。而一个人的行为最能考验他内心到底爱什么。例如，当上帝和其他事情彼此相争的时候，一边是上帝，另一边是世俗利益和享受——人生经常如此；这种情况下，人必定选择一个而放弃另一个；而他的行为最能说明他到底爱哪个。真信在于“在心里为基督舍弃所有”，而“在心里为基督舍弃所有”与“愿意为基督舍弃所有”完全是一回事；当然，说明这点（愿意为基督舍弃所有的）的最好考验，就是他真的这样去做：当基督和其他事情彼此相争的时候，他**必须**以实际行动选择基督，放弃别的事。“心里为基督舍弃所有”与“**一听到呼召**就愿意为基督舍弃所有”也是一回事。证明这点的（一听到呼召，就愿意为基督舍弃所有的）最好证据就是一听到呼召就真的这样去做。在心里跟随基督，就是愿意跟随他。在心里为基督舍己，就是**真愿意**为基督而舍弃自己。一个人**愿意**做某事的最主要和最清楚的证据（他可以自由选择时），就是他真做那件事。当某个人可以自由选择说话或沉默时，最能证明他**愿意**说话的就是他开口**说话**。当某人有走或坐的自由时，最能证明他**喜欢**走路的就是他起来**走**。敬虔不在于有**想**执行上帝旨意的心，而在于有**真**执行上帝旨意的心。旷野中的以色列人就是前一种心态，他们说：“求你近前去，听耶和华我们上帝所要说的一切话，将他对你说的话都传给我们，我们就听从遵行。”（申5:27）摩西回答说：“你们对我说的话，耶和华都听见了。耶和华

(53) “约翰是一个很好的例子。他是基督最心爱的门徒，是他最贴心的伙伴。上帝恩膏他，让他认识真理，并且他确实晓得自己认识他（约一2:3）。可是他怎么晓得呢？他完全可能被自己欺骗；他的证据是什么？‘因为我们遵守他的诫命。’”（*Parable*，Part Ⅰ. p. 131）

对我说，这百姓的话我听见了，他们所说的都是。惟愿他们存这样的心敬畏我，常遵守我的一切诫命，使他们和他们的子孙永远得福。"（申5:28—29）这些人的表现说明，他们显然有**想**遵行上帝诫命的心，并且直接表白其心意，但上帝表明这并不够，上帝要的是真正的敬虔，也就是有真遵守诫命的心。

所以，如果人装出自己有一颗善心，却过着邪恶的生活，在实践中不结整体成圣的果实，那么这种伪装是非常荒谬的，甚至是可笑的。因为事实已经证明他并不爱上帝胜过一切。与明白的事实争辩是愚蠢的。那些活在罪中却恭维自己要上天堂的人，以及那些没有圣洁行为却指望别人当他们是圣徒的人，是在试图愚弄他们的大法官。这正是使徒保罗的暗示，他在此论述人的善工和圣洁生活证明他配得永生："不要自欺，上帝是轻慢不得的。人种的是什么，收的也是什么。"（加6:7）这就相当于说："不要自己骗自己，如果你们不种下圣灵的种子，就不要指望收获永生。不要以为你们可以欺骗上帝，不要以为上帝看不见实质，可以被影子和你们的伪装迷惑。他要的是真正的好果实，而不是你们在他面前种种无用的伪装。"**欺骗**一词的这种用法出现在圣经多处。大利拉对参孙说："你欺哄我，向我说谎言。"（士16:10，13）圣经也把这个词用在罗得身上，他告诉两个女婿说，上帝要毁灭那地，**他女婿们却以为他说的是戏言**（创19:14）。也就是说，他们以为罗得在欺骗他们，当他们是容易上当的傻瓜。但人没有圣洁生活，任何伪装都欺哄不了眼目如同火焰的大法官。若有人奉他的名说预言、行神迹、有移山的信心、赶鬼，并且有极其热烈的宗教情感，看似有真恩典，藏身处极其幽深无人可及，然而，若他们行**为不正**，是**作孽的人**，那么他们绝对不能在这位大法官面前隐藏虚假："没有黑暗、阴翳能给**作孽的藏身**。"（伯34:22）如果仆人装作自己是忠心的，告诉国王他全心全意爱他，在某时某刻体验这种爱，感觉自己对他有强烈的情感，并且指望国王因此接纳他、喜欢他，以他为挚友，奖赏他，尽管他在生活中悖逆国王和乱臣贼子一起密谋夺权，时不时煽动叛乱，难道任何睿智的国王会忍受臣民如此愚弄他吗？如果仆人装作自己在心中体验到对主人的热爱和尊重，强烈感受主人的尊贵和慈爱，而与此同时，他却拒绝顺服主人，不服侍他，难道主人会忍受仆人这样欺骗他吗？

论点2——正如理性说明：生活中有些事情能够证明人是否在**实践**中爱上帝超过别的东西，这些事情最能考验人**内心**是否真诚，因此在圣经里，这些事情被描述为对宣信基督徒信仰真实性的真正考验。圣经把这些事情称为**试炼**或**试验**，之前已经论述这两个词具有同样的含义。最能考验一个人在实践中是否爱上帝超过其他东西的，就是那些困难的事，或导致人难以坚持信仰的事，或让人分心的事，因为这些事情让人面临抉择，上帝和别的东西摆在人面前，他们必须做出实际的选择，并且不能二者兼得，只能选择一个放弃另一个。圣经把这些事情称为**试炼**或**试验**。(54)之所以这样，是因为宣信者能借这些事情得到考验，显出他们是否名副其实，因为他们对上帝的爱的真实性要经受事实的考验，因为这些事情最能帮助我们以事实判断人对上帝的爱是否彻底："你也要记念耶和华你的上帝在旷野引导你，这四十年，是要苦炼你、试验你，要知道你心内如何，肯守他的诫命不肯。"(申8:2)"所以约书亚死的时候所剩下的各族，我必不再从他们面前赶出。为要藉此试验以色列人，看他们肯照他们列祖谨守遵行我的道不肯"(士2:21—22；3:1，4；出16:4)。

圣经把因信仰而受苦称为试炼，并解释其目的是验证他们的**信心**：

---

(54) 《哥林多后书》8:2；《希伯来书》11:36；《彼得前书》1:7，4:12；《创世记》22:1；《申命记》8:2，16；13:3；《出埃及记》15:25；16:4；《士师记》2:22；3:1，4；《诗篇》66:10—11；《但以理书》12:10；《启示录》3:10；《约伯记》23:10；《撒迦利亚书》13:9；《雅各书》1:12；《启示录》2:10；《路加福音》8:13；《使徒行传》20:19；《雅各书》1:2—3；《彼得前书》1:6。

"我的弟兄们,你们落在百般试炼中,都要以为大喜乐;因为知道你们的信心经过试验,就生忍耐。"(雅1:2—3)"如今在百般的试炼中暂时忧愁,叫你们的信心既被试验,就比那被火试验仍然能坏的金子更显宝贵"等(彼前1:6—7)。使徒保罗也说,慷慨捐献是真爱心的证据(林后8:8)。圣经说宗教里的那些难事可以试验宣信者的信心,正如火炉熬炼金银:"上帝啊,你曾试验我们,熬炼我们,如熬炼银子一样。你使我们进入网罗,把重担放在我们的身上。"(诗66:10—11)"我要使这三分之一经火,熬炼他们,如熬炼银子;试炼他们,如试炼金子"(亚13:9)。凡外表像金子的都放进火里熬炼,看它到底是不是真金。同样道理,宗教里的艰难被称为试炼,因为它们能试出那些具有信仰告白和基督徒外表的人到底是不是真圣徒。

假如我们把真金放到火炉里就能发现它的价值;同样,真基督徒的美德经过试炼更显宝贵:"在百般的试炼中暂时忧愁,叫你们的信心既被试验,就比那被火试验仍然能坏的金子更显宝贵,可以在耶稣基督显现的时候,得着称赞、荣耀、尊贵。"(彼前1:6—7)出炉的纯金更有分量,真圣徒被试炼之后必如精金(伯23:10)。基督用这个方法把真恩典从假的当中分别出来,正如**火炼金子**(启3:17—18)。所以,圣经把这些难事称为**试炼**,显然主要在于它们能验证宣信基督徒的信仰是否**真实**。由此可见,它们是基督徒信仰真实性的最佳考验。正如**试炼**一词在圣经中通常用来指宣信者在履行责任道路上遭遇的困难,这些难事也试验他信仰是否真实。既然**试炼**就是指宗教信仰里的这些困难,那么这些困难就是检验信仰真实性的真正试炼。因为是圣灵就是这样叫它们,上帝按照事物的本质给它们取名。既然这些事物是检验信仰真实性的真正试炼、证明或实验,那么这些试炼和实验的结果(人们面临这些考验时的行为)当然就是基督徒信仰真实性的最佳证据。因为是考虑到结果才称它们为试炼或证明,而且因为结果是最明显的**证据**。并且,它们也是给经历试炼者的良心的最佳证明。因为当圣经说上帝要借这些事情苦炼人、试验人，**要知道他们心内如何、肯守他的诫命不肯**的时候，我们不能以为这些事情是为了让上帝知道什么，或向上帝证明圣徒真诚（因为上帝不需要试炼就知道人心如何）。这些事情主要是为了让人认识自己的心，向自己的良心显出证据来。(55)

所以，当上帝用旷野的困苦和迦南人的抵挡来试验以色列人，要知道他们心内如何，肯不肯守诫命的时候，我们必须清楚，这是为了让以色列人自己知道他们肯不肯守上帝的诫命，是为了让以色列人知道他们自己内心如何。所以，当上帝用献以撒这样困难的命令试炼亚伯拉罕的时候，这不是为了让上帝满意，不是为了让上帝知道亚伯拉罕是否敬畏上帝，而是为了让亚伯拉罕得到更大的满足和安慰，让亚伯拉罕更清楚地看到自己对上帝的爱。当亚伯拉罕通过试炼证明信心以后，上帝对他说，**现在我知道你是敬畏上帝的了，因为你没有将你的儿子，就是你独生的儿子，留下不给我**。这说明：亚伯拉罕经受住了考验，他在实践中运用了恩典，这证明他确实有真恩典，这个证据比从前更加清楚，这也是亚伯拉罕良心得到的最佳证据，因为上帝亲自把它给亚伯拉罕，让亚伯拉罕因此得到安慰和喜乐。上帝用这句话告诉亚伯拉罕：这是给他良心的最有力的证据，证明他在上帝面前看为正直。这证实我的观点：在试炼中的**圣洁实践**，是向宣信者**自己的良心**说明他们信仰真实性的**最佳证明**。而且，我们发现基督一再用同样的方法，让那些虚情假意的人知道他们内心到底如何。他采用这个方法对待那位有钱的少年人。他显得很尊重基督，跪在基督脚前称他为**善良的夫子**，做了一个光彩的信仰告白，说愿意顺服一切诫命，但基督试炼他，要他去**变卖所有的分给穷人，再来背起十**

---

(55) 谢泼德先生说："我和加尔文一样，我们都相信：不信的人所受的这些试炼都是为了让他们自己和世人知道他们不过是赝品；也让圣徒知道自己比他们好。《罗马书》5:3—4说：'患难生忍耐，忍耐生老练，老练生盼望。'（类似表达亦见于箴17:3）如果您想知道这些事情在您心里的分量，试炼会告诉您。"（*Parable*, PartI. p. 191）

字架跟从基督，并告诉他：**这样，必有财宝在天上**（太 19:16 等）。基督又用这个方式试验另一个人。他宣告自己尊重基督：**夫子，你无论往哪里去，我要跟从你**。基督立刻用事实检验他的情谊，告诉他：**狐狸有洞，天空的飞鸟有窝，人子却没有枕头的地方**（太 8:20）。基督今天也常常这样在他护佑的过程中试验宣信的门徒。种子埋在土里，有石头地、荆棘地，也有好土，虽然这些种子刚发芽的时候看起来都一样，但日头出来一晒，经过试炼，就显出区别来。

所以，既然我们知道这些是上帝用来试验我们的东西，那它们当然是我们用来正确判断自己的最佳方法。上帝给我们这些试炼，不是为了让他自己明白，而是为了**教训**我们，所以我们应该从中吸取教训。认识我们真金的最佳方法就是，在上帝的火炉中检验它，上帝在那里炼净我们，好**让我们看见**。如果我们想知道一个房子是否坚固，我们必须看它能否经受风吹雨打。他手里拿着簸箕，要扬净他的场，把麦子收在仓里，把糠用不灭的火烧尽了。如果我们想知道麦子形状的东西到底是麦子还是糠皮，那我们必须用簸箕来簸。如果我们想知道杖是坚硬的实木还是压伤的芦苇，那我们必须看它能否承重。如果我们想公正地称自己的分量，我们必须把自己放到上帝指定的天平上去。(56)

实践过程中遇到的这些试炼，就是用来衡量我们内心的天平，也是衡量基督和世界、衡量基督和与基督相争之事的天平。我们内心看重它们的程度都在这个天平上衡量出来：要么这端下沉，要么那端下沉；总有一端比另一端沉重，而那就是我们内心真正的优先选择。当一个人面临岔路口，一条路走向基督，另一条路走向自己的贪欲，他所选择的路（上帝使他选择的路）就是他在基督和世界之间的选择。基督在右边，世

---

(56) 席布斯博士（Sibbs）在《压伤的芦苇》（*Bruised Reed*）中说："当基督的旨意与世俗利益或世俗损失相争的时候，如果在这种情况下，人坚定地选择基督，那就证明他的信仰是真的。因为最能考验恩典效能的就是这种情况，因为这让我们看出自己的败坏是否仍旧做王掌权。当那位年轻人离开基督的时候，他失去了做基督门徒的机会。"

界在左边，走这条路就必然放弃那条路，由此就看出他内心的真爱。这等于把基督和世界放进天平的两端，选择一条路，放弃另一条路，就相当于天平一端下沉，另一端上升。因此，人在实践中所经历的试炼（在上帝的护佑中）就是他内心好恶的最佳证明，正如天平的起伏最能验证孰轻孰重。

论点 3——说明圣洁行为是真恩典的明证，可以让基督徒良心得以安稳的另一个理由是：圣经说恩典借着行为得以**完全**或**长成**。所以使徒雅各说："可见信心是与他的行为并行，而且信心因着行为才得成全。"（雅2:22）所以，圣经说：遵守上帝诫命，爱上帝的心才得以成全。"人若说我认识他，却不遵守他的诫命，便是说谎话的，真理也不在他心里了。凡遵守主道的，爱上帝的心在他里面实在是完全的"（约一2:4—5）。这里使徒约翰说我们要守的诫命，就是耶稣基督的大诫命：彼此相爱。又说上帝的爱因此得以**完全**："我们若彼此相爱，上帝就住在我们里面，爱他的心在我们里面得以完全了。"（约一4:12）毫无疑问，这里使徒约翰在说彼此相爱，因为他在前一章解释说，彼此相爱的行为，证明人心里有上帝的爱："凡有世上财物的，看见弟兄穷乏，却塞住怜恤的心，爱上帝的心怎能存在他里面呢？小子们哪，我们相爱，不要只在言语和舌头上，总要在行为和诚实上。"（约一3:17—18）使徒说，借着爱的**行为**，"**上帝的爱就在我们里面得以完全了**"。圣经说恩典借着行为得以**完全**，因为恩典借着行为达到其正确效果，并且行为正是我们运用恩典的**目的**所在；恩典的倾向和目标在实践中得以实现，恩典的运行由此得以完毕和成就。正如树木借着果子得以完全：种子在土里的时候不完全，种子苏醒、生根、发芽的时候仍不完全，长出地面的时候仍不完全，枝叶繁茂的时候仍不完全，鲜花绽放的时候仍不完全——等到果子成熟的时候，树木就完全了；它实现了被造的目的，凡属树的一切都**完成**了，达到了正确的**效果**。恩典的实践运用也是如此。圣经说，恩典借着恩典的工作或恩典的果子得以完全，罪也是如此，"私欲既怀了胎，就生出罪来；罪既长成，就生出死来"（雅1：15）。这里有三步：一开始的时候，罪是坏的原则、倾向或习惯，是内心的贪欲；然后，罪怀了胎，贪欲在内心运行；最后，罪结出果子，就是实际上带出恶行。使徒雅各称之为罪的长成，这个词在原文里与前面说的完全是同一个词。

那么，既然恩典借着果子得以完全，既然恩典达到其正确效果及目的的关键，在于恩典在实践中的运行，并且恩典的目的、倾向及运行的完全与成就的关键，也在于这些实践运用，那么实践中的运行，必然是恩典的最高证明，远超过其他各种运行。显然，任何原则的真正本质与倾向必然在该原则最完美的运行中（其本质得到最完美发挥，其倾向得到最完整回应和成就，其效果和目的得到实现）表现得最明显、最充分。如果我们想认识任何事物的本质，并认识它与其他事物的最明显区别，我们就要看它完全的状态。使徒雅各说信心借着行为得以完全，并且引用这句话来证明行为是信心的首要证明，宣信者信仰的真实性需要通过行为来验证，信仰因行为而得以称义（雅2）。使徒约翰反复告诉我们：因遵守基督的命令，爱得以完全。他在《约翰一书》4：18 说："爱既完全，就把惧怕除去"，意思是（至少部分意思是）爱借着行为就得以完全。这也符合使徒约翰在前一章所讲的：借着爱的行为，我们就知道我们是属真理的，并且我们的心可以安稳："小子们哪，我们相爱，不要只在言语和舌头上，总要在行为和诚实上。从此就知道我们是属真理的，并且我们的心在上帝面前可以安稳。"（约一3：18—19）

论点4——能够说明这点（圣洁实践是用来判断我们自己和其他人是否具有真恩典的首要证据）的另一个事实是：圣经强调这个证据超过其他一切证据。只要对圣经有普通的认识，加上稍许注意和观察就足以看出：整本圣经从《创世记》到《启示录》，都强调"圣洁实践是真敬虔的首要证据"超过强调其他一切证据。而且，几乎整本新约（基督和众使徒清楚而明确地指出真敬虔的各种证据)都在强调这点。我们看得出基督和众使徒不仅**常常**在论述重要教义时提到这些事情,说明行为是信仰的结果,行为凸显信仰的本质,并且我们必须借助行为来推断信仰的本质和目的,他们也时常提到许多与敬虔相关的事情,而且他们常常特意指出用来检验宣信者的各种标志和特征,他们常常使用这样的话告诉信徒,要用这些标志和记号来检验自己:"由此,你们就知道你们是认识上帝的;由此,就看出谁是上帝的儿女,谁是魔鬼的儿女;凡是有这个的,房子就盖在磐石上;凡是没有这个的,就盖在沙土上;由此,我们就知道他是爱基督的人",等等。关于基督和众使徒说明什么是敬虔标志的经文很多,我找不出一处不强调基督徒实践。确实,很多地方说**爱弟兄**是敬虔的标志,并且正如我之前所说,没有什么情感或气质比基督徒彼此相爱更充分、更清楚地证明真恩典,但圣经同时解释说,弟兄相爱首先要运用和表现在**实践**中,也就是表现为爱的行为。这正是使徒约翰(所有使徒里,约翰是最多强调弟兄相爱是敬虔的标志的)在《约翰一书》3:14 等经文中强调的内容:"我们因为爱弟兄,就晓得是已经出死入生了。没有爱心的,仍住在死中。凡有世上财物的,看见弟兄穷乏,却塞住怜恤的心,爱上帝的心怎能存在他里面呢?小子们哪,我们相爱,不要只在言语和舌头上,总要在行为和诚实上。从此就知道我们是属真理的,并且我们的心在上帝面前可以安稳。"既然圣经如此强调彼此相爱是敬虔的明证,那么我们就不应该认为,内在情感运行和人们对彼此的感觉比实践第二块法版上的所有责任更加重要,而后者正是新约反复告诉我们彼此相爱的真意(罗 13:8, 10;加 5:14;太 22:39—40)。实际上,新约没有一处不强调圣洁实践和遵行基督的诫命是敬虔的神圣标记,是按照上帝的旨意、从众多记号中选择出来并特别加以强调的标记。这是一个颠扑不破的证据,是**一切敬虔证据之首**。除非有人以为基督与众使徒按上帝的旨意选择和立定敬虔的记号,让历代宣信的基督徒可以据此判断自己状况的时候不清楚到底如何选择,因此我们应该替他们选择。但是，如果我们接受基督的话语为我们的道统，那么基督与众使徒首先强调的这些让我们借以判断自己状况的标志，显然也是我们应该特别留意加以接受，并主要用于检验我们自己的记号。(57)并且，毫无疑问，基督与众使徒首先强调的规则，也是牧师应该向会众首先强调的规则。过于强调圣经所不强调的事情，并过于忽视圣经所强调的事情是很危险的，因为那偏离了上帝的道，用不合圣经的方式来判断我们自己和引导别人。上帝早就知道哪条路对人的灵魂最安全、最好，他强调某些事情，因为他知道需要强调这些事情；他不强调别的事情，因为他是上帝，他知道我们不能把试炼的压力放在那些事情上。正如安息日是为人设立的，圣经也是为人写的，并且这些经文有上帝无限的智慧，于我们最适合、最有益。所以，我们要在一切事情上用圣经的智慧来引导我们认识宗教和我们自己。如果我们在圣经不看重的事情上大做文章，却对圣经强调的事情视而不见，那我们的宗教观念就会变得畸形，并且使我们偏离正确的轨道，至少间接地、逐渐地走入歧途，使我们无法正确看待自己，进而让虚伪和谎言在宗教信仰中占据阵地。

论点 5——圣经清楚地说道：基督徒实践不仅是向他人证明而且是向基督徒自己的良心证明基督徒内心真恩典的主要证据。圣经不仅多处提到这点，并加以强调，超过其他任何证据，而且圣经把它作为各种证据之首。这点一再得到清楚表达。设想：如果上帝现在从天上说话，告诉我们什么才是敬虔的标志，并且要给我们某种特定的标志，让我们借着它就能知道，谁是敬虔的，谁不是敬虔的，只要看到一个人有这种素质或特征，我们就可以肯定地说：**“这是一个真圣徒，因为借此你就可以看出来他是个完全人，通过这个东西就知道谁是圣徒谁是罪人……”**难道我们不应该把上帝给我们的这个标志作为检验人是否敬虔的依据，而且作为特

(57) 普莱斯顿博士说：“这是一条定律：凡是圣经强调的，我们就应多花心思；凡是圣灵督促的，我们就应多加珍惜。”(*Church's Carriage*)

别明显的依据吗？然而，上述证明恩典的标志正是上帝亲自说的话。上帝反复用他自己的话告诉我们：基督徒的行为就是检验他是否真有恩典的依据，正如《约翰福音》第 14 章所说："有了我的命令又遵守的，**这人就是爱我的**。"从上下文可以看出：基督在这里给门徒这个标志，不是让他们判断别人，而是让他们用在自己身上，好在他离开他们以后心里得着安慰。我在这里顺便说一点，我们需要注意：基督不仅再次专门提到自己以强调这个标志的重要性，而且他在上下文中也反复强调这个标志："你们若爱我，就必遵守我的命令。"（14:15）"耶稣回答说，人若爱我，就必遵守我的道"（14:23）。"不爱我的人就不遵守我的道"（14:24）。第 15 章也反复提到这点："凡属我不结果子的枝子，他就剪去；凡结果子的，他就修理干净，使枝子结果子更多。"（15:2）"你们多结果子，我父就因此得荣耀，你们也就是我的门徒了"（15:8）。"你们若遵行我所吩咐的，就是我的朋友了"（15:14）。很多其他经文也强调这个标志："耶稣对信他的犹太人说，你们若常常遵守我的道，就真是我的门徒。"（约 8:31）"我们若遵守他的诫命，就晓得是认识他"（约一 2:3）。"凡遵守主道的，爱上帝的心在他里面实在是完全的，**从此我们知道我们是在主里面**"（约一 2:5）。"小子们哪，我们相爱，不要只在言语和舌头上，总要在行为和诚实上。**从此**就知道我们是属真理的"（约一 3:18 — 19）。这里翻译为"从此"的原文语气更重：借助这个标志，我们就能**确实**知道我们是属真理的。最明显的是这章中的第 10 节，约翰用最强的语气说圣洁实践是区分上帝儿女和魔鬼儿女的明显标志："**从此就显出谁是上帝的儿女，谁是魔鬼的儿女**。"整个上下文都在说圣洁的行为和邪恶的行为，例如第 3 节："凡向他有这指望的，就洁净自己，像他洁净一样。""凡住在他里面的，就不犯罪；凡犯罪的，是未曾看见他，也未曾认识他。小子们哪，不要被人诱惑。行义的才是义人，正如主是义的一样。犯罪的是属魔鬼，因为魔鬼从起初就犯罪。上帝的儿子显现出来，为要除灭魔鬼的作为……凡不行义的就不属上帝"(3:6—10)。这句经文也强调同样的道理:"我们若照他的命令行,**这就是爱**。"(约二6)这里说**圣洁行为就是爱的确据**。同样还有《约翰一书》:"我们**遵守上帝的诫命,这就是爱他了**。"(5:3)使徒雅各在论述什么是清洁的敬虔时说:"在上帝我们的父面前,那清洁没有玷污的虔诚,就是看顾在患难中的孤儿寡妇,并且保守自己不沾染世俗。"(雅1:27)旧约也用同样的语言强调这个道理:"他对人说,敬畏主就是智慧,远离恶便是聪明。"(伯28:28)"他为困苦和穷乏人伸冤,那时就得了福乐。认识我不在乎此吗?这是耶和华说的"(耶22:16)。"众弟子啊,你们当来听我的话。我要将敬畏耶和华的道教训你们。要禁止舌头不出恶言,嘴唇不说诡诈的话。要离恶行善,寻求和睦,一心追赶"(诗34:11等)。《诗篇》第15篇开头说:"耶和华啊,谁能寄居你的帐幕?谁能住在你的圣山?就是行为正直,作事公义,心里说实话的人。""谁能登耶和华的山?谁能站在他的圣所?就是手洁心清,不向虚妄,起誓不怀诡诈的人"(诗24:3—4)。"行为完全、遵行耶和华律法的,这人便为有福"(诗119:1)。"我看重你的一切命令,就不至于羞愧"(诗119:6)。"敬畏耶和华,在乎恨恶邪恶"(箴8:13)。

圣经用最强烈的语言说明:**不圣洁的行为**是假冒为善和内心邪恶的明证。"不要自欺,上帝是轻慢不得的。人种的是什么,收的也是什么"(加6:7)。"你们岂不知不义的人不能承受上帝的国吗?不要自欺,无论是淫乱的、拜偶像的、奸淫的、作娈童的、亲男色的、偷窃的、贪婪的、醉酒的、辱骂的、勒索的,都不能承受上帝的国"(林前6:9—10)。"因为你们确实地知道,无论是淫乱的,是污秽的,是有贪心的,在基督和上帝的国里都是无分的。有贪心的,就与拜偶像的一样。不要被人虚浮的话欺哄"(弗5:5—6)。"小子们哪,不要被人诱惑。行义的才是义人,正如主是义的一样。犯罪的是属魔鬼"(约一3:7—8)。"人若说我认识他,却不遵守他的诫命,便是说谎话的,真理也不在他心里了"(约一

2:4)。"我们若说是与上帝相交,却仍在黑暗里行,就是说谎话,不行真理了"(约一 1:6)。"若有人自以为虔诚,却不勒住他的舌头,反欺哄自己的心,这人的虔诚是虚的"(雅 1:26)。"你们心里若怀着苦毒的嫉妒和纷争,就不可自夸,也不可说谎话抵挡真道。这样的智慧不是从上头来的,乃是属地的、属情欲的、属鬼魔的"(雅 3:14—15)。"至于那偏行弯曲道路的人,耶和华必使他和作恶的人一同出去受刑"(诗 125:5)。"在那里必有一条大道,称为圣路,污秽人不得经过"(赛 35:8)。"凡不洁净的并那行可憎与虚谎之事的,总不得进那城;只有名字写在羔羊生命册上的才得进去"(启 21:27)。并且在很多地方说:"离开我去吧,你们这些作恶的人,我不认识你们。"

  论点 6——说明"圣洁行为是向世人和自己的良心证明基督徒信仰真实性的首要证据"的另一个论据是:我们的行为是在审判台前最重要的呈堂证供。将来,上帝要按我们的行为审判我们,上帝要据此断定每个宣信者的地位,他的判词永不更改。最后的审判日,每个宣信者都要接受公开审判,其间要呈出一切证据。为了在永恒中报应各人,上帝要按各人的行为审判他们。他审判人不是在他**自己心里**考察和断定人心的状况,而是一个**公开的宣判**。公开宣判的目的不是在**他自己心里**形成对我们的判断,而是向**我们的良心和世人**宣告他的审判并显明他的公义。因此,审判日被称为**显他公义审判的日子**(罗 2:5)。而圣经强调每个人都必须独自接受上帝的审判,这更清楚地说明上帝将向每个人的良心宣布他的正义审判(太 18:31—35;20:8—15;22:11—13;25:19—30,35—51;路 19:16—23)。 所以,尽管上帝不需要证据的媒介来使自己看见事实,但上帝将来审判人的时候各种证据都将被呈上审判台。并且,毫无疑问,这些呈堂证供的目的正是为了实现审判的**目的**:显明上帝的公义——不仅向世人显明,而且向人自己的良心显明。而圣经又清楚地告诉我们:大法官为了这个目的而使用的证据,正是人在这个世界上的行

为，每个人都将根据这些证据得到宣判："我又看见死了的人，无论大小，都站在宝座前。案卷展开了，并且另有一卷展开，就是生命册。死了的人都凭着这些案卷所记载的，照他们所行的受审判。"（启20:12）"于是海交出其中的死人，死亡和阴间也交出其中的死人。他们都照各人所行的受审判"(20:13)。"因为我们众人必要在基督台前显露出来，叫各人按着本身所行的，或善或恶受报"（林后5:10）。所以，人的实践是基督用来审判我们的唯一证据，圣经就此进行了专门的描述，在《马太福音》第25章后半部分（又参见罗2:6，13；耶17:10；伯34:11；箴24:12；耶32:19；启22:12；太16:27；启2:23；结33:20；彼前1:17）。到审判日，为了让人自己的良心认罪，并且把他们显给世人看，这位法官不会审查人内在体验的步骤，也不会让每个人讲述自己信主的方式，而是要摆出每个人的**行为**，展现人在明处暗处的一切所为，证明他到底是何等人："因为人所作的事，连一切隐藏的事，无论是善是恶，上帝都必审问。"（传12:14）基督徒的**行为**就是当基督与其他事物在现实生活中直接相争时基督徒的选择。今天，上帝在试炼中用这些实践作为证据显明基督徒的状况；将来，在基督徒被审判的时候，上帝要使用同样的证据向他们自己和世人表明他们到底是谁。在审判日，上帝要显明他的公义，他要用**看得见**的天平衡量每个宣信者，这个天平正是他现在用来衡量各人的天平。

由此可以推论，人的行为（按照上述的意义）是人衡量自己的最高证据。我们的大法官用以判断我们的首要依据，当然应该成为我们用以判断自己的首要依据。(58)倘若大法官用来判断我们的依据和方式不够清楚，有人到时候就会说："哎，我当初不知道上帝在最终审判时到底要看

---

(58) 普莱斯顿博士说："这是上帝审判每个人的规则，当然更是我们判断自己的规则。每个人在末日都要依据这个规则受审判，所以它当然是我们现在判断自己的最佳规则。他现在依据我们的顺服和工作来判断我们，将来他也要依据每个人的工作来判断各人。"（*Church's Carriage*）

什么证据,也不知道他到底期望我们产生什么成果、谁能被接纳、审判的依据是什么,要是我早知道是按这些证据来审判,我必不至于如此失败。"现在,既然我们已经认识到上帝如此清楚而充分地启示我们,什么才是他看重的证据,那么如果我们够明智,当然应该对此加以重视。

综上所述,我认为已经非常清楚:基督徒**实践**是宣信的基督徒向自己和**他人**证明信仰的最佳方式,是真恩典的最明显标志、记号中的记号、证据中的证据,是一切印记的玉玺和冠冕。我宁可让我的良心为我作证说,那位大法官的话于我有利,"有了我的命令又遵守的,这人就是爱我的"(约14:21),也不愿让一千年来,所有睿智坚定、经验丰富的神学家用最苛刻的方式,检查我的基督徒内在体验,并由我信主的方式判断我是真基督徒。这不是说除此以外**别**无基督徒恩典的好证据。除了这些有效运行(基督徒实践)以外,可能还有其他能够说明真恩典运行的证据,圣徒或许能借助默想获得这些证据,这些证据或许能让他们感到非常满足,但基督徒实践是最首要、**最正确**的证据。或许有许多证据都能证明,某棵树是无花果树,但**最高的**、最正确的证据只有一个:它结无花果。一个人在刚信主、还没有机会用实践证明信仰的时候,就对自己蒙恩的地位有确据,这并非全无可能。如果一个人听说,在一个遥远的地方有一笔财宝给他,前提是他必须加以重视,愿意舍弃现有的一切,远赴他乡,跋山涉水去领受这笔财宝。有可能这个人一听说这个消息,就立刻相信这笔财宝是真的,毫不怀疑这个消息的可信度。但是,这并不阻碍他采取**实际行动**,而他的实际行动是证明他相信这个消息的**最准确证据**,不仅向其他人证明,也向他自己证明自己的诚意。而且,这个证据(他的外在行动、身体在旅途中的运动)并不是孤立的,它并不排斥内心活动、意识、动机和目标,否则他身体的行动就不能证明他心里珍视这笔财富。所以,基督徒实践能够最好地证明,"重价的珠子和藏在地里的宝贝,在基督徒的内心具有救赎性的价值"。

基督徒实践是记号中的记号,因为它是印证其他一切敬虔记号的最大证据。圣灵的诸般恩典，无一不是以基督徒实践作为其真实性的最佳证据。正如证明我们肢体和器官健康的最佳证据在于正常**使用**它们，恩典亦然：上帝给我们恩典就是为了在实践中加以运用，正如上帝给我们手脚和工具也是为了让我们使用它们，验证它们的最好途径，就是在实践中加以运用。我们所用的东西多要在使用过程中承受压力、拉伸、负荷、搅动或冲击，由此证明它们是有用之物。如弓箭、刀剑、斧头、锯子、绳子、链子、拐杖、脚、牙，等等。凡是过于软弱、无法承受我们所施加的压力的，就于我们无益了。内心的美德也是如此，验证它们的最好办法，就是在上帝给我们的各种试探和试炼中运用它们，在上帝护佑过程中，让我们的本性承受压力，从而证明它们的真实和价值。

实践是证明我们**认识上帝**的最佳证据，它说明我们具有真知识和**得救的知识**，正如使徒约翰所说："我们若遵守他的诫命，就晓得是认识他。"如果我们的行为和他相背，那么怎么说认识上帝都是无用的，"他们说是认识上帝，行事却和他相背；本是可憎恶的，是悖逆的，在各样善事上是可废弃的"（多1:16）。而如果我们认识上帝却不荣耀他，我们的知识只能定我们的罪而不能救我们，"他们虽然知道上帝，却不当作上帝荣耀他，也不感谢他。他们的思念变为虚妄，无知的心就昏暗了"（罗1:21）。知识之所以能够救我们，并使我们幸福，是因为真知识是实践性的："你们既知道这事，若是去行就有福了。"（约13:17）"远离恶便是聪明"（伯28:28）。

圣洁实践是**悔改**的最好证据。当犹太人悔改的时候，当他们到传悔改洗礼使罪得赦的约翰那里认罪时，约翰指示他们如何得到和表现出真悔改的证据。约翰说："你们要结出果子来，与悔改的心相称。"（太3:8）这正是使徒保罗说的悔改之道（见徒26:20）。真正具有这种真悔改的证据、弃绝罪的人，上帝才会赦免和怜悯他们（箴28:13；赛55:7以及其他多处）。

圣洁实践是基督徒具有**得救信心**的证据。很明显，使徒雅各说**行为使信心完全**，或行为使宣信者称义，并且向世人和自己良心证明，他们所宣告的信仰是真实的，他举亚伯拉罕为例说明这点（雅2:21—24）。在第20节和第26节，他谈到信心的实践性本质，说行为是信心的生命和灵魂，正如人的生命和本质在于人体里面的能动性和有机质。既然如此，实践当然就是说明真信心具有生命和灵魂的最佳证据，是区分活信仰和死信仰的标志。因为，毫无疑问，实践是实践性本质的最佳证明，运行是圣灵之运行性本质的最佳证明。

实践是说明基督徒内心**相信真理**并因此得救的最佳明证。圣经说：圣洁生活最能证明基督徒心里相信**真理**并**按真理而行**："有弟兄来证明你心里存的真理，正如你按真理而行，我就甚喜乐。"（约三3）

实践最能证明一个人真正跟从**基督**，接受基督为主，单单钟情于**基督**。真正跟随基督以至于得救，在于为基督舍弃所有，正如基督常常教导的那样。而在前文我们已经说过，在心里为基督舍弃所有，就等于愿意真为基督放弃所有，而愿意真为基督放弃所有的最佳证据，就是一听到呼召就真的为基督放弃所有。如果一个王子向一位遥远异国女子求婚，她必须离开自己的本族本家来找他才能成为新娘，那么她内心愿意这门亲事的最佳证据，就是她实际上离开本族本家来找他。提亲之邀因她的顺服而得以成全，正如使徒雅各所说：**信心因着行为才得以成全。**[59]基督应许我们永生，条件是我们跟从他，但这样的跟从并不轻松。少年财主问基督做什么事才可以承受永生，基督让他回去变卖所有的分给穷人再来跟从他。如果他由衷地同意这个提议（在内心跟从基督），那么最好的**证据**，就是他实际上那样去**做**了。这样一来，他跟从基督的心就得以

---

[59] 普莱斯顿博士说："我们真爱基督要体现在我们的行为和工作中：'你们若甘心听从，必吃地上的美物。'（赛1:19）意思就是：如果您接受耶和华为您的主和您的王，如果您只是承认他是第一位，这还不够，您还必须顺服他。承认只是内心的行为，而真正的考验要看您的顺服，体现在您生活中的行为。'你们若甘心听从，必吃地上的美物。'意思就是，那样您就能得到他为您预备的一切，因为您已经与他联合，被许配给他，与他的一切美好良善有分。"（*Church's Carriage*）

完全了。基督呼召税吏利未时，利未正坐在税关之上和世俗财富之中，而他立刻撇下所有的，起来跟从耶稣。利未用实际行动证明，并成全了他对救主基督的信心（路 5:27—28）。基督和其他事物一起摆在我们眼前，我们必须做出取舍，选择一个，放弃另一个。在这种情况下，真正爱基督就是以实际行为**接受**基督。正如一个乞丐伸手把别人施舍的东西拿住，这就表示他实际上接受这个施舍。是的，在实际行动中选择基督，这个举动本身就是心灵愿意跟从基督的最佳证据。

实践是证明基督徒**相信基督以至得救**的最好证据。信（按照其普遍的用法，不论是平常的语言还是圣经的用法）包含"激励人、使人勇敢、敢于在实践中冒某些风险，或因为相信别人的可靠和信实而愿意冒险"的意思。所以，最能证明一个人信心的，就是他**在实际行为中所冒的风险**。如果一个人说自己相信谁，却不因相信他而为他做什么事情，或做事的方式与不信的时候没有任何区别，那就不能说他因相信而敢于冒险。因为，一个人因相信某人而敢于冒险，就是他出于这种信心而去**做某件原本不敢做的事**。所以，当一个人因信基督有充分的救赎和信实，在他那里有永恒的生命，而在实践中敢于面对各种艰险时，我们就说他为基督摆上自己，说他相信基督是他真正的福乐和生命。他们相信圣经的应许："得着生命的，将要失丧生命；为我失丧生命的，将要得着生命。"（太 10:39）所以他们舍弃一切，摆上一切，以基督的充分救赎和真理为自己完全的依靠。这正是圣经所说"**相信基督、操练对基督的信心并得救**"的含义。信心之父亚伯拉罕正是如此相信基督，他因着信离开家乡，信上帝与他立的恩典之约（来 11:8—9）。同样，"摩西因着信，长大了就不肯称为法老女儿之子。他宁可和上帝的百姓同受苦害，也不愿暂时享受罪中之乐。"因着信，人们情愿被石头打死、被锯锯死、被刀杀；"忍受戏弄、鞭打、捆锁、监禁各等的磨炼，受试探，披着绵羊、山羊的皮各处奔跑，受穷乏、患难、苦害"（来 11:23 等）。使徒保罗也是如此：他相信基督、完全委身于基督、摆上自己和自己一切所有的、依靠救主的能力和信实、在极大的逼迫中忍受各种痛苦和损失："为这缘故，我也受这些苦难，然而我不以为耻。因为知道我所信的是谁，也深信他能保全我所交付他的，直到那日"（提后1:12）。

若有人收到遥远国度传来的消息，国王有意要选他继承王位，他一听到这消息就立刻离开本族本家，完全相信这个消息，抛弃他在世上一切所有的到那个国家去，那他可说是因信这话而摆上自己，并舍弃所有的。但是，若他原地不动，只是在那里期望得到各种益处，用各种想象自娱自乐，那他就谈不上是因信这话而摆上自己。因为他没有冒任何风险，他什么也不做，只是在空想。所以，人若相信他所听见的来世，相信福音关于生命与永生的记载，并因而舍弃所有或至少在必要时为永生牺牲世俗利益，那么，他这样的人，也只有他这样的人，才谈得上是为福音摆上他自己。而这正是真正信靠基督以至于得救的明证。

实践是说明基督徒对上帝和对人具有**恩典之爱**的证据。关于这点的经文已经提过多次，无须重复。

实践是**真谦卑**的最佳证据。内心真谦卑的表现，就是**谦卑的行为**，我们也必须以此作为判断人的依据。"世人哪，耶和华已指示你何为善，他向你所要的是什么呢？只要你行公义，好怜悯，存谦卑的心，与你的上帝同行"（弥6:8）。

实践也是检验基督徒是否真**敬畏上帝**的证据："敬畏耶和华，在乎恨恶邪恶。"（箴8:13）"众弟子啊，你们当来听我的话。我要将敬畏耶和华的道教训你们。有何人喜好存活，爱慕长寿，得享美福，就要禁止舌头不出恶言，嘴唇不说诡诈的话。要离恶行善，寻求和睦，一心追赶"（诗34:11等）。"要敬畏耶和华，远离恶事"（箴3:7）。"敬畏耶和华的，远离恶事"（箴16:6）。"你曾用心察看我的仆人约伯没有？地上再没有人像他完全正直，敬畏上帝，远离恶事"（伯1:8）。"你曾用心察看我的仆人约伯没有？地上再没有人像他完全正直，敬畏上帝，远离恶事。你虽激动我攻击他，无故的毁灭他；他仍然持守他的纯正"（伯2:3）。"恶人的罪过在他心里说，我眼中不怕上帝"（诗36:1）。

同样，以实际行动回应所领受的恩惠是**真感恩**的证据："我拿什么报答耶和华向我所赐的一切厚恩？"（诗116:12）"希西家却没有照他所蒙的恩，报答耶和华"（代下32:25）。下面的经文显然说明：向上帝还愿，按正路而行，显然是真感恩的明证："你们要以感谢为祭献与上帝，又要向至高者还你的愿"（诗50:14）。"凡以感谢献上为祭的便是荣耀我。那按正路而行的，我必使他得着我的救恩"（诗50:23）。

渴慕是出于**真恩典**以及区分真假**渴慕之情**的正确标志：真圣徒的渴慕并非巴兰的空想，真渴慕能够产生实际效果，促使人积极地追求他们所渴慕的事情。"有一件事，我曾求耶和华，我仍要寻求"（诗27:4）。"上帝啊，你是我的上帝，我要切切地寻求你；在干旱疲乏无水之地，我渴想你，我的心切慕你。我在圣所中曾如此瞻仰你，为要见你的能力和你的荣耀"（诗63:1—2）。"我心紧紧地跟随你，你的右手扶持我"（诗63:8）。"愿你吸引我，我们就快跑跟随你"（歌1:4）。

实践是**感恩盼望**的证据："凡向他有这指望的，就洁净自己，像他洁净一样"（约一3:3）。在苦难和试炼中持续忍耐行善，是基督徒盼望的真正表现和果实："不住地记念你们因信心所作的工夫，因爱心所受的劳苦，因盼望我们主耶稣基督所存的忍耐。"（帖前1:3）"所以要约束你们的心，谨慎自守，专心盼望耶稣基督显现的时候所带来给你们的恩，作顺命的儿女"等（彼前1:13—14）。"耶和华啊，我仰望了你的救恩，遵行了你的命令"（诗119:166）。"好叫他们仰望上帝，不忘记上帝的作为，惟要守他的命令"（诗78:7）。

欢喜地实践宗教责任或遵行上帝的圣旨，是真正圣洁喜乐的证据："你迎接那欢喜行义、记念你道的人。"（赛64:5）"我以你的法度为永远的产业,因这是我心中所喜爱的。我的心专向你的律例,永远遵行,一直到底"(诗119:111—112)。"我喜悦你的法度,如同喜悦一切的财物"(诗119:14)。"爱是不喜欢不义,只喜欢真理"(林前13:6)。"就是他们在患难中受大试炼的时候,仍有满足的快乐;在极穷之间,还格外显出他们乐捐的厚恩"(林后8:2)。

实践也是基督徒**勇气**的正确标志。好士兵的考验不是在壁炉旁,而是在战场上(林前9:25—26;提后2:3,4,6)。

正如圣洁实践的果实是真恩典的首要证明,属灵体验对基督徒实践产生影响的程度,也最能说明他体验的属灵程度和神圣程度。人能伪造各种属灵的知识,也能佯装充满对上帝的爱和喜乐;但若没有实践,这些都不算数。虽然人属血气的脾气总是难免的,但这并不妨碍一个事实:恩典要通过实践效果才能得到正确衡量。因为恩典在一个脾气很坏的人身上产生的效果和他信主之后的改变,与在另一个人身上是同样显著的。尽管他在信主以后不见得比另一个人举止更得体,但他信主前后的差别同样很显著,因为另外那个脾气好的人在信主以前的举止不像他信主之前那么糟糕。

以上,我已努力举证阐明基督徒实践是救赎恩典的首要证据。在我结束本文之前,我愿在此回应人们就本章内容可能产生的两个反对意见。

反对意见1——有些人可能会说我的观点显然违背公认的观点:判断基督徒应该主要依据内在体验,**属灵体验**才是判断真恩典的主要证据。

我的回答是:这个观点无疑是正确的,并且人们这样理解也是正确的:基督徒是否得救应该首先看他们的属灵体验。但人们错在他们以为我的观点与之冲突。基督徒实践是真恩典的首要证明(按照上述基督徒实践的真正意义),这与**基督徒体验**是真恩典的首要证明毫不冲突。基督徒的圣洁实践本身就是**属灵的实践**。基督徒实践不是身体无意识的动作（不知道如何动、何时动、向哪里动），属灵实践是身心一致的行动，由心灵激活、驱动、命令、指挥身体；心灵和身体是联合的，心灵用上帝所赋予的权能驾驭身体。因此，基督徒的圣洁实践主要在于心灵的圣洁活动，由心灵指导和掌管身体的动作。而身体的动作则应该视作次要的，因为它们依赖并受制于心灵的活动。恩典在基督徒内心的运行或基督徒所意识到的恩典内在运行是他们内在的**体验**，因此它是基督徒体验的一部分。而基督徒体验很大程度上正在于恩典在意志层面的运行，此内在运行与管理身体行为直接相关。内心活动绝非基督徒体验的次要组成部分，因为它们与基督徒的外在行为直接相连。对上帝强烈的爱不是属灵体验的次要组成部分，因为正是这个内在活动（爱上帝）直接产生和影响外在行为（舍己和牺牲），进而荣耀上帝。

把基督徒体验和基督徒实践截然分开，好像两件完全不同的事，这实在考虑欠周，不够明智。确实，我们不能把所有基督徒体验都称为实践，但所有基督徒实践都是真正的基督徒体验。把两者截然分开，不仅毫无道理，而且不符合圣经。圣洁实践就是一种基督徒体验或基督徒体验的一部分，理性和圣经都把圣洁实践作为基督徒体验的重要组成部分和最明显的部分。例如，"难道你作王是在乎造香柏木楼房争胜吗？你的父亲岂不是也吃、也喝，也施行公平和公义吗？那时他得了福乐。他为困苦和穷乏人伸冤，那时就得了福乐。认识我不在乎此吗？这是耶和华说的"（耶22:15—16）。我们里面对上帝的认识当然是宗教实践之首，但上帝告诉我们，我们的内在认识和与上帝的关系主要体现在圣洁的实践。爱上帝、恩典运行、敬畏上帝，这些都是实验性宗教的一部分，但圣经说，这一切都主要在于实践，相关经文前面已经列举了很多："我们遵守上帝的诫命，这就是爱他了，并且他的诫命不是难守的。"（约一5:3）"我们若照他的命令行，这就是爱。你们从起初所听见当行的，就是这命令"（约二6）。"众弟子啊，你们当来听我的话。我要将敬畏耶和华的道教训你们。要离恶行善"(诗 34:11 等)。希西家在病床上因自己的好行为而感到安慰,他说:"耶和华啊,求你记念我在你面前怎样存完全的心,按诚实行事,又作你眼中所看为善的。"这也是作者在《诗篇》119 篇和其他很多地方强调的基督徒体验。

使徒保罗非常强调这些体验,他在多封书信中都谈到,例如:"我在他儿子福音上,用心灵所事奉的上帝,可以见证我。"(罗 1:9)"我们所夸的是自己的良心,见证我们凭着上帝的圣洁和诚实,在世为人不靠人的聪明,乃靠上帝的恩惠"(林后 1:12)。"但我们既有信心,正如经上记着说,我因信,所以如此说话。我们也信,所以也说话"(林后 4:13)。"因我们行事为人是凭着信心,不是凭着眼见"(林后 5:7)。"原来基督的爱激励我们"(林后 5:14)。"反倒在各样的事上表明自己是上帝的用人,就如在许多的忍耐、患难、穷乏、困苦、鞭打、监禁、扰乱、勤劳、警醒、不食、廉洁、知识、恒忍、恩慈、圣灵的感化、无伪的爱心、真实的道理、上帝的大能"(林后 6:4—7)。"我已经与基督同钉十字架,现在活着的不再是我,乃是基督在我里面活着;并且我如今在肉身活着,是因信上帝的儿子而活"(加 2:20)。"只是我先前以为与我有益的,我现在因基督都当作有损的。不但如此,我也将万事当作有损的,因我以认识我主基督耶稣为至宝。我为他已经丢弃万事,看作粪土,为要得着基督"(腓 3:7—8)。"我也为此劳苦,照着他在我里面运用的大能尽心竭力"(西 1:29)。"我们从前靠我们的上帝放开胆量,在大争战中把上帝的福音传给你们"(帖前 2:2)。"我们既是这样爱你们,不但愿意将上帝的福音给你们,连自己的性命也愿意给你们,因你们是我们所疼爱的。弟兄们,你们记念我们的辛苦劳碌,昼夜作工,传上帝的福音给你们,免得叫你们一人受累。我们向你们信主的人,是何等圣洁、公义、无可指摘,有你们作见证,也有上帝作见证"(2:8—10)。而且这些体验还是蒙福的使徒保罗即将殉道时内心的安慰:"我现在被浇奠,我离世的时候到

了。那美好的仗我已经打过了，当跑的路我已经跑尽了，所信的道我已经守住了。"（提后4:6—7）

不仅基督徒体验的最重要和最明显部分在于属灵实践，而且作为属灵实践的重要组成部分，恩典运行的本质使基督教成为真正的"**实验性宗教**"。因为恩典的运行在面临考验的关头证明了恩典的真实性和有效性，证明我们到底是爱基督还是爱贪欲，这是对敬虔的真实性和能力的**考验**，而**经验**证明恩典确实能够产生正确效果和达到目标。这才是真正的基督徒体验：圣徒可以通过真实的经历，验证他们是否真的愿意执行上帝的旨意、愿意为基督舍弃所有。用实验来测试和验证观点和概念的哲学，我们称之为"实验哲学"；用同样的方式检验宗教情感和意志的宗教也可以称为"实验性宗教"。

有些人只有外在的宗教实践，没有内在体验。这在上帝看来并没有什么价值，但也没有什么坏处。然而，有一种所谓的内在体验却只有体验而没有外在实践，内在体验既不伴随基督徒行为，也不导致基督徒行为。这比没有体验还糟糕。很多人错误理解什么是基督徒体验、属灵光照和属灵知识。一个人内心把上帝当作上帝，同时用实践证明他的信仰是有效的，这就是最正确、最明显的基督徒体验。在经历试炼的时候，他对神圣事物的感受和认识，对真理的理解，对宗教事物之重要性的把握，能够帮助他战胜困难，统管他的内心和双手，这就是最伟大的属灵光照，这就是最明显的神圣知识。宗教很大部分在于圣洁情感，但最能够证明真宗教的情感运行，就是在实践中的运行。地上的友谊很大部分在于情感，但情感的最强烈运行——同舟共济，赴汤蹈火——则是真友谊的最佳证明。

上面论述的观点丝毫不抵触神学家的正确认识：除了恩典的行为以外，别无蒙恩的确据。因为上述观点无碍于好行为（恩典在实践中的有效运行）成为恩典的最高证据。如果这些好行为和恩典的有效运行在实践中层出不穷，在各种不同的试炼中接连出现，那么，这个证据就更加有说服力,因为这些好行为能相互印证。一个人只要见过他邻居一次,他就有证据说明邻居活着;而他天天见到他,并且常常在不同场合与他交谈,那么这个证据就无可辩驳了。当门徒在耶稣复活以后第一次见到耶稣的时候,他们就有证据证明耶稣已经复活;而当他们与基督在一起四十天之久,耶稣通过许多铁证亲自向他们显明自己活着以后,他们就有了耶稣已经复活的最有力的证据。⑩

圣灵的**见证**或圣灵的印无疑在于圣灵在人心中产生的**效果**,在于恩典在人心中的浇灌和运行,所以圣灵的见证在于基督徒的**体验**。而且,毫无疑问,圣灵的印也是圣徒身份的最高证明。而在这些实践(恩典运行)中,上帝用最明显、最突出、最确凿的方式为基督徒作证,并打下他的印记。基督教会有无数事实经验证明:基督通常在基督徒遭受逼迫和试炼时,在恩典有效的运行中,通过圣灵给予圣徒最确凿的证据,让他们欢喜得知自己真是上帝的儿女。最明显的例证就是许多殉道者充足的信心和说不出的大喜乐。例如:"你们若为基督的名受辱骂,便是有福的,因为上帝荣耀的灵常住在你们身上。"(彼前4:14)"我们欢欢喜喜盼望上帝的荣耀。不但如此,就是在患难中也是欢欢喜喜的"(罗5:2—3)。使徒保罗经常宣告他在试炼中的体验和经历。当使徒彼得提到基督徒所体验的**说不出来满有荣光的大喜乐**时,他指的显然是他们在逼迫中经历的喜乐和荣耀,这点从上下文就能看出来。根据旧约的描述,基督到火炉中向沙得拉、米煞、亚伯尼歌启示自己,用这个方式显明自己是那些在试炼中投靠他的圣徒的朋友和救主。当使徒保罗在《罗马书》8:15—17

---

⑩ 斯托达德先生说:"这些明显可见的恩典运行越被更新,您就越有确据。这些行为更新越频繁,确据越牢固。一个人确信有可见的恩典运行以后,他可能很快就会怀疑自己。但如果这种运行一再得到更新,他就会越来越坚定地相信自己确实是得救的人。如果一个人因为见到一个东西一次而相信这个东西存在,但后来他可能会担心自己看错了;如果他反复看到这个东西,他就会更加确定自己并没有看错。一个人在书里读到某些内容,他相信这是真的。几个月以后,可能有人会让他以为自己错了,让他怀疑自己;然而,如果他重新读书,他就会得到信心。人的恩典越多,他们的平安越多;正如《彼得后书》1:2 说,愿恩惠平安因你们认识上帝和我们主耶稣,多多地加给你们。"(*Way to know Sinserity and Hypocrisy*, pp. 142–143)

提到圣灵的见证时，他显然直指基督徒"在遭受逼迫时继续忠于上帝"的经历。他在前面的经文鼓励在罗马遭受逼迫的基督徒，说身体虽因罪而死，但基督还要使他们活过来。紧接着下面的经文说得更明白无误："我想现在的苦楚若比起将来要显于我们的荣耀，就不足介意了。"（罗8:18）所以使徒在这一整章的内容明显是基督徒所遭受的逼迫。所以，使徒保罗在《哥林多后书》5:5说，上帝给了他圣灵的**凭据**，上下文清楚地表明他指的是在各种艰难困苦中得到的一切。《启示录》2:17关于赏赐得胜者白石和新名的应许，显然是指受逼迫的基督徒**战胜**试炼以后将得到的奖赏。从第13节和本书信其他很多经文可以看出，赏赐是给亚细亚的七个教会的。

反对意见2——基督徒生活实践是真恩典的主要证据，有些人可能会反对说这是**律法主义**的教条，它使人们过于关注**外在**行为，夸大**行为**的重要性，并可能导致人自夸，遮蔽了上帝白白赏赐恩典的荣耀，看似不符合福音唯独因信称义的伟大教义。

但这个反对意见总体上是没有道理的。圣洁的行为是上帝恩典的**标志**，这哪里是违背恩典白白馈赠的本质？如果我们把自己的行为当成赚取上帝恩典的**工价**，而不是作为恩典的**标志**，那才是违背恩典白白馈赠的本质。乞丐把手里的钱看作施主怜悯自己的**标志**，这显然不会改变馈赠的性质。倘若这是他赚来的**工价**，就不是恩典了。福音启示教导的关于"**上帝白白施恩给罪人**"的概念，不是"我们里面不应该有圣洁美好的素质或行为作为得救的**结果和蒙恩的标志**"，而是"我们蒙恩不是因为我们**配得**，也不是因为我们有任何好素质或有任何好行为"，恩典是说上帝的慈爱显明给不配他爱的罪人，是说"上帝的馈赠极其宝贵，接受馈赠的人自己一点也不宝贵"，是说"上帝是良善的本源，一切良善都从他完美的本性涌流出来，淌入人心，而接受的人本身毫无任何可爱之处"。这才是圣经所教导的**不靠行为**称义：上帝接纳我们不是因为我们配接纳，也不是因为我们有什么善行，或我们里面有任何好东西；不是因为这些东西可以抵消我们的罪，或可以用任何东西换取上帝的接纳，并使我们配承受永生。我们被算为义人完全是靠基督的义，而不是靠我们自己的义。我们把行为和信心对立起来，是说"我们称义不是靠行为，而是靠信心"，所以这意味着：我们得到基督里的一切利益，完全不是靠我们的价值、我们的善行或我们里面的任何东西，而是唯独借着**内心接受基督**，亲近他，跟随他，借着信心领受这一切利益。 我们自己里面毫无**良善**可以使我们**配得**在基督里的利益，但不是说我们里面没有任何标志可以**说明我们在基督里的利益**。

如果白白的恩典和因信称义的教义与 "圣洁行为是蒙恩的记号"相抵触，那么这些教义就必然与我们里面的任何蒙恩记号、任何圣洁以及我们里面的任何**恩典**或任何**体验**相抵触。因为如果**圣洁行为**可以成为我们称义的本钱，从而与恩典和因信称义的教义抵触，那么**所有这些东西**同样也能成为我们自己的义，从而与上帝的恩典抵触。圣洁素质和圣洁实践一样，如果"因为具有圣洁素质所以配得救赎"是与恩典抵触，那么"因为有圣洁行为所以配得救赎"也同样与恩典抵触。因人有真圣洁之美，他内心更新、成圣、崇高、爱上帝、有上帝的形象、体验圣灵的喜悦、虚己、一心尊崇基督、把一切荣耀归给他、全身心奉献给他，所以他配得基督里的利益和福气——这全都是与恩典抵触。我强调：倘若我们以为"有分于基督里的福分，是因为我们有上述任何优点"，或以为"其中任何一个好素质在称义之事上可以成为我们的义"，那就违背了福音关于恩典本质的教义。但这并不妨碍这些素质成为"证明基督徒在基督里有福"的**证据**。圣洁行为和善工也是同理。因为如果仅仅因我们不是靠行为**称义**就轻视行为，那么实际上就等于轻视一切敬虔、恩典、圣洁，甚至轻视来自基督福音的真圣洁，以及一切恩典体验。因为圣经所说"我们不是靠行**为**称义"把所有这一**切**都囊括在内，因为所谓"靠行为称义"，就是把我们自己所有的义、宗教、圣洁和**我们里面所有的好东**

西，我们做的一切好事，我们一切知识，一切外在行为，恩典的一切内在运行，一切体验，一切在乎生命与全能的圣洁和属天之事，以及信仰的最核心的本质，基督和众使徒在讲道中所强调的、身体力行的、在人内心和生命中产生最深远影响的一切大事，一切好气质、好情感、好素质，甚至信**本身**（作为我们的一部分圣洁）全都囊括在内。因为我们不是靠这些当中的任何一个得称为义。如果是的话，我们就是圣经所说靠**行为**称义了。因此，如果"强调上述这一切是我们是基督徒的证据"不是律法主义，不与因信称义的教义抵触，那么"坚持圣洁实践的重要性"，同样不是律法主义，同样不与因信称义的教义抵触。如果有人认为"圣洁实践**使我们成为义**人并配得基督里的各种利益"，"这些利益是我们应得的工价"，或夸耀"自己行为的价值"，那么这就是**律法主义**；而认为"圣洁实践证明了信仰的真实性，圣洁行为是信仰真实性的**最佳证据**"并不是律法主义。使徒雅各并不认为按这个意义说"我们的先祖**亚伯拉罕如此借行为称义**"是律法主义。圣经的作者圣灵并不认为按这个意义强调"圣洁实践极端重要和绝对必要"会与白白的恩典抵触，正好相反，圣灵常常把两者并列。正如上帝说："他又对我说，都成了。我是阿拉法，我是俄梅戛；我是初，我是终。我要将生命泉的水白白赐给那口渴的人喝"，然后立刻说"得胜的，必承受这些为业"（启21:6—7）。这显然告诉我们：基督徒奔跑和争战过程中，好行为是承受应许的条件。所以在《启示录》22:14—15节，基督说："那些遵守诫命的有福了，可得权柄能到生命树那里，也能从门进城。"在第15节，他宣告那些**作恶的被关在城门外**面，紧接着两句经文发出庄重的邀请，所有人都可以白白取生命水喝："我是大卫的根，又是他的后裔。我是明亮的晨星。圣灵和新妇都说：来！听见的人也该说：来！口渴的人也当来。愿意的，都可以白白取生命的水喝。"他还说："看哪，我站在门外叩门，若有听见我声音就开门的，我要进到他那里去，我与他，他与我，一同坐席。得胜的，我要赐他在我宝座上与我同坐，就如我得了胜，在我父的宝座上与他同坐一般。"

(启3:20—21)基督在《马太福音》第11章结尾发出邀请:"凡劳苦担重担的人,可以到我这里来,我就使你们得安息。"基督又说:"我心里柔和谦卑,你们当负我的轭,学我的样式,这样,你们心里就必得享安息。"他明显在说,负基督的轭、学基督的样式是得享安息的必要前提。《以赛亚书》第55章邀请罪人接受白白的恩典:"你们一切干渴的都当就近水来,没有银钱的也可以来。你们都来,买了吃;不用银钱,不用价值,也来买酒和奶。"就是在这里,紧接着发出同样的伟大邀请,上帝说罪人蒙怜恤的前提是离弃罪行:"恶人当离弃自己的道路,不义的人当除掉自己的意念,归向耶和华,耶和华就必怜恤他;当归向我们的上帝,因为上帝必广行赦免。"(赛55:7)上帝使罪人白白称义,他有丰盛的恩典,而领受这恩典的人**必须圣洁**:"你们要洗濯、自洁,从我眼前除掉你们的恶行;要止住作恶,学习行善,寻求公平,解救受欺压的,给孤儿伸冤,为寡妇辨屈。耶和华说,你们来,我们彼此辩论。你们的罪虽像朱红,必变成雪白;虽红如丹颜,必白如羊毛。"(赛1:16及其后)《箴言》第9章向我们发出最庄重的邀请,一切都预备妥当了:建造房屋,宰杀牲畜,调和旨酒,设摆筵席。之后,主人打发使女出去,在城中至高处呼叫。然后,我们白白地接到邀请说:"谁是愚蒙人,可以转到这里来。又对那无知的人说,你们来,吃我的饼,喝我调和的酒。"(9:4—6)但紧接着就说:"你们愚蒙人,要舍弃愚蒙,就得存活,并要走光明的道。"显然,离弃罪走圣洁的道路才能得到生命。所以,**恩典的本质**与**圣洁行为的必要性**在圣经中常常并行不悖。强调"运动是生命的首要标志",无损生命本身的重要性;同样的道理,强调"信心在实践中的运用和效果是真信心的首要标志",根本不会降低信心的尊贵地位和重要性。

所以,我们在上文强调"圣洁实践是真信仰的主要标志"根本不是律法主义,丝毫不会贬低恩典的自由和福音的主权,它与"惟独因信称义，不靠律法或行为称义"的福音教义毫无冲突，完全不会减损中保基督的荣耀，我们仍然必须完全依靠他的义，丝毫不会威胁到信心在我们得救之事上的特殊地位，根本不会贬低上帝的荣耀和他的怜悯，不会抬高人，也不会减少人对上帝的依靠和应尽的责任。因此，如果任何人反对圣洁实践的重要性，那原因一定是他出于直觉的对"实践"这个词的反感，而这种反感根本毫无道理，除非他也反感**圣洁**、**敬虔**、**恩典**、**宗教**、**体验**甚至信仰本身。因为如果"称圣洁实践为义"是律法主义，违背新约之道，那么"称上述这些东西中的任何一个为义"，同样是律法主义，同样违背新约之道。

圣经如此重视基督徒的好行为，并以此为我们在基督里蒙福的最大证据，而有些人却对此视而不见或轻描淡写，以为强调基督徒实践就是律法主义，是旧约之道；他们轻视恩典在**实践**中的有效运行，反而几乎全部强调个人知识、强调良心和恩典通过默想进行内在运行的**方式**；他们依靠源于哲学或体验的能力来分辨和识别这些内在运行——这些做法对基督教造成极大破坏。圣经已经清楚地说明，并且反复强调基督徒实践才是敬虔的标志，任何人试图找到更好、更深刻的标志都是徒劳的。有些人假装比圣经更高明，自以为能指出更加精确的标志——或借助他们超凡的体验或借助对事物本质的洞察力来指出更加明显的特征，可以更加彻底地识别假冒为善者——这些人不过是渐渐使自己的思念和别人的心变为昏暗，他们的精明和高超的分辨力，在上帝看来不过是精明的愚蠢和高超的虚妄。亚古珥的话正好用在这里："上帝的言语句句都是炼净的，投靠他的，他便作他们的盾牌。他的言语，你不可加添，恐怕他责备你，你就显为说谎言的。"(箴30:5—6) 我们的智慧和分辨力，在识别人心的事上，是不可靠的。 人心难测，我们只能看到一点表面。 有许许多多因素可以影响人的情感而无须上帝介入。人类情感的源泉既多又隐秘，常常有很多事情同时作用于人的情感：想象、属血气的性格脾气、教育、圣灵的普遍感动，等等，多种环境因素机缘巧合地与人的思想交会,加上看不见的邪灵对人心的狡诈操纵,等等。倘若我们不紧紧抓住上帝话语给出的线索,那么任何哲学或个人体验都不足以指导我们安全地走出这个迷宫。上帝最清楚他为什么特别强调某些事,为什么明白地告诉我们,要用这些事而不是别的事判断我们自己;或许是因为上帝知道这些事比较简单明了,我们不太容易在这些事上受骗,他最了解我们的本性,最明白他自己运行的本质和方式,最清楚我们的安全之道,他知道教会有哪些不同的状况,不同的人有哪些不同的性格,他自己在不同人身上有哪些不同的运行方式,需要留给他们何等的余地,他也晓得人属血气的本性能伪装得多么像上帝的恩典。人属血气的本性与上帝的恩典能混淆多深,有多少情感出于人的想象,人的想象与属灵光照多么难以分辨。

  因此,我们的真智慧就是不包揽上帝的工作,而是跟随他,在他指示的地方留心判断我们自己。如若不然,我们当然会不知所措,思想混乱,执迷不悟,走向灭亡。但是,如果我们回到正路上,重视基督、使徒和众先知反复强调的事,首先用恩典的**实践**运行和**实际**效果来判断我们自己和别人的信仰状况,同时兼顾其他事情,这会带来许多可喜后果。首先,这会让自欺欺人的假冒为善者认识他们的罪,并阻止那些从未真正走在通往永生窄路上的人继续执迷不悟;它会帮助我们摆脱万般疑惑,这些疑惑来自各种关于体验的方法和步骤的无谓纷争;它会明显防止宣信者放任自流,并督促他们积极实践基督徒生活;它会鼓励基督徒纷纷用好行为宣告基督教信仰,而不是画蛇添足地炫耀个人体验。由此,我们将用正确的方式显出宗教的活力:靠我们积极地服侍上帝和我们这个世代,而不是靠巧舌如簧或站在房顶宣扬自己内心情感是多么崇高伟大。由此,亲密的基督徒友人在一起分享各自的体验和安慰时,将更加显出基督徒的真谦卑和温和,彼此更得造就。他们不让口舌在手脚前面狂奔,而是效法蒙福的使徒保罗,言辞谨慎(林后12:6)。这将根除许多属灵骄傲的场合,将一扇大门向着魔鬼关死,挪走许多阻挠基督教发展、使基督教无法成为实验性有力信仰的大绊脚石。宗教将在世人面前得到正确宣扬，不是让人一看见就心硬，并滋生离经叛道的行为和无神论思想，而是首先让人相信宗教具有真实性，然后说服他们的良知，使他们看到宗教的重要性和道德之美，进而唤醒他们并赢得他们。于是，基督徒的光就照在人前，叫人看见他们的好行为，便将荣耀归给他们在天上的父！

译 后 记

"清教徒像阿尔卑斯山脉，马丁·路德和加尔文好比喜马拉雅山脉，爱德华兹就是珠穆朗玛峰。"——钟马田

我想在此就《宗教情感》一书的内容，谈几点认识，或许可以帮助读者理清一些思路。因为作为本书的译者，我对本书比较了解，如果能够在这方面为读者贡献一点力量，尽一些当尽之责，我将感到不胜荣幸。

严格说来，《宗教情感》并不是一部书，而是一篇学术论文。虽然篇幅较长，但它论述的范围并不像它的标题所暗示的那么宽广。首先，这里的"宗教"与当代世俗主义观点所理解的"宗教"是不同的。在后现代相对主义把持主流话语权的今天，当人们谈到宗教的时候，通常是指各种宗教，包括一神论的基督教（新教、天主教、东正教）、犹太教、伊斯兰教，以及多神论或泛神论的自然宗教，如佛教、印度教、神道教、道教、拜物教，甚至有时把某些带有宗教情怀的世界观、思想和实践也包含在内。然而，爱德华兹所谈论和理解的"宗教"，范围比这要小得多。本书所说的宗教，仅仅指上帝借着基督教圣经所启示的、从亚伯拉罕到摩西、从大卫到众先知、从救主耶稣基督到众使徒等人所一贯持守的那一个敬拜独一真神的信仰传统，也是使徒保罗、圣奥古斯丁、马丁·路德、加尔文等人论述的教义中所突显的那一个唯独尊崇上帝的敬虔教义及其相关事物。于是，我们或许可以把爱德华兹所论述的"宗教"大致

等同于今天的基督教（新教）。然而，这样的理解仍然是不确切的。正如本书所反复指出的：魔鬼反对上帝真宗教的一贯策略，就是不断地将杂种宗教混杂进入真宗教之中，使人难以分辨真伪，让真宗教逐渐陷入无谓的争议和混乱，从而破坏上帝之国的荣耀和地位，保持魔鬼在地上的权势。虽然基督教发展到今天，其教义已经相当完善、宏大、丰富、整全，并且有许多的历史和现实证据，其论证具有充分的说服力。但是，各种人本主义思想仍旧在持续不断地用各种方法、借各种途径渗透进基督教会，声称自己是基督教的一部分，甚至指控那些忠于基督一次托付和本着圣经真理而竭诚护教的努力说它们"破坏合一"，或陷入"宗派主义"或"律法主义"的错误。今天，一切真正认识基督、热爱基督、愿意忠诚于基督使命和上帝话语的人，无不痛苦地看到一个事实：今天的基督教会好像旧约当中的以色列人一样，其中既有虔诚的真信徒，又不乏跪拜埃及偶像、与外邦女子行淫的各色人等和假教师、假先知，而后者常常比前者更有勇气、更热情、更积极、更乐于向世人宣告自己是基督徒。不仅如此，更令人痛心的是，某些基督徒幼稚、狂热的行为显明他们背后有邪灵的感动和影响，而他们不仅不加以分辨，反而以为自己得到了上帝直接的启示，看见了从前的圣徒所没有看见的新异象，听到了上帝向他个人启示的圣经上所没有的新道理。殊不知他们所谓的认识不过是主观的想象而已，所谓的感动不过是因自己的感动而感动，所谓的爱不过是爱上了自己的爱。而他们就在这种自爱中逐渐远离圣经的真理，堕入死亡。这种偏离圣经正道的个人主义和主观主义思想和实践，正是孕育异端甚至邪教的土壤。而且，因为这些人不能分辨个人主观体验和真信仰的区别，他们积极地见证，反而导致那些对宗教信仰缺乏基本认识的人普遍轻视、蔑视和忽视宗教信仰，从而促进无神论思想在缺乏真宗教传统的社会当中传播。

然而，这也更加突显了爱德华兹思想的生命力、前瞻性、现实性和本书的价值，因为本书的主旨正是让这些人从虚假自欺当中觉醒，帮助真基督徒明辨是非和真伪，纠正许多错误思想和行为，从而促进基督教的健康发展，扩展上帝神圣的国度。我坚信：因着上帝的主权慈爱，借着本书所体现的杰出才能、知识、智慧、爱心和责任感，伟大的基督忠仆爱德华兹已经并且还将持续地、强有力地在上帝的护理中，在全地推动实现这一主旨。

在本书中，不仅"宗教"一词所涵盖的范围与今天的世俗理解有差异，而且其含义本身也相当不同。今天，当人们谈到"宗教"的时候——包括基督徒在谈到这个词的时候（例如宗教主义）——他们所指向的乃是外在的约束、外在的敬拜行为、外在的宗教礼仪、教会传统、宗教知识和教义、可见的宗教文化成就、集体性平行维度的社会关系，等等，而不在于或不主要在于人内在的敬虔、信仰、宗教情感、垂直维度的启示和拯救，等等。然而本书所谈论的宗教（religion）不能按照当代的这种方式来理解。本书所谈论的宗教，既包含前者，又包含后者，甚至以后者为重。如果我们要用当代的词来表述这个意义，除了"宗教"以外，还需要加上"信仰、敬虔、道德、秩序、理性、约束"等一系列美好而崇高的词语才行，因为按照基督教的传统观点，没有什么好东西是与真宗教无关的，否则就不是真宗教了；因为倘若宗教实际上不具有它所宣称的完整价值，那么它的绝对性宣告，就成了最可怕的谎言和最无耻的自夸。但是，在翻译过程中，倘若每每用许多词语来解释这一个词的丰富内涵，那么翻译就成了不可能实现的任务。因此，在进行了无谓的探索和尝试之后，我最终仍旧把 religion 一词译为"宗教"，望读者在阅读时还原爱德华兹的本意。

另一个难译的词是 natural。这个词通常译为"自然的"，而圣经则译为"属血气的"。这个词希腊文是 *psychikos*。*psyche* 是指肉体的感官和感觉，也就是动物与生俱来的感知力、欲望、情感，等等，而非指上帝圣灵赐给人的 *pneuma*（灵）。*psychikos* 也就是 natural 这个词所指的是"属于、关于或生于被造界的；并由此而指向：生性的、本性的"。这样看来,"自然"二字与这个意义并不吻合。因为从汉字的字面上看,"自然"意味着自我满足、非依赖性的所是;而这个自我满足的属性显然唯独属于上帝,而非被造物,因为被造物都具有依赖性。所以,圣经用语"属血气的"显然更符合这个词的所指。然而,"自然的"一词在汉语中的使用已经约定俗成,"属血气的"反而显得生僻奇怪。于是,为了照顾读者的阅读习惯,在此译本里,这个词多数时候译为"自然的、本性的",有的地方为了对比"属灵的",则译为"属血气的"。

为了帮助读者更好地从整体上把握本书的脉络,我愿意简单地向读者介绍一下本书的内容和结构。本书一共分为三个部分,其中第三个部分是主体,篇幅占整本书的三分之二。第一部分和第二部分总共大约占三分之一。

第一部分论述什么是情感,什么是宗教情感,以及宗教情感在宗教中的重要地位。在这部分,作者列举了十个理由说明为什么宗教情感在宗教中占据如此重要的地位。作者由此推论:漠视宗教情感的做法是错误的,正确的宗教实践应该有力地感动人心。

在为宗教情感的重要性做出积极辩护以后,爱德华兹调整了整个论证的方向,转而揭露和批判种种虚假情感。在整本书第二部分,作者列举了十二种现象,并做出两方面论证:一方面论证这些现象不能**证实**情感,另一方面论证这些现象不能**证伪**情感。或者说,这些现象与真恩典情感没有必然联系,所以不能从这些现象推论情感为真或为假。这部分的难点在于:爱德华兹的后一个论证意图(这些表现不能**证伪**情感)容易被读者忽略,因此我特意在此强调:爱德华兹在这部分的论证具有这两方面的意图,并且这两方面的意图同样重要,同样明显。作者好像一个巨人站在两支军队之间,一手抵挡这边,一手反击那边;一手抵挡盲信,一手反击不信。而他的这种立场容易使读者迷失,不知道他到底在捍卫和坚持什么,似乎他刚刚才说了什么,马上却又否定自己的说法。爱德华兹坦言他的对手经常指责他自相矛盾,并且他常常花很大篇幅来解释自己的立场。但是，蒙恩的读者仔细阅读，会发现爱德华兹并非是自相矛盾，反而是论述得极其周密严格。上述这种迷茫感不是因为爱德华兹的推理有错，而是因为我们的阅读能力难以跟上爱德华兹的思路，并且因为那通往永生、天国和真理的路是狭小的。因此，在阅读第二部分的时候，我们特别需要留意爱德华兹的这个论证意图：这些现象既不能证实情感为真，又不能证伪。这样或许有助于阅读时保持思路清晰。

在从**反面论证**了这些"不可靠的表现"以后，爱德华兹又调整了他的论证方向，在全书的第三部分转而从**正面论述**某些"可靠的表现"——真宗教情感的明显标志。这部分是本书的主体和精华。在这里，爱德华兹一共列举了恩典情感的十二个明显标志，并一一加以详细阐述。

这十二个标志的排列体现出爱德华兹的敬虔知识。他首先强调**上帝的主权和自由**：圣灵的感动（特征一）、上帝的神性本质（特征二）和道德之美（特征三）；然后论述**人心如何被上帝改变**：上帝的光照（特征四）让人得到的确信（特征五），这种属灵的认识使人真正谦卑下来（特征六）并改变本性（特征七），得到基督的心（特征八）和温柔的灵（特征九）；最后他论述被上帝改变本性的人会有哪些**尽责的表现**：真恩典情感具有美感（特征十），圣徒因品尝到恩典的美味而更加渴慕圣洁（特征十一），并且在生活中实践他们的美德，用善行（特征十二）证明他们真是蒙恩得救的真信徒。

总体上看，这个论述过程完整地表达了福音关于得救信心的教义。今天很多人用一种支离破碎的、过于简化、迎合世俗的方式来表述福音，试图用一句话或几句话来总结基督的福音。这些话本身都是不错的，但如果我们满足于此，并以为可以仅仅背诵几句话就能走遍陆地海洋吸引人入教，那我们就大错特错了。这一类过于简化的福音表述格式常常忽略了上帝的恩典、主权、自由、人的罪性、人信主的根本原因、信主以后的表现、结果等重要内容，让基督福音那丰富多彩、切合现实、纯全正确、无比昂贵的真理沦为街头叫卖的、花枝招展的便宜货。

当我们阅读本文的时候，反思当代各种版本的廉价福音，怎能不感叹爱德华兹思想的神学价值、现实意义和敬虔心灵放射的不朽荣耀！

除了这十二个标志以外，他还在文章的最后部分用相当长的篇幅，论证"基督徒的行为是表明信仰真实性的最佳证据"，由此证明爱德华兹所坚持的"基督教是实验性宗教"的观点。他依据圣经和常识，在这部分周密地论证：高举主观体验和个人感受的做法是荒谬的，明显违背耶稣基督和使徒的教导。值得注意的是，他不仅论证主观主义的做法是错误的，而且还预料到了人们可能提出的反对意见，然后针对这些反对意见，详细地解释了什么才是合乎圣经真理的立场。有些人说，"强调善行是敬虔的首要证据"是律法主义，并且与唯独恩典和唯独因信称义的教义相抵触，爱德华兹令人信服地反驳了他们这种说法，使正确的教义得以正本清源。那种貌似合理实则不智的说法今天仍旧在基督教世界里不绝于耳、混淆视听，让不明就里的人误以为基督教所坚持的恩典教义是许可罪恶，不劝人向善的！爱德华兹的论述不仅向世人澄清基督教正统信仰的道德本质，而且更重要的是，他的论述高举上帝的主权和自由，明确反对教会内的阿明尼乌主义，捍卫了保罗、奥古斯丁、加尔文一以贯之的基督教正统信仰。阿明尼乌主义者用来为自己辩护的最高理由就是他们认为自己在坚持"人的责任"，因此他们的教义在道德上更加高尚，并且武断地指控说坚持上帝主权的教义为"忽略人的责任"。而本文的最后部分关于"基督徒善行"的论述清晰而充分地说明：正是上帝的主权恩典决定了人的责任是不可推卸的，上帝的主权恩典正是人感恩尽责的必要前提和动力所在。由此，我们看到阿明尼乌主义思想貌似道德，实则顺应人敌对上帝的罪性，暗中弱化、虚化或否认上帝在人道德生活中的作用，是用基督教术语表达的人本主义思想。阿明尼乌主义的道德，是出于世界的人道，不是出于上帝的圣道；是该隐之得，非亚伯之德；是体贴人的心意，不体贴上帝的心意。正如爱德华兹所言，这种思想不仅不能促进真敬虔，反而会促进无神论。因为凡是虚假的都不能持久,而幻想破灭之后,人就比以前更容易陷入虚无和怀疑的深渊。由此看来,假如我们不考察宗教情感的真伪就为许多人决志、祷告、流泪、说方言、说预言、赞美上帝、委身奉献而欢呼,恐怕我们的喜乐也难以长久。

前面说过,本书的论证范围并不像标题所暗示的那么宽广。实际上,本书主要针对的是基督教世界当中真假情感混杂、信徒难以辨明真伪这个特定的问题,而不是综合地论述一切宗教情感。因此,之前有些译本名为《宗教情感真伪辨》,或《宗教情操真伪辨》,或《复兴真伪辨》,等等。这些标题更加符合本文的内容。但此译本忠实于原文,译为《宗教情感》。由于之前翻译的版本省略较多,此译本翻译过程中没有参考之前的译本,完全依照原文(Edward Hickman edition)进行翻译。所以,此译本应是迄今为止最完整的译本。读过上述译本的读者阅读此译本或许会有不同的感受。

这本书不容易读懂,原因有几点。第一,爱德华兹的思想复杂、深邃、严密,体现在文章里就是语言比较艰深。第二,本书是学术论文,且写于18世纪,当时常见的英文写作方式、作者对读者阅读能力和习惯的期望与今天人们的阅读习惯和今天人们对作者的写作要求迥异。读者会发现本书的语言显得拖沓,句子结构繁复,似乎精炼并非一种写作美德,简单明白的表达亦非作者的首要考虑。第三,在翻译为汉语之后,这个问题显得更加突出。如果要照顾到通顺,就难以体现出原文当中逻辑的严密;而要照顾到原文的抽象思维和严密的逻辑性,就难免牺牲一些通顺和美感。我在2011年初一度站在读者一边,大胆地肢解原文,试图让读者感觉流畅舒服。但后来我发现这种做法会损失太多原意和结构,于是不得不回头用另一种截然不同的思路重新翻译,以忠实于原文为优先考虑。这样一来,就必然损失易读性。很多段落需要反复咀嚼,才能看出整段的结构和作者的思路。但是,我相信,读者在付出这样的辛苦以后,必定会发现这是非常值得的,因为敬虔的真知识本是无价之宝，值得我们为此变卖所有的，何况我们需要付出的仅仅是多一点关注而已。我盼望我的缺乏、遗漏和错误不至于完全掩盖原作的光辉，也希望读者能够原谅和接纳我的鲁莽，并指出译文中存在的问题。

  本书得到了游冠辉先生的大力支持和帮助，他不仅使本书的翻译出版成为可能，并且在翻译过程中提出了许多宝贵的指导意见和批评。在此谨向他表示由衷的感谢！另外，中国高等教育出版社徐艳梅先生也提出了许多宝贵的修改意见，谨致谢意！

杨 基

2012年2月2日